Helmut Kramer (Hg.) • Politische Theorie und Ideengeschichte im Gespräch

Helmut Kramer (Hg.)

Politische Theorie und Ideengeschichte im Gespräch

WUV-UNIVERSITÄTSVERLAG

Die Deutsche Bibliothek – CIP-Einheitsaufnahme
Politische Theorie und Ideengeschichte im Gespräch / Helmut Kramer (Hg.). -
Wien : WUV-Univ.-Verl., 1995
ISBN 3-85114-171-7
NE: Kramer, Helmut [Hrsg.]; GT

Umschlaggestaltung: Graf+Zyx
Druck: WUV-Universitätsverlag
Printed in Austria
ISBN 3-85114-171-7

Gedruckt mit Unterstützung durch das Bundesministerium für Wissenschaft,
Forschung und Kunst und die Universität Wien

Wolfgang Greisenegger
Zum Geleit

Als Dekan der Grund- und Integrativwissenschaftlichen Fakultät der Universität Wien (bis Herbst 1994), in deren Kontext das vorliegende Buchprojekt entstanden ist, möchte ich meine Freude über das gelungene Endprodukt zum Ausdruck bringen. Die vorliegende Publikation vermittelt interessante und produktive politikwissenschaftliche Denkanstöße für eine intellektuelle und praktische Bewältigung wichtiger Zeitfragen in der gegenwärtigen Umbruch- und Krisensituation. Das offene emphatische Verständnis von Theorie und Wissenschaft, aus dem heraus in den Beiträgen dieses Bandes argumentiert und gedacht wird, ermöglicht einen angesichts der im Wissenschaftsbetrieb grassierenden Tendenz zur Abschottung der Einzeldisziplinen, zur Fragmentierung und Spezialisierung der Wissensproduktion höchst notwendigen Brükkenschlag zwischen geistes- und sozialwissenschaftlichen Denkweisen. Die lebendige Verbindung, die hier zwischen klassischen politischen Theorien der Vergangenheit und aktuellen Gesellschafts- und Politikkonzeptionen hergestellt wird, macht Mut. Sie erinnert daran, daß Wissenschaft (und natürlich auch Kunst) lebt und lebendig ist aus der Bemühung heraus, gegen das Vergessen, gegen „das Anwachsen von Weltlosigkeit, das Weggleiten des Zwischen … die Ausbreitung der Wüste“ (Hannah Arendt) anzukämpfen und anzudenken. Das Buch kann aber auch aus didaktischen Gründen empfohlen werden. Die Textsammlung zur „Politischen Theorie und Ideengeschichte“ kann durch die zum Ausdruck gebrachte reflexive theoretische und methodische Grundhaltung, durch die Offenheit und die Verschiedenartigkeit der Positionen und Sichtweisen auch als aktueller Unterrichtsbehelf von hoher Qualität betrachtet und genutzt werden.

Besonders wichtig erscheint mir als Prorektor der Universität Wien, dem es vor allem darum geht, im Rahmen der Umsetzung des neuen UOG an einem neuen bzw. erneuerten Selbstverständnis der Universität und einer daraus sich ergebenden praktischen Umsetzung von Universitätsreform-Ideen zu arbeiten, aber vor allem auch das klare hochschulpolitische Zeichen und Signal, das der vorliegende Band ausdrückt. Der Entschluß, die Vorträge, die vor der Berufungskommission der Grund- und Integrativwissenschaftlichen Fakultät für das Ordinariat „Politologie“ (Nachfolge Heinrich Schneider) gehalten wurden, gemeinsam zu veröffentlichen und in den Rahmen einer Vortragsreihe zu stellen, die das vorgegebene Thema vorwegnehmend bereits zur Diskussion stellte, ist Ausdruck einer, wie ich denke, sagen zu dürfen, am Institut für Politikwissenschaft und an unserer Fakultät verbreiteten grundsätzlich offenen Haltung gegenüber Entscheidungsprozessen und Entscheidungsstrukturen, aber auch – wie vom Herausgeber dieses Bandes in seiner Einführung explizit angesprochen wird, Artikulation eines (hochschul-)politischen Willens, die den Universitäten von der Gesellschaft aufgetragene Verantwortung der Autonomie und Selbstbestimmung aktiv und auch selbstbewußter als bisher zu nützen. In den nächsten Jahren wird an den österreichischen Universitäten ein heute noch in Ausmaß und Tragweite von wenigen antizipierter Umstruktuierungsprozeß einsetzen und zu bewältigen sein. Die dominierende Tendenz dieses Reformprojektes, die Verlagerung von Kompetenzen von der Hochbürokratie zur Universität erfordert insbesondere von der neuen Generation von Hochschullehrern – und der vorliegende Band ist ja auch eine konkrete Dokumentation dieses vor sich gehenden personellen Erneuerungsprozesses –, daß die bewußt auch in Zukunft offenzuhaltenden Freiräume und Individualisierungsmöglichkeiten umgesetzt und transformiert werden in verantwortliches Struktur- und Organisationshandeln zur Realisierung einer demokratischeren und moderneren, einer menschlicheren und effizienteren Universität.

Inhaltsverzeichnis

Teil II. Politische Theorie und Ideengeschichte – wozu?

Erratum

Der Titel des Beitrags von Claudia von Werlhof sollte statt »Geschlecht – Differenz – Dissidenz« *»Gleichheit – Differenz – Dissidenz«* lauten.

Der Titel des Beitrags von Hedda J. Herwig sollte statt »Zur Begründung der kritischen Funktion aus der Rechtfertigungsbedürftigkeit von Politik« *»Zur Begründung der kritischen Funktion politischer Theorie aus der Rechtfertigungsbedürftigkeit von Politik«* lauten.

Helmut Kramer
Editorische Einführung

Der vorliegende Band dokumentiert Vorträge, die am Institut für Politikwissenschaft der Universität Wien im Zeitraum von November 1991 bis Oktober 1993 gehalten wurden. Die in Teil I zusammengefaßten Beiträge geben Vorträge einer Veranstaltungsreihe „Politische Theorie im Gespräch" wieder, in denen von Politik- und SozialwissenschaftlerInnen aus Österreich, aber auch aus Ungarn, der Schweiz und aus Deutschland wichtige Fragen der Demokratie- und Gesellschaftsentwicklung unter der Perspektive neuerer Ansätze im Bereich der Politischen Theorie und Ideengeschichte behandelt wurden. Die Planung und Durchführung dieser Vortragsreihe war neben dem akademisch-wissenschaftlichen Interesse, sich über den „state-of-art" im Bereich von Politischer Theorie und Ideengeschichte im Kontext der durch die Ereignisse des Jahres 1989 initiierten politischen Strukturbrüche in Europa und in der Welt zu informieren, auch von einem konkreten instituts- und hochschulpolitischen Anlaß motiviert und bestimmt. Anfang 1991 war eine der drei Professuren des Instituts für Politikwissenschaft vakant geworden. Diese Stelle wurde nach Vorschlag der Institutskonferenz zum Schwerpunkt „Politische Theorie und Ideengeschichte" ausgeschrieben. Die Veranstaltungsreihe war somit auch ein Versuch, das Institut auf die Diskussions- und Entscheidungsprozesse bei der Besetzung der Professur inhaltlich einzustimmen. In Teil II sind die Vorträge abgedruckt, die bei einem zweitägigen Hearing am 21. und 22. Oktober 1993, dem Abschluß des im Rahmen der Grund- und Integrativwissenschaftlichen Fakultät durchgeführten Auswahlverfahrens für die Besetzung des Ordinariats in den Räumlichkeiten des Instituts für Politikwissenschaft, gehalten wurden. Die Fakultätskommission hatte nach langwierigen Beratungen aus einer Gruppe von über 50 Bewerberinnen und Bewerbern 10 Personen ausgewählt und zu einem Vortrag eingeladen. Die Hearing-Teilnehmer wurden gebeten, zum selben Rahmenthema („Politische Theorie und Ideengeschichte – wozu?") zu sprechen.[1]

Die in diesem Band gesammelten Beiträge – die mit Ausnahme der Arbeiten von Franz Horner, Anton Pelinka und Alois Riklin bisher noch nicht veröffentlicht wurden – bieten einen inhaltlich außerordentlich interessanten und vielseitigen Einblick in Arbeitsweisen und konkrete Anwendungsmöglichkeiten der Politischen Theorie in der gegenwärtigen politischen und gesellschaftlichen Umbruchsituation. Die Lektüre der Vorträge ermöglicht der Leserin / dem Leser auch darüber hinaus, an einer sehr anschaulich argumentierten und auf die Situation universitärer Ausbildung und Forschung bezogenen Grundsatzdiskussion über Zielsetzungen und Aufgaben von Politischer Theorie und Ideengeschichte teilzunehmen. Um eine bessere Übersichtlichkeit und Lesbarkeit zu ermöglichen, wird im folgenden die Vielfalt von Fragestellungen, Konzepten, Thesen und Problemanalysen, die in den 18 Beiträgen dieses Bandes zum Ausdruck kommt, auf einige gemeinsame Dimensionen und Positionen zusammengefaßt und im Kontext der Entwicklungen, die mit und seit 1989 zu tiefgreifenden Veränderungen im internationalen System geführt haben, diskutiert. Abschließend werden dann in einem zweiten einführenden Schritt die Beiträge des I. Teiles, die zum Unterschied zu den Hearing-Vorträgen sehr unterschiedliche Themenstellungen behandeln, in knapper Form inhaltlich vorgestellt.

Bevor wir uns dieser Aufgabe einer inhaltlichen Einführung unterziehen noch ein Wort zur eigenen, zur universitären Sache bzw. zum Kontext, für den und in dem die hier gesammelten Beiträge produziert worden sind: Es hat schließlich über vier Jahre gedauert, bis das vakante Ordinariat am Institut für Politikwissenschaft wieder besetzt werden konnte. Die Entscheidungsprozesse und die Verhandlungen, die von seiten des Instituts und der Fakultät durchgestanden werden mußten, bis eine von den HochschullehrerInnen des Instituts und der Studienrichtungsvertretung präferierte Besetzung der Professur erreicht werden konnte – wie es zurzeit aussieht wird Eva Kreisky mit 1. 6. 1995 ihr Ordinariat antreten –, waren, wie bei ProfessorInnen-Bestellungen im Österreich der Republik wie der Donaumonarchie üblich, ein Vorgang, bei dem die inneruniversitären, die fachlich und sachlich legitimierten Gremien und Entscheidungsinstanzen der formal autonomen Universität, sich ständig gegen Bevormundung und Fremdbestimmung seitens der politischen Machtstruktur, repräsentiert durch den Wissenschaftsminister, zur Wehr setzen mußten. Österreich ist nach dem Zusammenbruch der kommunistischen Regime in Ost- und Südosteuropa eines der letzten europäischen Länder, wo die Entscheidungen über die Bestellung von HochschullehrerInnen nicht in der autonomen Sphäre der Universitäten, sondern von einem Regierungsmitglied, dem Wissenschaftsminister, gefällt werden, der die Person, mit der verhandelt wird, aus der inneruniversitär erstellten Liste herausselektiert und im Verein mit der Hochbürokratie auch das zeitliche Procedere kontrolliert.[2] Die Veröffentlichung der Beiträge des Hearings im Berufungsverfahren im II. Teil dieses Bandes soll somit auch als ein zumindest symbolischer Beitrag für die Wahrung bzw. für die Stärkung der in Österreich äußerst prekären und ständig gefährdeten Autonomie und Unabhängigkeit von Universität und Wissenschaft gesehen werden.[3]

Ich möchte weiters noch als Herausgeber, der ich als Vorstand des Instituts für Politikwissenschaft im Zeitraum von Frühjahr 1991 bis zum Herbst 1993 für die Einladungen und die Durchführung der Vortragsreihe „Politische Theorie im Gespräch“ wie auch für die Vertretung des Instituts bei der Wiederbesetzung des Ordinariats verantwortlich war, den Autorinnen und Autoren für das Zur-Verfügung-Stellen ihrer wertvollen Beiträge danken. Frau Claudia Millmann aus unserem Institutssekretariat hat effizient und verläßlich die technische Einrichtung der Beiträge besorgt und mich bei der Lektorierung unterstützt, wofür ich ihr meinen herzlichen Dank aussprechen möchte. Mein besonderer Dank gilt schließlich Wolfgang Greisenegger, der als Dekan unserer Fakultät (zurzeit Prorektor der Universität Wien) immer bereit war, unserem Institut in allen schwierigen Situationen mit Rat und Tat zu Seite zu stehen. Ihm und der Fakultät ist schließlich auch für den finanziellen Beitrag zu danken, der für die Förderung der Drucklegung dieses Bandes zur Verfügung gestellt wurde.

Politische Theorie und Ideengeschichte nach der „Zeitenwende" von 1989

1. Das zentrale Thema gegenwärtiger Politischer Theorie ist die Funktionsbestimmung und Entwicklungsanalyse der Demokratie im Kontext der Krise der Politik nach und infolge der politischen Zeitenwende von 1989

„Geschichtsabläufe", schreibt Hannah Arendt in „Vita Activa", „(weisen) ihre wirkliche Bedeutung an den unverhältnismäßig seltenen Ereignissen (aus), die den Ablauf selbst unterbrechen." (Arendt 1992, S. 43) 1989, das Jahr der demokratischen Revolutionen in Osteuropa und der Einleitung des Sturzes des Sowjetkommunismus kann mit Fug und Recht als eine historisch einschneidende und historisch epochemachende Zäsur, als „Zeitenwende" betrachtet werden. „Es liegt in der Natur eines jeden Anfangs, daß er von dem Gewesenen und Geschehenen her gesehen, schlechterdings unerwartet und unberechenbar in die Welt einbricht" (Arendt ebd., S. 166). Die Richtigkeit dieses Wortes von Hannah Arendt zur Unvorhersehbarkeit von epochalen historischen Brüchen und historischen Schlüsselereignissen und seiner Begründung aus der „Tatsache, daß der Mensch zum Handeln im Sinne des Neuanfangs begabt ist, (was) daher nur heißen (kann), daß er sich aller Absehbarkeit und Berechenbarkeit entzieht" (Arendt ebd., S. 167), wird dadurch bestätigt, daß der historische Prozeß mit seiner Rasanz und dem flächenbrandartigen und weitgehend gewaltlosen Charakter des Kollapses des sowjetischen Imperiums die Spezialisten für die Entwicklung des Kommunismus und der internationalen Politik, Journalisten, Politiker, Diplomaten wie auch Sozialwissenschaftler völlig überraschte (Goldman 1992, S. 1 ff.).

Der Fall der Berliner Mauer im November 1989 und die weiteren historischen Stationen des Zusammenbruchs des Sowjetkommunismus bedeuteten eine endgültige globale Ausweitung des Geltungs- und Durchsetzungbereichs des westlich-parlamentarischen Demokratiemodells und der mit diesem verbundenen Auffassung von Grund- und Menschenrechten. Die neue Qualität der Politik ist mit und nach 1989 somit vor allem darin zu sehen, daß der Raum des Politischen, des Öffentlichen in den Nationalstaaten wie in den internationalen Beziehungen staatlicher wie nicht-staatlicher Akteure in Richtung von Ausweitung und Verstärkung politischen demokratischen Handelns verändert und ausdifferenziert worden ist. Mit der Öffnung und „Ent-Blockierung" des politischen Raumes sind aber auch neue Probleme, Widersprüche und Spannungsfelder entstanden, die zu einer Intensivierung und Zuspitzung politischer und gesellschaftlicher Krisenphänomene geführt haben.

So ist der Prozeß der Durchsetzung und Realisierung des westlich-parlamentarischen Demokratie-Modells, wie die Bilanz der ersten Jahre des Transformationsprozesses in der früheren Sowjetunion und in Ost- und Südosteuropa zeigt, unter den Rahmenbedingungen einer äußerst schwierigen wirtschaftlichen Situation eine ausgesprochen mühsame, widersprüchliche, von vielen Rückschlägen gekennzeichnete Entwicklung. Und die entsetzlichen Vorgänge am Balkan, der gewaltsame Zerfall des früheren Jugoslawien und der Völkermord an den Bosniern als Folge des serbischen Eroberernationalismus machen deutlich, daß die Ideen des Chauvinismus und des blindwütigen Nationalismus des 19. Jahrhunderts weiterleben und weiterwirken können.

Aber auch im Westen sind die Regierungen und die dominierende politische Klasse, wie die Ergebnisse der Wahlen seit Beginn der 90er Jahre und die prekäre Situation der Regierungs- und Parteichefs in fast allen westlichen Demokratien belegen, im Kontext der Bedingungen und Anforderungen der neuen politischen Situation nach und durch 1989 in eine veritable Krise geraten. Regierungen und etablierte Parteien in den westlichen Demokratien sind in eine Art „Sieg-Krise" (Ulrich Beck) geschlittert. Sie glaubten, nach dem Triumph des westlichen Politik- und Demokratiemodells über den Kommunismus von einer grundlegenden Demokratie- und Institutionenreform ihres eigenen politischen Systems enthoben und entlastet zu sein. Die politisch Verantwortlichen in den westlichen Staaten zeigten sich in dieser Situation wenig interessiert und bereit, im vollen und emphatischen Sinne des Wortes politisch zu handeln, d. h. „sich sprechend und handelnd in die Welt einzuschalten und einen neuen Anfang zu stiften" (Arendt 1987, S. 92), über die Tagespolitik hinaus langfristigere demokratiepolitische und gesellschaftliche Projekte zu diskutieren und zu realisieren. Die mangelnde politische Entschluß- und Handlungskraft der Regierenden verstärkte die Grundstimmung von politischer Orientierungslosigkeit und Unsicherheit in der Bevölkerung der reichen westlichen Staaten, die sich durch die mit der Öffnung Europas verstärkt einsetzenden Entwicklungen im Bereich von Migration, Kriminalität, wirtschaftlicher und sozialer Sicherheit bedroht fühlt. Dies ist der politische und gesellschaftliche Hintergrund für das Aufkommen von demokratiefeindlichen Bewegungen, die die diffusen Ängste und den politischen Unmut von Bürgerinnen und Bürgern über die „alte Politik" ummünzen in populistische Vorurteile und in autoritäre Lösungsvorschläge, die „das Kind mit dem Bade (ausschütten), ... das, was der Politik ein Ende machen würde, mit Politik (verwechseln)" (Arendt 1993, S. 13 f.).

Die epochale Bedeutung und die historische Prägekraft der Zeitenwende von 1989 in bezug auf die Entwicklung und Entwicklungspotentiale von Demokratie und politischem Handeln ist aber nicht nur auf der „Ereignis"-Ebene zu sehen und zu bestimmen. In der mit 1989 gegebenen veränderten Situation schlagen nun auch bestimmte langfristige Strukturentwicklungen und Strukturtendenzen – „langwellig" im Sinne des „longue durée"-Konzeptes von Fernand Braudel – stärker durch. Gemeint sind hier vor allem die Prozesse und Ausdrucksformen der rasanten und sprunghaften Internationalisierung aller Lebensbereiche und ihre Folgen für Handlungsspielräume nationalstaatlich verfaßter politischer Systeme bzw. die Handlungskompetenz nationalstaatlich agierender politischer Entscheidungsträger. „Die Nation (bzw. der Nationalstaat, H. K.) als einheitliche Entität für ein Territorium, einen öffentlichen Raum, eine Gesellschaft, eine Ökonomie und eine Kultur existiert nicht mehr." (So der französische Ökonom Elie Cohen nach Le Monde 23. 2. 1993.)

Der Nationalstaat und die nationalstaatlichen politischen Akteure befinden sich in einer zweifachen Infragestellung, in einer doppelten Anspruchsschere: Einerseits wird durch die transnationale wirtschaftliche Verflechtung in der Weltgesellschaft, das Auftreten von „transnational issues" (Umwelt, Sicherheit, Flüchtlinge, Kriminalität etc.), die Durchsetzung einer „globalen Zeit der internationalen Transaktionen" (Paul Virilio) im Informationsbereich, die Auslagerung zentraler Dimensionen nationalstaatlicher Entscheidungssouveränität an supranationale Instanzen – wie im Falle der Europäischen Integration – der politische Raum, die politische Souveränität des Nationalstaates und seiner verantwortlichen politischen Akteure „von oben" angegriffen und eingeengt. Andererseits und zur gleichen Zeit wird der Handlungsspielraum nationaler Regierungen und das Ausmaß an politischer Glaubwürdigkeit und Legitimität, über das sie qua Problemlösungs-Kompetenz und Problemlösungs-Kapazität verfügen, von einer zunehmend kritischer und mündiger werdenden „civil society", von Bürgerinitiativen und anderen Trägern „kritischer Öffentlichkeit" verknappt und beschnitten. Zu einer solchen Einschränkung und Aushöhlung nationalstaatlicher Souveränität „von unten" tragen weiterhin Aktivitäten und Aspirationen der signifikant selbstbewußter und autonomer agierenden subnationalstaatlichen politischen Organisationsformen, der Regionen, Kommunen, sozialer Gruppen und Minderheiten bei.

Es ist offensichtlich, daß dieser Prozeß einer Erosion des Nationalstaates und seiner Funktion, für die innerhalb seiner Grenzen lebenden Bürgerinnen und Bürger Sicherheit, wirtschaftlichen Wohlstand und demokratische Entscheidungsstrukturen zu garantieren, keineswegs erst in den 90er Jahren eingesetzt hat. Diese Entwicklung hin zu einer objektiven und subjektiven Erosion des Nationalstaates, durch die zentrale Legitimationsbedingungen von Staat und Nation berührt werden, war in der Epoche des Ost-West-Konflikts in starkem Maße von der Konfrontation der Blöcke und vom bipolaren Denken überlagert. (In ähnlicher Weise kann auch das Wiederauftreten des Nationalismus in Europa im Erklärungskontext eines gleichzeitig auftretenden Prozesses von Öffnung und „ungleichzeitiger De-Nationalisierung", bzw. im Falle nationalistischer und minderheitenfeindlicher Bewegungen eines Zusammenfalls von Öffnung und gleichzeitiger Schließung des politischen Raumes gesehen und interpretiert werden.)

Politische Theorie hat gegenwärtig – und das wird in den Beiträgen des Bandes in verschiedensten Sichtweisen und in verschiedensten Ansätzen programmatisch gefordert, angesprochen und inhaltlich ausgeführt – zur öffentlichen, zur politischen Diskussion der Rahmenbedingungen, der Möglichkeiten, der Voraussetzungen und der Grenzen von handlungs- und demokratieausweitender Institutionen- und Politik-Reform Denkergebnisse und Denkaufforderungen zu erbringen. Im Spannungsfeld und an den Schnitt- und Bruchstellen von Globalisierung und Ökonomisierung, Funktionsveränderung des Nationalstaates, Ausweitung der Zahl politisch legitimierter Akteure wie der politischen Aktionsfelder und Aktionsebenen und im Kontext der durch die Zeitenwende von 1989 entstandenen „neuen politischen Architektur" gilt es, einen wissenschaftlichen Beitrag dazu zu leisten, daß die institutionellen Voraussetzungen repräsentativer Verfahrens-Demokratie in eine Richtung verändert, reformiert und ausgeweitet werden können, die sie besser, d. h. demokratischer und effizienter mit den mannigfaltigen Formen und Ebenen direkter und selbstorganisierter Politik kombinier- und verbindbar machen. Politische Theorie muß sich in der gegenwärtigen Situation vor allem systematisch damit beschäftigen, welche zentralen Bauelemente eine diesen Namen verdienende Europäische Demokratie tragen können. Eine entscheidende Frage ist hier, wie im Kontext einer durch ökonomische Dynamik und ökonomische Interessen bestimmten Europäischen Integrationsbewegung die Basisfunktionen des demokratischen Verfassungsstaates, der Basisschutz nationalstaatlich verfaßter Bürgerschaft (der Sicherung der Grundrechte aller Bürger auf politische und wirtschaftliche Sicherheit, auf Schutz der Bürgerrechte und auf politische Kontrolle und Teilhabe) abgesichert bzw. durch eine Verbindung verschiedener nationaler, supranationaler wie auch lokaler und regionaler Handlungsebenen auf einer anderen Ebene als der des traditionellen Nationalstaates transformiert und verstärkt werden können. Hiezu Michael Walzer:

> „Wenn Theorie in Zukunft einen starken Einfluß in der Welt haben soll, was nur selten der Fall ist, dann müssen politische Denker Wege und Möglichkeiten finden, nationalistische Leidenschaft und Idealismus auf etwas zu reorientieren, was deutlich weniger oder deutlich unterschieden ist von konventioneller Staatlichkeit. Aber bei einem solchem Projekt müssen auch die Berechtigung von nationaler Selbstbestimmung anerkannt und deren Begrenzung als eine Funktion von deren grundsätzlicher Berechtigung anerkannt werden." (Walzer 1993, S. 54)

2. Politische Theorie ist gegenwärtig vor allem als Theorie der Krise von Demokratie und Politik konzipiert und gefordert. Das setzt die Wiedergewinnung und Anerkennung der normativen Dimension von Politischer Theorie voraus. Mit einer solchen Position wird auch ein schöpferischer Brückenschlag zwischen aktuellen Politischen Theorien und historischen Politischen Theorien (Ideengeschichte) möglich

Wolf Dieter Narr führte in einem brillanten, im Dezember 1987 in Wien gehaltenen Vortrag über Zielsetzungen und Sinn Politischer Theorie aus:

„Politische Theorie ist nötig, weil nicht von einem ungreifbaren Schicksal ewig und unabdingbar geschaffene Zustände bestehen, die so und nicht anders sein müssen … Politik hebt dann an, wenn auch nur die geringsten Spielräume bestehen. Wenn auch nur nuancenhaft anders gehandelt, anders reguliert werden könnte. Politik ist der verborgene, der durch Institutionalisierungen dem Anschein nach abgeschlossene und der offene Streit um soziale Verhältnisse." (Narr 1989, S. 78)

Politische Theorie, die sich nicht als bloß „fachreputierliches Geschäft" (ebd., S. 79) im akademischen Elfenbeinturm verstehen, sondern einen Beitrag zur kritischen Reflexion und zur wissenschaftlichen Beschäftigung mit wichtigen politischen Gegenwartsproblemen leisten will, ist somit – wie dies auch in den Titeln und Untertiteln einiger in diesem Band enthaltenen Beiträge explizit zum Ausdruck kommt – als Teil einer aktuellen Debatte im „Streit um Ziele" und im „Kampf um Wahrheit" (ebd., S. 79) aufzufassen. Dem Wort von Kant gemäß ist „Politik ohne Moral nicht möglich", und folgerichtig ist Politische Theorie, wie Isaiah Berlin betont, „nichts anderes als die Anwendung der Ethik auf die Gesellschaft, auf Fragen von öffentlichem Interesse". Sie hat „es mit Lebenszwecken zu tun, mit Werten, mit den Zielen gesellschaftlicher Existenz und damit, was die Menschen in ihrem gesellschaftlichen Dasein bewegt und bewegen sollte, mit Gut und Böse, Richtig und Falsch" (Berlin/Jahanbegloo 1994, S. 80 f.). Die Einsicht, daß die normative Dimension und die wertmäßigen, weltanschaulichen Voraussetzungen in Politischer Theorie – und sozialwissenschaftlicher Tätigkeit generell – eine wichtige Rolle spielen, daß sie nicht geleugnet, sondern bewußt und explizit gemacht werden müssen, hat sich in den letzten Jahren wieder stärker in Politik- und Sozialwissenschaft durchgesetzt.

Wenn man davon ausgeht, daß im Bereich der Politischen Theorie deskriptive und normative Sätze und Thesen nicht scharf getrennt werden können, daß Aussagen über Demokratie, über den Zustand und die Entwicklungstendenzen einer politischen Ordnung, die immer nur eine unvollständige und nicht perfekte Annäherung an ein im demokratischen Diskurs zu bestimmendes Gemeinwohl repräsentieren kann, subjektiv und historisch gebundene Positionen im gesellschaftlichen Diskurs um konkurrierende Deutungen der Wirklichkeit darstellen, bedeutet das keineswegs, daß damit die Prinzipien und Kriterien von Wissenschaftlichkeit und der kritischen Überprüfung wissenschaftlicher Aussagen außer Kraft gesetzt werden. Politische Theorie, die sich zum normativen Grundbezug ihres wissenschaftlichen Vorgehens explizit bekennt, ist bewußt selbstreflexiv, d. h. macht sich selbst und den Leserinnen und Lesern möglich, normative Anteile und wertmäßige Voraussetzungen in den eigenen Analysen und in der Behandlung anderer Positionen klar, nachvollziehbar und kritisierbar zu machen.

Eine solche Auffassung der Sozialwissenschaft, die den Menschen als historisch handelndes, nicht festgelegtes Subjekt und nicht lediglich als „allseitig bedingtes und sich verhaltendes Lebewesen" (Arendt 1992, S. 45) ansieht und anerkennt, bedeutet – wie das in einer Reihe von Beiträgen in diesem Band argumentiert wird – eine klare Absage an die methodologisch-theoretischen Kriterien der szientistisch-positivistischen Wissenschaftsauffassung. Die den positivistischen Ansätzen eigene Einschränkung und Einengung des Empiriebegriffs auf Verhaltensdaten (die dann zumeist nur in der Form von Einstellungsdaten erhoben und präsentiert werden können) und die Reduktion von Theorie und theoretischen Aussagen auf „generalisierende Propositionen über den Zusammenhang von Variablen unter bestimmten Rahmenbedingungen" führt zu „Systemanalysen", die jegliche Veränderungsalternative ausschließend den gesellschaftlichen Status quo bzw. die politischen und bürokratischen Machtinstanzen ihrer Gesellschaft legitimiert und abstützt. Mit einer solchen an „Objektivität" und der illusionären Hoffnung, die Sozialwissenschaften in Richtung einer „hard science" weiterzuentwickeln, orientierten Wissenschaftsauffassung, die sich „weigert, die Voraussetzungen in den Konstruktionen des Common Sense kritisch zu prüfen" (Bourdieu 1988, S. 777), verliert Politische Theorie ihre aufklärerische gesellschaftliche Funktion. Der in der philosophischen Tradition seit der Antike lebendige Zusammenhang zwischen Erkenntnis und Interesse, Theorie und gesellschaftlichem Wirkungskontext geht hiemit verloren. „Was einst die praktische Wirksamkeit der Theorie ausmachen sollte, verfällt jetzt den methodologischen Verboten." (Habermas 1969, S. 150)

Wenn wir nun den Zusammenhang von Politischer Theorie und Ideengeschichte, den Bezug gegenwärtiger Politischer Theorie zu den philosophischen und politischen Denktraditionen der Vergangenheit bedenken, so war in der Periode der Dominanz des szientistisch-positivistischen „Mainstreams" (der durch den Ausschluß von Frauen und von Frauen-Perspektiven im Wissenschaftsbetrieb auch als ein „male-stream" gesehen werden muß) eine deutliche und folgenschwere Abwertung der Theoriearbeit der Vergangenheit zu konstatieren. Die Denkmodelle, Analysen und die Leitkonzepte der Klassiker des politischen Denkens wurden als vorwissenschaftliche Spekulationen betrachtet, bestenfalls als eine Art Steinbruch für Ideen für gegenwärtige sozialwissenschaftliche Forschungsarbeit akzeptiert. Als Folge der Öffnung Politischer Theorie und des Wiederbetonens und Wiedergewinnens der normativen Dimension in der Theoriearbeit – so die feministische Philosophin Nancy Fraser:

„Schließlich brauchen wir theoretische Vorlagen, die es uns erlauben, utopische Hoffnungen zu entwerfen, Visionen von emanzipatorischen Alternativen zu umreißen und unsere ganze Arbeit mit einer normativen Kritik an Herrschaft und Ungerechtigkeit aufzuladen." (Fraser 1993, S. 148)

– kann wieder eine lebendige und fruchtbare Beziehung zwischen Ideengeschichte und Politischer Theorie, zwischen historischen und aktuellen Politischen Theorien hergestellt werden. Ein Anknüpfen an die großen Denktraditionen der Vergangenheit, das Freilegen und Bewußtmachen der mannigfaltigen Entwicklungslinien der heute als selbstverständlich angenommenen Prinzipien des modernen Verfassungsstaates und der Demokratie und eine Sicht, welche die großen politischen Theorien der Vergangenheit in die lebendigen Bezüge und Widersprüche der damaligen Gesellschaften einbettet, macht es möglich, den „Ideen die Stimme zurückzugeben" und zu erkennen, daß diese „eine Art von überhistorischem Eigenleben (haben)" (Isaiah Berlin). Ein derartiger Brückenschlag zwischen Politischer Theorie und Ideengeschichte, der auch bezeichnet und begriffen werden kann als „ein Akt des Wiederfindens, des Wiedergewinns verlorenen Sinns, des Erinnerns" (so Sheldon Wolin über die Theoriearbeit von Hannah Arendt, zitiert nach Sontheimer 1993, S. III), stellt, wie das in einer Reihe von Beiträgen dieses Bandes programmatisch gefordert wie auch in Analysen wichtiger Fragen gegenwärtiger Demokratie- und Politikentwicklung konkret umgesetzt wird, eine entscheidende Öffnung und Erweiterung Politischer Theorie dar.

3. In der derzeitigen Diskussion über politische Demokratie und die Gestalt von Politik und Staatlichkeit in Europa in einer Phase einer tiefgreifenden und offenen Struktur-Transformation ist Politische Theorie und Ideengeschichte insbesondere in ihrer „begriffsbildenden Kraft" (Max Horkheimer) gefordert

Der französische Sozialwissenschaftler und Romancier Jean Duvignaud hat in einem Anfang 1994 geführten Gespräch anschaulich gemacht, wie tief und wie weitreichend der historische Umbruch („periode de cassure") ist, in dem wir uns zurzeit befinden. Er führte aus:

„In solchen Perioden finden die Menschen sich sozusagen in Spannung zwischen einer Gesellschaft, deren Zeit abgelaufen ist, und einer anderen, die die frühere noch nicht völlig abgelöst hat. ... Die neuen sozialen Formen haben weder ihre Strukturen definiert noch ihre Organisationsprinzipien. Selbst die neuen Utopien verbleiben noch im Geburts-Status des Anfangs." (Nach Le Monde 18. 1. 1994)

Duvignaud zitiert den jungen Hegel, der angesichts der historischen Umbruchssituation Ende des 18. Jahrhunderts, im Übergang von der feudalen Welt zu einer Welt der Industrie, gefordert hat: „Wenn die Realität unbegreiflich ist, dann müssen wir ihr durch die Schaffung neuer Begriffe entsprechen." Politische Theorie und Ideengeschichte haben demzufolge in der gegenwärtigen Phase der Transition, in der sich die Konturen und die organisatorischen Prinzipien einer neuen Ordnung des Politischen und des Gesellschaftlichen noch nicht klar herausgebildet haben – Analytiker des internationalen Systems wie Zaki Laidi radikalisieren dieses Argument und sprechen überhaupt von einer „ordre mondial relaché", einer „gelockerten Weltordnung", in der die Elemente des „Transitorischen, der Instabilität, des Nicht-Durchgebildeten und des Ambivalenten" dominieren (Laidi 1992, S. 30) –, die Aufgabe sich insbesondere auf die „begriffsbildende Kraft der Theorie" (Max Horkheimer) zu konzentrieren.

Eine Dekonstruktion, eine kritische Überprüfung der bisher gebräuchlichen Leitbegriffe und Konzepte in der Politik- und Demokratie-Analyse und darauf aufbauend eine Rekonstruktion, Erneuerung und Re-Vision des begrifflichen Instrumentariums ist das eigentliche Hauptarbeitsgebiet gegenwärtiger Politischer Theorie in ihrem Versuch, die „Ziele der gesellschaftlichen Entwicklung und Inhalte wie Formen der Politik neu auszubuchstabieren" und dazu beizutragen, daß „neue Strukturen ge- und erfunden werden, die Handeln ermöglichen" (Beck 1993, S. 17 und 63). Vordringlich ist hier insbesondere eine begriffliche Klärung und Abgrenzung des Raumes, in dem Politik, Staatlichkeit und Demokratie stattfinden bzw. stattfinden könnten (Camilleri/Falk 1992). Es wird darüber nachgedacht und diskutiert, wie bisher vorwiegend im nationalstaatlich begrenzten politischen Raume gebildete politische Identität und „Citizenship" sich in neuen Kräfte- und Interessenkonstellationen, in stärker transnational, d. h. gemischten nationalstaatlich/international/lokal und regional, konstituierten politischen Räumen neubestimmen und in Richtung eines Projektes einer „Neugründung einer europäischen Republik" transformiert werden können.

Ein solcher Perspektiven-Wechsel in den Leitbegriffen und Leitbildern für die Demokratieanalyse stützt sich auf kritische Reflexion und Revision traditioneller Begrifflichkeit von „Politik", nach der Politik und politische Teilnahme auf institutionell-formal bestimmte Dimensionen der Politik eingeschränkt und im Sinne der Politikkonzeption Max Webers auf Machtsicherung und Machtmehrung reduziert werden. Gegenüber dieser Tendenz zur Formalisierung und Hierarchisierung im traditionellen Politik-Begriff setzen die Versuche einer „(Neu)Erfindung des Politischen" auf eine Ausweitung des konzeptuellen Rahmens für das, was als „politisch" und „politisch legitim" gesehen und gesellschaftlich anerkannt wird. Politik wird um die Dimension der „Subpolitik" bereichert, d. h., die strukturverändernd wirkende Kraft von Bürgerinitiativen und anderen selbstorganisierten politischen Formen und Bewegungen wird als wichtige Manifestation des Politischen gesehen und mit anderen Ebenen und Ansatzpunkten für eine Neuorganisation von Politik und Gesellschaft verbunden.

Wichtige Impulse für eine solche „Re-Vision" von Politik und von neuen Formen politischer Aktivität kommen hier von feministischen Ansätzen. Feministische politologische Analyseprojekte zielen ab auf eine radikale Thematisierung des Geschlechterverhältnisses in der Gesellschaft und dessen Konsequenzen für die spezifische, zum Auschluß von Frauen führende Formbestimmtheit von Politik und politischen Institutionen. In feministischen Ansätzen und Analysen wird versucht, die verschiedenen gesellschaftlichen Teilbereiche, die Herrschaftsverhältnisse und Ungleichheiten bedingen, im Gesamtzusammenhang und in Hinblick auf Historizität, d. h. von Geschichtlichkeit und Veränderbarkeit zu reflektieren. In dieser Perspektive wird die Aufspaltung der Gesellschaft in eine klar abgrenzbare öffentliche und in eine private Sphäre in Frage gestellt: „Öffentlich und privat sind ... keine gesellschaftlich oder historisch gleichbleibenden Werte oder Größen, sondern an sich veränderbare Zuschreibungen an bestimmte Handlungsfelder oder Kommunikationsstrukturen." (Kreisky 1994, S. 20)

Die Öffnung der Konzepte und Leitbilder Politischer Theorie zu realen Erfahrungen der Menschen und Widersprüchen in der Gesellschaft zielt darauf ab, die Menschen in ihrem konkreten und spezifischen Kontext, in ihren kulturellen Zusammenhängen, den Herrschafts- und Ausbeutungsverhältnissen, den gesellschaftlichen Mechanismen von Ein- und Ausschluß, Solidarität und Trennung und nicht lediglich als Abstraktionen zu sehen. Diese Bereitschaft zur „erweiterten Denkungsart" (Kant), d. h. nicht nur an Stelle von anderen, sondern sich an die Stelle anderer zu denken, setzt Offenheit gegenüber Erfahrungen von Menschen, Gruppen und Bewegungen voraus, deren Stimmen in der üblichen Repräsentation und historischen Wiedergabe von Politik zumeist unterdrückt und nicht gehört werden. „Wir versuchen" – so notierte Hannah Arendt im Jahre 1968 in Vorbereitung zu einem Seminar über „Politische Erfahrungen im 20. Jahrhundert" – „Erfahrungen zurückzuerobern, aber nicht jene der Macher von Geschichte, sondern von jenen, die ihre ‚Erleider' waren ..." (zitiert nach Heuer 1992, S. 9)

4. Politische Theorie und Ideengeschichte ist in der gegenwärtigen offenen, widersprüchlichen, historisch nicht festgelegten Politik- und Gesellschaftsepoche von einer Vielfalt möglicher Denkansätze und Interpretationsmöglichkeiten der Wirklichkeit bestimmt. Eine Akzeptanz dieser Pluralität und vielseitigen Unterschiedlichkeit des politischen Denkens bedeutet auch, daß man sich der Voraussetzungen und Grenzen des eigenen Denkansatzes und der vernunftmäßigen-rationalen Erfassung der Realität stärker bewußt geworden ist

Die Sozial- und Geschichtswissenschaften befinden sich seit Ende der 80er Jahre in einer intensiven und zum Teil auch recht leidenschaftlich geführten Grundsatzdebatte über die Möglichkeiten und Grenzen wissenschaftlichen Erkennens und Erklärens gesellschaftlicher Wirklichkeiten. Infragegestellt, angeregt und bereichert durch die radikale Kritik sogenannter postmoderner Ansätze an den rationalistischen Vorstellungen bezüglich einer zentralen Rolle der Vernunft und des denkenden Subjekts als souveränem Akteur der Geschichte, verstärkte sich die Sensibilität dafür, daß das eigene wissenschaftliche Vorgehen, der gewählte methodisch-theoretische Ansatz nur bestimmte Teile und Dimensionen der Wirklichkeit systematisch erfassen kann. Der Zusammenbruch der Großideologien und ihrer Hoffnungen, ein Modell zu konstruieren, das das gesellschaftliche System in seiner Ganzheit erfaßt, ihres Anspruches, die einzig gültige Antwort auf das jeweilig gestellte Grundproblem zu sein, hat bewußt gemacht, daß verschiedene Organisationsprinzipien und Rationalitäten in unterschiedlichen Bereichen der Gesellschaft existieren. Wissenschaftlichkeit und Wissenschaft muß also gegenwärtig, in einer gesellschaftlichen Situation, die durch grundlegenden Wandel in gesellschaftlichen Strukturen, Selbstverständlichkeiten und Sicherheiten gekennzeichnet ist – Max Horkheimer formulierte in einer vergleichbaren historischen Umbruchsituation den Satz „Die Möglichkeit ist heute nicht geringer als die Verzweiflung" (Horkheimer 1972, S. 149), mit Zweifel, Selbstbegrenzung und Bescheidenheit in bezug auf sicheres Wissen und Erkennen definiert und betrieben werden. Der Doyen der französischen Geschichtswissenschaft, Georges Duby, hat diese Einsicht in die Grenzen und, wie Kant formuliert hat, in die „Gebrechlichkeit menschlicher Vernunft" und rationalistischer Wissenschaft in einem längeren Interview wie folgt prägnant zusammengefaßt: „Sehr allmählich haben die Historiker eingesehen, daß es eine Illusion ist, Objektivität zu erreichen. Die Grundausrichtung unseres Metiers zwingt uns, alles zu versuchen, um uns an die Wirklichkeit annähern zu können. Von dieser Wirklichkeit können wir aber nur Spuren erfassen. Ausgebleichte, diskontinuierliche, ungenügende Spuren. Unsere Verpflichtung ist es, diese voll auszunützen, ohne sie manipulativ zu behandeln. Aber wir müssen die Lücken ausfüllen, und um ein Puzzle zu lösen, von dem uns die meisten Teile fehlen, müssen wir die Imagination einsetzen ..." (Nach Le Monde 26. 1. 1993)

Diese Gedanken führen uns zurück zu unserem Ausgangspunkt, zu einer Perspektive, die in den mit 1989, dem Schlüsseljahr einer neuen politischen Epoche, ausgelösten Veränderungen mehr Chancen, aber auch mehr Gefahren sieht für eine Öffnung des politischen Raumes, in dem sich „Vielfalt als positiver Wert" (Isaiah Berlin), die Akzeptanz von Verschiedenheit und Differenz und vor allem Pluralität als Grundprinzip demokratischer Politik durchzusetzen beginnt. Hannah Arendt, die bedeutende deutsch-amerikanische Philosophin und Theoretikerin der Politik, deren Werk und Gedanken in der gegenwärtigen historischen Umbruchsituation aufgrund des offenen, sokratischen und demokratisch-auffordernden Charakters ihres Denkens zurzeit eine so eindrucksvolle Rezeption erleben, hat in ihrer Fragment gebliebenen Arbeit „Was ist Politik?" hiezu ausgeführt: „Politik handelt von dem Zusammen- und Miteinander-Sein der Verschiedenen ...", und „Politik organisiert ... die absolut Verschiedenen im Hinblick auf relative Gleichheit und im Unterschied zu relativ Verschiedenen." (Arendt 1993, S. 9)

Zu den einzelnen Beiträgen

Die im Rahmen der Vortragsreihe „Politische Theorie im Gespräch“ in den Jahren 1991 und 1992 am Institut für Politikwissenschaft gehaltenen Vorträge sind in Teil I nach übergreifenden thematischen Schwerpunkten angeordnet. So werden in den beiden ersten Beiträgen die konzeptuell-methodischen Schwachstellen und „blinden Flecken“ von Marxismus und Kritischer Theorie im Kontext der Entwicklung der kommunistischen Regime in Osteuropa und der Krise der sozialistischen Arbeiterbewegung im Westen diskutiert. Jozsef Bayer geht in seinem Beitrag davon aus, daß die in Osteuropa zur Staatsideologie festgefrorenen marxistischen Ansätze und Theoreme infolge ihrer dogmatischen Sicht von Politik und Systemlegitimation nicht imstande waren, die relevanten Entwicklungstendenzen und insbesondere die Entwicklungskrisen in den kommunistischen politischen Systemen adäquat zu erfassen. In einer differenzierten Analyse der Legitimationsmuster der kommunistischen staatssozialistischen Regime in der Sowjetunion und in Osteuropa wird untersucht und veranschaulicht, aufgrund welcher Faktoren sich die kommunistischen Systeme so lange politisch halten konnten bzw. warum der Zusammenbruch Ende der 80er Jahre so plötzlich und – sieht man von Rumänien ab – ohne gewaltsamen Widerstand der herrschenden kommunistischen Machteliten erfolgte. Im Rückgriff auf die Typologie Max Webers für Herrschaft und Herrschaftslegitimität wird eine erweiterte Sicht legaler und nicht-legaler Herrschaft begründet, die „alle Arten des Macht- und Systemwechsels im Entscheidungsjahr 1989“ (S. 20) in Ost- und Südosteuropa, aber darüber hinaus auch generell Legitimationskrisen in politischen Systemen analytisch entschlüsseln helfen kann. Auch im Beitrag von Alex Demirović stehen die Voraussetzungen von ideologischer Herrschaft in politischen Systemen und die konzeptuell-theoretische Kompetenz marxistisch orientierter Ansätze in der Politischen Theorie, mit Politik und anderen „Überbau“-Phänomenen analytisch umzugehen, im Mittelpunkt. Nach den Erfahrungen des 20. Jahrhunderts, in dem im Namen von Marxismus und Sozialismus totalitäre Regime errichtet und sich die Arbeiterbewegungen im Westen völlig anders als prognostiziert entwickelt haben, sei es unumgänglich, die Bilanz und die Geschichte Kritischer Gesellschaftstheorie „neu zu überdenken, ihre Traditionslinien (zu überprüfen) und ihre einzelnen Annahmen kritisch (durchzumustern)“ (S. 24). Demirović geht kritisch auf die analytische Sicht von Ideologie, ideologischer Herrschaft und Klassenbewußtsein ein, wie sie von Vertretern der Frankfurter Schule, von Adorno und Horkheimer entwickelt und durch Habermas und Foucault ergänzt wurde und entwickelt eine differenzierte Perspektive des Zusammenhanges von materiellen und kulturellen-bewußtseinsmäßigen Gegebenheiten in Gesellschaft und Politik.

In den drei folgenden Beiträgen wird die historische und aktuelle Entwicklung von Demokratie und Verfassungsstaat auf der Grundlage einer systematischen Rekonstruktion und kritischen Befragung klassischer und moderner Demokratietheorien behandelt. So thematisiert Anton Pelinka ausgehend von der neueren Diskussion über die Demokratietheorie Joseph Schumpeters Voraussetzungen und zentrale Problemdimensionen für eine Verbindung von repräsentativer und direkter Demokratie, von liberalen und plebiszitär-populistischen Politikkonzeptionen. In einer Darstellung der „Entwicklungsschübe" in der Demokratietheorie der letzten Jahrzehnte wird eine grundsätzlich „herrschaftsskeptische" Ausrichtung, eine Sicht von Demokratie und demokratischer Politik als eine „schrittweise Annäherung an den (nicht erreichbaren) Idealzustand einer egalitären Verteilung gesellschaftlicher Macht" (S. 39) herausgearbeitet. In der gegenwärtigen Situation, in der die Grenzen des Nationalstaates nach oben wie unten fließend und offen geworden sind, ist, so wird abschließend argumentiert, Demokratietheorie vor allem in Richtung einer erweiterten, transnational konzipierten Perspektive von Demokratie und politischer Teilnahme zu entwickeln. Franz Horner sieht die Problematik der modernen Demokratie und eine wichtige Herausforderung für aktuelle Demokratietheorie vor allem darin, daß das Mehrheitsprinzip des klassischen liberal-bürgerlichen Demokratie- und Verfassungsmodells in vielfacher Hinsicht prekär und problematisch geworden ist. Angesichts der Dominanz wirtschaftlicher Kräfte und Akteure in der Gesellschaft, der Auslagerung nationalstaatlicher Kompetenzen an inter- und supranationale Instanzen und der Gefährdung der Lebensgrundlagen künftiger Generationen als Folge des wirtschaftlichen und ökologischen Raubbaus der gegenwärtigen Wirtschaftsform ist die Mehrheitsregel praktisch-politisch und – wie in einem Exkurs über die logischen Aporien kollektiver Gruppen – und Auswahlregeln gezeigt wird – auch entscheidungstheoretisch-methodisch als ausschließliche Entscheidungsform in der Demokratie in Frage zu stellen bzw. zu relativieren. Andere Formen der Entscheidungsfindung wie etwa formellen Abstimmungen „vorgeschaltete Verfahren des Aushandelns von Kompromissen … durch eine ‚Konkordanz-Demokratie'" (S. 58) könnten nach Horner den neuen politischen und gesellschaftlichen Gegebenheiten, dem Schutz von Minderheiten und der Rechte kommender Generationen stärker Rechnung tragen. In der Abhandlung von Alois Riklin wird der reiche Bestand des antiken, mittelalterlichen und modernen Denkens über politische Institutionen und Verfassungssysteme als Grundlage einer systematischen Sicht verschiedener grundsätzlicher Formen politischer Ethik genutzt. Den Ansätzen einer „personalorientierten" politischen Ethik, welche gute und gerechte Politik vor allem vom Charakter, von Weisheit und Torheit der Politiker und der politischen Klasse abhängig machen, wird eine „institutionorientierte" Richtung im politischen Denken gegenübergestellt, nach der der Kerngehalt von rechts- und sozialstaatlicher Demokratie in der Entwicklung und Ausdifferenzierung von institutionellen Formen zu sehen ist, welche die Machtwillkür der Herrschenden einschränken und politische Kontrolle und politische Teilhabe möglichst vieler begründen können. Von den personalistischen und institutionalistischen Ansätzen in der politischen Ethik wird schließlich als dritte Grundausrichtung „resultatorientiertes“ politisches Denken unterschieden, nach der die konkreten Ergebnisse der Politik und der politische Erfolg die entscheidenden Beurteilungskriterien darstellen. Im Schlußteil wird angesichts des Machtzuwachses der Menschheit als Folge des technischen Zugriffs auf Natur und Gesellschaft, durch den „die Macht ungeahnter Fernwirkungen in Raum und Zeit (eröffnet wird)“ (S. 80), für eine Erneuerung der Ethik plädiert, in der politisches Denken und Tun sich der Verantwortung für „Mitwelt, Nachwelt und Umwelt“ (ebd.) besinnt.

Im Beitrag von Erich Kitzmüller wird die Widersprüchlichkeit des im technokratischen Denk- und Gesellschaftsentwurf dominierenden Menschenbildes dargestellt, in dem die Menschen einerseits als handelnde Wesen immer stärker zurücktreten, andererseits in ihrer Funktion als Elemente und Träger einer Gesellschaft des „Kaufens, Habens und Verkaufens“ zum allerwichtigsten Maßstab und zur entscheidenden legitimatorischen Figur im Machtdiskurs hochstilisiert werden. Auf der Grundlage von Forschungs- und Denkansätzen, in denen das „Modell Neuzeit“ als „historisch einmalige Herrschaftsausdehnung“ gesehen wird, „in der Wissenschaft, Technik und Ökonomie eine gleichsam sachlich begründete und somit scheinbar von Willkür befreite Herrschaft universal und global ausbreiten“ (S. 86), und nach denen die Beziehungen zwischen Menschen von Nachahmung und Rivalität („Mimesis“) bestimmt sind, wird die Entwicklung des Schwindens subjekt- und veränderungsorientierter Politik- und Gesellschaftsentwürfe im Kontext des „technopathischen Expansionismus“ neuzeitlicher Marktgesellschaft nachgezeichnet. Der Beitrag schließt mit der Frage, in welcher Form und in welchen politisch-gesellschaftlichen Dimensionen sich Menschen wieder als historisch handelnde politische Subjekte, als „Fähigkeits-“ und „Möglichkeitswesen“ finden und zusammenschließen könnten. Eine ähnlich weitgehende und radikale Kritik der herrschenden Denkformen in Politik und Gesellschaft wird von Werner Ernst vorgetragen. Die „Denkgewalt“ herrschender Positivitätsvorstellungen in der Wissenschaft, analog zu bzw. Ausdruck von „gesellschaftlichen Negativitätsbedingungen“, d. h. einer die „kapitalistische Ökonomie, Natur unterwerfende Technik und politische Technokratie“ (S. 103), besteht vor allem in der Tendenz zu Denkabstraktionen und Begriffen, die unter dem Axiom formaler Gleichheit vom Konkreten und Besonderen gesellschaftlicher Strukturen und Entwicklungstendenzen absehen. Ernst kritisiert die herkömmliche Unterscheidung zwischen moralischen und instrumentalen Sichtweisen, von Wert- und Zweckrationalität, die, wie etwa bei Max Weber, darin begründet ist, daß „nicht-soziale Handlungen zum Grundmodell von Handlungen (genommen werden)“ (S. 106). Gegenüber einem Denken, das durch abstrakte moralische Prinzipien und einer fiktiven formalen Gleichheit die herrschenden Machtstrukturen legitimiert und verstärkt, und das „mit Hilfe beherrschender (abstrakter) Moralen Menschen nicht angemessen beurteilt, sondern verurteilt" (S. 111), wird eine andere Betrachtung von Menschen und Gesellschaft entwickelt und gefordert, die vom konkreten Akt der „Perferation", dem „Tun des ‚Durchstehens' und ‚Durchhaltens', kurz: des Erfahrens" her vorgetragen wird und eine „Rückgängigmachung entstellter Dinge und der unterstellenden Urteilsform" (S. 112) einzuleiten verspricht.

Den Abschluß des I. Teiles bilden zwei Beiträge, in denen durch eine feministische Sicht ein grundlegender Perspektivenwechsel in der Wahrnehmung und Analyse gesellschaftlicher Wirklichkeit im Bereich des Politischen vorgeführt und vollzogen wird. Eva Kreisky unternimmt eine „Spurensuche" zur Konstruktion des Staates und der politischen Sphäre als „Männerbund", die darauf abzielt, die strukturellen Bedingungen, denen sich die Reformpolitik der Frauenbewegungen in ihren Bemühungen einer „Feminisierung" politischer Institutionen gegenübersieht, in deren verborgenen, nicht explizit und bewußtgemachten Konnotationen und Leitbildern zu enthüllen und zu thematisieren. In dem Versuch einer „feministischen Institutionenarchäologie", die „formaldemokratisch camouflierte Schichten männerbündischer Strukturen und männerbündischen Verhaltens nach oben kehrt" (S. 121), wird ein breiter Bogen gespannt von einer Kritik von traditionellen Auffassungen von Politik und politischem Handeln als „Sache des Mannes" und „Männerberuf" hin zu (prä-)faschistischen politischen Männerbundideen, die insbesondere im Nationalsozialismus in Deutschland weit verbreitet und politisch wirksam waren. Die analytische Relevanz des Männerbundkonzeptes, mit Hilfe dessen es möglich wird, über die formellen und direkten Ausschluß- und Benachteiligungsmechanismen für Frauen „die gesamte ‚männliche Ethik' dieser Institutionen mit all den subtilen Diskriminierungs- und Ausgrenzungsspielen zu fassen" (S. 138), wird abschließend an den „Kernstrukturen" des Staates, in einer kritischen Durchleuchtung von Militär und Bürokratie, veranschaulicht. Auch der Beitrag von Claudia von Werlhof wendet sich explizit gegen die Auffassungen und Denkformen männlich bestimmter und verzerrter „Normalwissenschaft", gegen den „male-stream" in den Sozialwissenschaften. Feministischen Ansätzen, die die Verbesserung der Situation und der Rechte der Frauen von einer Position von „Gleichheit" und „Differenz" theoretisch begründen und politisch durchsetzen wollen, wird die Notwendigkeit einer (Denk-)Haltung der „Dissidenz" entgegengesetzt und entgegengehalten, in der nicht mehr „die Fragen des Systems", sondern „endlich einmal diejenigen gestellt werden, die aus ihm hinausweisen" (S. 145). Im Gegensatz zu reformistischen Strömungen in der Frauenbewegung geht es „Dissidenz" nicht um ein Einklagen von Gleichheit und Differenz im gegenwärtigen System, sondern „um Herrschaftsfreiheit, um Befreiung von Herrschaft überhaupt" (S. 146). Am Beispiel einer Rezension von zwei Büchern der Autorin durch eine Repräsentantin der deutschen Frauenforschung wird deutlich gemacht, wie „skandalisierend" eine solche Position sein kann, die Herrschafts- und Machtverhältnisse nicht nur im Sinne einer „Femokratie" mit besseren Chancen und Machtanteilen für die

Frauen verändern, die vielmehr dieser Gesellschaft „nicht entsprechen, sondern ihr widersprechen (will)“ (S. 160).

In den Beiträgen des II. Teiles, die in alphabetischer Anordnung gruppiert sind, kommt in der Beantwortung der für alle Vorträge identen Ausgangsfrage („Politische Theorie und Ideengeschichte – wozu?“) bei starkem Konsens in Grundpositionen – im Sinne der im vorigen Abschnitt dargestellten Gemeinsamkeiten (lebendige Beziehung und In-Bezug-Setzung von Politischer Theorie und Ideengeschichte/Akzeptanz und Bejahung normativer Ausrichtung und Grundlegung Politischer Theorie/Vordringlichkeit einer kritischen Sichtung und Rekonstruktion der zentralen Begriffe und Leitbilder für Politik und politisches Handeln/methodisch-theoretische Selbstreflexion) – ein breites Spektrum verschiedenster Argumente und Begründungen für die gegenwärtigen Aufgaben, Schwerpunkte und Chancen von Politischer Theorie und Ideengeschichte zum Ausdruck. Diese von den persönlichen Forschungs-, Lehr- und Lebenserfahrungen bestimmten und geprägten individuellen Antworten und kritischen Reflexionen, deren Diversität sich auch in den gewählten (Unter-)Titeln in anschaulicher Form wiederspiegelt, ergeben eine interessante, eine sehr offen, erfrischend selbstkritisch und philosophisch fundiert geführte Debatte, die, wie wir hoffen, die Leserinnen und Lesern inner- und außerhalb der Politikwissenschaft in ihren Versuchen und Suchbemühungen, die Konfrontation und die Kollision von Ideen und politischen Projekten mit gesellschaftlicher Wirklichkeit möglichst gut und produktiv zu gestalten, anregen und ermutigen kann. Schließen und beginnen wir mit Hannah Arendt: „Wo das Sprechen aufhört, hört Politik auf.“ (Arendt 1993, S. 196)

Anmerkungen

1 Daß in diesem Band nur 9 Hearing-Beiträge zum Abdruck kommen, ist darauf zurückzuführen, daß einer der Hearing-Teilnehmer (Wolfgang C. Müller) seinen Beitrag nicht zur Veröffentlichung in der vorliegenden Publikation freigegeben hat.

2 Das republikanische Österreich setzt mit dieser Praxis die (schlechte) Tradition der K.-u.-k.-Monarchie fort, die aufgrund ihrer Zensurbestimmungen und ihrer repressiven Haltung gegenüber Wissenschaftlern und Künstlern in der ersten Hälfte des 19. Jahrhunderts als „China Europas“ galt. Eine bezeichnende historische Anekdote hiezu: Als Venedig zum erstenmal in der Geschichte der „Serenissima“ infolge der napoleonischen Kriege die Selbständigkeit verlor und 1798 bzw. dann wiederum 1814 Teil der Habsburg-Monarchie wurde, kam es bald nach Beginn der österreichischen Fremdherrschaft zu einem Aufruhr von Professoren und Studenten an der berühmten Rechtsuniversität zu Padua (das damals zum venetischen Gebiet gehörte). Dies war die Reaktion darauf, daß Seine Apostolische Majestät Franz I., Kaiser von Österreich, König von Jerusalem etc. etc. „österreichische Verhältnisse“ eingeführt hatte, d. h. die Professoren persönlich auswählte und hiemit mit einer jahrhundertelangen Tradition der Autonomie der ältesten Rechtsfakultät der Welt brach (nach Zorzi 1990, S. 48).

3 Ob und inwiefern die in den nächsten Jahren in Österreich geplante Reform des Universitäts-Organisations-Gesetzes, nach der vorgesehen ist, daß der Rektor und nicht mehr der Wissenschaftsminister das entscheidende Sagen bei ProfessorInnen-Bestellungen haben soll, eine tatsächliche Änderung in Richtung Autonomie der Hochschulen bringen wird? Wir können nur hoffen ...

Literatur

Arendt, Hannah (1987), Wahrheit und Lüge in der Politik. Zwei Essays, 2. Auflage, München – Zürich

Arendt, Hannah (1992), Vita activa oder vom tätigen Leben, 7. Aufl., München – Zürich

Arendt, Hannah (1993), Was ist Politik?, aus dem Nachlaß hrsg. von Ursula Ludz, München – Zürich

Beck, Ulrich (1993), Die Erfindung des Politischen. Zu einer Theorie reflexiver Modernisierung, Frankfurt/Main

Berlin, Isaiah / *Jahanbegloo,* Ramin (1994), Den Ideen die Stimme zurückgeben. Eine intellektuelle Biographie in Gesprächen, Frankfurt/Main

Bourdieu, Pierre (1988), Vive la crise! For heterodoxy in social science, in: Theory and Society 17, S. 773–787

Camilleri, Joseph A. / *Falk,* Jim (1992), The End of Sovereignty? The Politics of a Shrinking and Fragmenting World, Aldershot – Brookfield

Fraser, Nancy (1993), Pragmatismus, Feminismus und die linguistische Wende, in: Seyla Benhabib u. a.: Der Streit um Differenz, Feminismus und Postmoderne in der Gegenwart, Frankfurt/Main, S. 145–160

Goldmann, Kjell (1992), Introduction: Three Debates about the End of the Cold War, in: Pierre Allan / Kjell Goldmann (Hg.): The End of Cold War. Evaluating Theories of International Relations, Dordrecht – Boston – London, S. 1–11

Habermas, Jürgen (1969), Technik und Wissenschaft als „Ideologie", 2. Aufl., Frankfurt/Main

Heuer, Wolfgang (1992), Citizen. Persönliche Integrität und politisches Handeln. Eine Rekonstruktion des politischen Humanismus Hannah Arendts, Berlin

Horkheimer, Max (1972), Autoritärer Staat, Frankfurt/Main (zuerst 1942)

Laidi, Zaki (1992), Sens et puissance après la guerre froide, in: Zaki Laidi (Hg.): L'ordre mondial relaché, Paris, S. 18–44

Narr, Wolf Dieter (1989), Politische Theorie wofür?, in: Österreichische Zeitschrift für Politikwissenschaft 1, S. 77–88

Sontheimer, Kurt (1993), Vorwort, in: Hannah Arendt (1993): Was ist Politik?, aus dem Nachlaß hrsg. von Ursula Ludz, München – Zürich, S. I–VII

Walzer, Michael (1993), Between nation and world, in: Economist 11. 9. 1993, S. 51–54

Zorzi, Alvise (1990), Österreichs Venedig. Das letzte Kapitel der Fremdherrschaft 1798 bis 1866, Düsseldorf

Teil I

Reformulierung und Aktualisierung der Demokratietheorie

Jozsef Bayer

Legitimationskrise des Staates als Problem der politischen Theorie

In den siebziger Jahren wurde in Ungarn, wo eine Politikwissenschaft als selbständige Disziplin damals gerade im Entstehen begriffen war, fleißig die theoretische Diskussion über die „Legitimationsprobleme des spätkapitalistischen Staates" (Habermas) rezipiert, die vor allem in Deutschland und in den angelsächsischen Ländern geführt wurde. Viele Theoretiker beschworen damals eine mögliche Legitimitätskrise des Staates für die entwickelten Industrieländer herauf, andere wiederum bestritten dies heftig. Es kam jedoch zu keiner wirklich tiefen Legitimationskrise, vielleicht eben darum, weil sie offen ausdiskutiert werden konnte. Stattdessen ist ein breit angelegter Wertwandel eingetreten, der durch empirische Untersuchungen vielfach bestätigt wurde (Inglehart 1977). Der Einfluß der neuen sozialen Bewegungen machte sich immer mehr in der politischen Kultur bemerkbar.

In Ungarn und in ganz Ost-Mitteleuropa wurden im Kontext des kommunistischen Systems dagegen Legitimationsprobleme des Staates gar nicht diskutiert. Auch als die Stagnation und die schleichende Wirtschaftskrise, ein genereller moralischer Verfall und eine wachsende Unglaubwürdigkeit der politischen Führung immer evidenter wurden, erschien der Bestand des Systems immer noch undiskutabel. Und dann kam plötzlich der Zusammenbruch, vom Ablauf einer regelrechten Legitimationskrise begleitet, wie man sie sich ideal vorstellt. Gewiß, die radikalen Umwälzungen in Ost- und Mitteleuropa hatten viele andere Gründe, vor allem den Zerfall der sowjetischen Macht. Aber die Legitimationskrise im Sinne von eindeutigem Entzug der moralischen und politischen Unterstützung für das ganze Regime war auch mit ein Grund seiner friedlichen Auflösung. Und die Auflösung des sowjetischen Imperiums ist selbst Teil der generelleren Frage nach der Legitimität des staatssozialistischen Systems.

Mich beschäftigte schon seit einiger Zeit, warum eigentlich die politischen Probleme des Vertrauens, der Verpflichtung und Unterstützung gegenüber dem Regime in unserem Raum nicht in den Termini der Legitimationstheorie zu behandeln waren. Es ging nicht allein um Zensur bzw. Selbstzensur. Man hatte das dumpfe Gefühl, daß die vorgefundenen theoretischen Apparate zur Behandlung solcher Probleme in der üblichen Form der Legitimationstheorie einfach nicht auf unsere Verhältnisse paßten.

Die marxistische Tradition hat sich diese Frage bekanntlich schon dadurch erspart, daß sie der Politik keine Autonomie gegenüber der Ökonomie zuerkannt hatte. Legitimatorische Fragen wurden höchstens als Probleme der herrschenden Ideologie einer herrschenden Klasse behandelt. Als einzige Ausnahme galt der junge Georg Lukács, der – noch unter dem Einfluß von Max Weber – in einem Aufsatz von 1920 über „Legalität und Illegalität" das Problem der Legitimität jeder neuen, revolutionären Ordnung behandelte. Er antizipierte dabei vieles, was später nach der stalinistischen Wende unterschlagen wurde. Hier möchte ich nur auf zwei seiner Einsichten verweisen. Erstens behauptete er, daß der neue „proletarische" Staat sich auf den traditionellen Autoritätsglauben der Massen verlassen kann und darauf auch bauen muß, um sie der neuen Ordnung gegenüber zu vepflichten. Das war ein reiner machtpolitischer Kalkül. Zweitens vermerkte er ganz richtig, daß die neuen Machthaber noch sehr lange unsicher in bezug auf ihre Machtbefugnis sein werden. Die politische Kultur der Illegalität mit Zügen der Geheimtuerei, Verschwörungs- und Verratsargwohn usw. werden sie nicht leicht ablegen können. Daher werden sie die Macht „nicht mit der Selbstsicherheit eines legitimen Herrschers, sondern mit dem Abwechseln von Zaudern und Hast eines Usurpators" ausüben, dadurch „die unvermeidliche Restauration des Kaptalismus innerlich, in Gedanken, Gefühl und Entschluß" vorwegnehmend (Lukács 1968, S. 418).

Es ist kein Zufall, daß sein Buch „Geschichte und Klassenbewußtsein", in dem dieser Aufsatz enthalten ist, von den sowjetischen Staatsideologen sofort heftig angegriffen und verdammt wurde. Er selbst gab es spätestens Anfang der dreißiger Jahre auf, überhaupt über politische Dinge zu theoretisieren. Denn solche Fragen durften nicht einmal mehr gestellt werden. Und dabei blieb es bis zum endgültigen Sturz des Kommunismus.

Während der letzten zwei Jahrzehnte, zumindest in Ungarn, nahm die sozialwissenschaftliche Intelligenz stillschweigend Abschied vom Marxismus, und in Abneigung gegen jegliche „große Theorie" versuchte sie aus der westlichen Theorieentwicklung verschiedene „Theorien mittlerer Reichweite" zu übernehmen und anzuwenden. Darunter gehörte auch die Legitimationstheorie, die übernommen und diskutiert wurde, jedoch ohne großen Erfolg. Für die Verhältnisse im Staatssozialismus bedurfte es anscheinend einer speziellen Umdeutung der Theorie bzw. eines spezifischen begrifflichen Apparats. Das Wort springt leicht ein, wo ein Begriff fehlt, wie wir von Goethes Mephisto wissen; das ist aber noch weit von der Wissenschaft. Die wissenschaftliche Literatur, die unter diesem Zeichen in Ungarn produziert wurde, blieb einerseits pure Theorierezeption, die (wegen ihrer oppositionell anmutenden Fragestellungen) oft gar nicht publiziert werden konnte oder nur in halblegalen Samisdat-Ausgaben auftaucht. Andererseits wurden empirische Untersuchungen über die sich wandelnde politische Einstellung der Bürger unternommen, die aber auch ohne den Begriff der Legitimation hätten auskommen können. Der Begriff war höchstens als theoretischer Schmuck auf den empirischen Gehalt aufgepfropft.

Daher müssen wir die Frage stellen: Wie war das Legitimationsmuster des staatssozialistischen Regimes beschaffen, das sich so lange gegen substantielle politische Veränderungen widersetzen konnte und dann mangels Unterstützung seiner Bürger und infolge einer offen aufgetretenen Vertrauenskrise – und, wohlgemerkt, bei gleichzeitiger innerer Gespaltenheit der herrschenden politischen Elite – auf einmal einstürzte? Dieser Frage möchte ich in diesem Vortrag kurz nachgehen.

Die Frage nach der Legitimation des staatssozialistischen Systems ist eins mit der Frage nach der Natur dieses Systems, das sich nicht als Herrschaftssystem verstand, sondern als System jede Klassenherrschaft aufheben wollte. Aus einer revolutionären Gärung nach verlorenen Kriegen und sozialer Auflösung geboren, stellten diese Regime ein großangelegtes historisches Experiment dar, aus halbwegs traditionaler, mit feudalen Strukturen behafteten Gesellschaften mit bewußter Aktion, durch politische Willensakte moderne Gesellschaften zu schaffen, die dazu noch eine Alternative zum „Mainstream"-Kapitalismus darstellen sollten. Soviel politischer Voluntarismus für einen großen historischen Sprung konnte nur in wiederholten großen sozialen und politischen Katastrophen enden. Dennoch konnte sich das System jahrzehntelang behaupten, denn es hat dennoch eine, wenn auch „halbierte Modernisierung" durchgeführt, die auch viel Erfahrungen besonders in bezug auf Möglichkeiten und Grenzen staatlicher Wirtschaftsentwicklung und Verhaltenssteuerung einbrachte. Das System des staatskapitalistischen Sozialismus stellte letztlich eine Einheit von staatlich gelenkter Planwirtschaft, einer auf äußerste Machtkonzentration angelegten monolithischen politischen Ordnung und eines von der monopolistischen Ideologie durchdrungenen und kontrollierten kulturellen Subsystems dar.

Stellt man die Frage nach der Legitimität einer solchen Ordnung, dann bietet sich als erstes der Rückgriff auf Max Webers klassische Typologie an. Aber alle Versuche, das Problem der Legitimation dieser Staaten aufgrund der klassischen Weberschen Typen der Legitimität zu behandeln, fand ich nicht überzeugend. Die Anwendung der klassischen Typen der traditionalen, charismatischen und legal-bürokratischen Herrschaft konnte höchstens dazu führen, daß in bestimmten historischen Phasen der Entwicklung dieser Staaten ein Mehr oder Weniger von gewissen Zügen solcher Typen anzutreffen war; z. B. zu Stalins Zeiten überwogen charismatische Elemente, später traditionalistische etc. Aufgrund des idealtypischen Charakters dieser Typologie wird man immer ein Gemisch von allen drei Typen auffinden, mit der Dominanz des einen oder des anderen. Allein das besagt noch recht wenig über die Eigenart der Herrschaftslegitimation dieses Systems.

Wenn man die Webersche Tradition ernst nimmt, müßte man mindestens Webers Typologie ergänzen, so wie er es selbst als möglich vorsah. Er behauptete nämlich, daß beliebige weitere solcher Typen für legitime Herrschaft gebildet werden können. Weber hatte mit seiner Typologie selbst Schwierigkeiten, als er sie auf die Demokratie anwandte. Er erkannte bekanntlich keinen besonderen, demokratischen Typus der Legitimität an, sondern sah in der Demokratie, in dem Auftreten demagogischer Parteiredner, die die Öffentlichkeit für sich zu gewinnen trachteten, nur die herrschaftsfremde (d. h. antiautoritäre) Umdeutung der charismatischen Legitimität (Weber 1985, S. 155 ff.). Darin schillert die Zweideutigkeit des Begriffs Charisma durch, der sehr oft nichts weiteres als die Fetischisierung jeglicher Macht bedeutet.

Weber hat auch einen wertrationalen Typus der Legitimität als möglich eingeräumt, aber nicht weiter ausgearbeitet. Das liegt wohl in der Systematik seiner Herrschaftssoziologie begründet. Die Weiterbildung seiner Theorie in diese Richtung würde bedeuten, daß die legitimierende Kraft der Leistungen des Sozial- oder Wohlfahrtstaates, ein so charakteristischer Zug der modernen Entwicklung, als ein wertrationaler Legitimitätstypus zu verstehen wäre. Er sträubte sich gegen eine solche Möglichkeit einer materiellen Rationalität, besonders in bezug auf die Gestaltung der Wirtschaft, teils weil er ein Liberaler war, teils weil er die formale Rationalität als effektiver und die Freiheit stärker befördernd einschätzte als die materiale Gerechtigkeit. In materiellen Gerechtigkeitsansprüchen, wie es aus seiner Polemik gegen revolutionär geprägtes, materiales Naturrecht zu entnehmen ist, witterte er einen künftigen Despotismus. Freilich konnte er die spätere Entwicklung des modernen Wohlfahrtsstaates nicht voraussehen.

Läßt sich nun ein wertrationaler Typus der Legitimität im Weberschen Stil im nachhinein kreieren? Ich glaube nicht, daß es möglich ist, und es ist auch nicht nötig. Die legale Herrschaft bildet letzten Endes die Grundlage jeder modernen Herrschaftsübung; auch ein Sozial- oder Wohlfahrtsstaat kann nur unter Verrechtlichung seiner inneren Verhältnisse existierten. Jürgen Habermas kritisierte den Formalismus Webers, und besonders seinen Legalismus. Nach Habermas legitimiert die Legalität noch nicht von selbst; der Gesetzespositivismus verlangt vielmehr einen wertrational begründeten „consensus omnium". Das heißt, daß die Legalität nur dann Legitimität schaffen kann, wenn wir begründen können, daß gewisse formale Prozeduren materielle Wahrheitskriterien befriedigen (Habermas 1973a, S. 133 ff.). Solch ein consensus omnium betrifft aber nicht nur den diskursiven Wahrheitsbezug von normativen Ideen. Eine der spezifischen Leistungen des modernen politischen Systems ist – darin sind Claus Offe und Niklas Luhmann einig –, soziale Interessenkonflikte so aufzuarbeiten, daß daraus keine Legitimationsnot für den Staat entsteht, nämlich für den modernen Wohlfahrtsstaat, der in seiner Handlung einander entgegengesetzten Imperativen ausgesetzt ist (Luhmann 1983; Narr/Offe 1975; Offe 1976). Darum betonte auch Habermas in seiner Legitimationstheorie, daß die Legitimationsnot des Staates ständig mit der Ausdehnung seiner Kompetenzen auf immer breitere gesellschaftliche Bereiche wächst, und daraus glaubte er die Folgerung einer möglichen Legitimitätskrise ziehen zu können (Habermas 1973a, S. 96 ff.).

Dieses Modell des Sozialstaats, in dem gleichzeitig Legitimitätsschaffung und Legitimationsnot besteht, würde schon eher auf die staatssozialistischen Systeme zupassen, zumindest seit sie die totalitäre Phase der Gründungszeit hinter sich gelassen haben. Einige Soziologen beschrieben sie daher als Systeme der bürokratisch-rationalen Redistribution und leiteten eine gewisse wertrationale Legitimation aus diesem Anspruch und dieser Funktion ab. Der autoritäre Wohlfahrtsstaat osteuropäischer Prägung zog wirklich seine Rechtfertigung teils aus solchen materiellen Leistungen und argumentierte auch im Sinne einer „materiellen" und „nicht formalen" Demokratie. Aus diesem Begriff der „rationalen Redistribution" ließen sich freilich auch systemkritische Positionen gewinnen, wie z. B. bei Szelényi-Konrád (1979). Da diese Länder meist unterentwickelt und arm waren, mangelte es an echter Wohlfahrt; aber, mehr noch, auch an Demokratie und Rechtssicherheit. Denn es war bestenfalls ein egalistischer Wohlfahrtsstaat ohne rechtsstaatliche Absicherung, was zu Willkür und im besten Fall zur Verkrustung einer bürokratischen Herrschaft und einer paternalistischen politischen Kultur führte (Fehér 1982).

Für die Zukunft des staatssozialistischen Systems wurde es von zentraler Bedeutung, daß wegen der krisenhaften Aussichtslosigkeit der weiteren Entwicklung in der zentral gelenkten, total verstaatlichten Wirtschaft die steigenden Ansprüche, die dieser bescheidene Wohlfahrtsstaat selbst erweckte, nicht befriedigt werden konnten. Ausgerichtet auf eine „Diktatur über die Bedürfnisse" (Markus/Fehér/Heller 1981), d. h. massenhafter und gesicherter Bedürfnisbefriedigung auf relativ niedrigem und undifferenziertem Niveau, konnte der „planende Staat" weder die nötige Dynamik der Wirtschaftsentwicklung entfachen, noch die wachsenden Ansprüche einer differenzierteren Gesellschaft, besonders der gehobeneren Schichten, befriedigen. So wurde dieser „Schlechtfahrtsstaat" immer unglaubwürdiger, und die durch die „halbierte Modernisierung" geweckten Bedürfnisse obsiegten – übrigens ganz nach Marxschen Annahmen – letztlich über die Diktatur. Im Gegensatz zu Staaten mit kapitalistischem Wirtschaftssystem, in denen ein großer Teil der Entscheidungsbereiche „Naturgesetzen" des Marktes überantwortet ist, wo also die sogenannten „Sachzwänge" einer tragfähigen Wirtschaft für die Politik immer Auswege aus dem Legitimationsdruck anbieten, gab es im Staatssozialismus keine solchen Möglichkeiten. Die monolithische Macht des Parteistaates ist für alles zuständig gewesen, sie war die „sichtbare Hand", die einige niederschlug und andere erhob. Daher waren die Herrschenden gezwungen, autonom artikulierte Ansprüche und aufkommende Legitimitätszweifel von vornherein zu unterbinden. Die Entscheidungslast des politischen Zentrums war umso riesiger, weil die Eigentumsrechte ungeklärt waren. Wer wozu befugt ist, das konnte immer streitig gemacht werden. Das führte zu einer allgemeinen Herrenlosigkeit, und jede Entscheidungsinstanz auf unterer Ebene versuchte, um sich zu schützen, die Verantwortung für heikle und konfliktreiche Entscheidungen um zumindest eine Ebene höher zu schieben. So ist die Staatsmacht in dem Versuch, die Gesellschaft übergreifend unter Kontrolle zu halten, in ihre eigene Falle gegangen. Die populärste Figur im ungarischen politischen Kabarett war ein komischer Kerl, der immer als der „Genosse Zuständige" auftrat und sich über alle Fragen des Lebens autoritativ äußerte. Das war eine klare Karikatur des überverstaatlichten Systems. Die übergroße Entscheidungslast führte zu einem unheimlichen Legitimationsdruck, dem man nur mit der Unterbindung der autonomen Artikulation von Interessen ausweichen konnte, durch Zensur der Kritik, mindestens einer Kritik an der Zentrale und an der Machtstruktur überhaupt.

Wegen dieser Unterbindung des Aufkommens jeglicher Fragen nach der Legitimität finde ich eine dritte Alternative theoretisch fruchtbarer – nämlich den Gebrauch des Weberschen Begriffes einer nicht-legitimen Herrschaft, wie er ihn bei der Typologie der Stadtentwicklung verwendet hat (Weber 1985, S. 691). Für die Feinde des Systems galt der Staatssozialismus freilich immer schon als illegitim. Webers Begriff der nicht-legitimen Herrschaft hatte aber einen ausgesprochen wertneutralen Gehalt. Von einem wertfreien Standpunkt kann eine nicht-legitime Herrschaft ebenso gut sein, vielleicht noch angenehmer für das Leben als eine legitime. Damit kann man den politischen Streit um die Legitimität oder Illegitimität umgehen und behaupten, daß das Regime eigentlich keine Legitimität im modernen Sinne einer westlichen, normativ-rechtsstaatlichen demokratischen Legitimität beanspruchte, gleichzeitig jedoch sehr wohl um die Unterstützung seiner Bürger – vielleicht nicht mit den richtigen Mitteln – stets bemüht war.

Die Städte, die Weber unter diesen Begriff gebracht hat, stellten Anfänge des modernen Staatswesens dar, mit rationaler Verwaltung etc., aber in eine Umgebung gebettet, die ganz anderen Legitimitätsprinzipien gehorchte. Noch die mittelalterlichen Kommunen gehörten in diese Kategorie. Wie läßt sich daraus ein Begriff für die staatssozialistischen Systeme abgewinnen? Durch die Einsicht, daß auch sie einen historischen Ausnahmezustand darstellten. Wie der ungarische Ökonom János Kornai es ausgedrückt hat, das System geriet nicht in die Krise, es war die Krise selbst. Es war Ausdruck der Krise und die versuchte Lösung derselben. Es war ihre staatlich organisierte Form, in der man halbwegs oder ganz traditionalistische Gesellschaften zur Schwelle der Moderne überführte oder zumindest den Versuch machte, sie zu überführen (Huntington 1968). Diese Gebilde eines „lokalen Kommunismus", eingebettet in ein kapitalistisches, durch den Weltmarkt dominiertes Weltsystem, konnte – abgeriegelt von der übrigen Welt – nur provisorischen Bestand haben. Nach Karl Marx, auf den sich die offizielle Ideologie dieser Regime ständig bezogen hat, mußte sich ein Kommunismus lokaler Couleur mit jeder Expansion des erfolgreichen Kapitalismus notwendigerweise auflösen.

Die politische Form dieses Ausnahmezustandes war die totalitäre Diktatur der Staatspartei, die die Modernisierung der Gesellschaft, verkürzt verstanden vor allem als Industrialisierung des Landes, vorantrieb. Dieses monolithische Gebilde, die Einheit der Staatspartei und des Parteistaats, mußte aber aus seinen eigenen Herrschaftsinteressen die gleichzeitige politische Modernisierung im

Stile des westlichen Verfassungsstaates blockieren. Aus der Frage nach der Legitimität seiner Herrschaft nach demokratischen Maßstäben wäre die Gefahr seines Machtverlustes entstanden, und damit würde sich, nach berechtigter Annahme, das ganze Gesellschaftssystem von selbst auflösen. Diese Politik der Blockierung – der Unterbindung der Entwicklung einer autonomen „civil society" und die Abwehr jeglicher Frage nach der Legitimität – führte letztlich zur Instrumentalisierung der Ideologie zu einem Herrschaftsinstrument. Damit griff man auf einen vormodernen Typus der Legitimität zurück, als noch stabile ontologische Religionen für die Legitimität der Herrschaft sorgten. In seiner Darstellung der Entwicklungsphasen der Legitimationsstufen charakterisierte Jürgen Habermas diese Entwicklungsphase mit der Idee des dogmatisierten, erlernbaren Wissens von einer geordneten Welt (Habermas 1976).

Die modernen Ideologien des Westens sind dagegen gerade durch die Auflösung eines solchen ontologisch-religiös begründeten Weltbildes entstanden. So wird die Rolle der Ideologie von Autoren wie Reinhard Bendix, Daniel Bell, William Connolly und Alwin Gouldner behandelt, die in anderer Hinsicht als Denker sehr verschiedener Richtungen gelten (Bell 1960; Bendix 1977; Conolly 1984; Gouldner 1976). In der Tradition der Kritischen Theorie (Adorno/Horkheimer 1974) stehend argumentierte auch Jürgen Habermas in bezug auf diese Doppelnatur der Ideologien auf folgende Weise:

> „Erst dadurch entstehen *Ideologien* im engeren Sinn: sie ersetzen die traditionellen Herrschaftslegitimationen, indem sie mit dem Anspruch der modernen Wissenschaft auftreten und sich aus Ideologiekritik rechtfertigen. Ideologien sind gleich ursprünglich mit Ideologiekritik. In diesem Sinne kann es vorbürgerliche ‚Ideologien' nicht geben." (Habermas 1973b, S. 72)

Das bedeutet freilich nicht, daß die Ideologien von nun an die einzigen Quellen der Legitimation wären, ganz im Gegenteil. Sie unterstützen nur in ihrer rational-diskursiven Gestalt den politischen und geistigen Pluralismus und nehmen so Teil an der Etablierung eines Legitimationsprozesses, der mit konsensualen und prozeduralen Elementen behaftet ist. Die moderne liberaldemokratische Massendemokratie wird von ebensolchen Verfahren charakterisiert, die unter rechtsstaatlichen Bedingungen, in geregelten politischen Verfahren und in der freien Öffentlichkeit ablaufen. Dort aber, wo die rationale Prüfung und Kritik der Ideologien unterbunden und eine unantastbare, kanonisierte Staatsideologie etabliert wird, kann man eher von einem Mythos als von einer Ideologie sprechen; einem Mythos, der eher in frühere Formen der Geistesentwicklung zurückfällt.

Den Zusammenhang zwischen früherer, dogmatisch-religiöse Legitimation bietender geistlicher Macht und der weltlichen Herrschaft analysierte Max Weber sehr eingehend in einem Kapitel seines Hauptwerkes „Wirtschaft und Gesellschaft". Die politische und die „hierokratische" Herrschaft stellten demnach zwei gesonderte Formen der Herrschaft dar, die aufeinander angewiesen sind und deren Beziehung zueinander von ständiger Spannung geprägt ist. Eine solche Lösung schwankt geschichtlich zwischen einer Hierokratie (als reiner Priesterherrschaft) und Cäsaropapismus (vergötterte politische Herrscher). Webers Hauptgedanke war folgender:

> „Die weltliche Gewalt stellt der geistlichen für die Erhaltung ihrer Machtstellung, mindestens aber für die Betreibung der Kirchensteuern und anderer materieller Subsistenzmittel die äußeren Zwangsmittel zur Verfügung, und als Gegendienst pflegt diese dem weltlichen Herrscher insbesondere die Sicherung der Anerkennung seiner Legitimität und Domestikation der Untertanen mit ihren religiösen Mitteln darzubieten." (Weber 1985, S. 691)

Das neue Sowjetsystem konnte jedoch mit der Unterstützung der traditionellen Kultur in seinem Vorhaben der Umgestaltung der ganzen Gesellschaft für Zwecke der forcierten Modernisierung gar nicht rechnen (Waller 1988, S. 25 ff.). Die Entstehung des Neuen erheischte daher eine neue Ideologie, die mehrere Funktionen gleichzeitig zu erfüllen hatte: Säkularisierung der Gesellschaft, politische Mobilisation für die Aufgaben der Industrialisierung und nicht zuletzt aggressive Selbstbehauptung und Rechtfertigung der neuen Herrschaft. Die Schaffung einer solchen Ideologie war ein breit angelegter Prozeß, der auf der Woge der sogenannten Kulturrevolution der zwanziger Jahre gegen den Traditionalismus der (von der orthodoxen Religion unterstützten) alten Kultur die Grundlage für eine neue, „ganz andere" Kultur bieten sollte. Die neue Ideologie war keine individuelle, sondern eine kollektive Leistung gewesen. Das wird zumindest von Alexander Zinovjev betont, gegen die naive Vorstellung, daß diese Ideologie bloß eine Erfindung von einigen Schurken um Stalin herum gewesen wäre, die freilich auch mit im Spiel waren (Zinovjev 1986, S. 26.). Dadurch, daß aus unterschiedlichen Traditionen – aus sorgfältig ausgewählten Teilen des marxistischen Lehrguts, aus dem bolschewistischen Jakobinertum, aus dem großrussischen Nationalismus und der slawophilen Orthodoxie – ein einheitlicher Mythos gebaut wurde, konnte die alte orthodoxe Staatskirche um ihren Einfluß gebracht werden. Durch den Ausbau eines weitgefächerten ideologischen Staatsapparats wurde dann die neue Ideologie breitesten Teilen der Bevölkerung in der Form einer Erziehungsdiktatur eingebleut und die ganze geistige Produktion unter ideologische Kontrolle gebracht. Erst dadurch konnte man die Frage nach der Legitimität jahrzehntelang völlig unterschlagen, erst gar nicht aufkommen lassen.

Der Mythoscharakter des sowjetischen Marxismus-Leninismus wurde nicht nur durch seinen Inhalt bedingt, was sein geschlossener historischer Determinismus und seine materialistische Metaphysik beweisen, die ihre Themen oft von der bekämpften Religion übernommen haben. Zum Mythos wurde er vor allem dadurch, daß seine Auslegung nicht mehr freistand, sondern jedes Recht auf Modifikation einzig dem „Voshd" (Führer) und seinen ideologischen Helfershelfern vorbehalten wurde.

Dadurch entstand eine merkwürdige selbstlegitimatorische Struktur. Die Ideologie rechtfertigte die Herrschaft – durch den Mythos von der zukünftigen Utopie des Kommunismus sowie durch das Prinzip der „führenden Rolle der Partei", die einen Alleinvertretungsanspruch auf die Artikulation der Interessen des Proletariats und später des ganzen Volkes erhob. Dadurch erfüllte sie nach eigenem Verständnis eine historische Mission. Die Prüfung dieser Ideologie stand aber einzig jenen Führern zu, die, sich auf sie berufend, die Macht ausübten. Das machte die eigentliche mythische Geschlossenheit der Ideologie aus, die an die Eigenermächtigung der Platonschen Weisen und Wissenden erinnert. Alle möglichen Alternativen wurden sowohl in der Politik als auch in der Theorie ausgemerzt, und selbst die Wissenschaft wurde zu Zeiten Stalins bis zur Idee einer proletarischen Biologie und Physik mythologisiert. Auch äußere Merkmale der quasi-religiösen Rituale fehlten nicht. Dem Volk sollte die Macht in seiner vollen Vergötzung ästhetisch und in den Zeremonien des Ursprungsmythos der Revolution in ständiger Wiederholung veranschaulicht werden.

Zu einer solcher Methode der ideologischen Integration griff man, trotz ständiger Kraftdemonstrationen, eigentlich aus ökonomischer und politischer Schwäche. Aber das so ausgebaute System der Blockierung einer autonomen politischen und Geistesentwicklung prolongierte nur diese Schwächen. Die sture ideologische Kontrolle des ganzen geistigen Lebens, die nach Stalins Tod vielleicht etwas vernünftiger gehandhabt, aber nicht minder irrational war, ist immer mehr in Widerspruch mit den neu entwickelten geistigen und kulturellen Kräften der Gesellschaft geraten. Sie widersprach noch mehr den Bedürfnissen einer dynamischen ökonomischen Entwicklung und hatte so ihren Anteil am letztlichen Versagen des Systems.

Das bisher Gesagte bezog sich vor allem auf das Ursprungsland des sowjetischen Systems. Nach dem Zweiten Weltkrieg, mit dem Export des sowjetischen Modells nach Ost-Mitteleuropa und in einige andere periphere Länder, änderte sich die Konstellation beträchtlich. Dasselbe System, das in der Sowjetunion in Jahrzehnten langsam, viele politische Katastrophen hindurch, ausgebaut wurde, sollte mit dem Beginn des Kalten Krieges nun auf einen Schlag in den Satelliten-Ländern eingeführt werden. Das geschah mit einer Brutalität, die in den betroffenen Ländern nachhaltige traumatische Erfahrungen erzeugte. Die jeweilige einheimische (oft entwickeltere) geistige und politische Kultur widersetzte sich einem so bösen und plumpen Zugriff. Die geistige und politische Entwicklung dieser Länder läßt sich am besten durch ihre Bemühungen charakterisieren, das ursprüngliche Modell gemäß den eigenen geistig-kulturellen Traditionen umzumodeln.

Anfang der achtziger Jahre erschien eine interessante Aufsatzsammlung, herausgegeben von Thomas Rigby und Ferenc Fehér, in der speziell die Legitimationsprobleme dieser Staaten behandelt wurden (Rigby/Fehér 1982). Agnes Heller vertrat hier in einem Aufsatz die These, daß, während das Sowjetsystem in seinem Ursprungsland legitim sein mochte – diese Ansicht haben bekanntlich auch viele Sowjetologen vertreten –, es in den osteuropäischen Staaten nicht als legitim gelten könnte; denn für diese Länder bestehe eine Herausforderung durch die westliche liberal-demokratische Alternative. Nach ihrer Definition ist eine gesellschaftliche Ordnung legitim, wenn wenigstens ein Teil der Bevölkerung diese als musterhaft und verbindlich anerkennt, während der andere Teil die gesellschaftliche Ordnung nicht mit der Vorstellung einer alternativen Ordnung konfrontiert, die für ähnlich verbindlich angesehen wird (Heller 1982, S. 45 ff.).

Agnes Heller brachte damit gleich zwei wichtige Aspekte in die Diskussion ein. Erstens, daß von einer gewissen historischen Relativität der Auffassung der Legitimität eines Regimes ausgegangen werden kann, d. h. einer historischen Gleichzeitigkeit von sehr verschiedenen Entwicklungsstufen. Ist der nachrevolutionäre theokratische Staat im Iran seit 1989 legitim, weil dort die Traditionen ihn unterstützen? Danach besäße jeder Staat irgendeine Form der Legitimität, die seiner erreichten Entwicklungsstufe entspricht. Fällt aber ein Regime zurück hinter eine schon erreichte Stufe, kann es als illegitim betrachtet werden. Wer bestimmt aber die objektive Werthierarchie der Stufen? Oder besitzt die höchste Form der Entwicklung, die konsensual-prozedurale Legitimität der westlichen Industriestaaten, eine solche Normativität, nach der alle anderen zu messen sind, und alle anderen Herrschaftsformen sollen dann nach diesem Maßstab beurteilt werden?

Diese Frage lasse ich jetzt offen. Es gibt schon genügend Fragen für die Diskussion. Ich möchte jetzt den zweiten Aspekt aufgreifen: Nach der Auffassung Agnes Hellers ist die Legitimität fraglich bzw. brüchig überall dort, wo die Vorstellung einer alternativen Ordnung stark vertreten ist. Wo aber die Legitimität einer Herrschaftsordnung auf schwachem Fuß steht, kann sie immer noch lange Zeit hindurch einen Ausweg in Verfahren der Loyalitätssicherung suchen. Das ist gerade in den mitteleuropäischen Ländern in der Periode des staatssozialistischen Systems der Fall gewesen.

Meine These über die Nicht-Legitimität des Systems scheint einen Widerspruch in sich zu tragen. Wenn es keine Legitimität gibt, wie kann es dann überhaupt zu einer Legitimitätskrise kommen? Die Legitimität ist nicht wie ein Ding, das man besitzt oder nicht. Die Legitimität ist ein normativer Begriff (Habermas spricht von der Anerkennungswürdigkeit einer Macht); in der politischen Realität spricht man besser von Legitimationsprozessen (sei es von oben, sei es von unten), die auf Konsens abzielen, aber diesen im unterschiedlichen Grad erreichen können. Es gibt immer Menschen, die mit guten Gründen zu gewinnen sind; die Frage ist nur, ob sie genug Macht (Organisationsmacht) haben, die anderen zu neutralisieren. Agnes Heller hatte recht, wenn sie die organisierte Masse der herrschenden Partei in den Gesellschaften sowjetischen Typus bloß als ein Instrument für die Demonstration von Legitimität der zentralen Staatsmacht – getragen von der Spitze derselben Partei –

betrachtet hat. Das war die Massenpartei in der Tat, ein legitimatorischer Sockel für den Parteistaat. Das wurde vielleicht nicht durchschaut, und wenn ja, hat das politische Organisationsmonopol der Partei wirksam den Zweifel unterdrückt. Es genügte, die Unterstützer des Systems zu organisieren und zu mobilisieren, und die anderen zu neutralisieren, sie nicht zuzulassen. Das läßt sich wiederum als Abwehrmechanismus gegenüber einer offenen Thematisierung der Frage nach der Legitimation interpretieren.

Wenn ich über Nicht-Legitimität des Systems spreche, liegt der Einwand auf der Hand, daß dies nur die Anwendung einer äußeren Norm auf ein bestehendes System bedeutet, das seiner eigenen inneren Logik gehorcht. Das schließt nicht aus, daß in der konkreten alltäglichen Machtausübung loyalitätssichernde Legitimationsstrategien erfolgreich als „legitimatorische Aushilfe" fungieren, die bei den Bürgern sogar sehr gut ankommen können. Die Soziologin Maria Markus arbeitete mit diesem Erklärungsmuster (Markus 1982). Sie behauptet, daß in dem Reformland Ungarn nach 1956 einige „Legitimationsstützen" entstanden sind, von ihr „covert modes of legitimation" (verkappte oder informelle Arten der Legitimation) genannt, die für die Stabilität des Systems und die breite Loyalität seiner Bürger gesorgt haben. Diese standen oft außerhalb des Bereichs der Politik im engeren Sinne. Die Politiker haben dennoch reichlich aus diesen „covert modes of legitimation" geschöpft. Diese umfaßten auch ideologische Konzepte, wie z. B. das Prinzip des Individualismus, der Selbsthilfe, der Betonung der Werte der Familie (über die die Ideologie nichts aussagte). „Modernization" galt als Hauptslogan im industriellen Bereich. Eine negative Legitimation entstand zumindest im wirtschaftlich und politisch besser gestellten Ungarn aus dem Vergleich mit den Nachbarländern, denen es deutlich schlechter ging. Man betonte nicht mehr, daß der Sozialismus das beste aller Systeme ist, höchstens, daß es das kleinere Übel ist. Wenn wir schon Besseres nicht haben können, mache man wenigstens was daraus. Die „fröhlichste Baracke im kommunistischen Lager" zu sein, wirkte zweifelsohne legitimierend. Sozialpolitische Maßnahmen haben hier auch eine wichtige Rolle gespielt, besonders kurz vor Parteitagen.

Dieser stillschweigende Konsens, der sich aufgrund des historischen Kompromisses entwickelte, welcher in Ungarn nach 1956 zwischen den Herrschenden und dem maßgebenden Teil der Bevölkerung – versteht sich informell – geschlossen wurde, erleichtert eben nicht das Leben der heutigen neuen Machthaber nach dem Systemwechsel von 1989/90. Nun, da sie endlich alle formal rechtsstaatlichen und demokratischen Kriterien der Legitimität nach westlichen Normen besitzen, sind die wohlfahrtsstaatlichen Leistungen gefährdet, u. a. infolge der seit der Wende einsetzenden und sich vertiefenden sozialen Krise. Das ist aber schon eine andere Geschichte (Deppe/Bayer 1993).

Abschließend muß ich noch auf den Einwand antworten, wieso aus dem Zustand einer nicht-legitimen Herrschaft plötzlich wie aus dem Himmel eine tiefe Legitimationskrise des KP-Regimes entstand? Göran Therborn schreibt in seinem Buch „The Ideology of Power and the Power of Ideology", daß aus diffuser Unzufriedenheit noch keine Legitimationskrise entsteht, solange eine organisierte politische Kraft nicht entschlossen mit einem alternativen Legitimitätsanspruch auftritt (Therborn 1980, S. 105 ff.). Eine solche muß sich als das neue Zentrum der Macht präsentieren; sie muß als Regierungsalternative auftreten und sagen: Wir sind der Sitz der Legitimität, und alleine wir sind befugt zu regieren. Aber auch das reicht noch nicht aus, denn diese Alternative könnte noch leicht von den alten Machtapparaten unterdrückt werden. Eine echte Legitimationskrise tritt erst ein, wenn die neue Gruppe den Staatsapparat selbst innerlich spaltet, sowohl die repressive Gewalt als auch den Verwaltungsstab, und sie verunsichert, so daß große Teile des Staatsapparates sich beginnen zu weigern, Befehle der alten Garde auszuführen. Dann bricht aber die Krise rutschartig los.

In der Tat sind alle Arten des Macht- und Systemwechsels im Entscheidungsjahr 1989 so abgelaufen. Für Ungarn kann ich behaupten, daß die innere Zerrissenheit der politischen Elite vor allem ein Ergebnis langjähriger interner politischer Diskussionen um mögliche Auswege aus der ziemlich ausweglosen ökonomischen Situation war. Die frühere politische Elite, in der inzwischen ein deutlicher Generationswechsel stattfand, glaubte nicht mehr daran, daß das System nach so vielen vereitelten Versuchen noch reformiert werden könnte. Besonders die jüngeren, technokratisch gemodelten politischen Führungspersönlichkeiten verloren den Glauben an die bislang gehegten eigenen Ideen und an der eigenen Fähigkeit, der Krise Herr zu werden. Sie spürten richtig, daß innerhalb des bisherigen politischen Rahmens auch die ökonomischen Probleme nicht mehr zu lösen waren; und sie dankten umso leichteren Herzens von der Macht ab, weil sie eingesehen haben, daß ohne breite Unterstützung sie damit nichts mehr anfangen können. Das ist der eigentliche Hintergrund der „friedlichen", „ausgehandelten", „samtenen" Revolution. Und das ist auch der Schlüssel der tiefen Legitimationskrise, die nach soviel Verzögerung und langsamer Anpassung an das Neue auf einmal rutschartig losbrach und innerhalb weniger Wochen und Monate sich ereignete und dadurch jahrzehntelang aufgebaute und als fast naturhafte, als unveränderbar empfundene Strukturen in einigen Monaten, ja Wochen und Tagen zerbrochen hat. So enden wohl immer Epochen, wenn der neue Geist einer höheren Entwicklung sie vollkommen durchdrungen hat. Um diese in der Geschichte selten erlebbare Erscheinung zu illustrieren, möchte ich mit einem schönen, passenden Zitat aus Hegels „Phänomenologie des Geistes" meinen Vortrag beenden. Hegel faßte die Wirkung der Aufklärung in folgenden Sätzen zusammen – er verwendete hier ein Zitat aus Diderots „Ramaus Neffe", übersetzt von Goethe – und charakterisierte damit die innere Logik eines jeden wirklichen Bruchs der Legitimität verbrauchter Ordnungen und das Einsetzen einer neuen Epoche:

„... nun ein unsichtbarer und unbemerkter Geist, durchschleicht sie die edeln Theile durch und durch, und hat sich bald alle Eingeweide und Glieder des bewußtlosen Götzen gründlich bemächtigt, und ‚an einem schönen Morgen, giebt sie mit dem Ellbogen dem Kameraden einen Schub, und Bautz! Baradautz! der Götze liegt am Boden.‘ An einem schönen Morgen, dessen Mittag nicht blutig ist, wenn die Ansteckung alle Organe des geistigen Lebens durchdrungen hat; nur das Gedächtnis bewahrt dann noch als eine, man weiß nicht wie viele, vergangene Geschichte die Todte Weise der vorigen Gestalt des Geistes auf; und die neue für die Anbetung erhöhte Schlange der Weisheit hat auf diese Weise nur eine welke Haut schmerzlos abgestreift.“ (Hegel 1964, S. 419)

Dieser Vortrag wurde am 27. 11. 1991 am Institut für Politikwissenschaft der Universität Wien gehalten. Von Joszef Bayer liegt inzwischen in ungarischer Sprache eine umfassende Publikation zur Legitimationsproblematik vor (Bayer 1994). Eine deutsche Version ist in Vorbereitung.

Literatur

Adorno, Theodor W. / *Horkheimer*, Max (1974), Ideologie, in: Institut für Sozialforschung (Hg.): Soziologische Exkurse, Frankfurt/Main, S. 162–181

Bayer, Josef (1994): Politikai legitimáció, Budapest

Bell, Daniel (1960), The End of Ideology, Glencoe – New York

Bendix, Reinhardt (1977), Nation Building and Citizenship, Berkeley

Conolly, William E. (Hg.) (1984): Legitimacy and the State, New York

Fehèr, Ferenc (1982), Paternalismus as a mode of legitimation in Soviet-type Societies, in: Thomas-Henry Rigby / Ferenc Fehèr (Hg.): Political Legitimation in Communist States, New York, S. 64–81

Gouldner, Alvin W. (1976), The Dialectic of Ideology and Technology, New York

Habermas, Jürgen (1973a), Legitimationsprobleme im Spätkapitalismus, Frankfurt/ Main

Habermas, Jürgen (1973b), Technik und Wissenschaft als Ideologie. Frankfurt/Main

Habermas, Jürgen, Legitimationsprobleme des modernen Staates, in: Peter Graf von Kielmansegg (Hg.) (1976): Legitimationsprobleme politischer Systeme, Opladen, S. 39–58

Hegel, Georg W. F. (1964), Phänomenologie des Geistes, Stuttgart – Bad Cannstatt 1964 (Faksimile-Ausgabe von Hermann Glockner)

Heller, Agnes, Phases of Legitimation in Soviet-type Societies, in: Thomas H. Rigby / Ferenc Fehèr (Hg.) (1982): Political Legitimation in Communist States, New York, S. 45–63

Huntington, Samuel (1968), Political Order in Changing Societies, New Haven

Inglehart, Ronald (1977), The Silent Revolution: Changing Values and Political Styles among Western Publics, Princeton

Luhmann, Niklas (1969), Legitimation durch Verfahren, Frankfurt/Main 1983

Lukács, Georg (1968), Geschichte und Klassenbewußtsein. Studien über marxistische Dialektik, Darmstadt – Neuwied

Markus, Georg / *Fehér*, Ferenc / *Heller*, Agnes (1981), Dictatorship over Needs, New York – Sidney

Markus, Maria (1982), Overt und Covert Modes of Legitimation in East European

Societies, in: Thomas H. Rigby / Ferenc Fehèr (Hg.) (1982): Political Legitimation in Communist States, New York, S. 45–63

Narr, Wolf-Dieter / *Offe,* Claus (Hg.) (1975): Wohlfahrtsstaat und Massenloyalität, Köln

Offe, Claus (1976), Überlegungen und Hypothesen zum Problem politischer Legitimation, in: Rolf Ebbinghausen (Hg.): Bürgerlicher Staat und politische Legitimation, Frankfurt/Main, S. 80–106

Rigby, Thomas Henry / *Fehér,* Ferenc (1982), Political Legitimation in Communist States, New York

Szelényi, Ivan / *Konrad,* György (1979), The Road of the Intellectuals to Class Power: A Sociologial Study of the Intelligentsia in Socialism, New York

Waller, Martin (1988), Ideology and Culture, in: Alex Pravda/Stephen White (Hg.): Ideology and Soviet Politics, London, S. 21–42

Weber, Max (1985), Wirtschaft und Gesellschaft, Tübingen

Zinovjev, Alexander (1986), Die Macht des Unglaubens. Anmerkungen zur Sowjetideologie, München – Zürich

Alex Demirović

Westlicher Marxismus und das Problem der ideologischen Herrschaft

I

Wie auch schon im Fall christlicher Werte und bürgerlicher Normen wurden im Namen des Marxismus und der sozialistischen Befreiung Menschen drangsaliert, ihrer Freiheiten beraubt, ermordet, wurde eine teilweise brutale Ausbeutung und Privilegienwirtschaft organisiert, die Natur zerstört und wurden die Städte verwahrlost. Was durch die Entwicklung in Ost- und Ostmitteleuropa noch einmal nachdrücklich ins Bewußtsein gebracht wurde, war lange bekannt. Einige Vertreter der marxistischen Tradition haben früh darauf reagiert und schon seit den 20er Jahren mit größerer oder geringerer Betroffenheit und Entschiedenheit diese Verdrehung des Sozialismus in ein „großes Zuchthaus" (Bloch) und „Arbeitslager" (Adorno) abgelehnt und versucht, zumindest in der Theorie eine kritische und neue Perspektive zu skizzieren. Diese kritische theoretische Tradition ist unter dem Namen des westlichen Marxismus bekannt geworden. Eine Vielzahl durchaus verschiedener Theoretiker werden ihm zugerechnet: in Deutschland Georg Lukács, Ernst Bloch, Karl Korsch, Walter Benjamin, Max Horkheimer, Theodor W. Adorno; in Italien Antonio Gramsci, Galvano della Volpe; in Frankreich Jean-Paul Sartre, Maurice Merleau-Ponty, Henri Lefebvre, Louis Althusser; in England Christopher Caudwell, Raymond Williams u. v. a. (um nur die Namen der ersten und zweiten Generation zu nennen; zu Einzelheiten siehe Anderson 1978). Vertreter dieser Tradition hatten mehrfach und zu unterschiedlichen Zeitpunkten festgestellt, daß der Marxismus in der Krise sei – eine Ansicht, die ein weiteres Mal von Louis Althusser in einer aufsehenerregenden Rede 1977 auf einem Kongreß über die Rolle der Dissidenz in den nachrevolutionären Gesellschaften Osteuropas vertreten wurde. Diese Krise werde so lange bestehen, wie das Problem des Stalinismus nicht bewältigt worden sei – bewältigt, so betonte Althusser, nicht allein im Sinn eines historischen Problems, einer Geschichte, die im Namen des Marxismus gemacht wurde, sondern vor allem im Hinblick auf die Zukunft; und nicht allein beschränkt auf „Stalinismus", denn Stalinismus ist als eine Chiffre zu verstehen. Die Erblast des Stalinismus konfrontiert jede sozialistische Position mit der Frage, ob sie nicht zu den gleichen Resultaten wie der „realexistierende" Sozialismus führen könnte, ob es undemokratische und autoritäre Implikationen gibt, die die Menschen bereit sind zu akzeptieren um irgendwelcher Heilsgewißheiten willen. Nun, nachdem mit der Transformation der „realexistierenden" Sozialismen in Marktgesellschaften das Gegenstück fehlt, die lange kritisierte leninistisch-stalinistische Orthodoxie, die vom westlichen Marxismus als Herrschaftswissen verworfen wurde, gilt jene Diagnose Althussers einer Krise für den westlichen Marxismus auch noch in einem anderen Sinn. Hat der östliche Marxismus-Leninismus ein Ende gefunden, so ist die Tradition des *westlichen* Marxismus gleichfalls nicht mehr fortsetzbar und muß in eine neue Denkformation transformiert werden. Kritische Gesellschaftstheorie muß der Zeit gemäß sein und ihre kritischen Maßstäbe aktualisieren. Dazu aber ist ihre Geschichte neu zu überdenken, müssen auch ihre Traditionslinien überprüft und ihre einzelnen Annahmen kritisch durchmustert werden. Theoretische Einsicht und gesellschaftliche Kritik sollten nicht von dogmatisierenden Festlegungen auf einen Ismus abhängen, der suggeriert, der geschichtlichen Entwicklung und ihren Widersprüchen eine geheimnisvolle Logik und ein Ziel vorschreiben zu können. Kritische Gesellschaftstheorie will keine stabile Orientierung geben. Eine solche zu erwarten oder geben zu wollen, ist schon zweifelhaft und trägt zu dem bei, was kritisiert werden soll. Marx' ganze Theorie läuft im Prinzip auf die Erkenntnis hinaus, daß menschliches Handeln „absolut" diesseitig, daß es von und in dieser und keiner anderen Welt, also geschichtlich ist. In und durch ihre Handlungen machen die Menschen ihre Geschichte. Es gibt keine Instanz, die sie hält, ihnen irgend etwas garantiert, ihrem Leben einen Sinn gibt. Auch die marxistische Theoriebildung ist davon nicht ausgenommen. Auch sie ist radikal geschichtlich, ihre Wahrheit läßt sich nicht geschichtsphilosophisch garantieren. Im Gegenteil. Das Bedürfnis nach Sinn und Halt ist zu kritisieren (Adorno 1973). Es bedarf der kritischen Haltung, die die Boden- und Ziellosigkeit der Geschichte erträgt und nicht ständig nach dem Griff und der Notbremse verlangt.

Dies ist schon im eigentlichen Sinn ein Thema der Ideologietheorie: Warum haben die Menschen das Bedürfnis nach Sicherheit, letzter Begründung ihres Handelns, einer religiösen Heilsgewißheit oder einem metaphysischen Sinn ihres Lebens? Wie trägt dieses Bedürfnis bei zu ihrer Bereitschaft, ihr Leben lenken, sich von anderen führen und beherrschen zu lassen? Warum versperren sie ihre Ohren dem, was andere sagen, nur weil sie glauben, deren Standort zu kennen? Was bedeutet demgegenüber eine kritische Theorie, die diese Bedürfnisse analysiert und ihnen gerecht werden muß? Warum wird angenommen, daß – wenn der Geschichte kein Ziel zugrundeliegt, wenn sie keinen Sinn stiftet – Handeln nicht mehr möglich ist, daß Ziele nicht mehr formuliert und verfolgt werden sollen? Im folgenden möchte ich einige der Antworten vergegenwärtigen, die von Vertretern des westlichen Marxismus gegeben wurden, und einige Einwände formulieren, die bei seiner Transformation berücksichtigt werden müssen.

II

Die Frage nach der Ideologie und der ideologischen Herrschaft stand auch in der Tradition des westlichen Marxismus immer im Bann der russischen Revolution. Gefragt wurde nämlich danach, warum die Revolution im Osten, nicht aber im Westen stattgefunden hatte, dort also, wo man sie, aufgrund der entwickelten kapitalistischen Verhältnisse und einer großen sozialistischen Bewegung mit langer Tradition, eigentlich erwartet hatte. Von Autoren wie Lukács und Korsch, Bloch und Gramsci wurde kritisiert, daß in dieser Tradition, aber auch in den Theorien der russischen Revolutionäre die Bedeutung der Ideologie in einem entscheidenden Maße vernachlässigt worden war. Damit waren mehrere Dinge gemeint: Zunächst wurde selbstkritisch festgehalten, daß die marxistische Theorie ihre eigene *Geschichtlichkeit* erkennen müsse. Sie sei kein Kanon von absolut gültigen Gesetzen, vergleichbar einer Naturwissenschaft, sondern erfülle die Aufgabe einer das Handeln der Menschen orientierenden Ideologie, veranlasse die Menschen also, in einer bestimmten Weise aktiv zu werden und in ihre Lebensverhältnisse einzugreifen. In dem Maße, wie diese Lebensverhältnisse in und durch soziale Kämpfe aber verändert würden, müsse auch die Theorie selbst verändert werden. Mit dieser Überlegung wurde aber, zweitens, etwas weiteres behauptet: Ideologien müssen als ein *aktives* Moment des gesellschaftlichen Prozesses verstanden werden. Die kulturelle Praxis ist nicht bloß eine Widerspiegelung, ein Reflex ökonomischer Prozesse. Die Menschen werden sich ihrer sozialen Verhältnisse, Interessen und Widersprüche in kulturellen Praktiken und Ideologien bewußt, auf der Grundlage von und in Ideologien tragen sie ihre Konflikte aus. Ideologische Auseinandersetzungen sind autonom und verlaufen nach eigenen Regeln. Sie kennen, so Gramsci, eigene Verlaufsformen von Sieg und Niederlage, die nicht von einer ökonomischen Vormachtstellung bestimmt sein müssen, die vielmehr umgekehrt über ökonomische Entwicklungen entscheiden. Deswegen ist es wichtig, die ideologischen Gegensätze und den Verlauf kultureller Auseinandersetzungen genau zu kennen, da sie Aufschluß über kollektive Orientierungen, Interessenlagen und Bewußtseinsgrad einer Bevölkerungsgruppe geben. Auf diese Weise erklärte man sich das Scheitern der revolutionären Nachkriegsbewegung in Deutschland damit, daß die sozialpsychologische Einstellung, das Bewußtsein und der politische Wille der ArbeiterInnen noch nicht ausreichend entwickelt war, um eine radikale Umwälzung des Ganzen der kapitalistischen Verhältnisse erreichen zu können. Doch noch ein dritter Aspekt ist bedeutsam. Ideologien ernst zu nehmen, heißt auch, ihre *Ungleichzeitigkeit* anzuerkennen. Dies richtete sich kritisch gegen die geschichtsphilosophische Vorstellung, alle Bevölkerungsgruppen würden von kapitalistischen Verhältnissen allmählich erfaßt und proletarisiert. Damit aber, so die traditionelle Erwartung, würden sich ihre Lebensverhältnisse homogenisieren und alle hätten dann auch ein gleiches proletarisches Bewußtsein. Spätestens bei der nächsten kapitalistischen Krise würden sich die Arbeiter dann politisieren, revolutionär werden und die Macht ergreifen. Doch die Erfahrung lehrte: Selbst wenn die Lebensverhältnisse einigermaßen ähnlich sind, können Ideologien erhebliche Differenzen in ihrer Wahrnehmung und individuellen Erfahrung und Verarbeitung bewirken. Darüber hinaus aber fand die erwartete umfassende Proletarisierung nicht statt. Es gab weiterhin eine breite ländliche Bevölkerung und gleichzeitig bildete sich ein neues, vielschichtiges Kleinbürgertum heraus. Deswegen war es von besonderer politischer Bedeutung – und dies lehrte vor allem das Versagen der Linken, der Arbeiterbewegung gegenüber dem Faschismus –, den unterschiedlichen Lebensweisen und ungleichzeitigen kulturellen Praktiken sowohl von ArbeiterInnen wie auch der ländlichen Bevölkerung gerecht zu werden. Obwohl die Vertreter des westlichen Marxismus dieses Problem der Autonomie des Kulturellen und die Macht des Symbolischen durchaus erkannten, läßt sich doch auch bei ihnen immer wieder eine ökonomistische Verkürzung des Materialismus beobachten, d. h. als materiell galten nur die harten ökonomischen Prozesse, die Arbeit, die Produktion, die Technik, die Akkumulation von Kapital, die internationalen Kapitalströme. Demgegenüber waren kulturelle Prozesse und ideologische Auseinandersetzungen „bloß" abgeleitet, „nur" symbolisch, lediglich ein Mittel der Herrschaft, mit dem von der Wahrnehmung des Eigentlichen, sprich: des Kapitalverhältnisses, abgelenkt werden sollte. Auch heute noch ist dieser triviale Realismus und Materialismus in der kritischen Gesellschaftstheorie sehr verbreitet. Kultur wird als bloße Kulturalisierung der ökonomischen Prozesse aufgefaßt, die sich „draußen", in der Wirklichkeit abspielen. Die Materialität symbolischer Prozesse und die Bedeutung spezifischer kultureller Auseinandersetzungen und Machtverhältnisse werden erst gar nicht zur Kenntnis genommen.

Die Struktur des ideologiekritischen Arguments, das eine lange Tradition hat, ist einfach: Herrschaft bestimmt nicht nur die Praxis der Herrschaftsunterworfenen und erzwingt ihre Folgebereitschaft; vielmehr geht Herrschaft soweit, daß sie auch noch die Wahrnehmung der Beherrschten kontrolliert und strukturiert. Die eigentliche „Tragik" der Lage der Beherrschten wäre, daß sie nicht einmal wissen, daß sie beherrscht sind und folglich ihre wirklichen Interessen nicht kennen können. Da sie diese nicht kennen, können sie auch nicht für sie eintreten und kämpfen. Ideologie ist falsches Bewußtsein, ein von Herrschaft installierter Schein und Schleier, der zwischen die Beherrschten und die wirkliche Wirklichkeit tritt. Aus dieser Herrschaftskritik ergibt sich unmittelbar eine aufklärerische und wissenschaftliche Illusion: Wenn man die wirklichen Interessen der Herrschaftsunterworfenen und Ausgebeuteten kennt, kann man sie darüber aufklären und ihnen helfen, den Schleier zu entfernen. Wird ihnen die Wirklichkeit aber einmal transparent, haben sie einmal einen unverstellten Blick auf die wirklichen Verhältnisse geworfen, so werden sie sie zu ändern versuchen und durch die Erfahrung ihres Widerstands und der unideologischen Aneignung ihrer Verhältnisse sich immer weiter radikalisieren und das Ganze umstürzen.

Die Probleme, die eine solche Kritik der Ideologie aufwirft, läßt sich am Beispiel der Kritischen Theorie der Frankfurter Schule gut veranschaulichen. Horkheimer und Adorno gingen, vor allem in der „Dialektik der Aufklärung" (1987), davon aus, daß der Monopolkapitalismus in immer höherem Maße die Lebensverhältnisse der Menschen vereinheitlicht, einer zentralisierten Verwaltung unterwirft und selbst ihre kleinsten Lebensregungen kontrolliert und plant. Widerstand war nicht einmal mehr von der Arbeiterklasse zu erwarten. Denn Arbeit war angesichts des unendlichen gesellschaftlichen Reichtums objektiv überflüssig geworden. Ihren Lebensunterhalt erhielten die Arbeiter von Agenturen, die von „rackets" geleitet würden: einem Bündnis von Monopolherren, Gewerkschaftsführern und Politikern. Auf diese Weise würde der Gehorsam der Arbeiter erpreßt und erkauft. Doch bedeutsamer war, Horkheimer und Adorno zufolge, daß die Menschen darüber hinaus vollständig dem ideologischen Schleier unterworfen sind. Dies sei gelungen durch die Beseitigung der Autonomie der Kultur, also deren Unterwerfung unter die Gesetze des Marktes und der Kapitalverwertung. Unter dem Schein einer Demokratisierung der Kultur, an der nun wirklich alle teilhätten, habe sich ein System der totalen Manipulation der Individuen entwickelt. Film, Rundfunk, Werbung und Unterhaltungsmusik ergänzten sich wechselseitig so, daß sie zusammen das Bewußtsein völlig umstellten und dem Individuum die Möglichkeit nehmen würden, spontan und mit Phantasie auf die Wirklichkeit zu reagieren, sie wahrzunehmen und eigene Erfahrungen zu machen. Die Kulturindustrie strukturiert mit standardisierten Konsumgegenständen, Wohnungs- und Möbeltypen, Schönheitsidealen und sexuellen Verhaltensmustern den gesamten sogenannten privaten Lebensbereich, die Sphäre der Reproduktion der Arbeitskraft, in der die Arbeiter traditionell sich wenigstens kurzfristig aus dem Zwang der Tätigkeit herauslösen und Zeit zum Nachdenken finden konnten. Indem sämtliche Nischen des Alltags erfaßt werden von den umfassenden Kontrollmechanismen, werden die Menschen zum Konformismus gezwungen, die Individuen auf „Lurche" reduziert und auf Reflexbündel ohne jeden eigenen Willen. Kritik und abweichendes Verhalten werden verunmöglicht oder nehmen eine perverse Form an. Denn Kritik und Rebellentum können nun auch zu einem Mittel werden, sich vor den Verantwortlichen der Kulturindustrie zu profilieren und Karriere zu machen (Adorno 1972).

Dieses traditionelle Modell der Analyse von ideologischer und kultureller Herrschaft, wie es hier am Beispiel von Horkheimers und Adornos Analyse der Kulturindustrie veranschaulicht wurde, wird seit einigen Jahren mit einer Vielzahl unterschiedlicher Argumente kritisiert und verworfen. Einige dieser Einwände möchte ich hier erwähnen:

1. In jenem ideologiekritischen Modell wird eine „wirkliche" Wirklichkeit jenseits der Ideologie unterstellt. Diese Wirklichkeit ist die der Herrschaft, der Ausbeutung, der Arbeit. Dort, in jener Wirklichkeit, sind nur die Agenten des Kapitals aktiv. Es ist eine reine Sphäre systemischer Rationalität, ohne

Widerspruch und ohne Konflikt. Das Kapital hat nun die Macht erlangt, sich selbst als ein „Perpetuum mobile", als automatisches Subjekt zu erhalten, gesteuert von übermächtigen Zentren der Verfügenden, die ihrerseits schon längst zu Anhängseln einer anonymen Maschinerie geworden sind. Dies ist eine übergroße Vereinfachung, die schließlich zur Selbstentmündigung führen kann. Es ist dem entgegenzuhalten, daß auch heute noch der kapitalistische Verwertungsprozeß ein prozessierender Widerspruch ist.

2. Jenem Modell nach sollen Ideologie und Kultur völlig dem Kapital unterworfen sein. Sie stehen als ein Schleier zwischen dem Subjekt und dem Objekt der kapitalistischen Wirklichkeit. Das, was die Kulturindustrie produziert und die Funktion dieses Schleiers ausüben muß, kann nur „Schund" sein. Widersprüche in dieser kulturellen Praxis werden nicht zur Kenntnis genommen; es wird davon abgesehen, daß, gerade weil alle, die an der Produktion von Kultur beteiligt sind, es in der Kulturindustrie tun müssen, die sozialen Widersprüche in einem neuen gesellschaftlichen Feld ausgetragen werden müssen. Dazu kommt noch, daß ein Verständnis von Ideologie als ein Mittel, ein Herrschaftsinstrument, ein Schein zu kurz greift. Sie ist selbst Teil der Wirklichkeit, und sie hat eine eigene Materialität, die des Symbolischen. Sie durchzieht jene Wirklichkeit des Kapitals und der Herrschaft und bestimmt auch ihrerseits das Handeln der Verfügenden, die eben nicht außerhalb des Symbolischen, der Bilder, der Sprache stehen und – als seien sie Gott gleich – allen Sinn souverän festlegen könnten.
3. Angenommen wird ein Bewußtsein, das vom System der Kulturindustrie umstellt ist und manipuliert wird. Doch ist zu bezweifeln, daß es dieses monadische Bewußtsein gibt, das ganz allein auf sich bezogen ist und zum Angriffspunkt einer umfassenden und einheitlichen Strategie der Manipulation gemacht werden kann. Vielmehr besteht das Bewußtsein aus der Gesamtheit seiner sozialen, d. h. symbolischen Beziehungen: Es ist eine komplexe Einheit von sehr unterschiedlichen und widersprüchlichen symbolischen Praktiken. Teil dieser kulturellen Praxis ist das individuelle Bewußtsein nie bloß Objekt. Es ist immer aktiv, greift in die symbolischen Prozesse ein und verändert sie damit gleichzeitig.
4. Das Modell der Ideologiekritik führt zu der aufklärerischen Illusion, man könne den Schein der Ideologie zerreißen, indem man den Individuen sagt, daß er da ist, daß sie verblendet sind und eigentlich nicht wissen, in welcher Weise sie leben. Da Ausbeutung und Herrschaft objektiv längst schon überflüssig geworden seien, würden die Individuen, mit unverstelltem Blick die Freiheit vor Augen, die Gesellschaft ändern. Doch damit werden sowohl die Macht der lange eingeschliffenen Gewohnheiten wie auch die rationalen Interessen, die die Subalternen mit der Herrschaft verbindet, ignoriert.
5. Schließlich stellt sich noch die Frage danach, wer eigentlich derjenige ist, der von den anderen behauptet, daß sie völlig manipuliert seien. Warum kann er glauben, daß sein eigenes Bewußtsein nicht manipuliert ist, wenn er dies

sagt? Muß diese Behauptung nicht sogar elitäre Konsequenzen haben? Spricht er den anderen – dem Objekt seiner Rede – nicht eine Eigenschaft zu oder ab, um auf dieser Grundlage für diese und in deren Namen zu sprechen und über diese zu entscheiden, ohne daß sie überhaupt davon wissen und sich gegen eine solche Inanspruchnahme ihrer Interessen wehren können?

III

Bei allen berechtigten Einwänden muß man der Gerechtigkeit halber sagen, daß die älteren Vertreter der Kritischen Theorie auf der Grundlage dieses ideologiekritischen Modells eine jahrzehntelange, fruchtbare empirische Forschung betrieben haben. Darüber hinaus haben sie einige seiner Schwächen durchaus gesehen und ihre Theorie in der Folge der „Dialektik der Aufklärung“ auf komplexe Weise weiterentwickelt. Vor allem verwarfen sie die aufklärerischen Vereinfachungen der Ideologiekritik.

Doch trotz differenzierter Argumente im einzelnen blieb die Hauptfrage, warum die Arbeiter kein Klassenbewußtsein ausbildeten, obwohl sie dies ihrer Klassenlage nach tun sollten. Damit wurde aber implizit auch an einigen der oben erwähnten problematischen Grundannahmen festgehalten. Gegen diese richteten sich in den vergangenen Jahren eine Reihe von neuen und kritischen Ansätzen. Gemeinsam ist diesen die Ablehnung des bewußtseinsphilosophischen Modells ideologischer Herrschaft und die Orientierung an der Logik symbolischer, vor allem sprachlicher Prozesse.[1] Damit verbinden sich weitreichende Konsequenzen. Denn nun rücken die kulturellen Praktiken und Auseinandersetzungen, der Alltagsverstand und sein Verhältnis zur „hohen“ Kultur, die Vorstellungs- und Denkweisen, die Muster der Emotionalität, die Regeln des Sinns und des Glaubens, alle die kleinen alltäglichen Gewohnheiten, Initiativen, Aktivitäten und Auseinandersetzungen in den Blick der kritisch-materialistischen Analyse. Die Vielzahl unterschiedlicher Ansätze hier vorzustellen, ist nicht einmal in einem groben Überlick möglich. Betont werden muß allerdings, daß viele sich in der einen oder anderen Weise aus der Tradition des westlichen Marxismus und seinen ökonomistischen Konsequenzen heraus bewegen, ja überhaupt das Feld der Marxschen Kritik der politischen Ökonomie verlassen. Obwohl dies für die Theorien schließlich ein kritisierbares Rationalitätsdefizit zur Folge hat, müßte die Grenzlinie, an dem dieser Übergang stattfindet, ohne Denunziation genauer analysiert werden, da ihre Kenntnis für eine selbstkritische Transformation des westlichen Marxismus von Bedeutung ist. Hier können aber nicht mehr als Hinweise gegeben werden.

Bleiben wir zunächst bei der Kritischen Theorie. Hier hat vor allem Jürgen Habermas eine linguistische Wende vertreten, mit der er Aporien der älteren Kritischen Theorie zu überwinden beabsichtigt. Er geht davon aus, daß sich mit der bürgerlichen Gesellschaft eine öffentliche Sphäre konstituiert habe, die normativ verbürgt, daß alle Bürger nicht nur das Recht haben, politische Entscheidungen auf ihre Gründe hin zu befragen und diese mit rationalen Argumenten in Zweifel zu ziehen, sondern auch ihrerseits mit guten Argumenten gestützte Vorschläge in die Diskussion zu bringen. Da die Güte eines Arguments sich allererst aus den Diskussionen zwischen den sich als Gleichen anerkennenden Individuen ergebe, könne es nicht gerechtfertigt werden, den Beitrag einzelner oder Gruppen unter einen Ideologieverdacht zu stellen, ihn abzuwerten und ihm Rationalität abzusprechen. Die Rationalität liegt, nach Habermas, nicht im einzelnen Argument an sich, sondern im kommunikativen Handeln, d. h. in der Bereitschaft, sich selbst als ein Diskussionsteilnehmer zu betrachten, der von der Erwartung ausgehen kann, daß die von ihm vorgebrachten Argumente wie die aller anderen im Verfahren rationaler Diskussion überprüft und verallgemeinert werden. Zu kritisieren sind diejenigen, die sich dem zwanglosen Zwang des Arguments durch den Anspruch auf ein Wissensprivileg zu entziehen suchen oder sich auf autoritative Positionen zurückziehen und ihre Entscheidungen in einem von der Öffentlichkeit nicht kontrollierten „Arkanum" durchzusetzen versuchen. Vorgebrachte Argumente werden nicht mehr als ideologisch kritisiert und denunziert, sondern als Beitrag zu einem öffentlichen Überprüfungsprozesses angesehen, in dem sie, mit Blick auf ihre Verallgemeinerbarkeit, diskursiv überprüft werden. Jedes Argument hat gleichermaßen das Recht auf ungeteilten Zugang zur Öffentlichkeit. Wird es dort aber nicht akzeptiert, so verbietet es die kommunikative Rationalität, den autoritären Weg der Durchsetzung zu wählen.

Auf zwei kritische Einwände möchte ich mich hier beschränken:

1. Habermas' Vorstellung vom rationalen Diskurs ist die einfache Umkehrung der Vorstellung vom durch die Kulturindustrie manipulierten Bewußtsein. War es dort völlig beherrscht, so ist es, nach Habermas, in der Sprache völlig frei. Argumente sind immer schon gegen Herrschaft gerichtet. Herrschaft ist nur die den Diskursen äußerliche Unterbindung des freien Austauschs von Argumenten. Macht- und Herrschaftsverhältnisse zwischen den Sprechern und die Machtdurchzogenheit von Argumentationen wie von Äußerungsformen werden systematisch ausgeblendet.
2. Die Konstruktion des kommunikativen Handelns tendiert zum Idealismus. Wie schon bei Adorno und Horkheimer, werden auch hier das System und die Subjekte einander gegenübergestellt. Um sich theoretisch der Autonomie kommunikativen Handelns zu versichern, wird es einfach von den Prozessen ökonomischen und politischen Handelns abgetrennt. Die konkreten Beziehungen zwischen diesen drei Bereichen sind damit selbst nicht mehr analysierbar.

Vielversprechender erscheint mir eine andere theoretische Strategie, weil sie komplexer ist und zwei zentrale Gesichtspunkte integriert:

1. Zunächst, daß die Lebensweise von sozialen Kollektiven immer noch durch die Art und Weise festgelegt ist, wie sie ihr Leben materiell reproduzieren, und daß sie dazu nicht selbstgewählte Verhältnisse eingehen müssen, die sich durch Widersprüche und Krisen, durch Ausbeutung und Herrschaft charakterisieren lassen.
2. Symbolische Praktiken sind weder funktional irgendwelchen Systemimperativen unterworfen – noch sind sie in besonderer Weise die Sphäre einer unverstellten Spontanität und Freiheit. Sie sind einfach Teil des widersprüchlichen sozialen Prozesses. Ebenso wie die Verfügung über Produktionsmittel und öffentlich-staatliche Ressourcen umkämpft ist, sind auch die materiellen Träger der symbolischen Prozesse, d. h. sprachliche und bildliche Zeichen, Gegenstand sozialer Auseinandersetzungen. Doch sie sind nicht nur das Objekt dieser Auseinandersetzungen. Diese finden auch in den Zeichen selbst, ihren Verwendungsweisen und Bedeutungen, statt. Um es an einem Beispiel zu verdeutlichen: ArbeiterInnen sind nicht allein nach ihrer sog. objektiven Bestimmung in den Produktionsverhältnissen zu definieren. Ebenso wichtig ist die Bedeutung, die gesellschaftlich die „ArbeiterIn“ hat. Was ArbeiterInnen im Verhältnis zu sich und zu anderen sozialen Akteuren zu sein glauben, ist für ihr Handeln genauso wichtig wie die Tatsache, daß sie jeden Tag gezwungen sind, „freiwillig“ einer bestimmten Tätigkeit in einem Lohnarbeitsverhältnis nachzugehen. Diese Selbstrepräsentation ergibt sich aber nicht einzig aus dem abstrakten Lohnarbeitsverhältnis; umgekehrt wird dem Lohnarbeitsverhältnis von den Akteuren jeweils ein bestimmter Sinn, eine kulturelle Bedeutung beigelegt. Eine soziale Klasse gibt es also nicht in einem festgelegten, ontologischen Sinn. Vielmehr bildet sie sich durch ihre konkreten Gegensätze in der Gesamtheit von ökonomischen, politischen und eben auch kulturell-symbolischen Auseinandersetzungen heraus.

Die Frage, die sich aus dem Beispiel ergibt, ist die nach der Produktion von Repräsentationen, der Vorstellung von sich und anderen. Der Schleier, um bei diesem mißverständlichen Wort noch einmal zu bleiben, wird produziert, er besteht aus materiellen Praktiken, und noch bevor er etwas verhindert oder bedeutet, ist er selbst einfach einmal da – und diese Existenzweise muß analysiert werden. Ideologie darf demnach nicht länger als ein Schein aufgefaßt werden, der so schnell wie möglich durchdrungen werden muß, um zum Wesen und zur eigentlichen Realität der Produktionsverhältnisse zu gelangen. Ideologie ist selbst Teil einer widersprüchlichen Wirklichkeit, in der die sozialen Auseinandersetzungen auch noch zum Gegenstand haben, was als Wirklichkeit überhaupt angesehen, wie Wirklichkeit definiert wird. Die Wirklichkeitsdefinition auch des westlichen Marxismus war hier – trotz aller Versuche, kulturelle Faktoren zu berücksichtigen – einfach zu eng, zu schwach. Indem er Wirklichkeit als kapitalistische, ökonomische Herrschaft definierte, verengte er den

Begriff von Ökonomie, wie er im Gegenzug Kultur und Geist übermäßig aufwertete. Der Herausforderung der neuartigen kulturellen Organisation und Hegemonie des Bürgertums mit komplexen und plural vervielfältigten Wirklichkeitsdefinitionen – wie sie sich seit den 60er Jahren entwickelten – war sie nicht mehr gewachsen. In die Auseinandersetzung um die Definition der Wirklichkeit hätte selbstbezüglich auch der Ideologiebegriff einbezogen werden müssen.

In einem ersten Schritt hat dies Louis Althusser getan (Althusser 1977), indem er bestritt, daß Ideologie durch Ideen und Bewußtsein definiert werden kann. Seiner Ansicht nach ist Ideologie die Vorstellung, die ein Individuum von sich in seinem Verhältnis zu seinen materiellen Existenzbedingungen hat, mit anderen Worten: was es glaubt zu sein. Dieses Verhältnis zu sich selbst bleibt aber nicht innerliche Vorstellung, da es von vornherein in einer ritualisierten und institutionalisierten Praxis organisiert ist. Erst in einer solchen Praxis gelangt das Individuum zu dem Selbstverhältnis, in dem es glaubt, ein Subjekt zu sein, das frei ist und dessen Handlungen einen Sinn haben. Das Verhältnis des Subjekts zu seinen Lebensverhältnissen, zu anderen und zu sich ist demnach dadurch gekennzeichnet, daß es sich einem „Sinn" unterwirft, der durch die ideologischen Apparate des bürgerlichen Staates wie Schule, Universität, Kirche, Medien etc. organisiert und die dort institutionalisierten Diskurse produziert wird.

Zu Recht kritisiert Althusser die Vorstellung, das Subjekt könne jemals zu einer ideologiefreien, seinem Bewußtsein offenliegenden, transparenten Wirklichkeit vordringen. Er betont, daß „Sinn" produziert wird und handlungsmotivierend ist. Doch hält er immer noch daran fest, daß Ideologie das andere der Wissenschaft ist. Mittels der Wissenschaft soll es möglich sein, sich aus der Ideologie zu befreien und in einem kurzen Augenblick wenigstens das Imaginäre, den Sinn und die Selbstverkennung als ein Subjekt zu verlassen, das sich in sich dreht auf der Suche nach seinem Sinn. Diskursive, zeichenvermittelte Praktiken, erscheinen bei ihm – ganz im Gegensatz zu Habermas – als ganz und gar funktionalen Herrschaftsimperativen unterworfen.

Dieser Entgegensetzung von Wissenschaft, Wahrheit und Vernunft auf der einen, Ideologie und Herrschaft auf der anderen Seite wurde entschieden von Michel Foucault (1973; 1974; 1978) entgegengetreten. Auch er fragt nach der Entstehung des Subjekts als einem Selbstverhältnis, danach, in welcher Weise wir uns auf uns selbst beziehen, uns zum Gegenstand unserer selbst machen, indem wir unser Verhalten problematisieren, beobachten und uns intensivieren. Er untersucht die Selbsterziehungsprozeduren, in denen uns der Wille zur Wahrheit beseelt und wir nach ästhetischen Entwürfen zu leben versuchen. Mit Überlegungen dieser Art kommt Foucault auf Probleme Gramscis und Horkheimer/Adornos zurück. Denn auch sie fragten sich, in welcher Weise eine herrschende Klasse sich erzieht, um überhaupt Befehle erteilen und andere leiten zu können. Diese Fragestellung umfaßt aber auch die Frage, in welcher Weise der Nachwuchs der Herrschenden auf eine regelmäßige und sichere Weise rekrutiert wird, so daß es zu keinen Krisen und Unterbrechungen kommt, welche Dispositionen der Nachwuchs mit sich bringen und welche Eigenschaften er erwerben muß, um seinen Aufgaben intellektuell, moralisch, psychisch und habituell gewachsen zu sein. Doch Foucault geht einen entscheidenden Schritt weiter. Auch Vernunft und Wahrheit sind ein bestimmter kultureller Habitus, ein Herrschafts- und Führungsverhalten, mit dem Intellektuelle ein Verhältnis zu sich selbst entwickeln, das sie befähigt, sich Kompetenz anzueignen und dem „Alltagsmenschen" die Fähigkeit abzusprechen, sich selbst zu führen. Die Gesamtheit der kulturellen Institutionen, die auf bürgerlicher Klassenherrschaft beruhen, ist danach in den vergangenen zwei Jahrhunderten um einen Willen zur Macht gruppiert worden, der die Form eines Willens zur Wahrheit angenommen hat. Wahrheit und Vernunft sind nicht das andere der Herrschaft. Der Wille zu Macht und Herrschaft nahm die Gestalt von Aufklärung, Vernunft, Wahrheit und Wissenschaftlichkeit an. Dies gilt auch für den Marxismus, den Foucault kritisch fragt, welche Macht er für sich im Namen der Wahrheit beansprucht. Vorsichtig könnte man also im Sinne Foucaults davon sprechen, daß Wahrheit und Vernunft als Elemente der kulturellen Herrschaft der bürgerlichen Klasse Teil einer übergreifenden ideologischen Formation sind. Doch Foucault geht noch einmal weiter. Denn wenn Wahrheit und Vernunft in die Ideologie fallen, löst sich der Gegensatz von Ideologie und Wahrheit auf, beide müssen als Elemente komplexer neuzeitlicher, moderner Denksysteme betrachtet werden, die auf ihre Weise immer noch, auch und gerade im Namen von Wahrheit und Vernunft, zur Führung der und Herrschaft über die Subalternen beitragen.

Foucaults Untersuchungen sind nur ein Beitrag in einer ganzen Reihe von Analysen von symbolischer, zeichenvermittelter Produktion von Sinn, von Auseinandersetzungen zwischen den Diskursen von unten und denen von oben, von Konflikten um die Bedeutung von Wörtern und ihrer Zuordnungen zu den Dingen; Auseinandersetzungen an den institutionellen Orten der Rede und in der Art und Weise des Redens, in den kulturellen Praktiken wie Kleider- und Sitzordnungen, Wahrnehmungsmustern und sozialen Klassifikationssystemen ebenso wie in den Diskursen, die Kollektividentitäten wie Rasse, Klasse und Geschlecht konstruieren und die Möglichkeiten zur Selbstbestimmung der Individuen einschränken oder gar zerstören. Auf diesem Reflexionsstand kritischer Gesellschaftstheorie können auch Wahrheit und Vernunft der Geschichte und den Auseinandersetzungen zwischen Menschen keinen Sinn mehr geben. Immer muß auch bedacht werden, wieweit sie selbst eine historisch spezifische Form von Wissen-Macht-Praxis darstellen, die zur Unterdrückung, zur Normierung und Disziplinierung des Wissens und der Rede beitragen.

Die Transformation der kritischen Gesellschaftstheorie wird nicht mehr auf die Geschichtsphilosophie zurückgreifen können, die glaubt, daß zwischen Geschichte und Vernunft eine innere und determinierende Wirkung besteht.

Vernunft ist nicht der Maßstab und das Ziel der Geschichte, historische Prozesse und gesellschaftliche Handlungen lassen sich theoretisch kaum noch plausibel als Abweichungen von einem finalistisch festgestellten Ziel, als ideologisch, irrational oder pathologisch begreifen. Geschärft durch die Erfahrung mit den autoritären Implikationen der Ideologiekritik, liegt es nahe, solche Überlegungen selbst noch kritisch in Zweifel zu ziehen.[2] Dennoch, obwohl der Begriff der Vernunft keinen letzten und überhistorischen Maßstab von Kritik mehr bildet und kein Ziel der geschichtlichen Entwicklung darstellt, verbindet sich mit ihm ein konkretes Ziel historisch handelnder Menschen, nämlich die sozialen Verhältnisse zu rationalisieren, durch Menschen rational zu gestalten, um die einzelnen aus ihrer Subalternität zu befreien, um Zerstörungen zu verhindern, um Lebensmöglichkeiten zu erweitern. In einem Meer von diskursiven Auseinandersetzungen, in denen die Menschen auf einen subalternen, entintellektualisierten Zustand reduziert werden, indem jeder Sinn widerrufen und jede Bedeutung der Vieldeutigkeit ausgesetzt wird, trägt der Begriff der Vernunft dazu bei, sich mit dem Zopf aus dem Sumpf zu ziehen und jedem Anspruch auf Macht und Führung zu widersprechen, werde dieser auch im Namen von Vernunft und Wahrheit, eines besseren Wissens und der Wissenschaft vorgebracht. Vernunft weist auf das konkrete Ziel einer universeller Lebensformen als konkretem historischen Ziel hin, in denen Menschen ihre Verhältnisse zwar nicht durchsichtig sind, in denen sie aber ohne Metaphysik selbstverständlich auf dieser Erde mit allen anderen zusammenleben und sie ihre Verhältnisse selbst zu wählen in der Lage sind.

Dieser Beitrag ist die ausgearbeitete Fassung eines Vortrags, der am Institut für Politikwissenschaft der Universität Wien am 25. 5. 1992 gehalten wurde. Der Vortrag stützte sich auf ein Referat, das im Sommer 1990 am Institut für Sozialforschung an der Universität Frankfurt im Rahmen eines vom DAAD geförderten Kollegs für Studierende der DDR über Ansätze kritischer Gesellschaftstheorie gehalten und in der StudentInnenzeitung „diskus" (Juni 1991) veröffentlicht wurde.

Anmerkungen

1 Sofern man dies wollte, könnte man diese „Wende" philologisch sogar auf Marx und Engels stützen. Diese hatten in der „Deutschen Ideologie" schon darauf hingewiesen, daß das Bewußtsein eine Fiktion der deutschen klassischen Philosophie sei und Ideologien nur in einer materialen Praxis, eben der Sprache, existieren, die ein eigenes soziales Verhältnis darstelle (Marx/Engels 1969, Bd. 3, S. 30).

2 Ideologiekritik ist ein verbreitetes Denkmuster, das im frühen 19. Jahrhundert ausgearbeitet wurde und bis heute aktuell ist. Es kommt in der Politik von Parteien ständig zur Geltung, so, wenn gar nicht mehr zugehört, sondern sofort nach der Parteizugehörigkeit gefragt wird – ein gutes Beispiel sind Fernsehdiskussionen zwischen

Parteipolitikern. Die politische Praxis unserer politischen Institutionen ist also durchzogen von Ideologiekritik.

Literatur

Adorno, Theodor W. (1972), Beitrag zur Ideologienlehre, in: Theodor W. Adorno, Gesammelte Schriften, Bd. 8, Frankfurt/Main

Adorno, Theodor W. (1973): Negative Dialektik, in: Theodor W. Adorno, Gesammelte Schriften, Bd. 6, Frankfurt/Main

Althusser, Louis (1977), Ideologie und ideologische Staatsapparate, Hamburg

Anderson, Perry (1978), Über den westlichen Marxismus, Frankfurt/Main

Foucault, Michel (1973), Archäologie des Wissens, Frankfurt/Main

Foucault, Michel (1974), Die Ordnung des Diskurses, München

Foucault, Michel (1978), Dispositive der Macht, Berlin

Habermas, Jürgen (1981), Theorie des kommunikativen Handelns, 2 Bde., Frankfurt/Main

Horkheimer, Max / *Adorno*, Theodor W. (1987), Dialektik der Aufklärung, in: Max Horkheimer, Gesammelte Schriften, Bd. 5, Frankfurt/Main

Marx, Karl / *Engels*, Friedrich (1969), Die Deutsche Ideologie, in: Marx-Engels Werke 3, Berlin

Anton Pelinka

Joseph Schumpeter und die Folgen

Neuere Ansätze in der Demokratietheorie

Die Demokratietheorie der letzten 50 Jahre ist wesentlich von Joseph Schumpeter beeinflußt. In vielem sind die theoretischen Entwicklungen dieser Jahrzehnte vor allem vor dem Hintergrund der empirischen, auf die Wirklichkeit bezogenen Theorien Schumpeters zu sehen.

Die Weiterentwicklungen, gerade auch die kritischen, reiben sich am extrem arbeitsteiligen Charakter der Demokratiekonzeption Schumpeters, am elitären Aspekt seiner Vorstellung von Demokratie. Und sie setzen sich damit auseinander, daß Schumpeter die Demokratie als Prozeß und letztlich nur als Prozeß sieht – daß er weitgehend von der theoretischen Thematisierung der Voraussetzungen dieses Prozesses abstrahiert. Die Weiterentwicklungen „nach Schumpeter" können daher nach folgenden Aspekten beschrieben und analysiert werden:

- die Auseinandersetzungen mit dem von Schumpeter bewußt vernachlässigten, ja negierten Charakter der Beziehung von Demokratie und Egalität;
- die Auseinandersetzungen mit dem extrem repräsentativen Verständnis von Demokratie und mit Schumpeters faktischer Absage an die Weiterentwicklung der plebiszitären Komponente;
- die Auseinandersetzung mit der faktischen Voraussetzungslosigkeit, mit der Vernachlässigung gesellschaftlicher Rahmenbedingungen bei Schumpeters Vorstellung von Demokratie.

Joseph Schumpeters Verdienst in der Demokratietheorie bleibt trotz der zu Recht geäußerten Kritik und trotz der verschiedenen Weiterentwicklungen unbestritten: Schumpeter hat die Demokratietheorie vom Ballast des vordergründigen Moralisierens befreit; Schumpeter hat die Demokratietheorie bleibend auf den Boden der politischen Wirklichkeit geholt. Schumpeters ironische Kritik an der identitären Demokratievorstellung wird von ihm – zeitlos – auf den Punkt gebracht: „... das Volk herrscht in Tat und Wahrheit nie, aber durch Definition kann es immer dazu gebracht werden." (Schumpeter 1972, S. 391)

Schumpeter versöhnt die Demokratie mit der Realität, die – um die Mitte des 20. Jahrhunderts – am deutlichsten die Grundwerte von Aufklärung und Humanität für sich beanspruchen konnte; eben mit der Wirklichkeit westlicher Demokratie, insbesondere mit der Wirklichkeit der politischen Systeme Großbritanniens und der USA. Zum Verständnis dieser Position ist die Realgeschichte in Erinnerung zu rufen: 1942 erscheint Schumpeters politikwissenschaftliches Hauptwerk „Kapitalismus, Sozialismus und Demokratie". 1942 stehen die Truppen Hitler-Deutschlands an der Wolga und vor dem Nil. Japan beherrscht Südostasien. Der europäische Kontinent ist, scheint zumindest für die Demokratie verloren. Und auch der Bündnispartner der angloamerikanischen Demokratie, die stalinistische Sowjetunion, ist in ihrer Realverfassung die Parodie von Aufklärung und Menschenrechten.

Schumpeter verzichtet auf Ansprüche, die an der Wirklichkeit vorbeigehen; er reduziert die Demokratie, er rettet aber damit die Demokratietheorie. Freilich, eine Schwäche Schumpeters ist, daß er zwar brilliant die Übertragung des ökonomischen Marktmechanismus auf die Sphäre des eigentlich Politischen vornimmt, daß er aber die Voraussetzungen dieser Übertragung nur ansatzweise reflektiert. Dies macht, systematischer als Schumpeter selbst, Anthony Downs (1957). Er stellt sich stärker der axiomatischen Seite der Demokratie. Er ist der konsequente Vollstrecker, nicht aber der wirklich originelle Weiterentwickler Schumpeters.

Die Schwäche Schumpeters ist, daß er sich nicht den Voraussetzungen seines demokratischen Mechanismus stellt. Er überzeugt, wenn er die Demokratie auch und vor allem als Prozeß schildert. Er überzeugt nicht im Axiomatischen – etwas, worauf vor allem Robert Dahl weist. Schumpeter versöhnt die Demokratie mit der Wirklichkeit – gleichzeitig nimmt er aber der Demokratie jede utopische und damit jede dynamische Komponente. Demokratie ist, was – zu einer bestimmten Zeit – als Demokratie definiert wird. Demokratie ist die Realverfassung des Westens. Und Demokratie ist nicht das, was daraus werden könnte; Demokratie hat keine konkrete, keine reale Utopie. Diese konkrete, diese reale Utopie wird aber in der Folge eingefordert – die Demokratietheorien nach Schumpeter formulieren eben diese Fragestellung.

Wider das Elitäre in der Demokratie

Eine wichtige Herausforderung und dialektische Weiterentwicklung Schumpeters war und ist die Demokratietheorie C. P. Macphersons. Macphersons „Nicht-Markttheorie der Demokratie“ stellt nicht auf Prozesse, sondern auf Inhalte ab; sie geht nicht, wie Schumpeter, implizit von einem eher engen Demokratieverständnis aus, sondern von einem ausdrücklich weiten. Im Mittelpunkt der Demokratietheorie Macphersons steht der Begriff der Macht. Er unterscheidet zwischen zwei Formen von Macht – das Konzept von Macht, das dem demokratischen und humanistischen Ideal entspricht und das Konzept von Macht, das auf die individuellen menschlichen Fähigkeiten abgestellt ist (Macpherson 1973, S. 40). Der ersten der beiden Vorstellungen von Macht entspricht, daß Macht aus der Sichtweise des Menschen gesehen wird, der in seinen Fähigkeiten vermindert ist – also aus der Perspekte desjenigen (derjenigen), der (die) von Macht ausgeschlossen ist. Die zweite Konzeption von Macht entspricht im wesentlichen der von Max Weber entwickelten Vorstellung. Sie hat die Perspektive des Menschen im Mittelpunkt, der seinen Willen durchsetzen kann; also die Perspektive des (der) Machtbesitzenden.

Die erste Vorstellung von Macht beschreibt Macpherson als „ethische" Macht, die zweite als „deskriptive" Macht. Damit spricht Macpherson das Spannungsfeld zwischen normativ und empirisch an; ein Spannungsfeld, das die demokratietheoretische Entwicklung nach Schumpeter zentral bestimmt. Macpherson schreibt zum Konzept der ethischen Macht: „Ohne dieses ... ist eine voll entwickelte Demokratietheorie nicht möglich." (ebd., S. 41)

Entscheidend ist nach Macpherson, daß er damit – anders als Schumpeter – ausdrücklich die Machtverhältnisse jenseits des politischen Systems im engeren Sinn einbezieht. Von diesem Gesichtspunkt ausgehend, definiert Macpherson die Demokratie nicht bloß als Mechanismus des Wählens und Legitimierens von Regierungen (wie Schumpeter), sondern als ein Prinzip der Gesellschaft schlechthin; eben als ein egalitäres Prinzip. Für diese demokratische Gesellschaft genüge die bei Schumpeter und Downs angelegte Spielregel „one man, one vote" nicht; sie müsse weiterentwickelt werden zur (normativen) Vorstellung, daß für jeden Menschen in der Demokratie das gleiche, wirksame Recht zum Ausleben seiner Fähigkeiten gehört (ebd., S. 51).

Demokratie ist daher nach Macpherson nicht (bloß) ein Zustand, der durch eine funktionierende Realverfassung erreicht sein kann oder auch nicht erreicht ist; sondern Demokratie ist ein ständiges Bemühen, in einer Gesellschaft – auch jenseits der Verfassungsordnung – ein Maximum an Gleichheit (im Sinne von ständig herzustellender sozialer Chancengleichheit) zu erreichen. Demokratie wird zu einer Aufgabe der Maximierung von Gleichheit.

Macpherson steht, besonders prominent, für die sozialistischen und marxistischen Ansätze zur Weiterentwicklung der Demokratietheorie. Seine Position ist typisch für die demokratietheoretische Kontroverse der 70er Jahre. Aber Macpherson ist auch eine – originelle – Weiterentwicklung Schumpeters; er fällt nicht hinter Schumpeter zurück, er will und kann Schumpeters Verdienst um die Demokratietheorie nicht zerstören. Sein Bemühen geht darum, das Axiomatische der Demokratie herauszuarbeiten; eben die gesamtgesellschaftlichen Voraussetzungen und die gesamtgesellschaftlichen Konsequenzen der westlichen, der liberalen Demokratie. Und damit berührt er eine besonders wunde Seite, ein wirkliches Defizit des Schumpeterschen Verständnisses von Demokratie.

Peter Bachrach hat sich mit durchaus ähnlichen Intentionen wie Macpherson besonders kritisch mit Schumpeter auseinandergesetzt. Er sieht Schumpeter – sicherlich zu Recht – in der Tradition der klassischen Elitentheorien. Er deutet Schumpeter als den durchaus immanent erfolgreichen Versuch, die (tendenziell) konservative Elitentheorie mit der Realitität westlicher Demokratie zu versöhnen. In seinem Buch „Theorie demokratischer Elitenherrschaft" (Bachrach 1970) wirft er dem Verständnis von Demokratie, wie es Schumpeter vertritt, vor allem den Verlust der utopischen Komponente vor. Wie bei Macpherson geht es auch bei Bachrach um die egalitäre Seite. Auch wenn er, durchaus in Übereinstimmung mit Schumpeter, die Demokratie keineswegs als ein System der Herrschaftsfreiheit, eben auch nicht als ein System der Regierung durch das Volk und für das Volk sieht – er unterstellt der Demokratie aber, normativ, das Bemühen um ständigen Abbau von Herrschaft und Macht. Demokratie hebt nicht Herrschaft auf, deshalb ist aber Demokratie nicht neutral zur Herrschaft – Demokratie ist herrschaftsskeptisch. Demokratie ist auch nach Bachrach keineswegs die Überwindung von Machtverhältnissen. Aber, so Bachrach, Demokratie bedeutet die schrittweise Annäherung an den (nicht erreichbaren) Idealzustand einer egalitären Verteilung gesellschaftlicher Macht.

Bachrach unterstreicht damit die dynamische Komponente von Demokratie, er holt die reale Utopie zurück in die Demokratietheorie. Demokratie ist zwar auch, wie Schumpeter schreibt, Prozeß – sie ist aber gleichzeitig die asymptotische Annäherung an die Utopie der Egalität (Pelinka 1974). Bachrach steht, wie Macpherson, für die Expansion der Demokratie in die gesamte Gesellschaft; für die Sprengung einer bloß auf den Staat bezogenen, engen Auffassung von Demokratie. Und gleichzeitig betont Bachrach auch die plebiszitäre Komponente – er steht für den demokratietheoretischen Optimismus im Umgang mit direkter Demokratie. Neben Macpherson ist Bachrach typisch für die „linke", kritische Weiterentwicklung der Schumpeterschen Demokratietheorie. Auch er steht für die ausdrücklich sozialistische Variante der Weiterentwicklung – nicht an Schumpeter vorbei, sondern auf Schumpeter aufbauend.

Liberale oder populistische Demokratie?

William Riker verwendet die Theorie des „Social Choice", um die Demokratietheorie weiter zu entwickeln. Er wendet sich gegen das, was er „populistische Demokratie" nennt, und er entwickelt die „liberale Demokratie" weiter. Riker definiert Populismus als die Kombination zweier Axiome:

- Das Volk, angenommen als eine geschlossene Identität, soll über die Politik entscheiden.
- Das Volk ist frei, wenn seine Wünsche zum Gesetz werden. (Riker 1982, S. 238)

Riker sieht von seinem theoretischen Zugang aus das zweite Axiom als nicht erfüllbar an. Sein Hauptargument gegen den Populismus ist, daß bei einer Wahl (ebenso bei einem Plebiszit) immer nur zwischen gegebenen Alternativen entschieden wird. Äußerstenfalls sei es das Ergebnis eines solchen Volksentscheids, klar darüber Auskunft zu geben, welche Alternative gewonnen hätte; dabei sei nicht berücksichtigt, daß andere, nicht zur Wahl stehende Alternativen vielleicht der Priorität des Volkes eher entsprochen hätten.

Riker wendet sich somit gegen eine eindeutig plebiszitär akzentuierte Form der Demokratie. Seine „liberale Demokratie" ist auch so etwas wie die Renaissance der repräsentativen Demokratie. Populismus ist in sich widersprüchlich und absurd – Liberalismus ist, weil weniger anspruchsvoll im Normativen, letztendlich die eigentliche Essenz der Demokratie. Die liberale Demokratie überfordert nicht den Wähler und nicht den Wahlvorgang, denn Wahlen sind immer nur ein Aspekt des demokratischen Prozesses. Die populistische Demokratie konzentriert sich auf den eindeutigen Vorrang der Wahlen (sowie der Plebiszite) – und das macht die Inkonsistenz aus. Die von Riker wieder in ihre – im Sinn von Ernst Fraenkel (1964) – ursprüngliche Bedeutung zurückgeführte repräsentative Komponente der Demokratie ist auch eine Absicherung gegen das, was Riker die Versuchung der Populisten zur Diktatur bezeichnet – er führt dabei Peron, Vargas und Indira Ghandi an.

Rikers Argumentation ist letztendlich eine Fortführung des Pluralismus wie ihn Fraenkel vertreten hat und ist damit – wie die Demokratietheorie Fraenkels – grundsätzlich auf dem Boden des Status quo bestehender westlicher Demokratieformen. Riker ist typisch für die demokratietheoretische Debatte der 80er Jahre. Die Debatte wird nun immer weniger von „linken" gesamtgesellschaftlichen, zumindest tendenziell sozialistischen Ansätzen bestimmt. Die Diskussion ist vielmehr von einer wachsenden Skepsis gegenüber einer (möglichen) neuen Überforderung der Demokratie geprägt. Wenn sich Riker gegen die populistische Definition von Demokratie wendet, so wendet er sich gegen eine zu starke Betonung nicht nur des Plebiszitären, sondern auch des Utopischen. Auch wenn Riker sich nicht auf Schumpeter bezieht – seine „liberale Demokratie" ist nichts anderes als die Renaissance Schumpeters mit anderen Worten, mit anderen Begriffen. Riker steht auch für die Antwort auf die Neuauflage der rätedemokratischen Diskussion, die ebenfalls die 70er Jahre geprägt hat (Bermbach 1973), er steht damit für eine konservativ-liberale Trendwende in der Demokratietheorie.

Neben Riker kommt auch Giovanni Sartori herbeigeeilt, um die liberale Demokratie zu verteidigen. Sartori, wohl neben Antony Downs der einflußreichste Demokratietheoretiker in unmittelbarer Nachfolge von Joseph Schumpeter, unterscheidet in seiner Überarbeitung der Demokratietheorie – "The Theory of Democracy Revisited" – zwischen Liberalismus und Liberismus (Sartori 1987). Liberismus ist für ihn der ökonomische Liberalismus, also die Tradition von Marktmechanismus und Besitzindividualismus – mit anderen Worten der Kapitalismus. Liberalismus ist hingegen ein politisches System, eben die liberale Demokratie westlicher Prägung. Sartori stellt damit den Grundgedanken, den Schumpeter verfolgt hat, zur Disposition – nämlich die zumindest prozedurale und funktionale Gleichsetzung von wirtschaftlichem und politischem Marktmechanismus sowie die Gleichsetzung des letzteren mit Demokratie.

Sartori will sich mit dieser Trennung auch ausdrücklich von der marxistischen Kritik generell und von der Kritik Macphersons speziell absetzen (ebd., S. 376 ff.). Und er argumentiert auch historisch – anders als Macpherson sieht er die politische Interessenartikulation des Bürgertums nicht als Folge der wirtschaftlichen Interessenartikulation. Für ihn kommt der Liberalismus historisch vor dem Liberismus. John Locke kommt gleichsam vor Adam Smith. Sartoris Position ist ganz deutlich eine Antwort auf die radikaldemokratischen Weiterentwicklungen der 70er Jahre. Er grenzt sich gegen den Revolutionsmythos als Teil eines sozialistischen Demokratieverständnisses ab (ebd., S. 27 ff.); er verweist die Zielvorstellung der „Selbstregierung" in den Bereich des Möglichen, und er warnt vor Utopismus und Perfektion.

Sartori ist damit stellvertretend für die antithetische Demokratietheorie der 80er Jahre: Ernüchterung gegenüber zu weitreichenden Erwartungen, Kritik an neuen Utopien, Absage an revolutionäre Vorstellungen. Und das mündet in die neuerliche Betonung der liberal-aufklärerischen Grundposition. Daß Sartori aber dabei immerhin die Konzession für notwendig hält, die liberale Demokratie von ihrer unmittelbaren und kausalen Verbindung mit der liberalen Ökonomie zu trennen, zeigt eine gewisse bleibende Wirkung der radikaldemokratischen Theoretiker und Theorien der 70er Jahre.

Madisonische oder populistische Demokratie?

Schon in seiner „Polyarchy", die eine wichtige Gegenposition zur Demokratietheorie Macphersons und Bachrachs gekennzeichnet hat, hat Robert Dahl sich ebenfalls gegen die „populistische" Interpretation der Demokratie gewandt. In seinem 1989 publizierten Buch „Democracy and its Critics" greift er diese Position wieder auf. Dahl sieht in der demokratischen Entwicklung – in ihrer realhistorischen wie auch in ihrer theoriegeschichtlichen Ausformung – ein permanentes Spannungsfeld: Zwischen dem im „populistischen" Demokratiebegriff zum Ausdruck kommenden Wortverständnis von Demokratie mit deutlich utopischem Charakter und in der repräsentativen Form von Demokratie, die sich nicht nur aus praktischen, sondern auch aus theoretischen Gründen von dieser utopischen Seite der Demokratie abgrenzt. Für die letztere Variante hat Dahl, mit Rückgriff auf die Autoren des „Federalist", den Begriff „Madisonische" Demokratie geprägt (zu den früheren Arbeiten von Dahl vgl. Dahl 1956 und 1971).

Obwohl Dahls Absage an die populistische Demokratie als reinen, unvermischten Typus ihn eigentlich an die Seite der liberal-konservativen Kritiker der radikaldemokratischen Ansätze der 70er Jahre stellt, macht seine Kritik an Schumpeter deutlich, wie sehr Dahl eine eigenständige Position bezieht. Dahl wendet sich gegen das Defizit Schumpeters im Bereich des Axiomatischen: Er hält Schumpeter vor, daß er es dem Volk überläßt, sich selbst zu definieren, daß Schumpeter es durchaus für demokratisch hält, wenn „weiße" Amerikaner „schwarze" Amerikaner von der Zugehörigkeit zum Volk ausschließen. Schumpeters Schwachpunkt ist eben, daß er Demokratie letztendlich auf den demokratischen Prozeß reduziert und davon absieht, unter welchen Voraussetzungen dieser Prozeß stattfindet; insbesondere davon, wer in diesem demokratischen Prozeß eingeschlossen und wer, mit welchen Begründungen, davon ausgeschlossen ist. Von dieser Kritik an Schumpeter ausgehend stellt Dahl in seinem letzten Buch fest, daß es so etwas wie ein „kategorisches Recht" auf Bürgerschaft gibt. Damit schließt Dahl auf diese Weise, seine deutliche Vorliebe für die repräsentative Komponente der Demokratie mit utopischen Aspekten verbindend, an das stärker populistische Demokratieverständnis in der Tradition Rousseaus und Jeffersons an: „Schumpeters Lösung – oder eher Nicht-Lösung – war, dem Volk zu erlauben, jede Trennungslinie zwischen sich selbst und anderen Mitgliedern der Gesellschaft zu ziehen." (Dahl 1989, S. 124) Dem setzt Dahl sein Konzept der „citizenship" entgegen:

- Kategorisches Prinzip: Jede Person, die einer Regierung und ihren Gesetzen unterworfen ist, hat ein unbeschränktes Recht auf Mitgliedschaft innerhalb dieses Verbandes („demos").
- Bedingtes Prinzip: Nur Personen, die zur Regierung qualifiziert sind, aber alle diese Personen, sollten Mitglieder des „demos" sein – also Bürger.

Dahl sieht zwischen diesen beiden Prinzipien ein Spannungsfeld und versucht es durch ein „modifiziertes kategorisches Prinzip" zu lösen: „Jeder erwachsene Mensch, der einer Regierung und ihren Gesetzen unterworfen ist, muß als qualifiziert gelten – und hat auch dazu das uneingeschränkte Recht, ein Mitglied des ‚demos' zu sein." (ebd., S. 127)

Was Dahl hier an neuer Dimension auftut – durchaus in direkter Kritik an Schumpeters Beliebigkeit – das ist von einer weitreichenden demokratietheoretischen Bedeutung. Angesichts der Diskussion um das Wahlrecht von Ausländern (die zweifellos einer inländischen Regierung und ihren Gesetzen unterworfen sind) kann die Position Dahls als geradezu radikaldemokratisch gelten. Alle Ausnahmen, die Dahl im weiteren formuliert, erlauben keinesfalls den Ausschluß von Ausländern, die längere Zeit in einem bestimmten Land wohnen, vom Wahlrecht. Dahl weist damit auf eine der Schwächen der herrschenden Realverfassung westlicher Demokratien – auf die Beschränkung des Ortes, die sich aus der Beschränkung nationalstaatlichen Demokratieverständnisses ergibt. Grenzen und Staatsbürgerschaften sind höchst zufällige Kriterien für Ausschluß und Einschluß von Personen; die Überschreitung dieser Grenzen und die Relativierung von Staatsbürgerschaften sind eine demokratietheoretische Konsequenz, die Dahl klar und radikal aufzeigt.

Gerechtigkeit und Demokratie bei John Rawls

John Rawls hat sich nicht direkt, unmittelbar mit Demokratietheorie beschäftigt. Seine „Theorie der Gerechtigkeit" ist jedoch, gerade auch wegen der dadurch ausgelösten Diskussion, von Bedeutung für die Theorie der Demokratie. Rawls ist nicht leicht einzuordnen – seine Vorstellung von Gerechtigkeit bezieht sich jedoch auf das Axiomatische. Er setzt gerade dort an, wo Schumpeter und Downs eigentlich nicht präsent sind, bei den Voraussetzungen einer „gerechten" Ordnung der Gesellschaft.

Rawls formuliert zwei Prinzipien der Gerechtigkeit – erstens, daß jeder Mensch das gleiche Recht zu den so weit als möglich ausgedehnten, grundsätzlichen Freiheitsrechten haben muß, und zwar immer im Vergleich mit ähnlichen Rechten anderer; und zweitens, daß gesellschaftliche und wirtschaftliche Ungleichheiten ausdrücklich begründet werden müssen. Zur Begründung solcher Ungleichheiten führt Rawls an, daß diese im Interesse aller und für alle zugänglich sein müßten (Rawls 1971, S. 60 f.).

Damit steht Rawls in der Tradition des Utilitarismus. Und Rawls formuliert auch eine inhaltliche Vorstellung, die letztendlich eine expansive Zielsetzung der Demokratie impliziert. Wenn Demokratie gerecht, und zwar gerecht im Sinne von Rawls sein will, dann muß sie dem Ziel der Egalität dienen. Dazu kommt noch die von Rawls postulierte Umkehrung der Beweislast: Nicht die Gleichheit, sondern die Ungleichheit ist ausdrücklich zu begründen.

Rawls ist durchaus kein wirklichkeitsfremder, blasser Theoretiker. Er bezieht in seine Vorstellung von Gerechtigkeit auch die Überlegung ein, wie diese Vorstellung mit Effizienz umgesetzt werden kann. Der Grundsatz der Effizienz ist durchaus etwas, das Rawls sehr differenziert diskutiert – wie auch der Grundsatz der sozialen Differenzierung im Spannungsfeld mit der demokratischen Gleichheit: „Die demokratische Interpretation … ist die Verbindung des Grundsatzes von Chancengleichheit mit dem Grundsatz der Differenzierung." (ebd., S. 75)

Rawls steht nicht, ebensowenig wie Dahl, unmittelbar in der demokratietheoretischen Kontroverse der 70er und 80er Jahre. Freilich sind seine letztendlich sehr auf Inhalte, auf Ergebnisse abgestellten Schlußfolgerungen, die er aus seiner Theorie der Gerechtigkeit zieht, als Gegenpol zu Sartori und Riker anzusehen. Bei Sartori und Riker, direkt in der Tradition von Schumpeter und Downs, ist das Prozeßhafte der Demokratie im Zentrum und damit die Frage nach der Legitimität, nach der Rechtfertigung von Herrschaft. Bei Rawls ist hingegen das Ergebnis, also der Inhalt von Demokratie im Zentrum der Überlegungen – also die gesellschaftlich spürbaren Konsequenzen der Demokratie. Und bei Rawls wird die utopische Komponente voll unterstrichen. Gerechtigkeit hat immer etwas mit Gleichheit, Demokratie aber immer etwas mit Gerechtigkeit zu tun. Damit setzt Rawls Standards für die vergleichende Politikwissenschaft. Die Qualität politischer Systeme und damit auch die Qualität von Demokratie ist nicht nur – wie das bei Schumpeter eigentlich angelegt ist – an der Freiheit im Zugang zum politischen Prozeß zu messen, sondern auch und erst recht an der Gleichheit des Ergebnisses dieses Prozesses. Rawls zielt damit weniger auf „politics" und mehr auf „policies" ab. Er liefert einen Maßstab, Demokratie anhand der konkreten Resultate von Politik zu beurteilen – und nicht nur anhand der Bedingungen des demokratischen Wettbewerbs.

„Supply Side Politics" und die Umkehrung des demokratischen Prozesses

In seinem 1991 veröffentlichten Buch „The United States of Ambition" entwirft Alan Ehrenhalt ein nicht nur in den empirischen Einzelheiten aufschlußreiches Bild vom politischen System der USA. Die darin angeführten empirischen Befunde ergeben ein demokratietheoretisch aufschlußreiches Bild. Mit Berufung auf ökonomisches und politisches Verhalten zieht Ehrenhalt interessante Rückschlüsse: Der Marktmechanismus funktioniert nicht simpel als Reaktion des Angebotes auf die Nachfrage; vielmehr agieren Anbieter eigenständig und produzieren Nachfrage. Warum etwa ist das nördliche Kalifornien voll von hervorragenden Restaurants? Ehrenhalt schreibt: „Die Wahrheit ist, daß das nördliche Kalifornien deshalb voll von Restaurants ist, weil Restaurantbesitzer hier leben wollen." (Ehrenhalt 1991, S. 5)

Bezogen auf den demokratischen Mechanismus und die demokratische Qualität der USA zeichnet Ehrenhalt das Bild des amerikanischen Durchschnittswählers, das dem Idealtypus, den Schumpeter und Downs zugrunde gelegt haben, ganz eindeutig widerspricht. Ausgehend auch von der Beobachtung der Kongreßwahlen 1990, als – dem angeblichen Trend gegen Amtsinhaber zum Trotz – die große Mehrzahl der zur Wiederwahl anstehenden Abgeordneten eben wieder gewählt worden ist, kritisiert Ehrenhalt die Vorstellung eines rationalen Wahlvorganges, der das Angebot zum dienenden Instrument der Nachfrage macht: „Die Wähler haben sie (die Gewählten) nicht zum Regieren bestimmt; die Wähler haben vielmehr die Bedingungen festgelegt, unter denen sich sie (die Gewählten) selbst wählen konnten." (ebd. S. 142)

Ehrenhalt nennt dies das Phänomen der „Selbst-Nominierung": Politiker, die sich in die Politik drängen, die ein bestimmtes Angebot den Wählern vorstellen, die diesen Wählern auch dieses Angebot mehr oder minder aufzwingen (ebd., S. 251 ff.). Dabei machen sie in Fragen, die für die Wähler wesentlich, für sie – die Kandidaten – aber unwesentlich sind, Konzessionen. Dort, wo es dem sich selbst nominierenden Politiker wichtig wird, nimmt er – der Kandidat – auf die Wähler keine Rücksicht.

Ein Beispiel dafür ist Senator Fulbright, lange Zeit – vor allem auch während des Vietnam-Krieges – Vorsitzender des Außenpolitischen Ausschusses des Senates (Halberstam 1969, S. 504 ff.). Fulbright war in der Außenpolitik „liberal", links von der Mitte, kritisch, er war einer der ersten scharfen Gegner der Vietnam-Politik der Präsidenten Kennedy und Johnson. Für die Welt war Fulbright zunächst der Inbegriff des liberalen, aufgeklärten, fortschrittlichen Amerikaners. Aber Fulbright war auch Senator von Arkansas. Um in diesem Südstaat gewählt zu werden, hielt Fulbright in den 50er und 60er Jahren fest an den angestammten Werten seines Staates; und er verhielt sich in den Fragen, die für seine – ausschließlich weißen Wähler wichtig waren, durchaus marktkonform. Fulbright verhielt sich innenpolitisch als Rassist, um von rassistischen Wählern gewählt zu werden. Da aber diese rassistischen Wähler an der Außenpolitik mehr oder weniger desinteressiert waren, konnte Fulbright – sich selbst nominierend – eine von den Bedürfnissen seiner Wähler völlig unabhängige Außenpolitik betreiben. Der Außenpolitiker Fulbright war nicht das Produkt der Nachfrage seiner Wähler, er war das Ergebnis seiner (durchaus idealistischen) Selbst-Nominierung.

Ehrenhalt und seine beobachtete „Selbst-Nominierung" widersprechen Schumpeter nicht, sie ergänzen ihn aber wesentlich. Auch nach Ehrenhalt müssen Politiker, um gewählt zu werden, den politischen Markt beobachten und sich marktkonform verhalten. Ehrenhalt lenkt aber das Augenmerk auf etwas, was Schumpeter so nicht beobachtet und analysiert hat: Der Wählermarkt läßt bestimmte politische Nischen offen. Und in diesen Nischen ist „Idealismus" im Sinne einer nicht außengelenkten, also nicht wählerabhängigen Politik möglich. Diese Politik ist, nach Schumpeter, nicht demokratisch legitimiert – oder zumindest nur indirekt, durch Duldung und Desinteresse von seiten der Wählerschaft.

Die Entwicklungstendenzen der Demokratietheorie

Die von Schumpeter zentral beeinflußte Demokratietheorie der letzten 50 Jahre hat mehrere Entwicklungsschübe durchgemacht. In den 70er Jahren wird, gleichsam gegen Schumpeter, aber auf ihm aufbauend, Demokratie expansiv, wird Demokratie als Prozeß nicht nur zur Legitimierung staatlicher, sondern jeder Form gesellschaftlicher Macht verstanden. Skepsis gegenüber der „demokratischen Elitenherrschaft", wie sie Schumpeter postuliert hat, beherrscht diesen Entwicklungsschritt der Demokratietheorie, eine Skepsis, die auch die Besinnung auf radikaldemokratische und plebiszitäre Vorstellungen beinhaltet. In den 80er Jahren folgt auf diese „These" eine „Antithese". Das Utopische wird zurückgenommen; das Plebiszitäre mißtrauisch analysiert und kritisiert. Demokratie wird wieder, durchaus im Sinne Schumpeters, bescheidener verstanden – um Demokratie vor einer Überspannung, die in ihr Gegenteil führen kann, zu retten. Es ist eine Entwicklungsphase, die man auch mit „Zurück zu Schumpeter" bezeichnen kann.

Unabhängig davon gibt es jedoch, wie Dahl und Rawls, einzelne Theoretiker, die in dieses Ablaufschema überhaupt nicht passen. Dahl und Rawls ist gemeinsam, daß sie eine Schwäche Schumpeters aufzeigen – sein Defizit im Axiomatischen, seine Vernachlässigung der inhaltlichen Voraussetzungen von Demokratie.

Hier, sowie in der theoretischen Weiterführung des von Ehrenhalt vertretenen Ansatzes, könnten die wichtigsten Entwicklungslinien der demokratietheoretischen Diskussion der 90er Jahre liegen. Die Demokratietheorie ist noch immer relativ blind gegenüber Beschränkungen des Ortes und der Zeit.

Die Demokratietheorie hat noch keine wirksame Antwort darauf gegeben, daß Demokratie noch immer nur in den Begrenzungen eines historisch zufällig entstandenen und erklärbaren Nationalstaates funktioniert – und keineswegs im Überschreiten von dessen Grenzen. Demokratie ist noch lange kein internationales, grenzübergreifendes Phänomen. Und die Demokratietheorie hat auch keine Antwort auf das Problem der Zeit gefunden – keinerlei Antwort ist auffindbar, wie das Problem gelöst werden könnte, daß zukünftige Generationen von heutigen Entscheidungen massiv betroffen sind, ohne daß in irgendeiner Form die Interessen dieser Betroffenen Berücksichtigung finden.

Hier können nur inhaltliche Vorstellungen eine Lösung näherbringen. Wenn Demokratie heißt, daß alle von Entscheidungen Betroffenen zumindest indirekt, zumindest durch Delegation, an diesen Entscheidungen beteiligt sein müssen – dann ist der Ausschluß aufgrund von nationalstaatlichen Grenzen oder von Staatsbürgerschaft nicht zu rechtfertigen, weil Betroffenheit sich nicht an Staatsgrenzen hält. Und das gilt erst recht für die Zeit – Betroffenheit von Nichtgeborenen ist unzweifelhaft und, durch den Fortschritt des technisch Machbaren, immer stärker gegeben. Das Tasten nach Antworten auf diese drängenden Fragen ist die demokratietheoretische Herausforderung der Zukunft.

Dieser Beitrag ist die überarbeitete Fassung eines Vortrags, der am 11. 3. 1992 am Institut für Politikwissenschaft der Universität Wien gehalten wurde. Eine frühere Fassung dieses Vortrags wurde 1992 veröffentlicht (Pelinka 1992).

Literatur

Bachrach, Peter (1970), Die Theorie demokratischer Elitenherrschaft, Frankfurt/Main

Bermbach, Udo (Hg.) (1973), Theorie und Praxis der direkten Demokratic. Texte und Materialien zur Räte-Diskussion, Opladen

Dahl, Robert A. (1956), A Preface To Democratic Theory. Chicago

Dahl, Robert A. (1971), Polyarchy Participation and Opposition, New Haven

Dahl, Robert A. (1989), Democracy and its Critics, New Haven

Downs, Anthony (1957), An Economic Theory of Democracy, New York

Ehrenhalt, Alan (1991), The United States of Ambition. Politician Power, and the Pursuit of Office, New York

Fraenkel, Ernst (1964), Deutschland und die westlichen Demokratien, Stuttgart

Halberstam, David (1969), The Best and the Brightest, New York

Macpherson, Crawford B. (1973), Democratic Theory. Essays in Retrieval, Oxford

Pelinka, Anton (1974), Dynamische Demokratie. Zur konkreten Utopie gesellschaftlicher Gleichheit, Stuttgart

Pelinka, Anton (1992): Joseph Schumpeter und die Folgen. Neuere Ansätze in der

Demokratietheorie, in: Bernd-Christian Funk u. a. (Hg.): Staatsrecht und Staatswissenschaft in Zeiten des Wandels. Festschrift für Ludwig Adamovich zum 60. Geburtstag, Wien, S. 532–543

Rawls, John (1971), A Theory of Justice, Cambridge

Riker, William H. (1982), Liberalism against Populism. A Confrontation between the Theory of Democracy and the Theory of Social Choice, Prospect Heights

Schumpeter, Joseph A. (1972), Kapitalismus, Sozialismus und Demokratie, 3. Auflage, München

Sartori, Giovanni (1987), The Theory of Democracy Revisited, Chatham

Franz Horner

Funktionsprobleme der Demokratie als Herausforderung der Demokratietheorie

Funktionsprobleme der modernen Demokratie

In der Vergangenheit wurde die Frage nach der Demokratie meistens mit den aus dem öffentlichen Recht bekannten Schlagworten „Volkssouveränität", „Gewaltenteilung", „Parlamentarismus", d. h. *Gesetzen, die mit Mehrheit beschlossen* werden, beantwortet. Bestenfalls wurden von der Jurisprudenz unter Berufung auf Artikel 1 BVG die politischen Parteien und ihre Politik, nicht jedoch das Modell als solches, kritisiert.

Wie dem auch sei, dieser Idealtypus bürgerlich-liberaler Demokratie hat sich auch unter denjenigen, die professionell mit der Materie befaßt sind, als statischer Überbau einer Politik, die längst massive Veränderungen erfahren hat, lange gehalten. So behauptete ein maßgeblicher Repräsentant des österreichischen Rechtswesens noch anläßlich der 50-Jahr-Feier der Republik Österreich, *„der Weg zur Verwirklichung der Demokratie sei ausschließlich die historische Rechtsstaatsidee"* (Kobzina 1968, S. 195, Hervorhebung F. H.). Im Anschluß an Kelsen kommt Kobzina zum Schluß:

> „Der Grundsatz, die Entscheidung konkreter Fälle an generell abstrakte, von einer zentralen Rechtssetzungsinstanz erzeugte Normen zu binden, ist als Maxime des Willkürverbotes und der Rechtssicherheit das Um und Auf des formellen Rechtsstaates." (ebd. S. 195)

Zwar ist Kobzina zu dem verbalen Zugeständnis bereit, daß „die Rechtsordnung an die gewandelten Gegebenheiten des modernen Wirtschaftsstaates anzupassen sei" (Kobzina 1968, S. 214), aber die Lösung sieht er wieder nur in der „Verrechtlichung", also der *Anwendung des klassischen Demokratiemodells auf neue Gegebenheiten,* nicht aber in einer grundsätzlichen Neukonstruktion eben dieser liberal-bürgerlichen Demokratie.

Selbstverständlich handelt es sich hier um ein extremes Beispiel, und natürlich denken und schreiben nicht nur Politologen, sondern auch die jüngere Generation unserer Verfassungsjuristen in einem völlig anderen Kontext. Ohne sie in irgendeiner Weise erschöpfend aufführen zu können, seien einige dieser Funktionsprobleme in einem veränderten Kontext wenigstens genannt. So z. B. die Frage, wer entscheidet im modernen Wirtschaftsstaat wirklich über die Allokation von Ressourcen, d. h. über Investitionen, und zwar unter welchen Voraussetzungen und Wertpräferenzen? Es ist ein Gemeinplatz, daß in unserem Kammerstaat die Sozialpartnerschaft am grünen Tische über wichtigste politische Fragen entscheidet, die Verhandlungspartner die Gesellschaft aber sicher nicht flächendeckend repräsentieren! Wer vertritt z. B. dort die weniger artikulationsfähigen und damit auch weniger durchschlagskräftigen Minoritäten, die Hausfrauen, die Arbeitslosen oder die Studierenden? Von Gastarbeitern, Fremden oder Asylanten ganz zu schweigen.

Ein weiteres Problem, dem wir beinahe täglich in den Medien begegnen, hängt mit dem angestrebten EG-Beitritt zusammen. Aus der Sicht des demokratischen Prinzips, so wie es in unserer Verfassung verankert ist, stellen sich eine ganze Reihe von Fragen. Diese betreffen nicht nur den inneren Aufbau der EG. Auch die Aufgabenverteilung zwischen der EG und den einzelnen Mitgliedsstaaten, d. h. das Verhältnis von EG-Recht zu nationalem Recht, die Rolle des Gerichtshofes der Gemeinschaften, der supranationale Charakter der EG, der „Vorrang" von EG-Recht vor nationalem Verfassungsrecht usw., stellt uns vor neue Probleme, die erst zum Teil durchdacht und einer Lösung zugeführt worden sind. Darüber hinaus besteht kein Zweifel, daß unsere nationalstaatlich-parlamentarischen Demokratien sich um die Antwort drücken, wie zukünftige Generationen, die von den heutigen Machtverhältnissen abhängig sind, in ihren Interessen berücksichtigt werden können.

Im Zusammenhang mit unserem Thema sei noch ein dritter Problemkomplex erwähnt: Die große Umweltkonferenz in Rio war der beste Beleg dafür, daß Wählermehrheiten in den USA, in Japan oder auch in Europa kaum oder gar nicht interessiert sind, ihre politischen Entscheidungen auch von den Überlebensinteressen der Dritten Welt mitbestimmen zu lassen. Das Gegenteil scheint der Fall zu sein: Vieles deutet sogar auf eine Abnahme der Solidargemeinschaft innerhalb der westlichen Demokratien hin. Dies gilt für das Nord-Süd-Gefälle in der EG ebenso wie für die sozialen Netzwerke Österreichs. Eine *Mehrheit* von materiell saturierten Bürgern, die im traditionellen Gesetzgebungsprozeß imstande ist, sich durchzusetzen, scheint weniger denn je bereit zu sein, mit einer Minderheit von objektiv Bedürftigen ihren Wohlstand zu teilen. Von einer globalen Solidargemeinschaft sind wir ohnehin noch Lichtjahre entfernt.

Wie dem auch sei, mit dem Mehrheitsprinzip des klassischen liberal-bürgerlichen Demokratiemodells ist diesen Problemen nicht so ohne weiteres beizukommen.

Mehrheitsprinzip und kollektive Wahl

Definition

Das *Mehrheitsprinzip* ist ein „formales Mittel, um bei Dissens zu einer gemeinsamen Entscheidung zu gelangen" (Scheuner 1973, S. 13), oder, in der Termi-

nologie der modernen Entscheidungstheorie, eine *kollektive Auswahlregel*. Anspruchsvoller ausgedrückt: „Die Mehrheitsregel definiert, auf welche Weise aus den individuellen Präferenzrelationen bezüglich einer Anzahl von Alternativen eine *kollektive Präferenzrelation* gewonnen wird." (Staatslexikon der Görres-Gesellschaft 3, S. 1082) In Weiterführung dieser Überlegungen wird das Prinzip idealtypisch manchmal jenen Regeln gegenübergestellt, die bei Entscheidungen Einstimmigkeit verlangen. Führt man die Logik des Mehrheitsprinzips logisch konsequent zu Ende, dann könnte eine Minorität sich nicht nur niemals über die Mehrheit hinwegsetzen, sondern nicht einmal die Mehrheit überprüfen und kontrollieren: Das Mehrheitsvotum wäre eine endgültige Entscheidung für das ganze Kollektiv. Innerhalb der verschiedenen demokratischen Regierungsformen gehen die Kontroversen über das Mehrheitsprinzip auf die Frage zurück, ob und warum es wünschenswert sei, das Mehrheitsprinzip in bestimmten Situationen des politischen Prozesses anzuwenden.
Das Mehrheitsprinzip kennt unterschiedliche Entscheidungsmaßstäbe. Relative (oder einfache) Mehrheit bedeutet: mehr Stimmen als jeder andere Bewerber; absolute Mehrheit bedeutet: mehr als die Hälfte aller abgegebenen Stimmen; qualifizierte Mehrheit bedeutet (normalerweise): Zweidrittelmehrheit, kann aber auch anders festgesetzt werden. Das Mehrheitsprinzip ist ideengeschichtlich und verfassungshistorisch vor allem vom Erfordernis der Einhelligkeit und Einmütigkeit abzugrenzen. Seit dem 19. Jh. wird verfassungssystematisch das Mehrheitsprinzip meistens dem Proporzprinzip gegenübergestellt. Um die heutigen Probleme verstehen zu können, sind einige detailliertere Ausführungen zur Geschichte der Theorie und einschlägigen Praxis hilfreich, denn Mehrheitsprinzip und Demokratieprinzip sind geschichtlich nicht immer identisch.

Historische Aspekte[1]

Das Mehrheitsprinzip wurde schon in der direkten Demokratie der Antike praktiziert. In der griechischen Polis wurde es in der Form des Zurufs, des Aufhebens der Hand oder des Stimmzeichens ausgeübt. Selbstverständlich bedeutete „Volksherrschaft" damals nur die Beteiligung der „Vollbürger" an den politischen Entscheidungen. Allerdings – und das ist für unser Thema wichtig – gab es schon im alten Athen sowohl institutionelle als auch praktische Grenzen des Mehrheitsprinzips. Zum einen bestimmte eine ausgewählte Gruppe die Agenda der Volksversammlung und hatte daher einen beträchtlichen Einfluß auf Formulierung der Probleme, die überhaupt einer Abstimmung unterzogen wurden. Zum anderen wurden wichtige Funktionen durch Los und nicht durch Mehrheitswahl besetzt. Diese Praxis begrenzte nicht nur die Macht der Mehrheit in der Volksversammlung, sondern der Losentscheid bedeutete nichts anderes als (aufgrund des Gesetzes der Wahrscheinlichkeit) eine gewisse proportionale Repräsentation. Diese wäre durch das Mehrheitsprinzip allein nicht gegeben gewesen.

Bei kirchlichen Wahlen läßt sich der Entscheid nach der größeren Zahl erstmals in der Spätantike nachweisen. Freilich war damals das Mehrheitsprinzip durch den Grundsatz des *maior et sanior pars* (besonnenere Teil) eingeschränkt. Dieser Grundsatz bedeutet,

> „daß bei der Bestätigung der Wahl derjenige Teil den Vorzug erhalten kann, der, obwohl er zahlenmäßig geringer ist, doch dank der höheren Qualität der für ihn abgegebenen Stimmen oder der größeren Würdigkeit des von ihm Gewählten, eine innere Überlegenheit besitzt". (Scheuner 1973, S. 22)

Solchen Entscheidungen – sie wurden in letzter Instanz vom jeweiligen Kirchenoberen, bei Bischofswahlen vom Papst, getroffen – hatte sich sowohl die Mehrheit als auch die Minderheit zu unterwerfen. Denn nur die so hergestellte *Einmütigkeit* bzw. *Einhelligkeit*, die *unanimitas*, verbürgte die *unitas Ecclesiae* und die *unitas civitatis Dei.* Auf dem dritten Laterankonzil von 1179 setzte sich das Mehrheitsprinzip bereits in der Form der Zweidrittelmehrheit durch. Man ging nämlich davon aus, daß diese qualifizierte Mehrheit für die Herstellung der *concordia* genügen würde. Wahrscheinlich wollte man dem Kaiser die Entscheidung *sanior pars* entziehen und unterstellte dazu, daß die Vernünftigkeit bei der Mehrheit liege und bei einer Zweidrittelmehrheit angenommen werden müsse, das *sanior pars* sei in ihr enthalten (Eschenburg 1970, S. 3).

Im weltlichen Bereich wurde das Mehrheitsprinzip erstmals in den 1197 für die Königswahl aufgestellten Rechtsgrundsätzen berücksichtigt. Jedoch blieb das Prinzip noch über Jahrhunderte in ständestaatlich-korporative Verhältnisse eingebunden und damit mit einer Differenzierung der Wählerschaft nach qualitativen Kriterien verknüpft. Die Allmacht der Mehrheit, der sich die Minderheit zu unterwerfen habe, wurde erst im Gefolge der Reformation wieder grundsätzlich in Zweifel gezogen, als die Protestanten sich weigerten, nach Stimmenmehrheit ergangene Entscheidungen des Reichstages in Religionsangelegenheiten anzuerkennen. Im Westfälischen Frieden, der den 30jährigen Krieg beendete, wurde daher vereinbart, daß in Religionsfragen allein der *gütliche Vergleich* zählt.

Die entscheidende Wende tritt erst mit John Locke ein, der die uneingeschränkte Anerkennung des Mehrheitsprinzips bei politischen Entscheidungen fordert, sie aber auch begründet. Wenn nämlich eine Anzahl von Menschen mit Zustimmung jedes Individuums eine *Gemeinschaft* gebildet hat, dann haben sie – so Locke – „diese Gemeinschaft zu einem einzigen Körper gemacht, mit der Macht wie ein einziger Körper zu handeln, was nur durch den Willen und den Beschluß der *Mehrheit* geschehen kann" (Locke 1967, II, S. 96). Trotzdem verknüpft Locke das Mehrheitsprinzip mit zwei wichtigen Gedanken (deren fundamentale Bedeutung für die Demokratie im deutschsprachigen Bereich offensichtlich nicht begriffen wurde); die Duldung und

Anerkennung der Minderheit als „Minderheit", d. h. mit der prinzipiellen Anerkennung pluraler Meinungen, Interessen und Gruppen als Grundvoraussetzung der Demokratie, und mit einer Kritik an der als *unequal and disproportionate* bezeichneten nationalen Repräsentation. Damit verband sich die plurale und die repräsentative Komponente mit dem Mehrheitsprinzip als technischem Entscheidungsprinzip zur Grundstruktur der modernen repräsentativen Demokratie.

Gegen das Mehrheitsprinzip als alleiniges Entscheidungsprinzip wurden noch im 19. Jahrhundert gewichtige Einwände vorgebracht. John Stuart Mill versuchte zwar, die – zur damaligen Zeit noch gar nicht existente – Repräsentation aller Bevölkerungsschichten (inkl. Frauen, Arbeiter, Farbige ...) sicherzustellen, befürchtete als Folge der Ausdehnung des Mehrheitsprinzips auf das ganze Volk jedoch die Herrschaft einer „kollektiven Mittelmäßigkeit". Als Sicherheitsventil schlug er ein (nach Bildungsgrad) gewichtetes Stimmrecht vor (Locke 1967, VIII, S. 129). Es waren dies Argumente, welche in den ersten großen Debatten um *Mehrheitswahl* und *Verhältniswahl* – sie wurde zwischen ihm und Walter Bagehot geführt – vorgebracht wurden. Alexis de Tocqueville, auf den Mill mit seiner Kritik aufbaut, hatte in seiner Beschreibung der Demokratie in Amerika einige wichtige Voraussetzungen angeführt, denen für die Anwendbarkeit der Mehrheitsregel eine nicht zu unterschätzende Bedeutung zukommt:

1. Eine weitgehende Gleichheit der Lebensumstände oder, anders ausgedrückt, eine homogene Gesellschaft;
2. die Anerkennung des Mehrheitsprinzips als Grundbestandteil der Politischen Kultur, also ein Grundkonsens in das Mehrheitsprinzip selbst;
3. das Wissen um die Möglichkeit, daß die Minderheit selbst einmal Mehrheit werden kann (Toqueville 1976, II, S. 28).

Modelltheoretisch dürften die beiden letztgenannten Bedingungen die wesentlichsten Voraussetzungen für das Funktionieren des Mehrheitsprinzips sein. In der europäischen Verfassungswirklichkeit hat sich de facto

> „die Existenz ständiger, nicht dem Wechsel unterliegender Minderheiten (ethnisch, sprachlich-kulturell, konfessionell oder sozial determinierter Gruppen) als die wichtigste Begrenzung für die Anwendung des Mehrheitsprinzips (herausgestellt)" (Scheuner 1973, S. 60).

Aber auch in politischen Systemen mit einer älteren und gefestigten demokratischen Tradition sind Probleme entstanden, die einer Lösung harren. Diese Probleme entstehen aus der zunehmenden gesellschaftlichen Differenzierung und der erhöhten Komplexität politischer Entscheidungsfindung insgesamt. Es wurde eingangs schon auf die Konsequenzen der Metamorphose des Nachtwächterstaates zum Für- und Vorsorgestaat hingewiesen. Dabei ist der Abbau nationalstaatlicher Autonomie und Souveränität sowie die zunehmende Verquickung innen- und außenpolitischer Fragen noch gar nicht berücksichtigt, von den völlig undurchschaubar gewordenen internationalen Wirtschaftsverflechtungen, die die politischen Entscheidungsträger vor fast unlösbare Aufgaben stellen, ganz zu schweigen.

Systematische Überlegungen

Innerhalb der neueren Demokratietheorie wird heute das Mehrheitsprinzip als Entscheidungsregel von verschiedenen Seiten her diskutiert. Einmal wird die Frage aufgeworfen, ob es vom Standpunkt der Moral und Ethik nicht legitim ist, für bestimmte Entscheidungen wenigstens eine qualifizierte, wenn nicht sogar einstimmige Mehrheit vorzusehen. Der andere Bereich der Diskussion betrifft die logisch-wissenschaftliche Frage, ob die Mehrheitsregel wirklich die beste bzw. „rationalste“ Methode ist, um die Zufriedenheit aller zu optimieren.

Die (optimistischen) Befürworter der Mehrheitsregel behaupten, es liege im Wesen der Demokratie, daß der Wille (die Wahl) einer einfachen Mehrheit sich immer gegenüber der Opposition durchsetzen muß. Jede andere Regelung gäbe der Minorität die Möglichkeit, die Majorität soweit zu blockieren, daß de facto die Minorität entscheiden würde. Dementsprechend ist die einzige logische Schlußfolgerung aus dem Gleichheitspostulat: In der Demokratie muß die Majoritätsregel aufrechterhalten werden. Solange die Vereinigungsfreiheit, die Freiheit der Diskussion usw. garantiert sind, würden auch die Rechte von Minoritäten nicht wesentlich verletzt. In einer pluralistischen Gesellschaft ist ja die Majorität nicht eine statische Größe mit festen unveränderlichen Interessen. Sie ist vielmehr das Resultat von veränderbaren Koalitionen diverser Gruppen, denen die Tatsache bewußt ist, daß sie schon morgen wieder Teil der Minorität sein können. Sie werden daher auch in der Mehrheitsposition für die Interessen und die Rechte der Minderheit sensibel bleiben. So das Argument.

Die (pessimistischen) Gegner der Mehrheitswahl betonen, daß das Mehrheitsprinzip gerade keine Garantie bietet, daß die Voraussetzungen und Bedingungen einer demokratischen Existenz, nämlich die Freiheit, sich politisch zu organisieren, erhalten bleibt. Sie könnte durch die Majorität aufgehoben oder zumindest eingeschränkt werden. Damit würde auch die Gleichheit als Prinzip gefährdet.

Die Anwendung der Mehrheitsregel wird noch von anderen Standpunkten her in Frage gestellt. Auf diese Weise kann der *Intensität der Interessen* und Forderung nicht Rechnung getragen werden, wird als Gegenargument angeführt. Gerade die fehlende Rücksichtnahme auf tiefergehende emotionale Bereiche würde bei einfachen Mehrheitsentscheidungen den Basiskonsens, den jedes politische System braucht, gefährden, oder anders ausgedrückt, den „Sozialvertrag“ außer Kraft setzen. In der amerikanischen Literatur wird als Beispiel dafür die Frage der Rassentrennung bzw. Rassenintegration angeführt, ein Problem, das daher nicht mehr theoretisch, sondern nur mehr durch einen Bürgerkrieg entschieden werden konnte. In Österreich braucht man nur an die Sprengkraft der Nationalitätenfrage vor dem Ersten Weltkrieg und an das politische Lagerdenken in der Ersten Republik erinnern, um zu wissen, was damit gemeint ist.

Ungelöste Probleme der Demokratietheorie

Methodische und theoretische Probleme

Ein von ethischen und psychologischen Positionen unterschiedlicher Zugang zum Problem des Mehrheitsvotums wurde in den Jahrzehnten nach dem Zweiten Weltkrieg dadurch gesucht, daß man sich mathematischer Techniken und der Spieltheorie bediente, um ein rationales „decision-making" zu ermöglichen. Aber selbst dann, wenn man Modelle konstruiert, die auf der Voraussetzung eines ausschließlich „rational denkenden und handelnden Menschen" (man könnte ihn als Menschen definieren, der genau weiß, welche Ziele er anstrebt und mit welchen Mitteln diese Ziele am effizientesten erreicht werden können) basieren, ist es so, daß das Mehrheitsprinzip keineswegs einen optimalen Entscheidungsprozeß garantiert. Mit anderen Worten, es kommt auf diese Weise zu keiner Optimierung und damit zu keiner zufriedenstellenden Realisierung menschlicher Präferenzen. Das trifft insbesondere auf das Problem der Allokation von ökonomischen Ressourcen zu, wo die Resultate von Mehrheitsentscheidungen sehr zufällig sein können. Es hängt dabei sehr viel von dem Procedere ab, wie derartige Vorschläge einer Entscheidung zugeführt werden. Denn es kann sein, daß Mehrheitsentscheidungen zu Ergebnissen führen, die (gemessen am sogenannten „Pareto-Optimum") weniger zufriedenstellend sind, als Entscheidungen, die auf andere Art und Weise getroffen werden. (Buchanan/Tullock 1962) In Österreich wurden z. B. im Rahmen der Sozialpartnerschaft, d. h. von einer Instanz mit geringer formaldemokratischer Legitimation, jahrzehntelang weitreichende Entscheidungen getroffen. Aber auch „Duldung" einer Instanz, die zufriedenstellende Resultate produziert, ist eine (freilich andere) Art demokratischer Legitimation.

Ernsthafte Probleme bei Wahlentscheidungen entstehen schon dadurch, daß Wählerpräferenzen meistens sozial *intransitiv* sind, d. h., die Kriterien, nach denen verschiedene Wähler ihre Präferenzen entscheiden, werden vermischt und nicht auseinandergehalten. Wie dem auch sei, es kommt auf jeden Fall zu Zirkelschlüssen und Widersprüchen. Nehmen wir an, wir haben drei Personen, die wir mit X, Y und Z bezeichnen und drei Optionen, die mit a, b und c symbolisiert werden. Geht man davon aus, X bevorzugt a vor b, b vor c und a vor c, Y bevorzugt b vor c, c vor a und b vor a, Z bevorzugt c vor a, a vor b und c vor b, dann kann man zeigen, daß eine Mehrheit die Alternative a vor b bevorzugt und zugleich eine Präferenz für b vor c zeigt. Nun würde man meinen, daß das gesamte Kollektiv, also drei Personen, wenn sie rational agieren, eine Präferenz für a vor c haben würde. Tatsächlich wird jedoch mehrheitlich die Alternative c der Alternative a vorgezogen. Dieses Resultat ist in der Fachliteratur als das „Voting Paradox" bekannt. Weil er zum ersten Mal darauf hingewiesen hat, wird dieses Phänomen auch das „Condorcet-Paradox" genannt. Amerikanische Entscheidungstheoretiker haben aufgezeigt, daß wir diesem Problem, das unweigerlich zu einer in sich widersprüchlichen Gesetzgebung führt, nicht entgehen können. Dieses sogenannte „impossibility theorem" besagt, daß es „unmöglich ist (durch Wahlen, F. H.), die Präferenzen eines Kollektives verfälschungsfrei wiederzugeben und gleichzeitig ein Minimum an demokratischen Grundregeln einzuhalten" (Arrow 1951, S. 3).

Anders ausgedrückt, es ist nicht möglich, das Prinzip der rationalen Mehrheitsentscheidung logisch konsequent zu Ende zu denken, ohne auf Widersprüche und Paradoxien zu stoßen, und zwar deshalb, weil das Prinzip selbst unter (den ohnehin unrealistischen) Modellannahmen logisch nicht stimmig ist. Das bedeutet im Klartext, daß man gar nicht logisch begründen kann, alle politischen Anliegen müßten mit dem Mittel des Mehrheitsvotums entschieden werden. Nach wie vor herrscht also trotz der Fortschritte in den Sozialwissenschaften weitgehend Ratlosigkeit, wie denn wünschenswerte Alternativen ausschauen könnten. Eines ist jedenfalls klar, es gibt keine einfache bzw. einseitige Lösung des Problems. Über diesen Punkt hinaus Verallgemeinerungen zu versuchen, scheint meines Erachtens ziemlich schwierig zu sein.

Praktisch-politische Probleme

Liberale Demokratien sind sich heute weitgehend einig, daß gewisse Individual-, Minderheiten- und Oppositionsrechte auf jeden Fall garantiert werden müssen, damit es zu keiner Tyrannei der Mehrheit kommt. Dies muß vor allem in Staaten wie Österreich beherzigt werden, weil die Geschichte der Ersten Republik zeigt, daß die existentiellen Voraussetzungen für das Überleben eines demokratischen politischen Systems von den Weltanschauungs- und Lagerparteien nicht begriffen worden sind. Die meisten konstitutionellen Demokratien suchen daher heute nach einem speziellen verfassungsrechtlichen Status für diese „Rechte", um sie gegen eine Gefährdung durch einfache Mehrheiten zu schützen.

Das Regierungssystem von Großbritannien kommt noch am ehesten der Realisierung des einfachen Mehrheitsprinzips nahe, obwohl auch dort das House of Lords als eine zwar nicht sehr bedeutende und mächtige, aber doch existierende Kontrolle des, wie die Engländer sagen, „pure majorétarianism" funktioniert. Wichtiger als die institutionellen Garantien dürfte die lange und immer noch wirksame politische Kultur sein. Dazu gehört das in vielen Bereichen des gesellschaftlichen Lebens praktizierte „fair play“ und der durch eine lange Sozialisation eingeübte Respekt für Minderheitenrechte. Die moralischen Grundlagen der englischen oder amerikanischen Politik dürften effektivere Kontrollen sein, als es institutionelle Vorkehrungen je bei uns gewesen sind. Bei uns in Österreich dürften derartige informelle Kontrollen und Einschränkungen nicht ausreichen und gesetzliche Barrieren (z. B. in der Form von qualifizierten Mehrheiten) in bestimmten emotionalen Bereichen notwendig sein. Man denke dabei an so sensible Politikbereiche wie z. B. die Schulgesetzgebung oder die Regelung des Verhältnisses von Kirche und Staat, weil die grundsätzliche *Übereinstimmung* und *Einhelligkeit* in diesen Fragen nicht – so wie in den USA – selbstverständlicher Bestandteil der „politischen Kultur“ des Landes gewesen ist. Es ist richtig, daß derartige Schlußfolgerungen von den jeweiligen speziellen Bedingungen, die in einem Land herrschen, abhängig sind. Das österreichische Beispiel wurde schon angesprochen, aber auch in Frankreich, in der Zeit der Vierten Republik, wo die institutionellen Strukturen sich nicht maßgeblich von denen Großbritanniens unterschieden haben, bewirkten diese Strukturen (ohne die dazugehörige politische Kultur) eine permanente Instabilität des politischen Systems. Der fehlende fundamentale politische Konsens führte zu einem derartigen Autoritätsverfall der Regierung, daß schlußendlich das Regime zusammenbrach.

Es ist ohne Zweifel sehr schwierig, zu sagen, welche Entscheidungsformen unter bestimmten Bedingungen die optimalsten sind. Es ist gerade unter den heutigen Voraussetzungen der zunehmenden Bürokratisierung und Schwerfälligkeit des Entscheidungsprozesses, insbesondere auch aus der Perspektive wirtschaftspolitischer Notwendigkeiten, sehr leicht, den Gesichtspunkt der Effektivität des Mehrheitsprinzips ins Treffen zu führen. Und es ist schwieriger, dafür einzutreten, daß qualifizierte Mehrheiten notwendig sind, um so sensible Bereiche wie weltanschauliche Bindungen oder, was vielleicht für die Schweiz typisch ist, regionale Identitäten zu schützen. Solche institutionellen Barrieren führen allerdings dazu – und das scheint mir ihre wichtigste politisch-moralische Bedeutung zu sein –, daß Entscheidungsträger gezwungen werden, den Zeitpunkt der Entscheidung hinauszuschieben, zu dem eine Entscheidung irreversibel wird. Solche verfassungsmäßigen Vorkehrungen – man denke dabei an das überraschende Referendum über das Kernkraftwerk Zwentendorf in Österreich – ermöglichen doch innerhalb einer überschaubaren Zeit ein beträchtliches Ansteigen des Informationsstandes derjenigen, die zur Entscheidung aufgerufen werden. Zugleich zwang man mit der Zwentendorf-Abstimmung die mit der Entscheidung ursprünglich befaßte Mehrheitsregierung der SPÖ, die Folgeprobleme der Entscheidung genauer und tiefer zu analysieren und so die möglichen Auswirkungen der zur Abstimmung stehenden Optionen überhaupt erst genauer abzuschätzen. Dabei ging es keineswegs nur um technisch-ökonomische Zusammenhänge, über die sich der österreichische Wähler ein relativ gutes Bild machen konnte, sondern vor allem auch um die

Berücksichtigung tiefsitzender Ängste vor dem technischen Fortschritt und vor unabsehbaren Zukunftsaussichten insgesamt.

Daß verfassungsmäßige Barrieren die Gestaltungsmöglichkeiten einer Regierung auch paralysieren können, scheint andererseits in der Schweiz immer deutlicher sichtbar zu werden, wo die Frage erlaubt ist, ob und wie jemals das Tabu eines übertriebenen Föderalismus in Form des eidgenössischen „Kantönligeistes" überwunden werden kann (Wittmann 1979).

Die Fragen, die hier angesprochen sind, werden besonders deutlich erkennbar, wenn man an die Steuerungsprobleme in der Wirtschaft denkt. Es ist dies ein Bereich, den man ja früher der *invisible hand* oder anderen Mechanismen in der Gesellschaft überlassen hat, weil sich der sogenannte „Nachtwächterstaat" auf die Garantie der äußeren und inneren Sicherheit sowie einige wenige andere politische Aufgaben beschränkt hat. Die Unzulänglichkeit, heute mit dem Mehrheitsprinzip die Fragen der Allokation ökonomischer Ressourcen zu lösen, d. h., wirtschaftliche Interessen zu optimieren und entsprechend zu befriedigen, ist nur zu deutlich sichtbar. Allerdings ist es auch hier leichter, das Prinzip zu kritisieren, als bessere Lösungen zu offerieren. Auch hier ist wieder kreative Phantasie ebenso gefordert, wie die Notwendigkeit, empirisch fundiertes Wissen einzusetzen.[2] Gerade die Politikwissenschaft ist daher mit der Frage konfrontiert, ob Wege gefunden und beschritten werden können, die zu einer „effizienteren" Politik führen, ohne den Schutz, den die Mehrheitswahl gegen eine einige, „diktatorisch-sozialpartnerschaftliche" oder „fundamentalistisch-ökologische" Minderheit bietet, zu gefährden. Wieder soll das Problem nicht abstrakt behandelt, sondern konkret an der österreichischen Sozialpartnerschaft und am österreichischen Parteiensystem illustriert werden.

Relativ kleine Gruppen, wo sich die Personen kennen und daher einander mit Respekt begegnen – sie sitzen sich immer wieder bei Entscheidungen gegenüber und fühlen sich als Vertreter ihrer *pressure groups* als Gleiche –, tendieren automatisch dazu, Entscheidungen einstimmig zu treffen. Dieser Entscheidungsmodus ist dann optimal, wenn es um wichtige Materien geht, die wie in der Ersten Republik die Gesellschaft in eine Klassengesellschaft gespalten haben. Die österreichische Sozialpartnerschaft ist ein typischen Beispiel für einen informellen Entscheidungsträger, der *Einhelligkeit* oder *Einmütigkeit* herstellt, und nach der „Einstimmigkeitsregel" vorgeht, auch wenn dies nicht formalrechtlich geregelt ist. Andererseits trifft diese Tatsache auch für andere, kleine Gruppen wie die Grünen zu. Bei diesen Gruppierungen ist zwar der Basiskonsens sehr niedrig, aber gerade deswegen fordern sie auch eine Art „Einstimmigkeit" bei politischen Entscheidungen. Hier ist allerdings eher übergroßes Mißtrauen und gerade nicht Respekt voreinander die Ursache der Forderung.

Wo der Grundkonsens in einer Gemeinschaft hoch ist wie etwa in Großbritannien, da mag das gesamte Kollektiv die Mehrheitsregel selbst dann noch akzeptieren, wenn (wie in der Ära Thatcher geschehen) die Mehrheit Minderheitenrechte bzw. Rechte von Gruppen, die nicht mehr im Machtzentrum verankert sind (Gewerkschaften etc.), einschränkt. Wo die Gesellschaft stärker fragmentiert ist – hier wirken in Österreich immer noch die alten weltanschaulichen Lagerbildungen nach –, wird eher der Gesichtspunkt der weitgehenden *Übereinstimmung* in wesentlichen Fragen Berücksichtigungen finden müssen, um nicht wieder das gesamte Staatswesen zu gefährden. Auf der Basis des Mehrheitsprinzips als Entscheidungsregel wären jedenfalls die existenziellen Fragen der österreichischen Politik – die *Unabhängigkeit* von Deutschland, die *Souveränität* gegenüber den Besatzungsmächten, die *Neutralität* und vor allem der *Klassenkampf* zwischen dem bürgerlichen und dem sozialistischen Lager – nicht lösbar gewesen. Hier liegt vor allem auch das Verdienst der österreichischen Sozialpartnerschaft mit der erwähnten, für andere Demokratien oft unverständlichen Form der Entscheidungsfindung. Andererseits tauchen derzeit ganz neue Fragen auf, die einer Lösung zugeführt werden müssen.

Zusammenfassung

Man könnte die historische und systematische Entwicklung der Diskussion um das Mehrheitsprinzip dahingehend zusammenfassen (Nohlen 1985, S. 556):

- Die Verhältniswahl als Repräsentationsprinzip hat sich in den meisten westlichen Demokratien durchgesetzt, wird aber in der Gegenwart wieder in Frage gestellt.
- Die veränderten politischen Prozesse haben zu anderen Formen der Entscheidungsfindung geführt. Das Mehrheitsprinzip wurde zunehmend durch vorgeschaltete Verfahren des Aushandelns von Kompromissen ersetzt. Die klassische „Konkurrenzdemokratie" wurde nach dem Zweiten Weltkrieg häufig durch eine „Konkordanzdemokratie" ersetzt.
- Die moderne Konkordanzdemokratie hat Auswirkung auf verschiedene Bereiche, unter anderem auf:
  a) das Verhältnis der Verfassungsorgane untereinander;
  b) auf die Interaktion zwischen den verschiedenen politischen Systemebenen (Politikverflechtung);
  c) auf das Verhältnis der politischen Parteien untereinander sowie
  d) auf die Beziehungen zwischen Regierung und organisierten Interessen (Korporatismus).
- Neue Probleme erfordern neue theoretische und praktische Überlegungen zur Demokratie. Die Grenzen des Mehrheitsprinzips werden gegenwärtig vor allem im Zusammenhang mit Entscheidungen, die in der gesellschaftlichen Entwicklung irreversible oder unkontrollierbare Folgen haben können, sichtbar. Dies ist z. B. bei der Kernenergie, der Gen- und Waffentechnologie, den Umweltfragen oder der elektronischen Datenerfassung der Fall. Vor allem die neuen sozialen Bewegungen als klare Minderheiten heben hervor,

daß es sich bei solchen Überlebensfragen um politische Entscheidungen handelt, die von der vertragstheoretischen *Begründung des Mehrheitsprinzips* nicht mehr gedeckt sind, Fragen, bei denen unter Umständen sogar „Widerstand" gegen die Entscheidungsträger gerechtfertigt ist. Wieder mag eine historische Analogie hilfreich sein: Der Tyrannei der Mehrheit in Religionsfragen konnte man sich durch (eine zugegeben entbehrungsreiche) Emigration in ein anderes Land oder einen anderen Kontinent entziehen. Zudem gab es eine strukturelle Lösung des Problems in Form des weltanschaulich neutralen Verfassungsstaates. Den vorher angedeuteten Problemen mit irreversiblen oder unkontrollierbaren Folgen kann sich weder der einzelne Bürger entziehen, noch steht es in der Macht einer nationalen Regierung, solche Probleme einer Lösung zuzuführen. Wie dem auch sei, solange es daher nicht um die totale Ablehnung, sondern um die differenzierte Anwendung und Ergänzung des Mehrheitsprinzips als Entscheidungsregel geht, sollten wir die Argumente und Aktionen solch kleiner, für die traditionellen Entscheidungsträger äußerst lästiger Minderheiten sehr ernst nehmen.

Dieser Beitrag ist die redigierte Fassung eines Vortrags am Institut für Politikwissenschaft der Universität Wien am 10. 6. 1992. Für die Durchsicht des Manuskriptes und wertvolle Anregungen hat der Verfasser Christian Schaller zu danken. Der Beitrag wurde bereits 1993 veröffentlicht (Horner 1993).

Anmerkungen

1 Die historischen Ausführungen basieren im wesentlichen auf den Handbuchartikeln von Jäger (1982), Nohlen (1985) und Pennock (1972). Dort finden sich auch die wichtigsten Literaturhinweise.

2 Ansätze dazu sind in der neueren Politikwissenschaft vorhanden, wie das von Grant Jordan und Klaus Schubert herausgegebene Schwerpunktheft „Policy Networks" des „European Journal for Political Research" 21 (2), 1992 zeigt.

Literatur

Arrow, Kenneth J. (1951), Social Choice and Individual Values, New York

Buchanan, James M. / *Tullock*, Gordon (1962), The Calculus of Consent: Logical Foundations of Constitutional Democracy, Ann Arbor

Eschenburg, Theodor (1970), Der Mechanismus der Mehrheitsentscheidung, Tübingen

Horner, Franz (1993): Funktionsprobleme der Demokratie als Herausforderung der Demokratietheorie. Funktionsproblem der modernen Demokratie, in: SWS-Rundschau 33 (1), S. 45–55

Jäger, Wolfgang (1982), Mehrheit, Minderheit, Majorität, Minorität, in: Otto Brun-

ner / Werner Conze / Reinhart Kosellek (Hg.): Geschichtliche Grundbegriffe (Historisches Lexikon), Bd. 3, Stuttgart, S. 1021–1062
Kobzina, Alfred (1968), Die Republik und die Herrschaft des Rechts, in: Hans Klecatsky (Hg.): Die Republik Österreich, Wien, S. 189–217
Locke, John (1976), Zwei Abhandlungen über die Regierung, Hg. v. W. Euchner, Frankfurt/Main
Mill, John Stuart (1968), Betrachtungen über Repräsentativ-Regierung. Gesammelte Werke Bd. 8, Neudruck Aalen
Nohlen, Dieter (1985), Mehrheitsprinzip, in: Dieter Nohlen / Rainer O. Schultze, Politikwissenschaft, Bd. 1, Pipers Wörterbuch zur Politik, München, S. 554–556
Nohlen, Dieter (1986), Wahlrecht und Parteiensystem, Opladen
Pennock, Roland (1972), Majority Rule, in: International Encyclopedia of the Social Sciences, Bd. 9/10, New York, S. 536–539
Scheuner, Ulrich (1973), Das Mehrheitsprinzip in der Demokratie, Opladen
Tocqueville, Alexis de (1976), Über die Demokratie in Amerika, München
Wittmann, Walter (1979), Wohin treibt die Schweiz, Bern – München

Alois Riklin
Politische Ethik

In der politischen Wirklichkeit wird man unschwer Indizien sowohl für die Amoral der Politik finden als auch für die Wirksamkeit moralischer Hemmschwellen und Steuerungskräfte. Aus dem Steinbruch der Ideen- und Verfassungsgeschichte politischer Ethik lassen sich drei Antworten herausbrechen. Die erste Antwort sieht die Lösung in der Person der Politiker, die zweite in den politischen Institutionen, die dritte in den Resultaten der Politik. Diesen drei Ansätzen der politischen Ethik, der personorientierten, der institutionorientierten und der resultatorientierten, wollen wir im folgenden nachspüren.

Personenorientierte politische Ethik

Platon hat den personalistischen Ansatz in die klassischen Worte gefaßt:

> „Solange die Philosophen nicht Könige werden in den Staaten oder die Könige ... echte und gute Philosophen, solange nicht politische Macht und Weisheitsliebe in der gleichen Person vereinigt sind, solange wird es kein Ende der Malaise geben ..." (Politeia, 473c).

Anders übersetzt: Solange nicht Wissen und Macht, Allwissenheit und Allmacht in ein- und derselben Person vereinigt sind, solange gibt es keinen Ausweg aus dem politischen Debakel. William Penn hat den gleichen Gedanken 2 000 Jahre später noch ausschließlicher formuliert: Wenn die Politiker gut sind, dann setzen sie sich durch, selbst wenn die Institutionen schlecht sind; sind die Politiker aber schlecht, dann taugen auch gute Institutionen nichts (Penn 1687, Vorwort).

Politikerspiegel

Eine Fundgrube der personorientierten politischen Ethik sind die sogenannten Fürstenspiegel (Berges 1938; Hadot 1972; Singer 1981; Mühleisen/Stammen 1990). Fürstenspiegel sind Schriften, in denen das Vorbild des Staatsmannes gestaltet wird, sei es als Lebensbeschreibung geschichtlicher Persönlichkeiten oder als spekulatives Modell des idealen Politikers oder als Erziehungs- und Bildungsprogramm künftiger Amtsträger. Die Literaturgattung der Fürstenspiegel erstreckt sich über einen Zeitraum von gut 3 500 Jahren. Ihre Ursprünge reichen ins alte Ägypten, nach Babylonien und ins Alte Testament (101.

Psalm) zurück. Sie wird in der griechisch-römischen Antike fortgesetzt (Isokrates, Xenophon, Cicero, Seneca, Plutarch). Es folgen die byzantinischen Fürstenspiegel, die an Augustinus orientierten karolingischen, die hochmittelalterlichen (John von Salisbury, Thomas von Aquin, Aegidius Romanus), die humanistischen (Aeneas Silvius Piccolomini, Erasmus von Rotterdam), die reformatorischen (Luther), die nachreformatorischen (Juan de Mariana, Fénelon) und die englischen (Jakob I. bis Karl I.), bis sie in der Neuzeit allmählich aussterben. Seltener sind die Ratsleutespiegel für republikanische Staatswesen (Singer 1981, S. 16). Aus jüngster Zeit kenne ich einen einzigen Versuch der Wiederbelebung der Politikerspiegel; er stammt aus der Feder von Kardinal Höffner. Insgesamt umfaßt die Gattung der Politikerspiegel bestimmt über ein halbes Tausend Werke. Einen Höhepunkt setzt die „Institutio principis christiani“ von Erasmus (1516). Drei Jahre zuvor hatte Machiavelli in der Verzweiflung der Verbannung seinen „Principe“ geschrieben, der bewußt mit der Tradition brach und im Notfall die Tugend der Staatsräson opferte. Erstaunlich (oder auch nicht?), daß die unzähligen modernen Führungslehren die große Überlieferung der Politikerspiegel brach liegen lassen, abgesehen ausgerechnet von Machiavelli (Riklin 1987b und 1989b).

Politische Kunst

Im Zentrum der Politikerspiegel steht die Areté, die Virtus, die Tugend der Amtsträger. Diese Idee spiegelt sich ab dem 14. Jahrhundert wider in der republikanischen Kunst der Rathäuser (Paul 1987) und öffentlichen Plätze (Verspohl 1987) Italiens, der Niederlande, Deutschlands, Polens und der Schweiz. Es sind dies die allegorischen, legendären und historischen Veranschaulichungen der politischen Tugenden und Laster, der guten und der schlechten Regime, der freiheitlichen Ordnung im Gegensatz zu Chaos und Tyrannei. Das meiste ist durch Krieg, Brand, absolutistische Barbarei, Nachlässigkeit und Modernisierung zerstört worden, – durch Krieg beispielsweise der Freskenzyklus von Albrecht Dürer im Nürnberger Rathaus, durch Brand die ursprüngliche, weniger pompöse Ausstattung des Dogenpalastes in Venedig, durch politische Barbarei des Medici-Clans die republikanischen Erinnerungen im und um den Palazzo della Signoria in Florenz, durch Nachlässigkeit die antiken und biblischen Historienbilder von Hans Holbein d. J. im Basler Rathaus, durch Modernisierung der St. Galler Gerechtigkeitsbrunnen und vieles mehr.

Eines der frühesten, in der politischen Substanz und künstlerischen Kraft großartigsten Zeugnisse republikanischer Rathauskunst ist der Freskenzyklus von Ambrogio Lorenzetti über das gute und das schlechte Regiment im Palazzo pubblico von Siena aus dem Jahre 1340. Das Werk füllt zur Gänze die Wände des Sitzungssaales der Regierung der Nove, mit der Allegorie des „buon governo“ auf der Schmalseite vis-à-vis der Fensterfront, den Wirkungen des

„buon governo“ in Stadt und Land auf der rechten Längswand sowie der Allegorie des „mal governo“ und seiner Wirkungen auf der linken Längswand.

Auf der rechten Seite der Allegorie des guten Regiments thront ein greiser Herrscher. Er stellt die Personifikation der sienesischen Kommune dar. Die Kommune läßt sich von sechs weltlichen Tugenden beraten: Justitia/Gerechtigkeit, Temperantia/Besonnenheit, Magnanimitas/Großgesinntheit, Prudentia/Klugheit, Fortitudo/Stärke und Pax/Friede. Als spirituelle Kraftquellen der Kommune schweben über dem Haupt der Herrscherfigur drei Engel; sie symbolisieren die drei göttlichen Tugenden Spes/Hoffnung, Caritas/Liebe und Fides/Glaube. Auf der gleichen Höhe erkennen wir links die göttliche Tugend der Sapientia/Weisheit. Sie inspiriert auf der mittleren Ebene die Gesetzesgerechtigkeit. Die von der göttlichen Weisheit erleuchtete irdische Gerechtigkeit bewirkt auf der unteren, menschlichen Ebene die Concordia/Eintracht. Von den Waagschalen der austeilenden und ausgleichenden Gerechtigkeit läuft je ein Band in die linke Hand der Concordia. Diese verknüpft die beiden Bänder zu einer Kordel und übergibt sie dem letzten der vierundzwanzig Bürger oder Amtsträger, die gemessenen Schrittes in Zweierkolonne zum Regenten schreiten. Die linke Kolonne hält die Kordel in der rechten Hand, die rechte Kolonne in der linken. Der vorderste der Vierundzwanzig übergibt das Band der Gerechtigkeit in die Hand des greisen Herrschers, welche das Zepter hält. So schließt sich der Kreis.

Auf der rechten Längswand hat Lorenzetti die Wirkungen des guten Regiments in Stadt und Land dargestellt. Als übergreifende Wirkung wird die Securitas/Sicherheit herausgehoben. Wir sehen das sprudelnde Leben in der Stadt, Tanzende, Händler, Handwerker, Bauleute, Lehrer, Schüler, Einkaufende, Promenierende, Spielende, Ausreitende und außerhalb der Stadtmauern im Contado Bauern beim Pflügen, Säen und Ernten, Fuhrleute, eine Jagdgesellschaft, wohl bebautes Land, Äcker, Rebberge, Baumgärten, Straßen, Brücken, Bauernhöfe, Landsitze, Wälder, Berge, Hügel und Ebenen bis hin zum Meerhafen. ... Welch ein Gegensatz zur Securitas, zum Gefängnisfrieden, zur Ordnung ohne Freiheit im Kupferstich der Erstausgabe von Hobbes' Leviathan!

Schließlich auf der linken Längswand die Allegorie des „mal governo“. Der Tyrann ist umgeben von den diabolischen Lastern Superbia/Hochmut, Avaritia/Geiz und Vanagloria/Ruhmsucht. Er läßt sich beraten von den weltlichen Lastern Crudelitas/Grausamkeit, Proditio/Verrat, Fraus/Betrug, Furor/Wut, Divisio/Zwietracht und Guerra/Krieg. Justitia liegt gefesselt und ihres Prachtgewandes beraubt unter dem Tyrannenthron. Die Waagschalen sind auf der Erde zerschellt. Das Doppelband der Gerechtigkeit krangelt verloren am Boden. Die Wirkungen der Tyrannei in Stadt und Land sind Krieg, Zerstörung, wirtschaftlicher Niedergang, Verhaftung, Vergewaltigung, Mord, Angst und Schrecken, – kurz: Timor/Furcht.

Wer vor dieser großartigen Summe politischer Ethik verweilt und die Touristenhorden vorüberziehen sieht, wird sich vergegenwärtigen, daß selbst die

Analphabeten früherer Zeiten solche Zeichen selbstverständlicher zu deuten verstanden, während wir, mit flüchtigen Informationen, Bildern und Lärm überflutete gedankenlose Taubblinde diese Fähigkeit in gezielter Anstrengung erst wieder lernen müssen. Das stärkste Licht damals war die Fackel, der lauteste Klang die Turmglocke, das schnellste Verkehrsmittel das Pferd und die für die meisten verständlichste Botschaft das Bild, die Skulptur, die Architektur.

Um Lorenzettis Meisterwerk ist in jüngster Zeit eine wissenschaftliche Kontroverse entbrannt (Rubinstein 1958; Skinner 1986; Kempers 1989). Rubinstein vermutet die literarischen Quellen im mittelalterlichen Aristotelismus, Skinner im vom antiken Rom beeinflußten Frühhumanismus, während Kempers die Bedeutung der Sienesischen Verfassung hervorhebt. Wahrscheinlich haben alle recht. Wahrscheinlich haben der gelehrte Maler und seine Berater die von der griechischen Antike, der römischen Antike, dem Christentum, der Scholastik und dem Frühhumanismus inspirierte zeitgenössische politische Ethik im Blick auf die republikanische Verfassung Sienas in einer sehr persönlichen, originellen Zusammenschau vereint (Riklin 1994b).

Politischer Eid

Auch die politische Ethik in der Kunst ist heute fast ausgestorben. Nicht ausgestorben dagegen ist ein anderes Phänomen personalistischer Ethik, das sich seit der griechischen Antike gehalten und rund um die Welt ausgebreitet hat: der politische Eid (Friesenhahn 1928 und 1980). Er ist ein feierliches, öffentliches Versprechen, sei es der Amtsträger, ihr politisches Amt in bestimmter Weise auszuüben, sei es der Soldaten, ihre Heimat unter Einsatz des eigenen Lebens zu verteidigen, sei es der Bürger, die gegebene Ordnung und deren Amtsträger zu achten.

Der politische Eid geht auf die Antike zurück. Römer und Germanen kannten den politischen Eid. Besonders die Athener maßen ihm hohe Bedeutung bei. Nicht nur die Amtspersonen wurden in Eid genommen, sondern alle Bürger.

Wenn bis heute „Schweizer“ und „Eidgenossen“ synonym verwendet werden, so liegt der Grund im Bürgereid. Nicht der Amtseid, wohl aber der Bürgereid ist heute weltweit sehr selten geworden. In Übung ist er noch in schweizerischen Landsgemeinde-Demokratien. Der jedes Jahr von allen Bürgern zu leistende Landsgemeindeschwur der Appenzeller ist von besonderer Eindringlichkeit. Er ist spätestens seit der Niederschrift im Silbernen Landbuch von 1585 im wesentlichen unverändert geblieben. Schon die Ermahnung vor der Eidesleistung ist von kaum zu überbietendem Pathos:

„Im Namen der heiligsten Dreifaltigkeit. Amen. Ein jeder, der einen Eid zu schwören hat, soll wohl bedenken, welch ernste und verantwortungsvolle Sache dies ist. Er hat die drei Schwörfinger emporzuhalten, die ihn an die drei göttlichen Personen, zu denen er schwört, erinnern. – Wenn nun jemand so gewissenlos wäre, einen falschen Eid, einen Meineid zu schwören oder etwas, das er eidlich versprochen und beschworen hat, nachher nicht zu halten, so solle er wissen, daß er eines der schwersten Verbrechen beginge. Wer wissentlich falsch schwört, der ruft Gott zum Zeugen der Lüge an, der verachtet die Gerechtigkeit Gottes und macht sich schrecklicher Strafen schuldig, – in diesem und im jenseitigen Leben."

Auf diese Ermahnung folgen der Eid des Landammanns und dann der Eid aller Landsleute. Die Formel für diesen Bürgereid lautet:

„Die Ehre Gottes, – die Ehre des Landammanns, – und des Landes Nutz und Ehre zu fördern, – und den Schaden zu wenden – und ein Ammann und dessen Gericht und Rat zu schirmen, – dem Ammann und seinen Boten gehorsam zu sein, – wozu jedermann aufgefordert wird, – daß er es halte – und ein Genüge leiste nach besten Kräften. Es sollen die Landleute auch in den Eid nehmen, und schwören: daß sie von keinem Fürsten noch Herrn keine besondere Pension, Schenkungen, Miet oder Gaben nehmen wollen, – es sei denn in den Landsäckel."

Nach der Verlesung dieser Eidformel sprechen alle Landleute im Ring Zeile um Zeile dem Landammann wie ein Gebet nach: „Das hab' ich wohl verstanden, wie es mir vorgelesen und eröffnet worden ist. Das will ich wahr und stets halten, treulich und ungefährlich. Also bitte ich, daß mir Gott und die Heiligen helfen. Amen."

Institutionorientierte politische Ethik

Nichts ist gegen Mißbrauch gefeit, auch nicht die personalistische Ethik in ihren verschiedenen Ausprägungen. Fürstenspiegel können der Tyrannei Vorschub leisten. Politische Kunst kann zu Personenkult, Täuschung, Selbstbetrug, bloßer Staffage verkommen. Der politische Eid kann die totale Unterwerfung erzwingen. Das wissen wir nicht erst seit den Zeiten des Führereides. Der Eid ist in Staat und Kirche millionenfach zur Ausschaltung des Gewissens und zur Zerstörung der Freiheit mißbraucht worden. Was ging im Kopf eines deutschen Offiziers vor, der als 20jähriger den Treueid auf den deutschen Kaiser, als 25jähriger auf die Weimarer Republik, als 40jähriger auf den Führer und als 57jähriger auf das Grundgesetz schwor? In der Reichskanzlei schauten die Kardinaltugenden auf Hitlers Schreibtisch hinab. Zwei Skulpturen, der „Wagende" und der „Wägende", flankierten das Portal im Runden Saal der Reichskanzlei. Albrecht Dürer gab sich zur Gestaltung des Triumphzugs Maximilian I. her mit – sage und schreibe, deutsche Gründlichkeit – 36 Herrschereigenschaften und – welch beleidigende Geschichtsfälschung – der lügnerischen Behauptung eines Sieges über die Helvetier; dabei haben doch wir Eidgenossen 1499 im Schwabenkrieg bei Frastanz dank einer List unseren letzten Sieg errungen. In der Venezianischen Republik wurde bei politischen Prozessionen eine als Justitia drapierte Negersklavin herumgetragen. Lessing läßt Franziska in der „Minna von Barnhelm“ sagen, man spreche öfter von der Tugend, die man nicht hat. Die Guillotine der Französischen Revolution fiel im Namen der Tugend. In der Rede „Über die Grundsätze der revolutionären Moral“ (1794) verkündete Robespierre: „... ohne den Terror ist die Tugend machtlos. Der Terror ist ... eine Emanation der Tugend.“ (Robespierre 1971, S. 594)

Gegen die Versuchungen der Macht ist Tugend erfahrungsgemäß ein schwacher Schutz. „Tugend ist Mangel an Gelegenheit“, meinte Bernhard Shaw. Weil die Menschen eher schlecht als gut seien, schrieb Donato Giannotti, der letzte der großen Staatsdenker der Florentiner Republik, komme es entscheidend auf gute Institutionen an. So wie jüngst John Rawls (1975, S. 19), übertrug Giannotti in seinem um 1534 geschriebenen Hauptwerk den Tugendbegriff vom Menschen auf die Institution (Giannotti 1532/34, S. 241). Weil auf die Tugend der Menschen kein Verlaß sei, müsse die Lösung der politischen Ethik in der Tugend der Staatsform gesucht werden. Kurz vor ihm hatte Machiavelli (Discorsi, I/3) geschrieben: „Die Menschen tun niemals etwas Gutes, wenn sie nicht dazu gezwungen sind. ... Die Gesetze machen sie gut.“ Der von Machiavelli und Giannotti beeinflußte Harrington (1656, S. 205) meinte, der Satz „Gebt uns gute Menschen, und sie werden uns gute Gesetze schaffen“, sei die Maxime eines Demagogen; der Satz „Gebt uns gute Ordnungen, und sie werden uns gute Menschen schaffen“ sei dagegen die Maxime des Staatsmannes und die unfehlbarste in der Politik. Auch David Hume vertraute auf die republikanischen Institutionen (Hume 1741/2, S. 15 f.). Sie seien nicht von den Launen der Mächtigen abhängig und zwängen selbst schlechte Menschen, für das Gemeinwohl zu wirken. Ganz ähnlich Kant (1795, Erster Zusatz). Die gute Staatsorganisation könne selbst aus einem Volk von Teufeln zwar nicht moralisch gute Menschen, wohl aber gute Bürger machen, wenn sie nur Verstand haben. Der vielleicht schärfste Angriff auf die personalistische politische Ethik stammt von Karl Popper. Er wirft Platon eine falsche Fragestellung vor. Diese falsche Fragestellung sei von den politischen Denkern bis zu Rousseau und Marx niemals klar abgelehnt worden. Die grundlegende Frage der Staatstheorie sei nicht „Wer soll herrschen?“ oder „Wer soll die Macht haben?“, sondern „Wieviel Macht soll der Regierung eingeräumt werden?“ oder genauer „Wie können wir unsere politischen Einrichtungen so gestalten, daß auch unfähige und unredliche Machthaber keinen großen Schaden anrichten?“ Das Fundamentalproblem der Staatstheorie sei das Problem der Zähmung der politischen Macht, der Verhinderung von Willkür und Machtmißbrauch durch Institutionen (Popper 1984, S. 249 f.).

Welches sind diese Institutionen, die die westliche Zivilisation seit der griechischen Antike in einem schmerzvollen, fast 3 000jährigen Prozeß von „trial and error“ erfunden, erprobt und entwickelt hat und die heute den vorläufigen Kerngehalt der rechts- und sozialstaatlichen Demokratie ausmachen? Mit Bedacht habe ich das Wort „erfunden“ gebraucht. Es handelt sich um Erfindungen, nicht um Entdeckungen. Amerika existierte, bevor es Kolumbus entdeckt hat. Die Institutionen der rechts- und sozialstaatlichen Demokratie waren dem Menschen nicht vorgegeben. Sie sind von Menschen ausgedachte, experimentell erprobte und weiterentwickelte politische Innovationen. Und sie sind in der Geschichte der Zivilisation mindestens so bedeutsam wie die Erfindungen des Buchdrucks, der Dampfmaschine oder des Computers.

Machtbändigung

Die erste der großen Erfindungen gegen den Machtmißbrauch und für den rechten Gebrauch der Macht ist die Machtbändigung und Machtsteuerung durch das Gesetz, die Bindung der Regierten, vor allem aber der Regierenden an die Legalität. Es ist die Vorstellung, daß die Gesetze, nicht die Menschen herrschen sollen. Platon hat die Idee des „empire of laws, and not of men" (Harrington 1656, S. 161) als erster auf den Begriff gebracht und zwar in einer wenig beachteten Textstelle des „Politikos" (291–303). Dieser Text bildet gleichsam die Nahtstelle zwischen der früheren „Politeia" und den späteren „Nomoi", die Verbindung des vorwiegend personalistischen Ansatzes der Politeia mit dem vorwiegend institutionellen Ansatz der Nomoi.

Die Politeia und der erste Teil unseres Politikos-Textes befassen sich mit dem theoretisch besten, aber praktisch unmöglichen besten Staat. Die Grundidee des theoretisch besten Staates ist die Vereinigung von Geist und Macht, des vollkommenen Geistes mit der totalen Macht in einer Person oder einer kleinen Personengruppe. Diese „Philosophenkönige" stehen über dem Gesetz.

Die Nomoi und der zweite Teil des Politikos-Textes handeln vom theoretisch zweitbesten, aber praktisch besten Staat. Weil es in der politischen Wirklichkeit den allwissenden König nicht gibt, soll an dessen Stelle die Nomokratie, die Gesetzesherrschaft treten. Im praktisch besten Staat steht das Gesetz über dem Herrscher. Die Nomokratie ist die bestmögliche Nachbildung der reinen Idee des besten Staates. Ihr haftet zwar der Mangel an, daß die Handlungsfreiheit jenes Herrschers, der dem wahren Staatsmann nacheifert, durch das Gesetz eingeschränkt ist. Aber dieser Mangel muß in Kauf genommen werden, weil erfahrungsgemäß die Gefahr besteht, daß ein unwissender, bösartiger Tyrann an die Macht kommt, sei dieser Tyrann ein einzelner oder eine Minderheit oder in der Demokratie die Mehrheit. Im praktisch besten Staat geht es eben nicht um die Wahl zwischen Gut und Böse, sondern um die Wahl des kleineren Übels. Die Frage ist, welche der unvermeidlicherweise unvollkommenen politischen Ordnungen am ehesten zu ertragen ist; schwer zu ertragen, meint Platon, sind sie alle. Im Vergleich zur Willkürherrschaft ist die Gesetzesherrschaft das kleinere Übel. Die Legalität ist ein notwendiges Übel zur Eindämmung des Machtmißbrauchs. Soweit Platon.

Aristoteles (Politik, 1289a 14) brachte die Weiterentwicklung durch die Unterscheidung von Verfassung und Gesetz sowie die Forderung der Verfassungsmäßigkeit der Gesetze. Die Griechen dachten freilich an überwiegend ungeschriebene Verfassungen. Entsprechend gab es in den griechischen Stadtstaaten nur wenige geschriebene Gesetze. Die Entwicklung von der materiellen zur formellen Verfassung, zur Verdichtung und Festschreibung der staatlichen Grundordnung in einer einzigen Urkunde, erstreckte sich über 2 000 Jahre. Rom, die italienischen Stadtrepubliken des Mittelalters und der Renaissance, England und Nordamerika sind die wichtigsten Stationen. Cromwells Verfassung (1654) gilt als die erste geschriebene Konstitution. Heute besitzen fast alle Staaten der Welt geschriebene Verfassungen.

Machtteilung

Die gebändigte Macht soll zusätzlich geteilt werden. Das ist die zweite Erfindung gegen den Machtmißbrauch. Wenn von Machtteilung oder Gewaltenteilung die Rede ist, stellt sich fast unvermeidlich die Assoziation mit Montesquieu ein. Das Phänomen der Machtteilung ist jedoch älteren Ursprungs. Es war nur hinter einem anderen Begriff versteckt, dem der Mischverfassung. Mischverfassung bedeutet die Verbindung von monokratischen, oligokratischen und/oder demokratischen Elementen in der staatlichen Grundordnung unter Beteiligung verschiedener gesellschaftlicher Kräfte. Mischverfassung und Machtteilung sind zwei Aspekte desselben Phänomens (Riklin 1990b). Das Gemeinsame liegt in der Verteilung der Macht auf mehrere Machtträger, die sich wechselseitig kontrollieren und am Machtmißbrauch hindern. Der Begründer der Mischverfassungstheorie ist einmal mehr Platon (Nomoi, III/690-701, IV/712, VI/751–770). Aristoteles hat sie empirisch unterbaut und weiterentwickelt (Riklin 1988). Im antiken Rom wurde sie von Polybios und Cicero aufgegriffen. Thomas von Aquin hat sie im Hochmittelalter wiederbelebt (Riklin 1992a). Von da weg bleibt sie, trotz des Einspruchs von Hobbes und Bodin, bis zum Ende des 18. Jahrhunderts ununterbrochen das vorherrschende Konzept des „besten Staates" (Die Lücke zwischen Hochmittelalter und Renaissance schloß Blythe 1992). Zu den wichtigsten Anhängern der Mischverfassung in diesem Zeitraum zählen Niccolo Machiavelli, Francesco Guicciardini, Donato Giannotti, Gasparo Contarini, Henning Arnisaeus, Johannes Limnaeus, James Harrington, Jean-Jacques Burlamaqui und John Adams (Riklin 1989a; 1990a; 1991; 1992b; 1994a; Riklin/Frei 1993). Das biblische Israel, Sparta, das Solonsche Athen, die Römische Republik, die Republik Venedig, die Republik Florenz, das Römisch-deutsche Reich, Polen, Genf, England, die USA u. a. m. wurden als Mischverfassungen gedeutet. Montesquieu war also nicht der Erfinder der Machtteilung. Er hat die alte Theorie nur, wie vor ihm schon Milton und Locke, im neuen Gewand der Gewaltenteilung präsentiert. Und er hatte damit den durchschlagendsten Erfolg. Dabei wird er freilich bis heute überwiegend mißverstanden. Im

Gegensatz zu Kant (1797, Erster Teil § 45/49) plädierte Montesquieu nicht für eine strikte Trennung von gesetzgebender, ausführender und richterlicher Gewalt. Sein Anliegen bestand vielmehr darin, keine der drei Gewalten ausschließlich einem einzigen Machtträger anzuvertrauen und a fortiori nicht zwei oder gar alle drei Gewalten auf einen Machtträger zu konzentrieren. Wohl aber dürfen und sollen im Konzept Montesquieus die verschiedenen Machtträger Teile verschiedener Gewalten in sich vereinen. Zu diesem Zweck unterteilte Montesquieu jede der drei Gewalten in verschiedene Kompetenzen, knüpfte mehrere, aus zwei oder drei Gewalten gemischte Kompetenzenbündel und wies sie je verschiedenen Machtträgern zu. Der Begriff „séparation des pouvoirs" ist bei Montesquieu nirgends zu finden. (Riklin 1989c)

Auf der Suche nach der „besten" Gewaltenteilungslehre würde ich indessen nicht Montesquieu, sondern Donato Giannotti favorisieren (Riklin 1992b, S. 149–153). Giannotti unterschied vier Staatsfunktionen (Wahlen, Gesetzgebung, Außenpolitik, Rechtsprechung) und drei Entscheidungsphasen (Consultazione, Deliberazione, Esecuzione). Gesetzgeberische und außenpolitische Entscheide sollten von wenigen Gewählten initiiert, ausgearbeitet, vorberaten und vorgeschlagen (Consultazione), sodann von vielen Gewählten oder allen Bürgern beraten und beschlossen (Deliberazione) und schließlich wiederum von wenigen dazu Gewählten ausgeführt werden (Esecuzione). Deliberazione einerseits, Consultazione und Esecuzione anderseits gehören in verschiedene Hände. Denn die Vielen sind ungeeignet zur Vorberatung und Ausführung. Und die Wenigen wären versucht, ihre Macht zu mißbrauchen, wenn sie zugleich vorberaten, entscheiden und ausführen könnten. Hingegen ist es zulässig, ja zweckmäßig, daß die Gleichen, welche die Beschlüsse vorbereitet haben, sie in Kenntnis der Sache auch ausführen.

Giannottis Gewaltenteilungskonzept ist viel wirklichkeitsnäher und praktikabler als die spätere schematische Aufgliederung in Legislative, Exekutive und Judikative, welche ganze Juristengenerationen verwirrt hat und bis zum heutigen Tag verwirrt. Denn erstens läßt sich die Außenpolitik nicht über den gleichen Leisten schlagen wie die Gesetzgebung (was Locke noch beachtet hat). Blauäugig verstand Montesquieu die Außenpolitik als Ausführung des Völkerrechts. Ein Aphorismus von Montesquieu ist schuld, daß die außenpolitische Kompetenzordnung in den meisten Verfassungen seit der amerikanischen von 1787 unsorgfältig oder unklar ist. Zweitens war es tatsächlich ja nie so und ist es auch heute nicht so, daß zuerst das Parlament und allenfalls das Volk die Gesetze erläßt und anschließend die Regierung die Gesetze ausführt. Vielmehr wurde in den Republiken aller Zeiten erwartet, daß die Regierung führt, plant, Gesetze initiiert und Gesetze ausarbeitet und daß die gleiche Regierung nach der Verabschiedung der Gesetze durch das Parlament und allenfalls das Volk für deren Ausführung und Anwendung verantwortlich ist. Die Regierung war immer mehr als nur eine Exekutive, und das Parlament war nie die ausschließliche Legislative. Die zugleich führende und ausführende Rolle der Regierung in Gesetzgebung und Außenpolitik kommt meines Wissens nur bei Giannotti in dieser Klarheit zum Ausdruck. In den späteren, reduktionistischen Gewaltenteilungslehren geht die Doppelfunktion verloren. Hätten Milton, Locke, Montesquieu, Madison und Kant die „Republica fiorentina" von Giannotti gelesen, dann hätte die Geschichte der Gewaltenteilungslehre höchstwahrscheinlich einen anderen Verlauf genommen. Unsere Verfassungen muten den Parlamenten in der Gesetzgebung zu viel und in der Außenpolitik zu wenig zu. Den Sinn der Machtteilung hat Montesquieu (1748, XI/4) einige Seiten vor dem berühmten Englandkapitel prägnant formuliert. Es sei eine ewige Erfahrung, daß jeder zum Mißbrauch der Macht neige, sofern er nicht auf Schranken stoße. Dann, als ob Montesquieu den berüchtigten Ausspruch Robespierres vom Terror als der Emanation der Tugend vorausgeahnt hätte, folgt der erstaunliche Satz: So unwahrscheinlich es klingt, selbst die Tugend bedarf der Begrenzung. Damit die Macht nicht mißbraucht werden kann, muß die Staatsstruktur so beschaffen sein, daß die Macht der Macht Schranken setzt („que le pouvoir arrête le pouvoir"). Nur der machtteilige Staat ermöglicht eine freiheitliche politische Ordnung. Jedes Machtmonopol, jede Machtkonzentration, jede unkontrollierte Macht gefährdet die Freiheit.

Machtbeschränkung

Die gebändigte und geteilte Macht soll zusätzlich beschränkt und gesteuert werden durch vorstaatliche, überstaatliche, in der Natur des Menschen begründete, unveräußerliche, nicht vom Staat verliehene, aber von ihm zu gewährleistende, in ihrer Substanz unantastbare Grundrechte. Das ist die dritte Erfindung. Sie ist eng mit der Aufklärung verbunden. Zwar gibt es schwache Ansätze in der Antike. Zwar paßt die Idee der Grundrechte zum biblisch-christlichen Menschenbild. Aber es brauchte das Saatgut der Aufklärung, bis der von Antike und Christentum bereitete Nährboden die Frucht der Menschenrechte hervorbrachte.

1690, kurz nach der Verkündung der „Declaration of Rights" und der „Bill of Rights", die nach den britischen Verfassungskämpfen des 17. Jahrhunderts den Sieg des Parlaments über den monarchischen Absolutismus besiegelten, hat John Locke (Second Treatise, 1690, XI/135, XVIII/202) in der „Zweiten Abhandlung über die Regierung" die Idee der Menschenrechte kristallklar formuliert. Nach Locke besteht der Zweck des Staates einzig und allein darin, die Naturrechte der Menschen zu schützen. Verletzen Regierung oder Parlament diese Grundrechte, so überschreiten sie ihre Befugnisse. Sie handeln dann ohne legitime Autorität. Demzufolge haben die in ihren Menschenrechten verletzten Bürger das Recht zum Widerstand, in extremis sogar zum gewaltsamen Widerstand.

Eines der packendsten Dokumente der Weltgeschichte, die amerikanische Unabhängigkeitserklärung von 1776, atmet ganz den Geist Lockes, – mit einer wichtigen Ausnahme. Locke nannte drei Naturrechte des Menschen: das Recht auf Leben, das Recht auf Freiheit und das Recht auf Eigentum. Thomas Jefferson hat in der Unabhängigkeitserklärung das Recht auf Eigentum absichtsvoll ausgelassen: „Wir halten die folgenden Wahrheiten für offenbar und keines weiteren Beweises bedürftig: daß alle Menschen gleich sind von Geburt; daß sie von ihrem Schöpfer mit gewissen, unveräußerlichen Rechten ausgestattet sind; daß zu diesen Leben, Freiheit und das Streben nach Glück gehören; daß, um diese Rechte zu sichern, Regierungen unter den Menschen eingerichtet sind, welche ihre rechtmäßige Gewalt von der Zustimmung der Regierten herleiten. Sooft eine Regierungsform diesen Endzwecken verderblich wird, hat das Volk das Recht, sie zu ändern oder abzuschaffen, eine neue Regierung einzusetzen und diese auf solchen Grundsätzen aufzubauen und ihre Befugnisse in solche Formen zu kleiden, welche die Sicherheit und das Glück des Volkes zu gewährleisten scheinen." Der Genfer Naturrechtslehrer Jean-Jacques Burlamaqui soll Jefferson zur Korrektur Lockes inspiriert haben (Hutson 1992, S. 22).

Karl Marx hat sich gründlich geirrt, als er schrieb, die Philosophen hätten bisher die Welt nur interpretiert statt verändert. Die Idee der Machtbeschränkung durch Menschenrechte hat die Welt verändert. Sie steht am Ende der britischen und am Anfang der amerikanischen und der französischen Revolution. Sie ist eingegangen nicht nur in die amerikanische Unabhängigkeitserklärung, sondern zuvor in die Virginia Bill of Rights (1776) und danach in die französische Menschenrechteerklärung (1789), in die ersten zehn Amendments der amerikanischen Verfassung (1789) und in die Menschenrechteerklärung der Vereinten Nationen (1948). Kaum eine moderne Verfassung verzichtet heute auf einen Grundrechtekatalog. Und wir stehen heute mitten in der Dynamik der Ergänzung des innerstaatlichen Grundrechteschutzes durch den völkerrechtlichen in regionalen und universellen Vertragswerken. Auch dies ist ein Indiz für die Kraft der Menschenrechte, daß selbst jene, welche sie mit Füßen treten, nicht um menschenrechtliche Lippenbekenntnisse herumkommen.

Machtmäßigung

Die gebändigte, geteilte und beschränkte Macht soll zudem gemäßigt sein. Die Machtmäßigung ist die vierte Erfindung gegen Machtmißbrauch. Sie spiegelt sich heute in den Prinzipien der Verhältnismäßigkeit und des Übermaßverbots wider. Damit ist gemeint, daß der Staat, überhaupt jeder Machtträger, nur die dem legitimen Zweck angemessenen Mittel einsetzen darf. Insbesondere haben sich Eingriffe in die Freiheit der Menschen auf das notwendige Maß zu beschränken, um Schaden abzuwenden, Schaden wieder gut zu machen und den Staatszweck, d. h. die Sicherung der Menschenrechte, durchzusetzen. Der Schweizer Staatsrechtslehrer Fritz Fleiner hat das Verhältnismäßigkeitsprinzip auf die eingängige Formel gebracht: Man „soll nicht mit Kanonen auf Spatzen schießen!"

Die vielleicht früheste Formulierung der Idee der Machtmäßigung ist das Talionsprinzip des Alten Testaments: Aug um Auge, Zahn um Zahn. Der Sinn dieser Regel war ja nicht die Rechtfertigung, sondern die Begrenzung der Rache, die Mäßigung des Racheprinzips des Codex Hammurabi. Im römischen Zwölftafelgesetz finden sich mehrfach dem Talionsprinzip verwandte Bestimmungen. Es scheint, daß sich das Verhältnismäßigkeitsprinzip im positiven Recht vor allem aus dem Strafrecht heraus entwickelt hat. Dies manifestiert sich eindrücklich in der angelsächsischen Verfassungsgeschichte, insbesondere der Habeas Corpus Akte von 1679. Im Völkerrecht hat sich der Grundsatz der Verhältnismäßigkeit als ein ungeschriebenes Rechtsprinzip im Rahmen der staatlichen Selbsthilfe durch Retorsion, Repressalie und Verteidigungsrecht herausgebildet.

Über die Zeit hat sich das Machtmäßigungsprinzip als Einschränkung des Ermessensspielraums der Machtträger zu einem allgemeinen Rechtsgrundsatz entwickelt, der das ganze öffentliche Recht in Rechtsetzung, Rechtsanwendung und Rechtsprechung durchdringt.

Machtbeteiligung

Die fünfte Erfindung gegen den Machtmißbrauch ist die Beteiligung der Machtunterworfenen an der gebändigten, geteilten, beschränkten und gemäßigten Macht. Diese mindestens teilweise Identität von Machtträgern und Machtadressaten nennen wir Demokratie.

Nach heutigem westlichem Selbstverständnis umfaßt Demokratie minimal drei Merkmale:

1. die gleiche Freiheit aller erwachsenen Bürger zur Beteiligung an der periodisch stattfindenden, unmittelbaren und geheimen Wahl des Parlaments,
2. tatsächliche Kompetenzen dieses Parlaments, u. a. im Bereich der Gesetzgebung und
3. die Mehrheitsregel für Entscheide des Parlaments.

Ob nur das Parlament oder auch andere Staatsorgane direkt gewählt werden, ist eine für den Minimalbegriff der Demokratie akzidentielle Frage. Akzidentiell ist auch, ob Sachfragen direkt durch die Bürgerschaft oder indirekt durch Repräsentanten entschieden werden und ob die Bürgerschaft selbst Initiativen zur Lösung von Sachfragen einbringen kann, ob es sich also um eine direkte, halbdirekte oder indirekte Demokratie handelt, eine Referendums- oder eine repräsentative Demokratie, eine „démocratie gouvernante" oder eine „démocratie gouvernée", eine „reale Volksherrschaft" oder einen „repräsentativen Verfassungsstaat". Akzidentiell ist ferner die Frage, ob sich die Demokratie in

Form der Konkurrenz mit dem Wechsel von Regierung und Opposition abspielt oder in Form der Konkordanz unter Regierungsbeteiligung aller großen Parteien. Eine akzidentielle Frage ist schließlich, in welchem Maß die Demokratie durch die Miliz- oder die Berufspolitik geprägt ist, d. h. ob die Politiker ehren- und nebenamtlich oder bezahlt und vollamtlich tätig sind. Fragwürdig aber ist die apodiktische Formel der „Charta von Paris" vom November 1990, wonach Demokratie ihrem Wesen nach repräsentativ sei. Haben unsere Schweizer Diplomaten und Bundesräte geschlafen, als sie dieses Manifest der KSZE zur Neuordnung Europas unterschrieben?

So verstanden gibt es Demokratie erst im 20. Jahrhundert seit der Einführung des Frauenwahlrechts. Dem ist aber eine 2 1/2tausendjährige Entwicklung vorausgegangen. Von unserem heutigen Demokratieverständnis aus betrachtet hat man Hemmungen, die Geburtsstunde der Demokratie in das klassische Athen zu legen. Denn nur eine privilegierte Minderheit der Bevölkerung Attikas besaß die politischen Rechte. Aber im Vergleich zu den damaligen politischen Ordnungen, im Vergleich etwa zur Monokratie Persiens und zur Oligokratie Athens vor Solon, galt das perikleische Athen zu Recht als Demokratie. Wichtigste Impulse zur Entwicklung der Demokratie gingen von Athen aus, das Popper nicht nur die Schule Griechenlands nennt, sondern die Schule der Menschheit für Jahrtausende, die vergangen sind und noch kommen mögen (Popper 1957, S. 250 f.). Zu diesen Impulsen gehören die Bürgerversammlung als oberster politischer Machtträger und die Ersetzung des Lärmprinzips durch das Mehrheitsprinzip (one man, one vote).

War für die Herausbildung der direkten Demokratie Athen das Vorbild, so waren es für die Entwicklung der repräsentativen Demokratie die italienischen Stadtrepubliken der Renaissance, Polen, England und besonders die USA. Bis ins 18. Jahrhundert konnten sich die Staatsdenker Demokratie nur als direkte Demokratie im Kleinstaat vorstellen. Erst die amerikanische Revolution ermöglichte dank der Repräsentation die Demokratie in großen Staaten. James Madison verglich die Erfindung der Repräsentation mit einer Maschine, die es erlaube, den Willen des Volkes eines weiträumigen Landes in einem Zentrum zusammenzufassen und seine Kraft auf jedes Ziel zu richten, welches das öffentliche Wohl erfordere. Europa komme das Verdienst zu, das Repräsentationsprinzip entdeckt, Amerika, es auf ein großes Gebiet angewandt zu haben. Schon die antiken Republiken hätten die Repräsentation gekannt. Der eigentliche Unterschied zwischen den früheren Republiken und der neuen amerikanischen Verfassung liege

„in the total exclusion of the people in their collective capacity, from any share in the latter, and not in the total exclusion of the representatives of the people from the administration of the former." (Hamilton u. a. 1786/87, No. 14 und 63)

Machtausgleich

Im Rahmen der gebändigten, geteilten, beschränkten und gemäßigten Macht unter Beteiligung der Machtunterworfenen soll zudem Sorge getragen werden, daß das Machtgefälle zwischen starken und schwachen Individuen und Gruppen, zwischen Reichen und Armen, Arbeitgebern und Arbeitnehmern, Produzenten und Konsumenten, Privilegierten und Unterprivilegierten, zwischen Berufstätigen und noch nicht oder nicht mehr im Arbeitsprozeß Stehenden gemildert wird. Dieser Machtausgleich ist die sechste Erfindung gegen den Machtmißbrauch. Ob der Staat den Machtausgleich gewährleistet oder ob andere Institutionen (Familie, Unternehmen, Verbände, Kirchen, karitative Organisationen usw.) dafür sorgen, ist eine Nebenfrage.

Der klassische Liberalismus lehnte die Machtausgleichsfunktion des Staates ab und überließ die Wirtschafts- und Sozialordnung weitgehend dem freien Spiel der gesellschaftlichen Kräfte. Die Anhänger der freien Marktwirtschaft nahmen an, daß in einer von staatlicher Beeinflussung freien Wirtschaftsordnung das egoistische ökonomische Verhalten der Individuen den allgemeinen Wohlstand maximal fördere. Eine unsichtbare Hand bewirke im Zusammenspiel aller Egoismen das Gemeinwohl, schrieb Adam Smith (1776, S. 371). Aus den privaten Lastern entstünde das Gemeinwohl, während gutes Individualverhalten zum kollektiven Unheil führe, meinte Mandeville (Riklin 1987c). Wilhelm von Humboldt (1792, S. 69 ff.) hielt das Bemühen des Staates, „den positiven Wohlstand der Nation zu erhöhen“, für „schädlich“. Dabei wurde aber übersehen, was Gottfried Keller schrieb, daß nämlich „für alles dies rüstige Volk die Freiheit erst ein Gut war, wenn es sich seines Brotes versichert hatte“. Die auf Locke zurückgehende Verknüpfung der Freiheitsrechte mit der unbeschränkten Eigentumsgarantie förderte die Tyrannei der Stärkeren. Die Ethik des klassischen Utilitarismus des 18. und 19. Jahrhunderts orientierte sich an der größten Summe des Glücks für die Gesamtheit der Gesellschaft und nahm das Unglück der Benachteiligten in Kauf. Die Vertragsfreiheit erwies sich de facto als Freipaß zur Ausbeutung der Arbeitskraft der Besitzlosen. Die historische Erfahrung des arbeitsteilig-industrialisierten liberalen Rechtsstaates ist die Tatsache, daß die Freiheit vom Staat die Auslieferung der Schwachen an außerstaatliche wirtschaftliche und soziale Mächte zur Folge hatte.

Diese Erfahrung bewirkte in den westlichen Demokratien ein Umdenken. Heute spielt der Staat als Träger der Machtausgleichspolitik die Hauptrolle. Man spricht von der sozialen Marktwirtschaft, vom sozialen Rechtsstaat, vom Sozialstaat. Der Sozialstaat umfaßt ein breit gefächertes, komplexes Bündel von Normen und Maßnahmen in zahlreichen Politikbereichen wie Steuern, Einkommen, Vermögen, Finanzen, Soziales, Sozialversicherungen, Arbeitsmarkt, Bildung, Konsumenten, Wohnen, Umweltschutz sowie – in der Außenpolitik – Entwicklungszusammenarbeit und Katastrophenhilfe.

Die Unterschiede von Staat zu Staat sind groß. Noch größer sind die Unterschiede in den Parteiprogrammen. Der „sozialdemokratische Konsens" der Nachkriegszeit droht auseinanderzubrechen. Machtausgleich durch den Staat bedeutet eben auch Machtzuwachs des Staates und eröffnet damit als unbeabsichtigte Nebenwirkung neue Möglichkeiten des Machtmißbrauchs, aber auch des Schwarzfahrens. Die schwierige Auseinandersetzung um das Maß und die Grenzen des Sozialstaates steht noch bevor. Die Machtausgleichsfunktion des Staates ist die jüngste Erfindung gegen Machtmißbrauch und zugleich die umstrittenste. Beunruhigen muß, daß neuerdings Adepten aus der Schule von Hayek die Kinderkrankheiten des Kapitalismus in den Wind schlagen und Osteuropa eine „Marktwirtschaft ohne Adjektive" (Vaclav Klaus) empfehlen, notfalls in Verbindung mit einem autoritären Regime gemäß dem Muster Chiles unter Pinochet.

Alle sechs Erfindungen müssen in ihrem Zusammenhang verstanden werden. Was das Geschäft der Politik so schwierig macht, ist die Tatsache, daß die sechs Prinzipien sich nicht nur ergänzen, sondern einander auch in die Quere geraten können. Wird ein Prinzip übertrieben, dann leiden die andern. Das eigentliche Geschäft der Politik ist es, trotz Veränderung und durch Veränderung die Balance zwischen einer Mehrzahl von sich teils ergänzenden, teils widersprechenden Teilen eines Ganzen immer wieder neu herzustellen.

Resultatorientierte politische Ethik

Die personalistischen und institutionalistischen Ansätze politischer Ethik sind vor allem inputorientiert. Sie befassen sich hauptsächlich mit den bestmöglichen Voraussetzungen politischer Ethik. Letztlich kommt es aber doch darauf an, was aus dem Ganzen herausschaut. Was nützen Tugendkataloge und institutionelle Konstrukte, wenn sie dennoch moralisch fragwürdige Resultate hervorbringen? Hier setzt die resultatorientierte politische Ethik ein. Sie legt das Augenmerk auf die Outputs der Politik. Selbstverständlich sind dabei sowohl die Handlungen als auch die Unterlassungen zu beachten. Der Prophet einer am Erfolg orientierten Politik ist Machiavelli. Nach ihm ist bei widrigen Umständen der politische Erfolg freilich nur unter Einsatz auch unmoralischer Mittel möglich (Principe, XIX). In Übereinstimmung mit Machiavelli stellt die resultatorientierte politische Ethik auf den Erfolg ab. Aber im Gegensatz zu Machiavelli sucht sie den Erfolg mit moralisch vertretbaren Mitteln für moralisch legitime Ziele. Lassen Sie mich einige Vorfragen einer resultatorientierten politischen Ethik skizzieren.

Gesinnungs- und Verantwortungsethik

Resultatorientiert ist die politische Ethik Max Webers. Er unterscheidet zwischen Gesinnungs- und Verantwortungsethik (Weber 1919). Der Gesinnungsethiker orientiert sein Tun und Lassen an absoluten Geboten. Er handelt aus reiner Gesinnung. Er verweigert jedes Handeln, das sich sittlich gefährlicher Mittel bedient oder üble Nebenfolgen in Kauf nimmt. „Der Christ tut recht und stellt den Erfolg Gott anheim." Entscheidend sind die Motive, nicht die Resultate. Für den Verantwortungsethiker dagegen sind die Resultate, nicht die Motive maßgebend. Er orientiert sich an den Folgen seines Verhaltens. Er fühlt sich verantwortlich für die Resultate seiner Politik, soweit diese voraussehbar sind.

Die Crux der Verantwortungsethik liegt in der Unvorhersehbarkeit aller Folgen. Trotz gewissenhaftester Vorprüfung der zu erwartenden Folgen und Nebenfolgen eigenen Verhaltens bleibt fast immer ein mehr oder weniger großer Rest an Ungewißheit. Nach Weber ist es geradezu eine Grundtatsache aller Geschichte, daß das schließliche Resultat politischen Handelns regelmäßig in völlig unadäquatem, paradoxem Verhältnis zu seinem ursprünglichen Sinn steht. Unvermeidlich tauchen unerwartete, unabsichtliche Folgen auf, gute und schlechte. Politisches Handeln ist immer Interaktion. Das Verhalten, die Reaktion anderer Akteure ist nicht berechenbar und nicht nur rational. Auch der Zufall, die Fortuna, Glück und Pech spielen eine große Rolle. Die besten Physiker der Welt, die in den fünfziger Jahren Bedenken gegen das nukleare Wettrüsten äußerten, haben die negativen Folgen der friedlichen Nutzung der Kernenergie nicht vorausgesehen. Nachträglich ist man immer klüger. Das Münchner Abkommen von 1938 wird heute allgemein als Kapitalfehler bewertet. Dennoch haben sich die Diplomaten der Europäischen Union und der UNO von den rassistischen Massenmördern im ehemaligen Jugoslawien austricksen lassen. Oder haben sie etwa das teuflische Spiel in heuchlerischer „Realpolitik" mitgespielt? Wann ist Widerstand, wann Nachgeben, Verhandeln, Kompromiß, Versöhnung angezeigt?

Nicht genug damit, das Resultat ist fast immer ethisch ambivalent. Keine Ethik der Welt kommt um die Tatsache herum, schreibt Weber, daß die Erreichung „guter" Zwecke oft mit dem Einsatz sittlich bedenklicher, mindestens gefährlicher Mittel und mit der Möglichkeit, ja Wahrscheinlichkeit übler Nebenerfolge verknüpft ist. Die nukleare Abschreckung ist gut, solange sie funktioniert. Sie ist eine Katastrophe, wenn sie versagt. Sind nun die Nuklearwaffen ein Instrument des Friedens oder sind sie kriegerisches „Teufelszeug" (Willy Brandt)? Das Problem beginnt nicht erst bei den Mitteln und Sekundärfolgen, sondern schon beim „guten" Zweck. Denn es sind immer mehrere Zwecke involviert. Übertreibt man den einen Zweck, so gefährdet man andere. Gibt man der Eindämmung der Arbeitslosigkeit die Priorität, fördert man die Inflation. Der Politiker hat nicht die Wahl zwischen dem absolut Guten und dem absolut Bösen. Er muß das Bestmögliche wählen, und das ist meist das kleinere Übel. Auch kommt der Politiker nicht darum herum, sich mit „diabolischen Mächten" einzulassen. Darin sieht Weber die Tragik aller Politik. In Wirklichkeit ist Politik eine Tragikomödie, weil die meisten Politiker das Tragische gar nicht wahrnehmen. Wer die unausweichliche Spannung zwischen Ideal und Realpolitik nicht aushält, der hat den Beruf zur Politik verfehlt. Fragwürdig an Webers schockierender, aber wohl realistischer Analyse ist sein polemisches Zerrbild von Gesinnungsethik. Nach Weber folgt aus der Bergpredigt zwingend ein unbedingter Pazifismus. Diese Interpretation ist mindestens umstritten. Das Problem steckt schon in der Übersetzung. Richtig übersetzt heißt es in der Bergpredigt ja nicht „Selig sind die Friedfertigen", sondern „Selig sind die Friedensmacher" (eirenopoioí). Das ist etwas ganz anderes als das sanftmütige, demütige, passive Erdulden von Tyrannei und Krieg.

Webers Exegese der Bergpredigt ist fragwürdig. Falsch ist die gängige Exegese Webers durch Nachbeter, die ihren Kronzeugen nicht oder nicht genau gelesen haben. Es gibt keine Verantwortungsethik ohne Gesinnungsethik. Auch Weber verzichtet nicht auf charakterliche Anforderungen des Politikers. Er nennt drei „Qualitäten": Leidenschaft im Sinne von Sachlichkeit, Verantwortungsgefühl sowie Augenmaß im Sinne von Distanz zu den Dingen und Menschen. Nur nennt Weber diese Qualitäten nicht Tugenden. Im Vergleich zur Tradition personalistischer Ethik ist er äußerst selektiv. Und die Pflicht des Politikers zur Wahrhaftigkeit schiebt er mit allzu leichter Hand beiseite.

Die meisten, die sich auf die Verantwortungsethik Webers berufen, übersehen seine Relativierungen. Er selbst schreibt ja, Gesinnungsethik sei nicht identisch mit Verantwortungslosigkeit und Verantwortungsethik nicht mit Gesinnungslosigkeit. Auch Max Weber hat in bestimmten extremen Situationen Respekt vor dem „Hier stehe ich, ich kann nicht anders!". Gesinnungs- und Verantwortungsethik sind nach Weber nicht absolute Gegensätze, sondern Ergänzungen, die zusammen erst den echten Menschen ausmachen, den, der den „Beruf zur Politik" haben kann.

Utopismus und Pragmatismus

Unvorhersehbarkeit und Ambivalenz mahnen zur Vorsicht. Karl Popper (1957, S. 213 ff.) wendet sich gegen die utopische Sozialtechnik und plädiert für eine pragmatische. Allein eine Politik des schrittweisen Umbaus der Gesellschaftsordnung erlaube, die Folgen und Nebenfolgen unter Kontrolle zu halten. Der Ad-hoc-Techniker könne im Sinne der Versuch- und Irrtum-Methode unerwartete Fehlentwicklungen korrigieren. Er orientiere sich nicht an Leitbildern großen Stils, sondern versuche, die größten und dringendsten Übel in der Gesellschaft zu beseitigen. Die Technik der Lösung von Einzelproblemen sei einfacher zu beurteilen, finde eher die Zustimmung der Mehrheit und könne rascher zupacken.

Die utopische Sozialtechnik des ganzheitlichen Umbaus der Gesellschaftsordnung gehe demgegenüber von einer umfassenden Zielsetzung aus. Sie bestimme die Teile und Zwischenziele zur Erreichung des Idealzustandes, bevor irgendeine praktische Handlung unternommen werde. Popper hält nichts von dieser Methode. Sie sei zwar auf den ersten Blick überzeugend und verführerisch, in Tat und Wahrheit aber höchst gefährlich. Denn sie lasse sich nicht unter Kontrolle halten, rufe nach einer streng zentralistischen Herrschaft einiger weniger und führe aller Wahrscheinlichkeit nach zu einer Diktatur. Die Analogie zu Poppers Wissenschaftstheorie ist offensichtlich. So wie der kritische Rationalist in der Wissenschaft Hypothesen formuliert, dem Falsifizierungstest unterzieht und im Fall der Falsifizierung korrigiert, so beobachtet der Ad-hoc-Sozialtechniker die Wirkungen seiner Politik und revidiert sie, wenn unerwünschte Folgen eintreten.

Die Argumentation von Popper gegen Platons radikalen Utopismus leuchtet mit Blick auf die Probleme griechischer Stadtstaaten der Antike ein. Aber hält sie auch angesichts der gegenwärtigen Weltprobleme stand? Hält sie stand gegenüber dem ungeheuren Problemdruck Osteuropas nach der antikommunistischen Revolution? Hinken wir mit unserem Pragmatismus nicht hoffnungslos hinter den Problemen des Krieges, des Hungers, der Verelendung, der Ausbeutung, der Arbeitslosigkeit, des Raubbaus, der Umweltzerstörung hinterher? Ist nicht Handeln gefordert trotz unzureichender Abklärung von Ursachen und Wirkungen? Haben wir überhaupt noch die Zeit, die Selbstzerstörung der Welt mit einer Sozialtechnik der Einzelprobleme aufzuhalten? Ist nicht eine Zwischenposition gefordert zwischen perfektionistischem Utopismus und unwirksamem Pragmatismus, eine vernetzte Sozialtechnik mittlerer Reichweite, horizontal zwischen den Politiken von der Wirtschafts-, Technologie-, Verkehrs-, Raum- und Energiepolitik bis zur Bildungspolitik, vertikal vom Haushalt über die Gemeinde, den Kanton und den Staat bis zu regionalen, kontinentalen und weltweiten Gemeinschaften?

Leistungs- und Verteilungsgerechtigkeit

Politische Probleme sind immer nur beschränkt lösbar, mitunter sogar unlösbar. Darin liegt gerade das Problem. Wir werden in der Politik nie ideale Zustände erreichen. Wenn dem so ist, dann hat der Gedanke Poppers viel für sich, zu fragen, welches die schreiendsten Ungerechtigkeiten sind und vorrangig denen zu helfen, die Hilfe dringend brauchen und die hic et nunc Unrecht erleiden. Dazu benötigen wir aber wohl doch eine Vorstellung idealer Gerechtigkeit im Hinterkopf, um im Sinne einer Annäherung wenigstens die schlimmsten Ungerechtigkeiten zu mildern. Aber was heißt Gerechtigkeit? Die wohl tiefgründigste Theorie der Gerechtigkeit hat in diesem Jahrhundert John Rawls ausgedacht. Rawls nimmt an, daß wir in einer fairen Verhandlung zwei Hauptgrundsätze vereinbaren würden. Das erste Gerechtigkeitsprinzip befaßt sich mit der Freiheit; jeder hat Anspruch auf die gleiche Freiheit in einem System von individuellen Grundrechten und Grundpflichten. Das zweite Gerechtigkeitsprinzip befaßt sich mit der Gleichheit; soziale und wirtschaftliche Ungleichheiten sind dann und nur dann gerecht, wenn daraus der größtmögliche Nutzen für die schwächsten Glieder der Gesellschaft resultiert. Der zweite Gerechtigkeitsgrundsatz ist sowohl gegen den Egalitarismus als auch gegen den Utilitarismus gerichtet. Den Egalitarismus lehnt Rawls ab, weil er mangels Leistungsanreizen den Gesamtnutzen verringert und damit gerade auch den Schwächsten schadet. Den Utilitarismus weist er zurück, weil er ohne Rücksicht auf die Verteilung den Gesamtnutzen zu maximieren sucht. Winston Churchill hat im Grunde den gleichen Gedanken ausgedrückt, als er in einer Unterhausdebatte argumentierte, er ziehe eine politisch-wirtschaftliche Ordnung vor, in der es allen gut und einigen besser geht im Vergleich zu einem System, in dem es allen gleich schlecht geht. Rawls könnte dem wohl zustimmen, freilich ohne die Spitze gegen die Labour Party.

Rawls' Gerechtigkeitsgrundsätze bewegen sich auf einer sehr hohen Abstraktionsstufe idealer Gerechtigkeit. Wie kann man sie im Sinne einer nichtidealen Gerechtigkeit auf konkrete Probleme anwenden, zum Beispiel auf das Nord-Süd-Problem? Was tun, wenn Rawls' (1975, S. 149) Prämisse mäßig knapper Ressourcen nicht zutrifft, wenn angesichts der Bevölkerungsexplosion die Ressourcen nicht für ein würdiges Leben aller Menschen ausreichen? Und sind seine Gerechtigkeitsgrundsätze verallgemeinerungsfähig auch mit Blick auf andere politische Kulturen als jene der westlichen Zivilisation, etwa auf die islamische oder die konfuzianische (Rawls 1992)?

Menschen- und Sachgerechtigkeit

Rawls entwickelt seine Gerechtigkeitstheorie in einer fairen Verhandlung „unter dem Schleier des Nichtwissens". Dabei knüpft er an die Tradition der Gesellschaftsvertragstheorie an. Er will die bekannte Theorie des Gesellschaftsvertrages von Locke, Rousseau, Kant u. a. verallgemeinern und auf eine höhere Abstraktionsebene heben. „Schleier des Nichtwissens" bedeutet, daß die Verhandlungspartner nicht wissen dürfen, ob sie reich oder arm, mächtig oder ohnmächtig, stark oder schwach, gesund oder krank, begabt oder unbegabt, risikofreudig oder ängstlich, optimistisch oder pessimistisch usw. sind. Sie wissen nicht, in welche Zeitepoche, in welches Land, in welche soziale Umwelt sie hineingeboren sind. Aber sie dürfen und sollten alles wissen über den gesamten Bereich der Sozialwissenschaften. Die Annahme dieser Grundsituation des Nichtwissens und zugleich Vielwissens soll gewährleisten, daß einerseits niemand durch die Zufälligkeiten der Natur und der gesellschaftlichen Umstände bevorzugt oder benachteiligt wird, anderseits aber die Vernunft bestmöglich zur Geltung kommt.

Man kann über Gerechtigkeit nicht fair verhandeln, wenn jeder seine persönlichen Interessen verfolgt. Man kann aber auch nicht vernünftig über Gerechtigkeit diskutieren, wenn man von der Sache, von Politik, Recht, Wirtschaft, Psychologie, gesellschaftlicher Organisation nichts versteht. Politische Ethik verlangt Sachverstand. Das gilt erst recht für die nichtideale Gerechtigkeit. Wer einen ungerechten Zustand in einen gerechteren überführen will, muß den Sachverhalt sehr genau kennen, und er muß über das Rüstzeug verfügen, um die mutmaßlichen Wirkungen seiner Reformpolitik abzuschätzen. Ethische Entscheide sind immer konkret. Mit abstrakten Grundsätzen allein läßt sich keine Politik machen. Praktische Politik ist nicht aus der Bergpredigt deduzierbar. Gott und der Teufel sitzen im Detail. Persönliche Integrität schützt vor politischer Torheit nicht. Das „gute Herz" sprechen zu lassen, genügt nicht. Was der Wirtschaftsethiker Arthur Rich (1984, S. 72 f.) über den Zusammenhang von Menschen- und Sachgerechtigkeit schreibt, gilt für jede angewandte Ethik. Ohne hinreichende Sachkenntnis verliert die politische Ethik jegliche Legitimität, zur Sache zu reden. Nur in Kenntnis des Sachverhalts sowie mit Hilfe der Erkenntnisse und Einsichten der theoretischen und empirischen Sozialwissenschaften vermag politische Ethik einen konstruktiven Beitrag auf menschengerechtere Zustände hin zu leisten.

Mitwelt, Nachwelt und Umwelt

Den Utopismus ausgenommen, war alle bisherige Ethik eine Ethik des Gleichzeitigen, des räumlich Nahen und des Unmittelbaren. Im Blick war der Nächste hier und jetzt. Die Natur des Menschen und die Natur der Dinge stand fest. Die Reichweite menschlichen Handelns schien in Zeit und Raum begrenzt. Niemand wurde verantwortlich gehalten für unbeabsichtigte, unkorrigierbare Spätfolgen seines Tuns.

Die moderne Technik eröffnet dem Menschen nunmehr aber die Macht ungeahnter Fernwirkungen in Raum und Zeit. Der Mensch hat die Fähigkeit erlangt, die Natur und den Menschen zu verändern. Dieser Machtzuwachs ruft nach einer neuen Ethik. Max Weber und Karl Popper hatten die lebende Generation im Auge (Mitwelt). John Rawls beschäftigt sich über die Mitwelt hinaus mit dem Problem der Gerechtigkeit zwischen den Generationen (Nachwelt). Arthur Rich ergänzt die anthropozentrische Mitweltethik durch eine Ethik der Natur als Sache (Umwelt). Im „Versuch einer Ethik für die technologische Zivilisation" von Hans Jonas (1979) fließen Umwelt- und Nachweltethik zusammen.

Der durch die moderne Technik entfesselte Prometheus erschließt nach Jonas völlig neue Dimensionen der Verantwortung. Der homo sapiens hält mit dem homo faber nicht Schritt. Die Kluft zwischen Wissen und Können, zwischen der Begrenztheit des Vorherwissens und der Ausweitung des Tunkönnens wird immer größer. Deshalb gebührt der Furcht die Priorität vor der Hoffnung, der Vorsicht vor dem Wagnis. Wir müssen die Ehrfurcht und das Schaudern wieder erlernen, schreibt Jonas, um uns und unsere Nachkommen vor Irrwegen und Sackgassen unserer Macht zu schützen. Bewahrung der Natur und der Menschheit, Erhaltung des Potentials für ein menschenwürdiges Dasein heißt der kategorische Imperativ.

Synthese

Die vorliegende Skizze gründet sehr selektiv und wenig wissend auf der abendländisch-christlichen Überlieferung. Selbst Rawls' großer Entwurf einer Theorie der Gerechtigkeit bewegt sich im Rahmen des politischen Liberalismus westlicher Prägung. Der gegenwärtige und künftige Problemlösungsbedarf ist aber weltumspannend.

Jede Minute geben die Länder der Welt 1,8 Mio. US-Dollar für militärische Rüstung aus. Jede Stunde sterben 1 500 Kinder an Hunger oder durch Hunger verursachte Krankheiten. Jeden Tag stirbt eine Tier- oder Pflanzenart aus. Mit Ausnahme der Zeit des Zweiten Weltkrieges werden heute in jeder Woche mehr Menschen verhaftet, gefoltert, ermordet, zur Flucht getrieben oder auf andere Weise durch repressive Regierungen unterdrückt als zu irgendeinem anderen Zeitpunkt in der Geschichte. Jeden Monat kommen durch das Weltwirtschaftssystem weitere 7,5 Mrd. US-Dollar Schulden zu den 1 500 Mrd. Dollar hinzu, die schon jetzt eine unerträgliche Last für die Menschen in der Dritten Welt sind. Jedes Jahr wird eine Fläche des Regenwaldes zerstört, die viermal so groß ist wie die Schweiz.

Die Schaffung einer neuen Weltordnung nach abendländischem Muster ist ein untaugliches Unterfangen. Soll die Menschheit menschenwürdig überleben, so ist ein Ethos für die Gesamtmenschheit unabdingbar. Hier setzt das „Projekt Weltethos" des Schweizer Theologen Hans Küng (1990) ein. Nach Küng hat die Welt, in der wir leben, nur dann eine Chance zum Überleben, wenn in ihr nicht länger Räume unterschiedlicher, widersprüchlicher und gar sich bekämpfender Ethiken existieren. Diese eine Welt braucht keine Einheitsreligion, keine Einheitsideologie, wohl aber ein Grundethos einiger verbindender und verbindlicher Normen, Werte, Ideale und Ziele. Die Menschheit kann es sich immer weniger leisten, daß die Religionen auf dieser Erde Kriege führen, statt Frieden zu stiften; Fanatisierung betreiben, statt Versöhnung zu suchen; Überlegenheit praktizieren, statt den Dialog zu führen. Kein Religionsfriede ohne Religionsdialog. Kein Weltfriede ohne Religionsfriede und ohne die Koalition von Glaubenden und Nichtglaubenden. Kein Überleben ohne ein Religionen übergreifendes Weltethos.

So lauten die Programmsätze Küngs. Wahrlich ein herkuleisches Programm, aber ein im Wortsinn not-wendiges. Dazu ist eine Synthese von resultatorientierter, institutionorientierter und personorientierter politischer Ethik unabdingbar. Wieder einmal stehen wir erst am Anfang.

Dieser Beitrag ist die erweiterte Fassung eines Vortrages, den der Verfasser am 27. 5. 1992 am Institut für Politikwissenschaft der Universität Wien gehalten hat. Er erschien zuerst in der „Österreichischen Zeitschrift für Politikwissenschaft" (Riklin 1994c). Es handelt sich um die Neufassung und Weiterführung einer Vorlesung, die am 12. 6. 1986 im Rahmen der Aeneas-Silvius-Stiftung an der Universität Basel stattfand (Riklin 1987a). Die zahlreichen Verweise auf eigene Publikationen, dazu in Nachbarschaft zu den größten Staatsdenkern aller Zeiten, könnten befremden. Sie sollen indessen Forschungen anzeigen, die der Verfasser seit 1986 zur Berichtigung, Vertiefung und Ergänzung der Basler Vorlesung veröffentlicht hat.

Literatur

Aristoteles, Politik

Berges, Wilhelm (1938), Die Fürstenspiegel des hohen und späten Mittelalters, Leipzig.

Blythe, James M. (1992), Ideal Government and the Mixed Constitution in the Middle Ages, Princeton

Friesenhahn, Ernst (1928), Der politische Eid, Bonn

Friesenhahn, Ernst (1980), Zur Problematik des politischen Eides, in: Zeitschrift für Schweizerisches Recht Neue Folge Bd. 99, S. 1–29

Giannotti, Donato (1532/1534), Republica fiorentina, Genf 1990 (erste authentische Ausgabe)

Hadot, Paul (1972), Fürstenspiegel in: Reallexikon für Antike und Christentum, Stuttgart, Bd. 8, Sp. 555–632

Hamilton, Alexander, u. a. (1786/87), The Federalist Papers, New York

Harrington, James (1656), Oceana, in: John G. A. Pocock (Hg.): The Political Works of James Harrington, Cambridge University Press 1977, S. 155–359

Humboldt, Wilhelm von (1792), Ideen zu einem Versuch, die Grenzen der Wirksamkeit des Staats zu bestimmen, in: Wilhelm von Humboldt: Werke, Bd. 1, Darmstadt 1960, S. 56–233

Hume, David (1741/42), Essays, Moral, Political and Literary, Indianapolis 1985

Hutson, James H. (1992), The Sister Republics, Switzerland and the United States from 1776 to the Present, Washington

Jonas, Hans (1979), Das Prinzip Verantwortung, Frankfurt/Main

Kant, Immanuel (1795), Zum ewigen Frieden, Königsberg

Kant, Immanuel (1797), Die Metaphysik der Sitten, Königsberg

Kempers, Bram (1989), Gesetz und Kunst, Ambrogio Lorenzettis Fresken im Palazzo Pubblico in Siena, in: Hans Belting / Dieter Blume (Hg.): Malerei und Stadtkultur in der Dantezeit, München, S. 71–84

Küng, Hans (1990), Projekt Weltethos, München

Locke, John (1690), Two Treatises of Government, London

Machiavelli, Niccolò (1513), Principe
Machiavelli, Niccolò (1522), Discorsi
Montesquieu (1748), De l'esprit des lois, Genf
Mühleisen, Otto/*Stammen,* Theo (1990) (Hg.): Politische Tugendlehre und Regierungskunst, Studien zum Fürstenspiegel der Frühen Neuzeit, Tübingen
Paul, Jürgen (1987), Das Rathaus, in: Werner Busch/Peter Schmoock (Hg.): Kunst, Die Geschichte ihrer Funktionen, Weinheim, S. 334–365
Penn, William (1687), Frame of Government of the Province of Pennsylvania
Platon, Nomoi
Platon, Politeia
Platon, Politikos
Popper, Karl R. (1957), Die offene Gesellschaft und ihre Feinde, Bd. 1, Bern
Popper, Karl R. (1984), Auf der Suche nach einer besseren Welt, München
Rawls, John (1975), Eine Theorie der Gerechtigkeit, Frankfurt/Main
Rawls, John (1992), Die Idee des politischen Liberalismus, Aufsätze 1978–1989, Frankfurt/Main
Rich, Arthur (1984), Wirtschaftsethik, Bd. 1, Gütersloh
Riklin, Alois (1987a), Politische Ethik, Basel
Riklin, Alois (1987b), Machiavelli für Manager?, in: Alois Riklin: Verantwortung des Akademikers, St. Gallen, S. 155–172
Riklin, Alois (1987c), Mandevilles Bienenfabel, Private Laster als Quelle des Gemeinwohls?, in: Alois Riklin, Verantwortung des Akademikers, St.Gallen, S. 173–189
Riklin, Alois (1988), Aristoteles und die Mischverfassung, in: Festgabe zum 60. Geburtstag von Herbert Batliner, Vaduz, S. 341–351
Riklin, Alois (1989a), Jean-Jacques Burlamaqui und die Genfer Aristodemokratie, in: Walter Haller et al. (Hg.): Festschrift für Dietrich Schindler, Basel, S. 639–652
Riklin, Alois (1989b), Machiavellis Klugheitsregeln politischer Führung, in: Josef Weiss/Peter Wegelin/Andreas Menzl (Hg.): Festschrift für Korpskommandant Josef Feldmann, Frauenfeld, S. 123–146
Riklin, Alois (1989c), Montesquieus freiheitliches Staatsmodell, Die Identität von Machtteilung und Mischverfassung, in: Politische Vierteljahresschrift 30 (3), S. 420–442
Riklin, Alois (1990a), Die venezianische Mischverfassung im Lichte von Gasparo Contarini, in: Zeitschrift für Politik 37 (3), S. 264–291
Riklin, Alois (1990b), Mischverfassung und Gewaltenteilung, in: Festschrift für Mario M. Pedrazzini, Hg. im Auftrag der Juristischen Abteilung der Hochschule St. Gallen, Bern, S. 21–37
Riklin, Alois (1991), John Adams und die gewaltenteilige Mischverfassung, in: Zeitschrift für Politik 38 (3), S. 274–293
Riklin, Alois (1992a), Die beste politische Ordnung nach Thomas von Aquin, in: Gertraud Putz u. a. (Hg.): Festschrift für Franz-Martin Schmölz, Innsbruck, S. 67–90
Riklin, Alois (1992b), Donato Giannotti – ein verkannter Vordenker der Gewaltenteilung aus der Zeit der Florentiner Renaissance, in: Zeitschrift für Neuere Rechtsgeschichte, 14 (3/4), S. 129–161
Riklin, Alois (1993), Giannotti, Michelangelo und der Tyrannenmord. Beiträge und Be-

richte des Instituts für Politikwissenschaft der Hochschule St. Gallen Nr. 210, S. 1–63

Riklin, Alois (1994a), Einfache, gemischte oder monströse Verfassung? Deutungen des Römisch-deutschen Reiches im 17. Jahrhundert, in: Clausdieter Schott / Eva Petrig Schuler (Hg.), Festschrift zum 65. Geburtstag von Claudio Soliva, Zürich, S. 213–232

Riklin, Alois (1994b), Ambrogio Lorenzettis politische Summe, in: Beiträge und Berichte des Instituts für Politikwissenschaft der Hochschule St. Gallen, Nr. 228, S. 1–72

Riklin, Alois (1994c), Politische Ethik, in: Österreichische Zeitschrift für Politikwissenschaft 1, S. 105–120

Riklin, Alois / Frei, Christoph (1993), Henning Arnisaeus, Ein früher Mischverfassungsdenker unter den deutschen Reichspublizisten, in: Alois Riklin / Luzius Wildhaber / Herbert Wille (Hg.): Kleinstaat und Menschenrechte, Festgabe für Gerard Batliner zum 65. Geburtstag, Basel/Frankfurt a. Main, S. 379–395

Robespierre, Maximilien (1971), Ausgewählte Texte, Hamburg

Rubinstein, Nicolai (1958), Political Ideas in Sienese Art, The Frescoes by Ambrogio Lorenzetti and Taddeo di Bartolo in the Palazzo Pubblico, in: The Journal of the Warburg and Courtauld Institutes 21, S. 179–207

Singer, Bruno (1981), Die Fürstenspiegel in Deutschland im Zeitalter des Humanismus und der Reformation, München

Skinner, Quentin (1986), Ambrogio Lorenzetti, The Artist as Political Philosopher, in: Proceedings of the British Academy 72, S. 1–56

Smith, Adam (1776), Der Wohlstand der Nationen, München 1974

Starn, Randolph / Loren Partridge (1992), Arts of Power, Three Halls of State in Italy, 1300–1600, Berkeley, S. 9–80

Verspohl, Franz-Joachim (1987), „Der Platz als politisches Gesamtkunstwerk", in: Werner Busch / Peter Schmoock (Hg.): Kunst, Die Geschichte ihrer Funktionen, Weinheim, S. 307–333

Weber, Max (1919), Politik als Beruf, Berlin 1964

Erich Kitzmüller
Wer folgt dem schwindenden Subjekt?
Zum aktuellen Menschenbild im öffentlichen Diskurs und in den Sozialwissenschaften

Welche Bilder von Menschen, vom Menschsein sind heute in sprachlichen Äußerungen verkörpert? Eine sonderbare Widersprüchlichkeit des Menschenbilds springt in die Augen, sowohl im Alltag wie im allgemeinen öffentlichen Diskurs und auch in den Sozial- und Wirtschaftswissenschaften – so verschieden jeweils diese Diskurse sind.

Zum einen sind Menschen als handelnde Wesen weithin abwesend. Wo es um Bewirken und Folgewirkungen geht, sind nicht Menschen, sondern Strukturen, Systeme, sachgesetzliche Funktionszusammenhänge und ähnliches der bewirkende Faktor. Zumeist unausdrücklich, allenfalls als Klage wird das *Schwinden des Subjekts* und das Ausbleiben von Verantwortung in den Diskursen zugrundegelegt.

Zum anderen jedoch figurieren Menschen sehr wohl als die allerwichtigste Realität. Menschen erscheinen als der Sinn, das Ziel, der Maßstab, das Zentrum des Geschehens. In dieser Rolle freilich werden sie angesprochen und verstehen sich auch selber als die bedürftigen und anspruchlichen Wesen, deretwegen überhaupt die ganze Veranstaltung des kollektiven und privaten Lebens mit all seinen Leistungsanforderungen, Entsagungen und Befriedigungen stattfinden muß und stattfindet.

In ihren Rollen als Träger von Ansprüchen und Rechten, als Träger potentieller oder potenter Kaufwünsche und von Ansprüchen sind Menschen keineswegs das „Subjekt im Schwinden", sie sind vielmehr die nicht weiter hinterfragbare Rechtfertigung für jegliches Tun in Wirtschaft, Politik oder Wissenschaft. Ein Pathos der Bedürftigkeit und auf die Befriedigung der Bedürftigkeit ausgerichteten Leistens-Könnens durchzieht die unterschiedlichsten Diskurse, am auffälligsten in der kommerziellen und politischen Werbung. An dem Ort, an dem in traditioneller Anschauung handelnde Subjekte vermutet würden, treten Menschen als Träger von Ansprüchen auf, die sie mit dem Pathos des ungerechten Leiden-Müssens und einer daher notwendigen kompensatorischen Konsumausdehnung vorbringen. Das Ressentiment, das unersättlich nach Befriedigung durch Akte des Kaufens, Habens und Verbrauchens aus ist, ist der entscheidende Antrieb und die letzte Rechtfertigung in Wirtschaft und Politik.

Die Widersprüchlichkeit der beiden gängigen Menschenbilder wirft Fragen an die Gesellschafts- und Wirtschaftwissenschaften auf. Wie ist es zu diesen so verschiedenen Deutungen gekommen? Wie gehen die Wissenschaften damit um? Wohin gehen Gesellschaften unter dem Bann des Pathos von Bedürftigkeit und Konsumausdehnung? Und was sind Menschen dann, wenn das handelnde „Subjekt schwindet"?

Im folgenden gehe ich diesen Fragen vor allem anhand von zwei Forschungsansätzen nach: Die österreichische Forschergruppe *Alternative Ökonomie* im Rahmen des *Interuniversitären Instituts für Interdisziplinäre Forschung und Fortbildung (IFF)* der Universitäten Innsbruck, Klagenfurt und Wien erarbeitet eine Deutung der neuzeitlichen Gesellschaft als den Versuch, ein *Modell Neuzeit* als reales System durchzusetzen. (Berger/Pellert 1993; Heintel 1993; Bammé 1993; Kitzmüller 1994a) Dieses Modell leitet eine historisch einmalige Herrschaftsausdehnung an, in der Wissenschaft, Technik und Ökonomie eine gleichsam sachlich begründete und somit scheinbar von Willkür befreite Herrschaft universal und global ausbreiten.

Der zweite Ansatz ist die Theorie der *Mimesis*, die auf dem Werk von René Girard (1990a; 1990b) aufbaut und für die gegenwärtige Gesellschaft mit ihrer Dominanz eines ökonomischen Liberalismus vor allem von Jean-Pierre Dupuy (1976; 1991; 1992 und 1993) entwickelt wird (Siehe auch Kitzmüller 1989; 1991; 1992; 1993 und 1994b). Dieser Theorieansatz nimmt die Beziehungen zwischen Menschen, das heißt die Dramen der Nachahmung, Rivalität, Gewalt und Gewaltregulierung als Brennpunkte der Forschung.

Das Verbinden der beiden Ansätze ermöglicht Distanz zu den vorherrschenden Menschenbildern und ein kritisches Verstehen ihrer Genesis wie ihres aktuellen Funktionierens (Kitzmüller 1994a). In dieser Sicht, so will ich zeigen, wird hinter den Maskierungen des neuzeitlichen Menschenbilds der Charakter des technopathischen Expansionisten erkennbar. Homo faber und homo oeconomicus – frühe Leitbilder neuzeitlicher Rationalität – sind an fühlbare Grenzen gestoßen. Homo mimeticus – Menschen als Beziehungswesen, als dramatische Akteure in Rivalitäten, Gewalteskalation und Gewaltregulierung – gibt ein realistischeres und praktikableres Menschenbild.

Zwei utopische Vergegenwärtigungen

Ein erster Schritt soll die Erfahrungen zur Sprache bringen, in denen die eingangs erwähnte, paradigmatisch gewordene Selbstverständlichkeit eines „Schwinden des Subjekts" entstanden sein mag. Zwei extreme Erfahrungen, von den jetzt lebenden Generationen vielleicht nachdrücklicher durchlebt, lassen uns das verstehen. Zitate aus zwei Romanen sollen in utopischer Verdichtung die beiden extremen Erfahrungen vergegenwärtigen.

In George Orwells Roman „1984" (aus dem Jahre 1947) sagt der Folterer zum Gefolterten, der sich als letzte Vergewisserung auf sein Existieren beruft: „Was heißt das: ‚Du existierst?' Du existierst überhaupt nicht!" Und am Ende der Leidensgeschichte sehen wir das Widerstandssubjekt sprachlos, mit Tränen in den Augen, in vollständiger Übereinstimmung mit dem „Großen Bruder".

In Aldous Huxleys Roman „Brave new world" (aus dem Jahre 1932) tritt uns eine durch genetische Manipulation, Drogen und eine als selbstverständlich hingenommene Hierarchie geordnete Gesellschaft vor Augen, in der Widerstand undenkbar, genauer: zum exotischen Bestandteil umfunktioniert ist. Das wird beispielhaft am Verhalten der Studenten gegenüber der Hierarchie:

„Seine Fordschaft Mustafa Mannesmann! Den grüßenden Studenten traten die Augen fast aus dem Kopf. Der Aufsichtsrat für Westeuropa! Einer der zehn Weltaufsichtsräte. Einer der Zehn – und jetzt setzte er sich mit dem BUND (Brut- und Normdirektor) auf die Bank, er verweilte, wahrhaftig, er weilte unter ihnen, richtete leibhaftig das Wort an sie – aus erster Quelle. Direkt aus dem Munde Fords des Herrn." (Huxley 1991, S. 44)

Zugleich mit den Personen verflüssigen sich die Dinge und werden zum flüchtigen Moment von Moden. In endloser Dynamik wird auf der Stelle getreten; was ist oder was war, mag nostalgisch als Mode wiederkehren, Bestand hat es so wenig wie die Personen selber. Zwischen dem *Wilden* und dem Weltaufsichtsrat entspinnt sich folgendes Gespräch (ebd. S. 190):

„‚Wir können Altes nicht gebrauchen.' ‚Auch nicht, wenn es schön ist?' ‚Dann erst recht nicht. Schönheit ist anziehend, und wir wollen nicht, daß Menschen sich von Altem angezogen fühlen. Wir wollen, daß ihnen das Neue gefällt.'" (ebd. S. 190)

Ich habe diese zwei utopischen Vergegenwärtigungen ausgewählt, weil die Tendenzen der Gegenwart, deutlicher als in den Wissenschaften, in der Kunst und am bequemsten in utopischen Fiktionen abzulesen sind. Was wirklich ist, davon wissen wir, indem wir uns Vergangenheit vergegenwärtigen und Zukunft fantasieren. Wissenschaft ist, jedenfalls die Sozialwissenschaften sind wohl bedeutungsvoll allein, insofern sie spezifische Beiträge zu solch doppelter Vergegenwärtigung leisten.

Die beiden Utopien sind allgemein bekannt, sie waren viel umstritten, inzwischen wieder dabei, ins Vergessen abzusinken. Gewiß sind beide Fiktion, und es wäre banausisch, eine abbildhafte Übereinstimmung der erzählten Geschichten mit der gegenwärtigen Gesellschaft darin zu suchen – und vergeblich zu suchen.

Zumindest die Geschichte aus dem Foltererstaat scheint weniger aktuell, jedenfalls für das Selbstverständnis der reichen und mächtigen Zone des Nordens. Immerhin ist die Erfahrung totalitärer Beherrschung eine der Wurzeln für das „Schwinden des Subjekts", wie es teils stillschweigend vorausgesetzt, teils beklagt wird.

Eher schon assoziieren wir auffällige Züge unserer Gegenwart mit einer „*Brave new world*" (Büchele 1993). Da ist etwa der Personenkult westlicher Observanz. Obwohl es zum guten Ton gehört, daß jede und jeder souverän und vielfältig ihr und sein Leben gestaltet, gafft alles nach den Glücksspielgewinnern und Gewalttätern, Politikermasken und sonstigen Medienstars, nach deren Abbild die eigene Mentalität zusehends umgebildet wird. Jedermanns und jederfraus Alltagsverhalten ist von der Jagd nach einem immer Neuen geprägt; angstvoll oder hoffnungsvoll, und die Ängste überwiegen. Immer neue Ellenbogentechniken, das Erwerben oder doch Fantasieren von immer neuen Produkten und Warenhüllen, hastig wechselnde Moden und Lebensstile machen das Gerüst der Wirklichkeit aus.

Während Orwells Diktatur gleichsam von außen als der Große Bruder in die Menschen hineinwirkt, ist die Tendenz zu Huxleys Schöner neuer Welt nicht ohne die insgeheime Komplizenschaft vieler denkbar; darauf weist Herwig Büchele hin:

> „Huxley beschreibt also in diesem Roman nicht nur ein Furchtbild (Norbert Elias), sondern auch ein Wunschbild ... Die Schöne neue Welt beschreibt – und das macht die Auseinandersetzung mit ihr so bedeutsam – nicht nur eine Wirklichkeit, die uns von außen bedroht, daß Menschen durch genetische, pharmazeutisch-chemische und erzieherische Mittel im Sinne dieser sozialen Kunstwelt beherrschbar sind, sondern sie beschreibt eine Wirklichkeit, nach der wir uns in einer abgründigen Schicht unseres Wesens zutiefst sehnen." (Büchele 1993, S. 8 f.)

Die Rolle dieser „Sehnsucht" wird uns nochmals beschäftigen, wenn die Rolle der Mimesis klarzulegen ist.

Die Resultante ist eine scheinbewegte Erstarrtheit sowohl des individuellen Lebens wie dessen, was die Sozialwissenschaften sich als Gesellschaft zurechtlegen. Als ob wir schon in eine Art *brave new world* hineinlebten, wird an Menschen keine Vergangenheit, keine Zukunft spürbar, weder Besinnung noch Fantasie einer anders als über Glücksspiel und über das Verdrängen von Konkurrenten gestalteten Zukunft. Und eben deswegen wird auch von solchen Momenten erfüllter Gegenwart, aus deren Erinnerung sich ein gelassenes Selbstgefühl und unaggressive Identität nähren könnten, wenig spürbar. Dies sind freilich Verallgemeinerungen, die sich teils auf Pathologien und Randphänomene, teils auf einebnende Durchschnittsbefunde stützen; und für den Einzelfall besagen sie wenig. Dennoch: Menschen als nicht restlos rückführbares Ereignis, herausgefordert zu Rechenschaft und Richtungswechsel, eventuell zum Neuanfang – alles was in früher geschichtsmächtigen Bildern von Menschsein paradigmatische Orientierung war (und selten war es Faktum) – ist heute allenfalls Nostalgie; Orientierung für die Konzepte der Sozialwissenschaften ist es nicht.

In beiden Utopien wird, mit unterschiedlicher Beleuchtung, ein zweifacher Sachverhalt herausgehoben:

1. Menschen sind auch in der Gegenwart selbstverständlich noch vorhanden, sind wirklich, höchst lebendig – zumindest als Leidende, wahrnehmend, reagierend. Aber nicht von ihnen hängt ihr Geschick ab. Ist es der Große

Bruder samt Wahrheitsministerium; ist es das komplexe Zusammenspiel von kontrollierter Genetik (das Bokanowskyverfahren), Soma-Genuß und Weltaufsichtsrat – in beiden Fällen sind die Menschen, obzwar höchst lebendig, gleichsam als Handelnde und Verantwortende verschwunden. Das ergibt eine stabile, ja eine ultrastabile Gesellschaft.

2. In beiden Fiktionen wird das Verschwinden der Menschen als Subjekte, während es anderswo in unserer Tradition teils geleugnet, teils beklagt oder mit Aufbäumen erwidert worden ist, als unwiderrufliches Faktum hingestellt; im einen Fall als Ergebnis des Scheiterns einer allerletzten Widerstandshandlung, im anderen Fall als Ergebnis eines ausgeklügelten Herrschaftssystems, das als Herrschaft den Gliedern der Gesellschaft gar nicht mehr faßbar, also gar nicht mehr angreifbar ist.

Ein Rückblick auf das moderne Subjekt

Zwischen den beiden Extremen des Verschwindens des Subjekts, wie die beiden utopischen Fiktionen sie vergegenwärtigen, hier Orwell, dort Huxley, sind die Versuche angesiedelt, Menschsein als etwas Bedeutsames zur Geltung zu bringen. Wie ist es zu dieser prekären Lage gekommen, in der Menschen ihre Bedeutung und ihr Selbstgefühl vorwiegend als Konsumausdehner zu gewinnen versuchen, aber als maßgebende und handelnde Akteure unauffindbar werden?

Und es hatte doch der Aufstieg der europäisch-neuzeitlichen Gesellschaft zum inzwischen global als Vorbild angenommenen Muster („Sieg der Marktwirtschaft“) gerade die Menschen (oder den Menschen) ins Zentrum des Geschehens gerückt. Ihre Tatkraft und Erfindungsgabe würde jeglichen wünschenswerten Fortschritt garantieren. Das Paradox: Der Aufstieg des neuzeitlichen Individuums kann nur mehr im Rückblick beschrieben werden; zu offenkundig hat dieser Aufstieg einen Weg genommen, auf dem eben das neuzeitliche Subjekt sich selber entschwindet.

Die Geschichte dieses schwindelnden Aufstiegs in den letzten Jahrhunderten, die hier nicht nachgezeichnet werden kann, gibt Aufschluß über die Problemlage. In diesem Aufstieg kommt eine Innovation zur Entfaltung, die nicht in jeder Gesellschaft geschehen ist. Daß Menschen als Individuen bedeutsam, ja zum Zentrum des Weltgeschehens werden, ist nicht selbstverständlich. Es ist eine außergewöhnliche Organisationsleistung; das Individuum ist eine folgenschwere „Realabstraktion“ (Peter Heintel). Wie es scheint, hat nur auf dem Boden der jüdisch-christlichen Religion – und Religionskritik – das neuzeitliche Subjekt seinen Aufstieg beginnen und bis an den Rand der Selbstabschaffung gehen können.

Die Kategorien, in denen diese Geschichte erzählt werden kann, sind am deutlichsten von Hannah Arendt herausgearbeitet worden (Arendt 1960;

Gubitzer 1993, S. 148 ff.). Der Aufstieg der Moderne verdankt sich einer Perversion im Umgang mit den instrumentellen Fähigkeiten. Homo faber – Menschen als Werkzeugmacher – bedient das animal laborans – Menschen, insoferne sie den Lebensprozeß arbeitend und konsumierend ausdehnen. Diese Umwandlung und Ausdehnung ging auf Kosten des Gemeinsinns, der Fähigkeit, miteinander Sinn zu finden und sinngemäß zu handeln. Die Gestalt des neuzeitlichen Siegers ist der technopathische Expansionist (Kitzmüller 1993). Was immer die vorgeschobenen Beweggründe waren, das reale Tun ging auf Weltunterwerfung in ihren drei Sparten: neuzeitliche Wissenschaft, wissenschaftsbasierte Technik und expansionistische Ökonomie. Das Machen-Können diktierte das Machen. Was noch nicht meßbar und machbar ist, soll meßbar und machbar werden; nur das ist Fortschritt. Situationen, in denen Besinnung, Orientierung und Verständigung not täten, werden wie unter einem inneren Zwang umgedeutet in die Herausforderung zur Verbesserung organisatorischer und maschineller Technik. Jegliche Sinnfrage wird belanglos vor dem Prinzip des „Mehr ist besser". Es gibt keinen organisatorischen Ort, an dem die Frage: „Was ist für wen genug?" gestellt und beantwortet werden könnte. Das schiere Expandieren wird zur Qualität an sich, jedes Stocken der Expansion wird zur schwersten Bedrohung.

Die im *Modell Neuzeit* mental und organisatorisch gesicherte Ausschaltung der Sinnfrage gibt dem technischen und wirtschaftlichen Tun einen magischen Charakter. Hans Christoph Binswanger hat die Entfaltung neuzeitlicher Geldwirtschaft und des Kapitalismus als magischen Vorgang beschrieben (Binswanger 1985; Kitzmüller 1992b).

Die technopathischen Expansionisten nehmen Grenzen nur wahr als Anlaß zur Grenzüberschreitung. Diese nicht allein in der herrschenden Mentalität, sondern zugleich auch in den gesellschaftlichen Strukturen eingebaute Maßlosigkeit und Tendenz zur Entgrenzung erklärt den Siegeszug des technopathischen Expansionisten; zugleich wird das beklagte „Schwinden des Subjekts" verstehbar.

Jedes Menschenbild korrespondiert mit einem entsprechenden Bild der Welt oder der „Natur", so auch für den technopathischen Expansionisten. Beide, Menschen und Natur, werden herrschaftlich konstruiert. Die radikale Auseinanderreißung von Subjekt und Objekt ist für die herrschende Rationalität konstitutiv gewesen. In dieser Sicht ist alles in der Welt, ist alle Natur Objekt für Aneignung und Verbrauch. Wobei folgerichtig, wenn auch unbedacht, nun auch Menschen selber zu Objekten der Aneignung und Ausbeutung gemacht werden können und gemacht werden.

Menschen ebenso wie „Natur", wenn sie zu Ausbeutungsobjekten reduziert werden, können nicht als Partner von Vereinbarungen und als Orientierungsmarken wahrgenommen werden. Die Chance zu einer durch Vereinbarungen und geordnetes Herstellen lebenswert gemachten Welt kann nicht erkannt, geschweige genutzt werden. Die Folge ist eine immer beängstigender anschwellende Destruktivität inmitten einer Reichtumsökonomie (Kitzmüller 1994a).

Es macht den Stolz der neuzeitlichen Menschen aus – und auch die Benachteiligten und Verlierer können sich kaum diesem Bann entziehen –, daß sie mit dem Versprechen einer immer steigenden Produktivität leben. Ein als grenzenlos fantasierter Produktivitätszuwachs gibt dem Versprechen, am Reichtum teilhaben zu können, auch für Benachteiligte den Anschein der Glaubwürdigkeit. Diese Glaubwürdigkeit und damit das Selbstverständnis vieler wird durch unverhältnismäßig steigende Destruktivität erschüttert. Die Destruktivität wird fühlbar einerseits als „Umweltzerstörung" und Ressourcenverknappung, andererseits als Zerfall des sozialen Zusammenhalts. Produktivität als Versprechen von Macht wird dementiert durch Destruktivität, die als Ohnmacht gegenüber Mißständen und Verschlechterungen erfahren wird. Es ist diese sonderbare Erfahrung von Ohnmacht inmitten der menschheitsgeschichtlich ungeheuersten Machtsteigerung, die in der Rede vom „Schwinden des Subjekts" zur Sprache kommt.

Das Raunen vom „Ende der Geschichte"

Andere Antworten sind möglich und liegen nahe, doch in den vorherrschenden Diskursen suchen wir sie mit der Lupe. Warum nicht den Skandal einer zunehmend kontraproduktiven, magischen Machtsteigerung beim Namen nennen? Warum nicht die Ohnmacht gegenüber den zunehmend destruktiven Folgen der kapitalistischen Wirtschaftsweise zum Anlaß der Besinnung nehmen? Die Rede vom „Schwinden des Subjekts", so sehr sie nur den Sachverhalt wiedergibt, hat zugleich eine ablenkende Wirkung. Das kann an jenen Varianten dieser Rede sichtbar werden, die nach dem letzten Weltkrieg und besonders nach dem Zusammenbruch des Sowjetimperiums das „Ende der Geschichte" beschwören.

Der aktuelle Hintergrund, vor dem wir uns bei der Erkundung des Bildes von Menschen bewegen, ist am knappsten mit der Silbe *post-* charakterisiert. Die gängige Anschauung plaziert uns in einer „Zeit danach", nach den großen Erzählungen, nach den Ideologien, nach der Moderne. Post-Moderne, immerhin in der Kunstgeschichte ein sinnvoller Begriff, „Post-histoire" und ähnliche Zentralwörter sind für den tonangebenden Diskurs bestimmend geworden. Als Wahrnehmungsmuster und als Vokabel war es nicht neu, aber erst zu Ende der 80er Jahre ist die Rede vom „Ende der Geschichte" zum Motiv von Leitartikeln und Politikerreden geworden; ein Essay des amerikanischen Wissenschafters Fukuyama hat dafür den Kristallisationskern abgegeben. Dabei ist es geblieben, erstaunlich genug angesichts der von niemandem geplanten, kaum von jemandem vorausgesagten Umbrüche in Europa von 1989/90 und zuletzt dem Zerfall der Sowjetunion 1991. Das einmal verbindlich gewordene Wahrnehmungsmuster erlaubt es, mühelos auch diese Umbrüche in das gleichbleibende Weltbild zu integrieren. Nach dem Auslaufen des seit dem letzten Weltkrieg einzigen noch die Geschichte vorantreibenden Antagonismus der Wirtschafts- und Gesellschaftssysteme von Ost und West ist für einflußreiche Intellektuellenzirkel jetzt erst recht und endgültig das Ende der Geschichte gekommen. Der *„Sieg der Marktwirtschaft“* sei das lange angekündigte *Ende der Geschichte.*

Aufschlußreich ist die Herkunft dieser Redeweise. Lutz Niethammer hat, ausgehend von den übrigens sehr unterschiedlichen Lebensgeschichten einiger der Personen, die *das Ende der Geschichte* propagierten, den Ablenkungscharakter dieser Redeweise aufgezeigt (Niethammer 1989).

Entstanden ist sie als projektive Entlastung, zunächst von einer jeweils eigenen individuellen Verstrickung als Mitläufer verhängnisvoller Entwicklungen. Statt diese Verstrickung aufzuhellen und in die Frage nach Besinnung und Umkehr umzuwandeln, vermochten sie das Raunen vom Ende der Geschichte als ein kollektives Besinnungsverbot in die maßgeblichen Diskurse einzuschleusen. Lutz Niethammer sieht im „Post-histoire“ den Versuch einer Kristallisation der Geschichte; eine der biologischen Evolutionstheorie entlehnte Metapher, „das Ende von Freiheit und Sinn und damit eine Reanimalisierung des Menschen“ (ebd. S. 163).

In dieser intellektuellen Manipulation wird ein doppeltes Verschwinden praktiziert, wird ein doppeltes Nicht-Wissen installiert. Verschwinden gemacht wird zum einen die Frage nach der Herkunft der Ohnmacht gegenüber destruktiven Folgen, der Skandal von Elend inmitten von Reichtum, der Skandal einer „Niemands-Herrschaft“. Zugleich werden auf derselben Bühne im selben Akt aber auch die Manipulation und die Manipulatoren selber unsichtbar gemacht.

Unter dem Siegel des *post-* sind beliebige Menschenbilder im Umlauf, die unverbunden nebeneinander stehen. Wertungen sind zeitgeistig beliebig und belanglos. Menschen als handelnde Wesen allerdings werden nur in Zerrbildern des (kommerziellen oder politischen) Medienstars, des Terroristen oder Spekulanten sichtbar.

Allerdings, auch das gehört zum aktuellen Hintergrund der Frage nach den Menschenbildern, sind einige früher gepflegte Vorstellungen zum Glück obsolet geworden. Zumindest schwächer geworden scheint das Cliché von Geschichte und Gesellschaft als Werk großer Männer (von Frauen war dabei ohnedies kaum die Rede) und/oder kleiner Eliten. Das Cliché von Geschichte und Gesellschaft als Werk großer Kollektive, von Völkern, Rassen, Klassen, etwa als Agenten einer Geschichtslogik scheint erledigt.

Gespaltene Menschenbilder

Der vorherrschende Diskurs – und hier gilt das Augenmerk nicht allein den Theorien, sondern mehr noch der impliziten Theorie des Alltagsdiskurses – ist gespalten, ja widersprüchlich. Menschen als handelnde Wesen sind abwesend, allenfalls wird ihr Verschwinden beklagt. Einige der unverbunden nebeneinander anzutreffenden Bilder sollen ohne Anspruch auf Vollständigkeit kurz vorgestellt werden: Menschen als „REMM", als Betreuungsobjekte, als „Systemumgebung", die anderen als Sündenböcke, Menschen als „Designer" einer als Kommunikation verstandenen Wirtschaft, Menschen als Ziel und Rechtfertigung fortgesetzter Expansion.

„REMM": Selten ausdrücklich, doch häufig stillschweigend wird immer noch homo oeconomicus als maßgebliches Bild von Menschen zugrunde gelegt. Teils als Fiktion oder Ideal, teils mit dem Anspruch, den Realtypus wiederzugeben, wird das Bild des egoistischen Nutzenmaximierers gesucht und gefunden. Jenseits ethischer Bewertung wird die korrekte Anwendung einer ökonomischen Rationalität, die eben auf das Maximieren von individuellen Nutzen ausgerichtet sei, abverlangt und geprüft. Darin wird die Dominanz der Ökonomie abgebildet. Als Tendenz ist sie auch für die anderen Sozialwissenschaften wirksam (Schäfer/Wehrt 1989). Menschen werden als REMM angesprochen: Resourceful, Evaluating, Maximizing Man, „das zentrale Axiom einer sich heutzutage als Theorie rationalen Handelns verstehenden Ökonomie" (Engelhardt 1989, S. 25). Ob als Produzent oder Konsument, ob in Wirtschaft oder Politik, stets ist darauf Verlaß, daß Menschen als REMM angegangen werden und so – allein auf den individuellen Nutzen orientiert – sich gegenseitig angehen.

Daneben steht das Bild von Menschen als Betreuungsobjekten. Menschen werden als bedürftige Individuen erfaßt, die, wie immer es mit ihrer Leistung als REMM bestellt ist, der spezialisierten Betreuung durch Wissenschaft und betreuende Berufe bedürfen. Auch ein Segment von Werbung und Vermarktung arbeitet mit diesem Bild. Menschen sind Individuen, an denen ein pathologisches und womöglich kommerzialisierbares Verhalten interessiert.

Ein drittes Bild ist um Systeme als der eigentlichen Realität zentriert; Menschen erscheinen nur in jeweils spezifischen Funktionen als Systembestandteile (Luhmann 1988). Unter dem Bann des Systemdenkens erscheinen Menschen bloß als „Systemumgebung". Was bleibt, sind Systemfunktionen, die allenfalls einzelnen oder kollektiven Systeminsaßen zugeschrieben werden können. Die vordem durch einige Jahrhunderte als Realität oder Anspruch vorausgesetzten Subjekte sind verschwunden oder sind demaskiert. Menschen sind jedenfalls eines nicht: handelnde Subjekte. Sie sind einer früher irrtümlich und ideologisch unterschobenen Subjektivität entkleidet. Weder Gestalter noch Verantworter ihres Geschicks und ihrer Geschichte, ihrer Gesellschaft – die eben nicht die ihren sind, auch wenn sie sie genießen und erleiden.

Die anderen als Sündenböcke (Schwager 1978): Eines der am häufigsten und ganz selbstverständlich gebrauchten Menschenbilder ist die Unterscheidung zwischen einem „wir" und den „anderen". Diese Unterscheidung ist fast immer höchst wertgeladen: hier die Guten, dort die Bösen, hier die Schuldlosen, dort die Schuldigen. Wie eine Männerrunde über Frauen spricht, ist ein alltägliches Beispiel. Wie rasch entsteht Gemeinsamkeit, sobald man sich der Ablehnung von Ausländern, überhaupt von Fremden und Fremdem, versichert. Aber auch das Schimpfen auf „die da oben" oder symmetrisch dazu „diesen faulen *Pöbel*", *„diese Sozialschmarotzer"* leistet dasselbe. Antisemitismus als vereinigende Ablehnung ist immer noch und schon wieder das extreme Beispiel. Die kleine Gruppe, in der Schwierigkeiten auftauchen, ebenso wie die großen Kollektive und die Völker praktizieren den Sündenbock. Alle gegen einen! Oder die Mehrheit gegen die Minderheit und umgekehrt. Die Schwierigkeiten, Ängste und Wut werden gebündelt auf ein Opfer. Seine Ausstoßung bis hin zur Vernichtung schafft Gemeinsamkeit. Der oder die Sündenböcke können Mitglieder der eigenen Gruppe oder Außenstehende sein, und nicht immer leuchtet ein, weshalb gerade sie ausgewählt sind. Die Schuldzuweisung, die Projektion eines Übels auf den Sündenbock entlastet und schafft Gemeinsamkeit. Eine klare Unterscheidung scheint wie von selbst gewonnen; sie erspart die Mühe der Klärung. Die Polarisierung gegenüber den Sündenböcken beschert klare Strukturen. Vor kurzem hat der Kampf gegen ein „Reich des Bösen" solche Klarheit für nahezu die gesamte Gesellschaft des reichen Nordwestens gebracht; zurzeit sind die Feindbilder weniger deutlich.

Menschen als Designer: Das Bild des handelnden, womöglich schöpferischen Menschen nimmt die Gestalt des Designers an. Er ist es, der Identität schafft (Koch 1994, S. 52 ff.). Er ist Bedeutungsgeber in einer nicht länger nur auf gebrauch- und verbrauchbare Güter, sondern auf Zeichenkonsum ausgerichteten Ökonomie („Wirtschaft als Kommunikation"). Denn er vermag den „poetischen Code einer Marke" zu lesen, ja diesen Code zu schaffen.

Dennoch werden Menschen ohne Zusammenhang mit solchen Menschenbildern weiterhin als Ziel und Rechtfertigung fortgesetzter Expansion in Anspruch genommen. Trotz des Verschwindens der (individuellen oder kollektiven) Subjekte und trotz des Verschwindens des Glaubens an Subjekte werden dennoch Menschen in herausragender Weise in Anspruch genommen: In Menschen – und eben nicht in Systemen verschiedenster Denomination – wird der Sinn, die Rechtfertigung, die Erklärung der Systemdynamik gefunden. Ihr Leiden, ihre Ansprüche auf Mitgestaltung sollen den jetzt global gewordenen *Sieg der Marktwirtschaft* westlich-demokratischen Typs ebensowohl erklären als auch rechtfertigen.

Das klassische Paradox – hier der einzelne, leidend und begehrlich, sich absondernd in splendid isolation, ja als „der Einzige" stets von neuem an der eigenen Überheblichkeit scheiternd und sich den anderen zuwendend in der Suche nach Interessensausgleich und/oder Gemeinschaft; dort das Kollektiv, machtvoll und kontrollierend, wärmend und überhitzend oder kühl und eisig, notwendig und unerträglich, so daß die einzelnen sich in Ausbruch und Absonderung flüchten – das klassische double bind, wie es am deutlichsten gefaßt ist in Schopenhauers Bild von den stacheligen Igeln, die sich zur Abwehr der Kälte zusammendrängen und zur Abwehr der Stacheln der anderen wieder absondern – nimmt in der Gegenwart eine neue Gestalt an. Gefordert ist eine Anpassung, in der zugleich das eigene Wünschen und Begehren in die Teilnahme an der Marktgesellschaft gelenkt, diese Teilnahme aber als Ausschließung, als Konkurrenz und wechselseitige Verdrängung realisiert werden soll.

Gewiß ist in den meisten Kernländern der Reichtumsproduktion die Moderne in zweierlei Gestalt realisiert, nicht allein als Marktgesellschaft und Rationalität der Nutzenmaximierung und Verdrängungskonkurrenz, sondern auch als Rechtsstaat und ansatzweise als Demokratie (Kitzmüller 1994b). Ansätze einer politisch-zivilen Gesellschaft (koexistent mit, aber im Kontrast zur Marktgesellschaft) und einer Öffentlichkeit bieten dennoch Orte des Handelns. Gewiß wird im technischen Sinn in Wahlen ein „Volkswille" ermittelt; aber angesichts der als zwingend hingenommenen Vorgaben der Weltmarktkonkurrenz ist „der Souverän" doch eine Fiktion.

Mimetische Gewalt und die neuzeitliche Gewaltregulierung

Das Nebeneinander unvereinbarer Menschenbilder, die Ungereimtheiten, Widersprüche und Paradoxien werfen Fragen auf, die im Licht der Theorie der Mimesis (Kitzmüller 1994b) formuliert werden können. Wie kommt es, daß Menschen als Handelnde gleichsam verschwunden sind, jedoch als Agenten von Bedürftigkeit und leidenschaftlicher Ressentiments im Zentrum des Geschehens sind?

Die Theorie der Mimesis lenkt das Augenmerk auf die Beziehungen zwischen den Menschen. Damit bricht sie mit dem Grundaxiom neuzeitlicher Rationalität, der Aufspaltung der Welt in Subjekt und Objekt. Das eingebildete Individuum in seiner permanenten Identität, das ontologisierte Ich ist eine Kunstfigur. Jedes Ich ist Moment einer Beziehung, und von der Qualität, vom Typus der Beziehung wird es abhängen, was aus dem Ich wird. Die elementare und allgegenwärtige Beziehung jedoch ist Mimesis. Damit ist nicht eine bloß äußerliche und bewußt gesteuerte Nachahmung, sondern innere Vermittlung gemeint. Das eigene Begehren erhält seine konkrete Gestalt und Intensität durch eine Resonanz mit dem Begehren der Personen, mit denen Beziehung entsteht. Die Vermittlung mag viele Formen und Inhalte annehmen, nicht selten ist sie Faszination. Ein Vorbild mag durch die Intensität und das Objekt seines Begehrens faszinieren, und die Aneignung dieses Objekts, auch die Aneignung eben dieses vorbildlichen Begehrens selber, wird zum eigenen Begehren.

Diese trianguläre Konstellation – das Dreieck der Komödie und vieler Tragödien – treibt weiter zur Rivalität zwischen Vorbild und Nachahmer. Der regelmäßige Ablauf der Mimesis geht durch die zwei Stufen der Aneignungs- und Rivalitätsmimesis. Für die Rivalen schrumpft die Welt zum ausweglosen Konflikt. Wirklich ist zuletzt nur mehr die Rivalität und die wechselseitige

Steigerung der Feindschaft. Da die Vermittlung eine innere, nicht-reflektierte ist, ist ein Nichtwissen um das Entstehen des Dramas und daher das Nichtausbrechen-Können in die Situation gleichsam eingebaut. Eine Gewaltspirale beginnt ihre Drehung. Das Ende wäre die wechselseitige Zerfleischung. Gruppen und Gesellschaften können nur leben und überleben, indem sie Regulierungen der Gewalt erfanden und erfinden.

Zu allen Zeiten haben Gesellschaften in unterschiedlichsten Ordnungen, zumeist religiös begründet, Gewalt reguliert. Der typische Vorgang, der die Spirale mimetischer Gewalt unterbricht, ist die Gleichrichtung der heillos Verfeindeten in der Ablenkung auf eine gemeinsame Tat, ursprünglich wohl die Ausstoßung oder Tötung eines Opfers. Die schon genannte Figur des Sündenbocks ist dafür exemplarisch. Nicht die Reflexion auf das Geschehen, nicht der Ausgleich von Interessen, nicht ein Friedensschluß beendet das mimetische Drama, sondern die gleichsam aus einem Jenseits, eben durch das Opfer, herbeigeführte Gleichrichtung der Energien auf die Opferung und dann auf ihre Wiederholung im Ritual.

Die Gesellschaft der Neuzeit hat hierin eine entscheidende Innovation hervorgebracht. Es ist eine zweifache Innovation. Zum einen werden die Leidenschaften, auch Habgier, Neid und Rivalität, die doch unweigerlich Quelle von Konflikt und Gewalt sind, in einmaliger Weise freigesetzt und nutzbar gemacht. Sie werden als Antriebe des Wirtschaftens, eben zum Zweck der Nutzenmaximierung, befreit – freilich nur soweit sie dem guten Zweck der Expansion dienen.[1]

Zum anderen werden die freigesetzten mimetischen Energien eingepaßt in den Kontext einer sachlich-distanzierten Herrschaftsausdehnung und rücksichtloser Konkurrenz. Buchstäblich alles und jedes wird in die technopathische Expansion einbezogen, dies jedoch in der Form der Distanzierung und Ausschließung. Die nun unwiderrufliche, globale Überlegenheit des nordwestlichen Wirtschaftsstils beruht – so kann von der Theorie der Mimesis aus gesagt werden – auf einem unübertroffenen Management der Ausschließungen. Exemplarisch dafür ist der Umgang mit Lebewesen, überhaupt mit Natur. Ihnen wird jeglicher Eigenwert abgesprochen, zugleich sind sie durch keinerlei rituelle Beschränkung vor manipulativer Beliebigkeit bewahrt. Sie sind radikal aus jeder Sinn-Reflexion ausgeschlossen, freigegeben zu beliebiger Nutzung oder Mißachtung und eben dadurch schon von vorneherein in die technopathische Expansion einbezogen.

Die Demokratisierung der Laster in der immer mehr verallgemeinerten Verdrängungskonkurrenz und im Konsum nutzt die mimetische Gewalt als Antrieb der Ökonomie.

> „Die Ökonomie ist eine gewaltsame Weise, die Gewalt zu regulieren... Der Markt schließt die Gewalt ein, im Doppelsinn des Worts, weil nämlich im Markt die Gewalt eingedämmt und in Schach gehalten wird, die Gewalt aber nicht verschwindet, sondern im Markt gegenwärtig bleibt und akkumuliert." (Dupuy 1993, S. 326 f.)

Der Spekulant: Mensch par excellence?

Während in nicht wenigen alltäglichen und auch in wissenschaftlichen Diskursen das Menschenbild immer noch ein homo oeconomicus oder REMM ist, ist doch eher homo mimeticus die Gestalt der Stunde. Die These wird zunächst verblüffen, es sei das Verhalten der Marktteilnehmer, besonders der Anleger und Spekulanten von Mimesis bestimmt. Sind nicht im Gegenteil Markt und Marktgesellschaft und besonders die Finanzmärkte Inbegriff rationaler Organisation?

Jean-Pierre Dupuy (1991) lenkt unsere Aufmerksamkeit parallel auf das Verhalten, das Menschen einerseits auf Märkten und andererseits in Massen zeigen, die sich um Führer bilden. Besonders aufschlußreich ist dabei das Verhalten in den Extremzuständen von Panik, in panischen Massen. In diesen drei Typen von Situationen sind die Ähnlichkeiten ebenso verblüffend wie die Unterschiede. Jean-Pierre Dupuy fragt jeweils nach der Qualität der emotionellen Bindungen, nach dem vereinigenden Faktor und nach der Bewegungsform.

Massen zeigen sehr unterschiedliche Gestalten (Canetti 1971). Was die Menschen emotionell zur Masse zusammenführt – sei es im Fußballstadion, als Hetzmasse in einem Pogrom oder als nationalistische Kundgebung – ist ein Qualitätssprung der Libido, die plötzlich nicht mehr die Distanzierung von den übrigen, sondern ihre Nähe sucht. Anders in der Panik, in der jeder einzelne narzißtisch auf sich zurückgeworfen ist und angstvoll in die Richtung davonstürzt, in der andere flüchten. Selbstredend ist hier nochmals der Unterschied ausgeprägt gegenüber dem Verhalten der Marktparteien, dessen emotionelle Basis Egoismus ist.

Der vereinigende Faktor ist für Massen, so unterschiedlich ihre Geschichte, Größe und Wirkung, stets ein Führer, der bei der Bildung der Masse von ihr selber hervorgebracht wird. Ganz anders in den beiden Situationen der Panik und des Marktes – wobei nun verblüffenderweise auf dem Markt derselbe Typ von vereinigendem Faktor wirkt wie in der Panik. In beiden Fällen ist das Verhalten das von Automaten, jedoch so, daß sich nicht von vorneherein ein den Automaten steuerndes Zentrum angeben läßt. Die Rede von der „spontanen Selbststeuerung" des Marktes, von der „unsichtbaren Hand" benennt und verhüllt zugleich diesen Sachverhalt. Das ungesteuerte, blinde, automatenhafte Verhalten in der Panik ist sprichwörtlich geworden. In dieser Hinsicht ist das Verhalten in Panik und auf dem Markt analog.

Der entscheidende Unterschied tut sich auf, wenn wir den Bewegungsverlauf von Massen gegenüber jenem auf dem Markt betrachten. In Massen, und potenziert in panischen Massen, ist das Auffälligste die beschleunigte Ausbreitung von Leidenschaften. Das ist es ja, was die Massen unbeständig und zügellos, damit potentiell gefährlich macht. Die emotionelle Bewegung läuft in selbstverstärkenden Prozessen, als Ansteckung. In scharfem Gegensatz dazu ist der Markt als Schutz vor Ansteckung organisiert. Der Markt enthält in sich die panische Ansteckung, sie ist aber eingedämmt.

Jean-Pierre Dupuy faßt die Übereinstimmungen und den entscheidenden Unterschied zwischen Massen einerseits, panischer Masse und Markt in folgendem Schema zusammen (Dupuy 1991, S. 63):

	Masse	panische Masse	Markt
Prinzip des Zusammenhalts	Libido	Narzißmus	Egoismus
Brennpunkt der libidinalen Energien	Der Chef, der Führer	a-zentrierter Automat	a-zentrierter Automat
Bewegungsform	Ansteckung	Ansteckung	Schutz vor Ansteckung

Markt und Masse haben mehr gemein als das herkömmliche Verständnis wahrhaben möchte. Schon außerhalb von allgemeinen Krisen wird dieser Zusammenhang im Verhalten von Spekulanten und Anlegern auf Finanzmärkten besonders deutlich. In Boom und Crash zeigt sich, daß es unmöglich ist, gegen die Masse recht zu haben. Eine rationale Bewertung ökonomischer Sachverhalte ist in solchen Situationen ohne Bedeutung. Jean-Pierre Dupuy greift hier Erkenntnisse von John M. Keynes auf: Es geht in diesen Situationen allein darum, zu erraten, und zwar besser als die Masse selber es tut, was die Masse der Konkurrenten tun wird.

Gerade der entscheidende Unterschied zwischen Massen und Marktgesellschaft – in der Masse sind die Massenpartikel durch Ansteckung verbunden, im Markt ist ein Schutz vor Ansteckung organisiert – weist hin auf den Charakter der Marktgesellschaft als einer Regulierung mimetischer Gewalt. „Der Markt dämmt die Gewalt ein und akkumuliert sie zugleich." (Dupuy) In den Extremsituationen jedoch wird die Ansteckung freigesetzt. In Wirtschaftskrisen wird die in der Marktgesellschaft alltäglich eingedämmte, latente Gewalt virulent als Umschlag in gewaltträchtige Massen. Das latente Chaos wird aktualisiert, und es wird als Ergebnis von Krisen in einen anderen Typus von Ordnung münden, eventuell in anti-politische Renationalisierung und eine die Errungenschaften der Moderne auslöschende Despotie.

Zwei Schlußfolgerungen können zur Debatte gestellt werden: Im Licht der Theorie der Mimesis können wir das Paradox auflösen, wie die neuzeitliche Marktgesellschaft in einmaliger Weise produktiv und dadurch universal und global „siegreich" werden konnte und zugleich in selbstmörderischer und mörderischer Weise destruktiv ist. Die Mobilisierung der Leidenschaften im Dienst der Expansion bei gleichzeitiger Eindämmung der Leidenschaften auf das Marktgeschehen hat eine von der Sinngebung befreite Potenzsteigerung ermöglicht: Produktivität und Destruktivität zugleich.

Die zweite Schlußfolgerung betrifft die vorherrschende Meinung, die einzige Alternative zu sozialem Chaos, zur Wiederkehr gewalttätiger Massen und von Despotien sei die Verteidigung des Status quo, also das Fortsetzen der technopathischen Expansion in der Form der Marktgesellschaft. Im Licht der Theorie der Mimesis ist das nur scheinbar eine Alternative. Gerade die Marktgesellschaft, auch wenn sie die Ansteckung eindämmt, mobilisiert mit den Leidenschaften die in ihnen latente Gewalt und häuft Gewalt an. Bei steigendem Reichtum werden zugleich immer mehr Verlierer erzeugt und die natürlichen Voraussetzungen friedlichen Lebens geschädigt. Ausbrüche offener Gewalt und das Umschlagen in panischen Massen, deren Verwandlung zu Despotien können nicht als unwahrscheinlich vernachlässigt werden.

Eine „Alternative" hätte einen gewandelten Umgang mit Mimesis, eine andere Gewaltregulierung zum Inhalt. Zu öffnen wäre die Alternative sowohl zur Bildung anti-politischer Massen wie zur Gewaltregulierung vom Typ der Marktgesellschaft.

Gibt es positive Mimesis?

Sobald Menschen sich als Beziehungswesen verstehen statt als Knotenpunkt einer radikalen Subjekt-Objekt-Spaltung – das neuzeitliche Grundaxiom –, was steht dann in ihrem Vermögen? Als Beziehungswesen sind Menschen notwendig mimetische Wesen, angewiesen auf und befähigt zur emotionalen Resonanz mit anderen. Mimesis verwickelt uns unvermeidlich in Dramen, denen weder durch Rationalisierung noch andererseits durch Verwandlung von allem und jedem in Waren ausgewichen werden kann. Die Frage wird zu stellen und zu beantworten sein, wie und wodurch das Drama der Mimesis in lebensfreundliche Bahnen zu lenken ist.

Eine produktivere Auffassung von Mensch-Sein mag möglich werden, sobald Menschen sich nicht als Bedürfnisbündel und Träger von Ressentiments, sondern als Fähigkeitswesen entwickeln (Arendt 1960). In diesem Zugang verstehen Menschen sich als Individuen in Vielheit; als sterblich und anfängerhaft, als zugleich instrumentell und sprachlich begabt, als (kognitiv und emotional) lernbedürftig und lernfähig, als radikal offene und riskante Wesen, deren Geschick zuoberst vom gelingenden oder mißlingenden Umgang mit dem Begehren, mit den Leidenschaften und Rivalitäten abhängt.

Riskant ist das Spiel der Mimesis in jedem Fall. Entweder wir verlieren und sind gekränkt; oder wir gewinnen, aber dann läßt uns der Sieg häufig unbefriedigt zurück. Gelingende Mimesis gibt uns die Chance, emotional zu reifen und die in Rivalitäten aufschießende Gewalt zu verringern. Mißlingende

Mimesis korrumpiert uns emotionell und macht uns anfällig für die Eskalation von Rivalität und Gewalt.

Worin wir aber gelegentlich doch frei sind, das ist die Wahl, mit wem und in welchem Kontext wir in Mimesis sind. Die wechselseitige Nachahmung im Annehmen und gewaltmindernden Austragen von Konflikten ist dafür exemplarisch. Ansätze dazu finden wir zumeist nur kleinräumig und oft inhaltlich verengt.[2] Radikaler Widerstand gegen destruktive Veranstaltungen ebenso wie innovative Gründungen vermögen bisher zumeist nur weit unterhalb des Niveaus anzusetzen, auf dem die technopathische Expansion fortschreitet, dem Niveau einer weltweit vernetzten Technologieexpansion und des Weltmarkts. Aus dem Blickwinkel von Systeminsassen der siegreichen Marktgesellschaft mögen derlei Ansätze in ihrer räumlichen und zumeist auch inhaltlichen Beengtheit geringgeschätzt werden. Sie werden diskriminiert und benachteiligt oder als experimentelle Vorreiter und neuer Markt wieder aufgesogen. Sie mögen als belanglose Nischen, sei es für elitäre Zirkel oder für Elendszonen, abgetan werden.

Und doch wird in manchen dieser Bewegungen und Gründungen ein lebensfreundlicher Umgang mit dem Drama der Mimesis erprobt. Wie begrenzt auch immer, erfahren Menschen sich als Akteure und Urheber ihres Geschicks; nicht bloß Täter und Leidende, sondern vor allem Partner in gewaltmindernden Beziehungen. Soweit dies gelingt, mögen solche Gründungen produktiv und sogar dauerhaft werden.

Ob positive Mimesis über Randbereiche hinaus möglich sein kann, ist freilich offen. So bedeutsam die nischenartigen Ansätze sind – die wesentlichen Errungenschaften der Moderne, wie sie mit den Kürzeln Verfassung, Rechtsstaat, gewaltminderndes Gewaltmonopol, Geltung elementarer Rechte und Freiheiten angesprochen werden, verweisen auf eine Gründung, die über die kleinen Räume hinausgeht (Kitzmüller 1994a). Der Ort der Gewaltminderung, das geeignete Spielfeld und die Spielregeln können zuletzt nur großräumig, ja im planetarischen Maßstab bestimmt werden.

Dieser Beitrag ist die überarbeitete Fassung eines Vortrages, der am 8. 1. 1992 am Institut für Politikwissenschaft der Universität Wien gehalten wurde.

Anmerkungen

1 Zumeist wird in der Genesis der Marktgesellschaft nicht die Freisetzung der Leidenschaften im Dienst der technopathischen Weltaneignung, sondern umgekehrt die tiefgreifende Disziplinierung betont, der die Menschen sich auf dem Weg zur Arbeits- und Leistungsgesellschaft haben unterwerfen müssen (siehe besonders Elias 1976 und 1987).

2 Einige Beispiele in Österreich bei Waldert (1992) und Gubitzer (1993). Zu den Voraussetzungen und Beschränkungen solcher Ansätze siehe Schwendter (1990).

Literatur

Arendt, Hannah (1960), Vita activa, Stuttgart

Bammé, Arno u. a. (Hg.) (1993): Der kalte Blick der Ökonomie: 30 Gespräche, 2 Bde., München

Berger, Wilhelm / *Pellert*, Ada (Hg.) (1993): Der verlorene Glanz der Ökonomie: Kritik und Orientierung, Wien

Binswanger, Hans Ch. (1985), Geld und Magie: Deutung und Kritik der modernen Wirtschaft, Stuttgart

Binswanger, Hans Ch. (1991), Geld und Natur: Das wirtschaftliche Wachstum im Spannungsfeld zwischen Ökonomie und Ökologie, Stuttgart

Büchele, Herwig (1993), SehnSucht nach der Schönen neuen Welt, Thaur

Canetti, Elias (1971), Masse und Macht, Hamburg

Dupuy, Jean-Pierre (1976), L'enfer des choses: René Girard et la logique de l'économie, Paris

Dupuy, Jean-Pierre (1991), La panique, Paris

Dupuy, Jean-Pierre (1992), Le sacrifice et l'envie: Le libéralisme aux prises avec la justice sociale, Paris

Dupuy, Jean-Pierre (1993), Der Markt dämmt und akkumuliert die Gewalt, in: Arno Bammé u. a. (Hg.): Der kalte Blick der Ökonomie, Wien, Bd. 1, S. 319–344

Elias, Norbert (1976), Über den Prozeß der Zivilisation, 2 Bde., Frankfurt/Main

Elias, Norbert (1987), Die Gesellschaft der Individuen, Frankfurt/Main

Engelhardt, Gunther (1989), Imperialismus der Ökonomie?, in: Hans-Bernd Schäfer/Klaus Wehrt (Hg.): Die Ökonomisierung der Sozialwissenschaften, Frankfurt/Main, S. 19–50

Girard, René (1990a), Die Gewalt und das Heilige, Zürich

Girard, René (1990b), Hiob. Ein Weg aus der Gewalt, Zürich

Gubitzer, Luise (1993), Alternative Ökonomie: Ein neues Paradigma in der Ökonomie?, in: Wilhelm Berger / Ada Pellert (Hg.): Der verlorene Glanz der Ökonomie: Kritik und Orientierung, Wien, S. 129–181

Heintel, Peter (1993), Das historische Subjekt. Notizen zu einer Frage, in: Wilhelm Berger / Ada Pellert (Hg.): Der verlorene Glanz der Ökonomie. Kritik und Orientierung, Wien, S. 185–200

Huxley, Aldous (1991), Schöne neue Welt, Frankfurt/Main (engl. 1932)

Kitzmüller, Erich (1989), Ökologische und soziale Opferungen im Rechtsstaat, in: Ota *Weinberger* (Hg.): Aktuelle Probleme der Demokratie, Wien, S. 123–139

Kitzmüller, Erich (1991), Was kommt nach dem „Sieg der Marktwirtschaft"? in: Wolfgang Palaver (Hg.): Centesimo anno, Thaur, S. 239–276

Kitzmüller, Erich (1992), Magische Geldwirtschaft: Die ruinöse Jagd nach Sicherheit, Eine Verschuldungswirtschaft, keine Markt-Wirtschaft, in: Kurswechsel 4, S. 28–42

Kitzmüller, Erich (1993), Die Herkunft der Zukunft: Reflexionen zur Modellbildung in der Ökonomie, in: Wilhelm Berger / Ada Pellert (Hg.): Der verlorene Glanz der Ökonomie: Kritik und Orientierung, Wien, S. 75–128

Kitzmüller, Erich (1994a), Woher kommt die Destruktivität des siegreichen Wirtschaftsstils?, in: Kurswechsel 1, S. 47–56

Kitzmüller, Erich (1994b), Europa – aber welche Moderne? Die versäumte Debatte um das politische Vorhaben Europa, in: Österreichische Zeitschrift für Politikwissenschaft 1, S. 89–103

Koch, Joachim (1994), Identify identity: Ökonomie des Immateriellen, in: gdi-Impuls, 2/1994, Gottlieb-Duttweiler-Institut, S. 51–63

Luhmann, Niklas (1988), Die Wirtschaft der Gesellschaft, Frankfurt/Main

Niethammer, Lutz (1989), Posthistoire: Ist die Geschichte zu Ende? Reinbek

Schäfer, Hans-Bernd / *Wehrt*, Klaus (Hg.) (1989): Die Ökonomisierung der Sozialwissenschaften, Frankfurt/Main

Schwager, Raymund (1978), Brauchen wir einen Sündenbock? München

Schwendter, Rolf (1990), Menschenbeben. Neue Aufgaben und Felder der Zukunftsforschung, in: Loccumer Protokolle 61, S. 21–36

Waldert, Helmut (1992), Gründungen: Starke Projekte in schwachen Regionen, Wien

Werner W. Ernst
Zur Analyse der moralischen Denkform

Die gesellschaftlichen Negativitätsbedingungen sind nicht nur die kapitalistische Ökonomie, Natur unterwerfende Technik und politische Technokratie, sondern auch die herrschenden Positivitätsvorstellungen in Wissenschaft, Kunst und Lehre. Positivismus und moralische Denkform schließen einander nicht aus. Moralische Maßstäbe werden in aller Regel so verwendet, als würde ihnen ein neutrales Feld zur Verfügung stehen, von dem aus die Gesellschaft beurteilbar und korrigierbar wäre. Dieser Duktus ist in der bürgerlichen Welt vorherrschend und verbindet die in ihr als Widerparte erscheinenden Ideologien, wie Sozialismus, Christentum oder Liberalismus. Einheitsstiftendes Moment ist die Herrschaftsform im Denken (Ernst 1992), daß sich das „Besondere" dem „Allgemeinen" zu fügen hat. Besonderheiten werden in Anbetracht generalisierter Normensetzung oder des „moralischen Gesetzes" (Immanuel Kant) als Abweichungen beurteilt, wenn sie nicht schon von vornherein als aus der Allgemein-„Struktur" „folgend" gedacht werden. Moral „erklärt" seinen Gesetzescharakter analog zu den Gesetzen der Denklogik, in der das Besondere zwingend unter das Allgemeine subsumiert ist.
Weil Moral sich dieser fraglos angenommenen Analogie bedient, ist es außerordentlich schwierig, gegen sie anzukämpfen. Sie in Frage zu stellen, löst ähnliche Gefühle aus, wie die Identitätslogik außer Kraft setzen zu wollen. – Hiezu ist noch einiges anzumerken.

Identität ist das Axiom von Herrschaftslogik. Formale Gleichheit setzt sich an die Stelle von Verschieden- oder Besonderheit. Warum? Weil die gesellschaftliche Verfaßtheit diesen Trick nötig hat: Ungleiches als gleich auszugeben! Von der realen Andersheit wird abstrahiert (Realabstraktion) und an ihre Stelle das Prinzip der Gleichheit gesetzt (Denkabstraktion). Wenn nun auch die Menschen als gleich gelten und diese Gleichheit via Denkgewalt herrscht, dann werden diejenigen, die „anders" sein wollen, gesellschaftlich sanktioniert. Dafür sorgt die Institution von Rechtssatzungen, Normen zu abstraktivieren und „zwangszubewähren".

Die materielle Entsprechung dieser Vergleichbarkeit bildet in Tauschwert produzierenden Gesellschaften die Äquivalenzform des Preises („Alles im Leben hat seinen Preis!"). Die unterschiedlichsten, einander unähnlichsten, womöglich gänzlich voneinander unabhängigen Gegenstände der Objektwelt können in Form von Geldquanten ausgedrückt und dadurch miteinander vergleichbar gemacht werden. Diese Beurteilung ist nur möglich, wenn gleichzeitig von den realen Eigenschaften des Gegenstandes abstrahiert wird. Bei der Realabstraktion wird gerade von dem, was Gegenständlichkeit ausmacht, nämlich sie selbst zu sein (Eigen-Wert, Eigen-Zweck), abgesehen. Real heißt diese Abstraktion, weil die tatsächlich bestehenden Tauschwertverhältnisse und deren (Wert-)Maßstab, der Preis, das Absehen von den Eigenheiten der Dinge erzwingen. Real ist also unter diesen gesellschaftlichen Bedingungen nicht das Konkrete, sondern ganz im Gegenteil: das Abstrakte. Die Herrschaft des Abstrakten („Abstraktivismus") ist allgegenwärtig und im Allgemein-„bewußtsein" verankert. Das bestehende Äquivalenzdenken findet auch bezüglich immaterieller Güter und selbst der Mitmenschen statt. (Was kann mir die Person X bieten? Welchen Nutzen bringt mir die „Freundschaft" zur Person Y?) Die Abstraktion kommt dabei gar nicht zu Bewußtsein. Vielmehr gelten Menschen, die sich ihrer in ausdrücklicher Weise bedienen, als besonders „praktisch", „konkret" und eben auch „real(istisch)".

Alfred Sohn-Rethel (1970, S. 45–57 und S. 88–91) und Theodor W. Adorno (1969b, S. 155) haben den bereits bei Karl Marx angesprochenen Zusammenhang von Tauschwert, gesellschaftlicher Realabstraktion und abstrakter Denkform des bürgerlichen Subjekts, die als „natürlich", „objektiv" und „wertneutral" angesehen wird, untersucht. Ich habe daran angeschlossen und die bürgerlich-abstraktive Denkungsart als „Denkgewalt" bezeichnet. Dabei wendete ich mich selbstverständlich nicht gegen jede Form von Abstraktion. Es gibt durchaus Abstraktionen, die nicht zugleich Absehung vom Besonderen bedeuteten, sondern die Besonderheiten mit sich führen. In der bürgerlichen Lebenswelt jedoch herrscht nicht nur die Realabstraktion und diese nicht nur im Bereich der Ökonomie, sondern – was bedeutsamer ist – analog zu ihr herrscht die Denkabstraktion im allgemeinen.

Für die bürgerliche Denkabstraktion als der einer bürgerlich-kapitalistischen Verwertungsgesellschaft angemessenen Denkform ist das „Allgemeine" der wahre, weil wirkliche Ausgangspunkt. Am Prinzip des „Allgemeinen" werden alle Menschen, Dinge, Kunstwerke, Güter, Zustände oder Ereignisse „gemessen". Wichtig ist deren „Berechenbarkeit". Da die Denkabstraktion ihren Ausgangspunkt im Denken selbst hat, kann sie ihren Herrschaftscharakter als solchen auch nicht durchschauen. Das gelingt erst, wenn die begriffsanaloge Bestimmung der über die bürgerliche Äquivalenzform erfolgenden Realabstraktion dazu als gesellschaftlicher Hintergrund dient. Separiert von der Realabstraktion jedoch macht die Denkabstraktion den Eindruck von „Natürlichem", „Logischem". Als solche wird sie dann für „wertneutral" und „objektiv" gehalten.

Wichtig ist also, Identität und Äquivalenz zusammen zu sehen, um der Ideologisierung der formalen Denkform zu entgehen. Die abstraktive Form herrschender Identitätslogik vollzieht auf ideeller Ebene jenen Verwendungs- und Verwertungszusammenhang, der den materiellen Untergrund realer bürgerlicher Herrschaft bildet. Die scheinbare Wertneutralität der formalen Form ist dazu angetan, ihre Rolle als Verdoppelung von materieller Herrschaft auf der Denkebene (Herrschaftsdenken, Denkgewalt) zu verschleiern (Ernst 1990).

Die abstraktive Form herrschenden Denkens ist also die Denkform bürgerlicher Herrschaft, der Herrschaft des Allgemeinen über das Besondere.

„Das bürgerliche Allgemeine aber ist der archimedische Punkt nicht nur formalen (logischen) und in diesem Zeichen auch empirisch analytischen, sondern auch gesellschaftlich-moralischen Urteils. In seinem Licht wird alles Besondere getrennt, gewichtet, gerichtet; es gibt Höheres und Minderes, Besseres und Schlechteres, d. h.: Hierarchisierung und Diskriminierung." (Ernst 1985, S. 89)

Das gesellschaftlich-moralische Urteil, das vom „allgemeinen" Grundsatz der Gleichheit aller Menschen ausgeht, beurteilt nicht, sondern verurteilt. Verurteilt werden Abweichungen von einer Gleichheit im Denken, Wissen und Handeln. Eben diese abstrakte Gleichheit geht Hand in Hand mit materieller Ungleichheit. Solange eine Politik betrieben wird, welche Gleichheit im Sinne des Gleichsetzens, des Vergleichbarkeit-Schaffens von Unterschiedenem und Besonderem versteht, stellt sie sich in Dienst von faktisch weiterbestehender materieller Ungleichheit. Indem „Identität" Vergleichbarkeit schafft, rechtfertigt sie Über- und Unterordnung.

Moralische und instrumentelle Denkform

Das herkömmliche Denken unterscheidet fundamental „moralische" Sichtweise von instrumenteller Vernunft. Kants Unterscheidung von kategorischem (moralischem) und hypothetischem (technischem) Imperativ bestimmt sich bekanntlich als eine, der die (transzendentale) Aufgliederung in praktische und theoretische Vernunft bereits vorausgeht. Bei aller Abweichung in der Herleitung haben doch soziologische Theoretiker von Max Weber bis hin zu Jürgen Habermas[1] an der voraussetzenden Distinktion als solcher festgehalten: „praktisch-moralisch" und „technisch-instrumentell" (bzw. „strategisch") bilden je für sich einen eigenen Denktypus aus. – Im Gegensatz dazu muß jedoch festgestellt werden, daß den beiden scheinbar verschiedenen „Denkweisen" die Idee des „Allgemeinen" in der Form von Real- und Denkabstraktion (= formale Form) gemeinsam ist. Es hängt also ganz davon ab, wie diese Gemeinsamkeit im Unterschied zur behaupteten Verschiedenheit zu denken ist. Die Distinktion „moralisch" versus „instrumentell" ist nämlich nur möglich, weil zu dieser Aufsplitterung auch diejenige von Werten und Zwecken tritt.

Ich möchte nun kurz auf den Formalismus im Weberschen Denken eingehen. Dabei beziehe ich mich auf einen schlüssig argumentierten Einwand von Jürgen Habermas (Habermas 1981, Bd 1, S. 377 ff.). Habermas weist darauf hin, daß im Weberschen Handlungsmodell „monadologisch gefaßte Aktoren" als Handlungssubjekte vorgestellt werden. Desgleichen werde die Kategorie des Sinns – nach Max Weber die Tatsache, daß die Aktoren mit ihrem Handeln einen subjektiven Sinn verbinden – bereits den Handelnden unterstellt, noch bevor sie in soziale Beziehung zueinander treten und dadurch erst sozial handeln. Nach Habermas sei dieser im Ansatz steckende Theoriefehler Webers, nicht-soziale Handlungen zum Grundmodell von Handlungen zu nehmen, auch der Grund dafür, daß Weber Wertrationalität gegenüber Zweckrationalität einen geringeren Rationalitätsgrad einräumt. Zweckrationalität ist nach Max Weber bekanntlich die rationalste Form einer Handlungsorientierung. Sie bildet den Bezugspunkt auch für die Einschätzung der anderen Handlungstypen, wie Wertrationalität, Affektualität und Traditionalität.

Im Gefolge von Wolfgang Schluchter (1980) können die Weberschen Handlungstypen nach Graden abnehmender Rationalität zusammengefaßt werden. Dabei bezieht sich im besten Fall, also im Falle der Zweckrationalität, der subjektive Sinn des Handelnden auf alle vier formalen Merkmale, die nach Weber eine Handlung ausmachen: Mittel, Zwecke, Werte und Folgen. Um mit Habermas zu formulieren: „Zweckrational verhält sich der Handelnde, der aus einem klar artikulierten *Wert*horizont *Zwecke* wählt und unter Berücksichtigung alternativer *Folgen* geeignete *Mittel* organisiert." (Habermas 1981, Bd 1, S. 380.) – In Differenz zur Zweckrationalität verengt sich das Bewußtsein des Handlungssubjekts in der genannten Reihenfolge: Beim wertrationalen Handeln werden die Folgen „aus dem subjektiven Sinn ausgeblendet und damit rationaler Kontrolle entzogen", „im affektuellen Handeln die Folgen und die Werte, und im nur noch faktisch eingewöhnten Handeln auch noch der Zwecke" (ebd.).

Daß Wertrationalität deshalb einen geringeren Rationalitätsgrad aufweist als Zweckrationalität, weil der Sinn der Handlung nicht auch auf die Handlungsfolgen bezogen wird, hat aber nicht nur den von Habermas genannten Grund, daß das Webersche Handlungsmodell eines von nicht-sozialen Handlungen ist. Das gälte ja auch für die anderen Handlungstypen.

Für den wesentlichen Grund von Webers Abwertung von Wertrationalität gegenüber Zweckrationalität halte ich die ideologische Vor-Stellung (Voraus-Setzung, Annahme), daß Zwecke nicht nur von Mitteln, sondern auch von Werten unterschieden werden können. Vater des Gedankens einer solchen Unterscheidung ist natürlich, daß Zwecke im Hinblick auf Mittel und Folgen logifizierbar erscheinen, während Werte das dieser Auffassung nach nur im Hinblick auf Mittel sind.[2] Der inhaltliche Gehalt von Werten zeichnet sich aber gerade dadurch aus, daß er auch ohne die Frage nach dem Mitteleinsatz bestimmt werden kann. Freilich ist das auch bei den Zwecken der Fall – nur hier mit dem Unterschied, daß die Zwecke ja, um logifiziert zu werden, die gedankliche Differenzierung in Zwecke und Mittel zu ihrer Verhältnisbestimmung, d. h. neuerlichen Zusammensetzung brauchen. Das aber ist, wenn man wie Weber Zwecke und Werte unterscheiden möchte, bei den Werten nicht der Fall. Wozu wäre dann auch eine Unterscheidung von Zwecken und Werten nötig?! Und doch werden Werte nach Max Weber auch auf Mittel bezogen. Was also macht für ihn den Unterschied aus? Die Antwort lautet: Weber sucht nach einer logifizierbaren Form von Handlungstypus und findet diesen in der Zweckrationalität. Besser gesagt: Die Zweckrationalität bei Weber wird schon so konstruiert, daß sie der formalen Form entspricht. Und dazu ist es notwendig, Werte und Zwecke zu unterscheiden.

Der Zweckrationalität Analoges gilt – auf temporaler Ebene – für die Ziel/Mittel-Rationalität. Wie Zwecke in Ideen, Vorstellungen, Werten, Leitlinien, Grundsätzen, Programmpunkten, aber auch in konkreten Gegenständen bestehen, so bestehen auch Ziele in solchen – gekoppelt mit der perspektivisch-sozialevolutionären Denkungsart. Die Art der Aufspaltung von Werten und Zielen/Zwecken mit Bezug auf den Mitteleinsatz soll im folgenden näher erläutert werden.

Max Weber hat „Zwecke", um sie instrumentell zu fassen und ihnen damit den Anklang des „irrational" Wertmäßigen zu nehmen, nicht nur von den Mitteln ihrer Anwendung oder Verwirklichung getrennt, sondern damit auch gleichzeitig ihre Zusammen-Setzung an Stelle des vor der Trennung bestandenen Zusammenhangs für dringlich erscheinen lassen. Diese Dualität, die nur ein Beispiel für den (bürgerlichen) Dualismus im allgemeinen ist, hat ihre Denklogik in Entzwei-Setzung und voraus-gesetzter, daher positiver Komplementarität (die Positivität besteht bereits in der als logische Denknotwendigkeit vorgestellten Komplementarität!). Die Zusammen-Setzung besteht also darin, daß zwei Dinge, Zwecke versus Mittel, als getrennt vorausgesetzt werden (die Trennung ist Voraus-Setzung!), die, weil sie aber in der Form von Voraus-Setzung getrennt wurden, auch wieder zusammengesetzt werden müssen. Das „Müssen" bedeutet hier eine Notwendigkeit, die bereits als „Denkgewalt" bezeichnet wurde (Ernst 1990). Der Begriff „Zusammen-Setzung" kann dieser Denklogik nach nicht mehr in der Bedeutung von „Zusammenhang" verstanden werden, sondern wird nur in der einen Bedeutung (des Müssens) von „Zusammenführung", „Zuordnung", „Aufeinander-Bezogenheit", also der „Verhältnisbestimmung" der als getrennt voraus-gesetzten (im voraus gesetzten) Teile verwendet. – Als gäbe es nicht auch einen Zusammenhang ohne „Teile", z. B. Eigenzweck ist gleich Eigenwert, der gar keiner Mittel zu seiner Umsetzung bedarf. Und als gäbe es nicht die vielen Zwecke, deren Bestimmung es ist, zu währen oder gewährt werden zu lassen. Daran knüpft sich kein Mittel oder Instrument, das Operationalisierbarkeit womöglich im Sinne der Effizienz (Mitteloptimierung, Mittelmaximierung) sicherstellen soll!

Doch Max Weber wollte ja eine logische Bestimmung von Zwecken im Unterschied zu Werten erreichen. Und eine solche ist nur möglich im Zusammenhang mit der Frage nach der technischen Umsetzung (Techno-Logik) von Zwecken – im Gegensatz zu Werten. Wenn die Mittelfrage also bei Zwecken nicht gestellt würde, erübrigte sich die Unterscheidung von Zwecken und Werten. Zwecke, Werte und auch Ziele wären ein und dasselbe. Über die durch die Mitteleinbeziehung angestrebte formale Lösung werden jedoch aus Werten Zwecke gemacht, Zwecke, die gleichzeitig als von den Mitteln unabhängig betrachtet werden. In der Form, daß diese Zwecke auch für sich allein stehen können, bilden sie Werte, über die – nach Weber – bekanntlich keine wissenschaftlich-rationalen Entscheidungen getroffen werden können, in der Form von Verhältnisbestimmung einer ihnen angemessenen Mittelauswahl bilden sie Zwecke. Die Voraussetzung von „Wertfreiheit" besteht also nach dieser Denkungsart in der Unterscheidung von Zwecken als Werten unabhängig von Mitteleinsatz und Zwecken in Zusammenhang mit diesem. Zwecke als Werte gelten dann als normativ, die Verfahren zu ihrer Umsetzung jedoch nicht (Verfahrenslogik!) (Weber 1968).

Mit dieser Unterscheidung hat Max Weber den normativen Gehalt von „Werten" (Inhalte!) aus der Begründungsform externalisiert. Begründungsfähig ist einzig das Verfahren nach Vorgabe von Werten (= Zwecken in Anbetracht ihrer Mittel!), wobei von der Vorgabe respektive Voraussetzung der Zwecke, ihrer Präferenzierung also, abstrahiert wird. Auf der einen Seite bedarf es der Voraussetzung von Inhalten (Normativität), auf der anderen sieht man davon gerade ab, um mit Blickpunkt auf die Instrumente (Mittel) die Herstellung von Zwecken logifizieren zu können. „Wertfrei" ist diese Form der Abstraktion von Inhalten, weil subjektiv gesehen keinem Inhalt der Vorzug gegeben wird. Die Inhalte stehen nur abstrakt zur Disposition – d. h. von der Position der Getrenntheit aus. Der Hinweis auf die Notwendigkeit von Inhalten bedeutet bloß, daß es sie gibt, nicht aber, daß man sie zu kennen braucht. Die Abstraktion von den Inhalten schließt also die Abstraktion der Inhalte (abstrakte Inhalte) ein. Mit anderen Worten: Die formale Form verdankt sich der Trennung von Voraus-Setzung, Vor-Gabe (von inhaltlich bestimmten Werten) einerseits und Ab-Sehung, Abstraktion (von inhaltlich bestimmten Werten) andererseits. Die Logifizierung der Form von Zweckrationalität erfolgt in Absehung der Inhalte bei gleichzeitiger Vorgabe derselben. – Was heißt dann aber Vorgabe? Vorgabe im Sinne der Zweckrationalität heißt: x-beliebige Setzung von Zwecken! Und was heißt Beliebigkeit?

Dadurch, daß Max Weber die Frage nach der Mittelwahl doch immer auch losgelöst sieht von dem andererseits wieder als notwendig betrachteten Zusammenhang mit Zwecken, werden diese freigesetzt. Die Freisetzung aber erfolgt in der Form der Werte, d. h. ihrer inhaltlichen Bestimmung (die sog. „Normativität"). Freisetzung der Inhalte wiederum bedeutet, daß sie als formal vorgegeben betrachtet werden. Damit aber bestimmen sich diese Inhalte, die doch als wertmäßiger Gehalt (Werte) von den formalen Zwecksetzungen unterschieden hätten sein sollen, ebensowenig konkret-inhaltlich. Es gibt ja nur den Hinweis auf inhaltliche Bestimmtheit der Werte. Dieser Hinweis selber ist bloß formal, weil die freigesetzten Inhalte es x-beliebig erscheinen lassen, welchen Inhalt man/frau seiner Inhaltlichkeit wegen präferenziert (Ernst 1992). Solange die Inhaltlichkeit nicht wirklich auch benannt wird in Form subjektiver, sich also auf den Gegenstand einlassender Beurteilung und Bedeutung, bestehen Inhalte nicht in der Form von Werten (Bewertung), sondern in der formalen Form von Zwecksetzungen. Zwecksetzungen aber bestehen immer nur in der (formalen) Form der Vorgabe, d. h. ihrer (x-)Beliebigkeit. Mit anderen Worten: Die sogenannten „Inhalte" von Zwecksetzungen sind arbiträr.

Webers formalistische Umsetzung von als „vorgegeben" apostrophierten Zwecken bedeutet also in Wahrheit die „Arbitrarisierung" von Inhalten. – Beansprucht wird beides: Inhaltliche Bestimmtheit von Zwecken und die Formalisierung des Mitteleinsatzes. Verschwiegen wird dabei, daß Inhalte in Form der Zwecke ihrer konkreten Inhaltlichkeit (in Form der Werte) entraten; mehr noch: Die Arbitrarität von Inhalten wird vorgestellt als die Möglichkeit der Auswahl von unterschiedlichen Inhalten (Denktypus des Pluralismus).

Tatsächlich aber hat sich die formale Form auf beides bezogen, indem sie ein Verhältnis des Übergangs von Werten zu Zwecken schafft. Dieser Übergang wird durch die formale Gleichsetzung von Mittelbezogenheit der Werte mit Mittelbezogenheit der Zwecke ermöglicht. Die Gleichsetzung erfolgt aber nur bis zum Moment des Übergangs. Mit dem Übergang zur Zweckmäßigkeit, d. h. des Übergangs von konkreter Inhaltlichkeit eines Gegenstands in dessen Gebrauch oder Nutzen stellt sich Zweckrationalität her. Mit anderen Worten: Die – bis zum Übergang von Zwecken – Mittelbezogenheit von Werten wird abstrakt vorgestellt – wie auch die Werte selbst. Oder umgekehrt: Die Mittelbezogenheit wird erst ab Übergang zu den Zwecken konkret – und zwar in Form der Zweckmäßigkeit.

Die Bestimmung der Zwecke liegt also nach Ausformulierung der Zweckrationalität in ihrer Mittelbezogenheit, die der Werte in ihrem normativen Gehalt. Werden die Mittel für sich betrachtet, können die Zwecke auch als Werte gedacht werden. Werden jedoch umgekehrt die Zwecke – wie es ihre Bestimmung ist – in ihrer Mittelbezogenheit gesehen, fallen die Werte im Sinne der subjektiv-konkreten Bestimmung von Inhaltlichkeit aus dieser Betrachtung heraus. Zugleich werden sie als inhaltlich vorausgesetzt vorgestellt. Diese Voraus-Setzung aber ist selbst formaler Art.

Formalisiert wurde mithin beides: Zwecke in ihrer Verhältnisbestimmung zu Mitteln und die sog. inhaltliche Vorausgesetztheit der Werte in Form eben dieser Vorausgesetztheit. Allen (formalen) Hinweisen auf Inhaltlichkeit zum Trotz ermangelt es der Zweckrationalität an dem konkret bestimmten, in seiner Besonderheit wahrgenommenen Wertgehalt, von dem doch andererseits wieder der Anschein erweckt wird, als ginge man von ihm aus. Die bloße „Vorgabe" als Ausgang-Nehmen ist jedoch kein Inhalt, sondern die formale Form, welche die Besonderheit des Inhalts nicht kennt.

Ausblick

Die Fundamentalunterscheidung von „moralisch" versus „technisch-instrumentell" ist somit konstruiert. Von dieser Unterscheidung einmal ausgegangen, sind weitere (formale) Konstruktionen möglich – wie vordem am Beispiel der „Zweckrationalität" demonstriert. – Tatsächlich haben die beiden begrifflichen Antipoden ein Gemeinsames, das wir bereits als Idee des „Allgemeinen" in der Form von Real- und Denkabstraktion (= formale Form) umschrieben haben. Im einen Fall ist es formale Ethik, die ein „Allgemeines" – etwa im Sinne des „moralischen Apriori" (Kant) – zur Voraus-Setzung nimmt, im anderen das im Sinne der formalen Form gebrauchsmäßig-verfügende wissenschaftliche Herangehen an (objektive) Gegenständlichkeit, das ein „Allgemeines" im Sinne von Fest-Setzungen der Denklogik an den „Anfang" stellt.[3] Einerseits werden die beiden Denkmodi doch als voneinander unterschieden gedacht, andererseits auch wieder in begriffslogischer Analogie zueinander festgelegt. Der analytische Duktus ist dabei selbst an der neuzeitlich-naturwissenschaftlichen Methode geschult. Es gibt also einen tiefer liegenden Denktypus, der „moralisch" mit „technisch-instrumentell" auch wieder verbindet. Im (techno-)logischen Bereich ist es Identitätslogik und ihre Gegensatzform, im moralischen die (formale) „Gleichheit" aller Menschen.

Daß die „Identität" der formalen Form und die „Gleichheit" in der Moral analog zur gesellschaftlichen Verfaßtheit bourgeoisen Lebens zu denken ist, wurde schon gesagt. Die gesellschaftliche Äquivalenzform bildet das Substrat für die abstraktive Denkkultur im allgemeinen. In Analogie zur Äquivalenzform kann die moralische Urteilsform als der vom quantitativ Allgemeinen (der in Geld- oder Warenmengen zu benennenden Bezugsgröße als Äquivalent, des Preises) ins qualitativ Allgemeine übertragene Maßstab verstanden werden. Maßstab im moralischen Sinn meint die oberste Richtschnur, die (moralisch) richtiges Handeln gewährleisten soll. Hier sind es die bipolaren Begriffe von „gut" und „schlecht" (mit dem entsprechenden Spektrum von Untergliederungen wie besser/schlechter, weniger gut/weniger schlecht etc.), welche analog zu „wertvoll" („kostbar") und „minderwertig" (mit dem entsprechenden Preisspektrum) in der Tauschwert produzierenden Gesellschaft zu denken sind.

Analog zur vor-herrschenden Form vom Identitäts- und Gegensatz-Denken in den formalen, empirisch-analytischen und naturwissenschaftlichen Disziplinen sind also auch die herrschenden Moralauffassungen zu sehen. Auch hier herrscht ein Allgemeines vor. Der Unterschied besteht nur darin, daß der Gegenstand der Mensch selber ist. Die Eigenheit im Anspruch auf Subjektivität hört dadurch auf, daß die herrschende Form oder das Gebrauchsprinzip Menschen einander gleich macht. Die besonderen Charaktere werden der Beliebigkeit von Zwecken geopfert, indem sie sich diesen unterstellen. Damit ist der konkrete Ort (des Zusammenhangs von Form und Inhalt) verlassen. Auf dem leeren Ort wird dann das Banner der Moral aufgepflanzt (Ernst 1992). Wo kein besonderer Mensch mehr ist, gelten allgemeine abstrakte Prinzipien. Diese werden gemeinhin als sakrosankt angesehen. Es sind die berühmten Grundwerte von alters her oder die Menschenrechte als ihre moderne Variante. Es sind die Zehn Gebote, aber auch die gesellschaftlichen und individuellen Grundrechte, die zumeist den Grundsatzkatalog von Parteiprogrammen bilden. Um einige zu nennen: das Gute, das Wahre, Liebe, Freiheit, Gleichheit, Gerechtigkeit, Solidarität, Rechtsstaatlichkeit, Demokratie, Autonomie, Subsidiarität, Recht auf Arbeit, Fortschritt, Wohlfahrt, Frieden u. a. m.

Diese idealistischen Forderungen bilden das Reservoir, von dem nahezu alle Politiken ihre nun spezifischen Losungen auswählen. Daß wirklich fast alle Weltanschauungen und die damit verbundenen Politikauffassungen bestrebt sind, sich solchen All-Gemeinheiten zu verpflichten, hat etwas Überwältigendes. Warum sollten auch Positivierungen, wenn sie doch „Gutes" ausdrücken und noch dazu von fast allen Menschen geglaubt werden, nicht auch tatsächlich gut sein?! Die Antwort muß unserer Theorie gemäß konsequenterweise lauten: Positivierungen sind selbst Teil unterstellenden Denkens und herrschender Praxis und stehen hiemit in der Negativität. An die Stelle der leeren Worte sind Popanze, Wolkenkuckucksheime, Luftschlösser getreten, die den Blick zu verstellen scheinen. Es ist so schwer, durch sie hindurchblickend zu erkennen, daß außer ihnen nichts da ist.

Die abstrakten moralischen Prinzipien sind gerade nicht dazu angetan, dem Menschen in seiner Beurteilung gerecht zu werden. Sie erwecken bloß den Anschein, das zu tun. In Wahrheit erfolgt durch sie die Verdoppelung von Herrschaft. Der Mensch wird auf ideeller Ebene gezwungen, sich das moralische Korsett überzuziehen und Selbst-Beherrschung zu üben. Damit tut er sich schließlich alles selber an. Und es ist dann auch dieser selbstbeherrschte Mensch, der von allen anderen Menschen fordert, daß sie es ihm im Selbst-Antun gleichmachen. Besondere Herausforderung erfahren jene, die das nicht wollen. Diese sind dann ausgewählte Zielscheibe des ressentimentgeladenen, moralisierenden Menschen. Ressentiment ist dabei die psychologische Ausstattung, die Beherrscht-Werden und Selbst-Beherrschung nach sich ziehen und in der Dynamik auch zur Herrschaft über andere führen (Ernst 1987). Diejenigen, die sich Herrschaft, ganz gleich welcher Art, nicht beugen wollen, sind Stachel im Fleisch der Herrschenden und Selbst-Beherrschten. Deshalb müssen jene mittels herrschender, abstrakter Moral ganz besonders starke Abwertung oder Verurteilung erfahren.

Tatsächlich also führt Moralisierung entgegen eigener Behauptungen zum „Schlechten". „Schlecht" ist, daß gerade mit Hilfe beherrschender (abstrakter) Moralen Menschen nicht angemessen beurteilt, sondern verurteilt werden. Die Subsumtion einzelner Menschen unter abstrakte Leitsätze ist schon (Denk-)Unterdrückung. Die allgemeinen Ideen, die ja gerade durch Abziehung der Besonderheiten zustande gekommen sind und hiemit auf einem Gewaltakt beruhen, passen gar nicht auf die Besonderheiten. Vielmehr sind sie ihnen entgegengesetzt. Die Vor-Stellung einer Komplementarität von Allgemeinheit und Besonderheit besteht in Wahrheit im „Falschen". Die beiden ergänzen einander in der Fehlform.

Die Besonderheit steht also selbst in der Negativität. Das ist die praktische wie auch theoretische Schwierigkeit. Mithin geht es darum, in der Depravation bzw. Negativität aus ihr herauszufinden. Wie also anders moralisch oder anders als moralisch den herrschenden abstrakten moralischen Prinzipien begegnen?[4] – Es bedürfte einer moralischen Urteilsform, die nicht gleichzeitig eine Verurteilungsform wäre. Die Betrachtung des Menschen dürfte nicht von einer abstrakten Idee des „Guten", der „Freiheit", „Gerechtigkeit", „Demokratie", „Frieden" etc. ausgehen, welche die Abweichung davon als „schlecht", „unfrei", „ungerecht", „undemokratisch", „friedlos" etc. brandmarkt. (Damit sind in jedem Fall die Pole eines Spektrums benannt, das je nach spezifischer Ethik weiter aufgefächert werden kann, bezüglich „gut" z. B. in Mitte, weniger gut, weniger schlecht, besser, schlechter etc.) – Ist eine andere Betrachtung des Menschen überhaupt möglich, wenn doch bereits eingeräumt werden mußte, daß die herrschende moralische Denkform einer gesellschaftlich-abstrakten Lebensgestaltung, der bürgerlich-abstrakten Lebensform selbst korrespondiert? Wie gesagt ist das Äquivalenzprinzip des gesellschaftlichen Tauschverkehrs, der in Geldquanten sich ausdrückende Preis, als Wertmaßstab strukturanalog dem moralischen „Gesetz", das für alle Menschen gleichermaßen gültig zu sein hat. Die Antwort muß lauten: Gegen die fortdauernde Verobjektivierungs-, Formalisierungs- und Abstraktivierungstendenz ist „Perferation" zu leben und zu denken. „Perferation" nannte ich das Tun des „Durchstehens" und „Durchhaltens", kurz: des Erfahrens.

Da jede Voraussetzung, überhaupt jeder Setzungsakt, die Fehlform ist, muß von der Negativität (Depravation) Ausgang genommen werden. Wir können nicht schon „im vorhinein" wissen, was „nach" der Negativität kommt. Negativität heißt vor allem „noch nicht kennen", „noch nicht erfahren" oder „noch nicht erarbeitet haben". Anstatt ständig „Festlegungen" zu treffen, ginge es um ein „Einsteigen" in diesen Bereich, Tatsachen an Stelle von „Festsetzungen". Die Tat in den Sachen läßt sich nicht ersparen. Subjektivität und Objektivität sind Konstrukte. Die herrschende Denkform läßt von Tatsachen reden, ohne sie kennengelernt zu haben. Solche Tatsachen sind entstellt – und die Urteilsform ist unterstellend. Wer an der Rückgängigmachung entstellter Dinge und der unterstellenden Urteilsform arbeitet, wozu auch die herrschenden Moralen zählen, arbeitet die eigene Negativität auf. Die Forderung nach diesem Tun, nach perferierender Tätigkeit, ist zwar auch moralisch, doch hat sie nichts mit der herrschenden Denkform, der moralischen inbegriffen, zu tun. Perferation steht nämlich noch bevor und ist gerade keine Festsetzung.

Dies ist die überarbeitete Fassung des Vortrags, der am 14. 11. 1991 am Institut für Politikwissenschaft der Universität Wien gehalten wurde.

Anmerkungen

1 Jürgen Habermas teilt mit Max Weber den neukantianischen Impuls eines „subjektiven Sinns", der mit sozialem Handeln verbunden sei. In allen Schriften von Habermas zieht sich der Dualismus von moralischem Handeln und instrumentellem Handeln durch (Habermas 1983).

2 Im folgenden beziehe ich mich auf Max Weber 1972, Kap. I, Soziologische Grundbegriffe.

3 Diesen herrschenden Denktypus nenne ich „anthropozentrischen Festsetzungspositivismus" (Ernst 1994).

4 Im Umgang mit der „Negativität" siehe Adorno 1969a und 1970.

Literatur

Adorno, Theodor W. (1969a), Minima Moralia, Frankfurt/Main

Adorno, Theodor W. (1969b), Zu Subjekt und Objekt, in: Theodor W. Adorno, Stichworte. Kritische Modelle 2, Frankfurt/Main

Adorno, Theodor W. (1970), Negative Dialektik, Frankfurt/Main (zuerst 1966)

Ernst, Werner W. (1985), Sozialdemokratie – Noch eine zukunftsweisende Idee?, in: Die Zukunft des Demokratischen Sozialismus, Wien

Ernst, Werner W. (1987), Zu einer Theorie des Populismus, in: Anton Pelinka (Hg.): Populismus in Österreich, Wien, S. 10–25

Ernst, Werner W. (1990), Idionomie und Herrschaft. Ist alteritäre (nicht: Alternative) Politik überhaupt möglich?, in: Texte. Psychoanalyse, Ästhetik, Kulturkritik 1, S. 94–109

Ernst, Werner W. (1992), Herrschaftsform und Ethik, Niemandsland, Zeitschrift zwischen den Kulturen 4, 10–11, S. 219–232

Ernst, Werner W. (1993), Zu einer Phänomenologie von „Fest-„Setzung und „Gegen-" Stand, in: Helmut Reinalter (Hg.): Vernetztes Denken, Gemeinsames Handeln – Interdisziplinarität in Theorie und Praxis, Thaur, S. 195–205

Ernst, Werner W. (1994), Metapsychologie und „egologisches Subjekt" (unveröff. Manuskript), Innsbruck

Habermas, Jürgen (1981), Theorie des kommunikativen Handelns, 2 Bde., Frankfurt/Main,

Habermas, Jürgen (1983), Moralbewußtsein und kommunikatives Handeln, Frankfurt/Main

Schluchter, Wolfgang (1980), Rationalismus der Weltbeherrschung. Studien zu Max Weber, Frankfurt/Main

Sohn-Rethel, Alfred (1970), Geistige und körperliche Arbeit, Frankfurt/Main

Weber, Max (1972), Wirtschaft und Gesellschaft. Studienausgabe, 5. Auflage, Tübingen

Weber, Max (1968), Gesammelte Aufsätze zur Wissenschaftslehre, Tübingen

Eva Kreisky

Das Geschlecht politischer Institutionen

Ergebnisse einer historischen und aktuellen Spurensuche zu einer politischen Theorie des „Männerbündischen"

Zur Beschreibung von Männerdomänen in Gesellschaft und Politik ist die Bezugnahme auf „Männerbünde" oder „das Männerbündische" mittlerweile selbst im politischen Alltagsdiskurs gebräuchlich. Die Thematisierung des „Männerbündischen" ruft rasche und auch kurzschlüssige Assoziationen zu konkreten und scheinbar überaus vertrauten „Männerbünden" hervor: Studentische Verbindungen oder Freimaurerlogen sind es, die in diesem Zusammenhang wohl am häufigsten genannt werden. Aber auch andere gesellschaftliche Institutionen, etwa die katholische Kirche oder militärische Verbände, werden zügig mit „Männerbündischem" identifiziert.

In diesem Artikel geht es aber nicht um bloße Deskription einzelner deklarierter und ausgewiesener Männerbünde, sondern um die theoretisch-konzeptuelle Arbeit an einem Begriff des „Männerbündischen", der auch einen Beitrag zu angemessener Analyse politischer und administrativer Einrichtungen leisten kann. Über die historische Rekonstruktion konkreter „Männerbünde" oder Männerbundformationen hinaus ist nämlich vor allem die Frage interessant, inwieferne sich das „Männerbündische" als institutionelle Standardform von Politik und Staat durchgesetzt hat.[1]

Das ist freilich eine Forschungsfrage, die noch ziemlich am Anfang des Überlegens und Arbeitens steht. In den vergangenen beiden Jahrzehnten hat feministische Frauenforschung zahlreiche empirische Befunde zum faktischen Ausschluß von Frauen aus politischen und administrativen Institutionen vorgelegt (Kreisky 1991, S. 194 ff.; Neyer 1991, S. 39 ff.; Schöler-Macher 1991, S. 98 ff.). Mangelnde Repräsentanz von Frauen und männliche Dominanz in Gesellschaft und Politik bilden die beiden Seiten der Medaille: Sie sind die Prägestempel aller politisch-administrativen Institutionen.

Alle politischen Maßnahmen und Strategien der beiden letzten Dekaden zur Anhebung der Frauenanteile in politischen und administrativen Institutionen sind letztlich an „verdeckten" Mauern gescheitert. Die von Wissenschaft und Recht suggerierte Geschlechtsneutralität von Institutionen lenkt den Blick von der „männlichen" Grundlage der Institutionen ab. So wird das eigentlich tragende Fundament politisch-administrativer Institutionen mit Erfolg unsichtbar gehalten.

Gewiß sind im historischen Prozeß unterschiedliche „Konjunkturverläufe" von „Feminisierung" (z. B. durch die „alte" oder „neue" Frauenbewegung induzierte Wellen gesellschaftlicher Reformen) oder auch wieder „De-Feminisierung" bzw. „Re-Maskulinierung“ (z. B. die Ära des Nationalsozialismus in ihrer Bedeutung für die gesellschaftliche und politische Reorganisation der Geschlechterverhältnisse) gesellschaftlicher und politischer Institutionen konstatierbar.

Einer „Feminisierung“ von Institutionen stehen aber – selbst bei unbedingtem politischen Wollen – immer massive strukturelle Bedingungen entgegen. Solche Reformhindernisse von Organisationen und Institutionen werden in der Institutionen- und Organisationstheorie auch thematisiert. Inwieferne aber das in Institutionen eingelassene „Männliche“ grundlegenden Organisationsveränderungen blockierend entgegensteht, bildet eine nachhaltige Blindstelle forschenden Blicks.

Das „paradoxe“ Phänomen von Frauenaus- bzw. -einschluß[2] beinhaltet eine „numerisch-quantitative“, aber vor allem auch eine „kulturelle“ und „ethische“ Dimension. Das jeweils historisch-konkrete Muster der Dimensionierung des Verhältnisses von Frauenaus- bzw. -einschluß in politischen Institutionen ist niemals „zufällig“, sondern entspricht bestimmten Bedürfnis- bzw. sozialen Konfliktlagen und wird daher immer wieder von neuem in besonderer Weise sozio-ökonomisch, normativ, aber auch psycho-sozial begründet. Eine Dialektik von Bewegung und Gegenbewegung, von Feminismus und Antifeminismus steuert den historischen Prozeß institutionellen Veränderns sowie institutionellen Beharrens.

In die politikwissenschaftliche Institutionentheorie haben geschlechtliche Konnotationen noch kaum Eingang gefunden. Die Politikwissenschaft erweist sich den Paradigmen der Geschlechterforschung gegenüber bislang noch weitgehend resistent (Kreisky 1994, S. 13). Eine Rezeption des Männerbundkonzeptes könnte die Reichweite politikwissenschaftlicher Theorien erheblich vergrößern und somit auch eine feministische Transformation der Politikwissenschaft bewirken, zumal ja das „Institutionelle“ einen traditionellen und nach wie vor bestimmenden und gewichtigen Kernbereich des Politischen ausmacht.[3]

Ein Exkurs zum problematischen Verhältnis von Feminismus und politischer Theorie

Das Anschneiden dieses Zusammenhanges erinnert einerseits an das schon seit langem vorgebrachte Anliegen, auch feministisches Denken als politische Theorie zu begreifen und in den Kanon klassischen politischen Denkens aufzunehmen. Andererseits signalisiert der Hinweis auf diesen Bezug aber auch die schwierige Geschichte feministisch-kritischer Auseinandersetzung mit dem, was Politikwissenschaft als den für die Disziplin relevanten Stand politischer Ideen und Theorien beachtet.

In unserem Diskussionskontext interessieren aber weniger Bemühungen wissenschaftspolitischen Urgierens als vielmehr inhaltliche Ansatzpunkte und

Tendenzen feministischer Interpretation und Kritik an politischen Theorien. Feministische Auseinandersetzung mit klassischen und modernen politischen Theorien ist an der Frage nach Unvereinbarkeit oder Vereinbarkeit[4] dieser politischen Theorien mit feministischen Sichtweisen ausgerichtet. Gleichzeitig gibt es aber auch Themenfelder, die in inhaltlichem Sinne Schnittstellen zwischen feministischen Sichtweisen und verschiedenen Forschungsfragen politischer Theorie darstellen (wie etwa Theorien über patriarchale Herrschaftsformen, Theorien zur Spaltung der Lebenssphären in öffentlich und privat, Macht- und Demokratietheorien usw.). Gegenwärtig von feministischer Theorie zu sprechen, hieße anzuerkennen, daß aus verschiedenen feministischen Kritikbemühungen durchaus feministische Partial- oder Bereichstheorien[5] hervorgegangen sind.

Das Aufkommen autonomer Frauenbewegungen in den USA und in einigen Ländern Europas hat zu einer bedeutsamen feministischen Restrukturierung der politischen Theorietradition geführt. Seit Beginn der siebziger Jahre wurde feministische Kritik an politisch-theoretischen Texten formuliert. Über das Erkenntnisprogramm dieser ersten Jahre schrieben Sandra Harding und Merrill B. Hintikka:

> „We must root out sexist distortions and perversions in epistemology, metaphysics, methodology and the philosophy of science – in the ‚hard core' of abstract reasoning thought most immune to infiltration by social values." (Harding/Hintikka 1983, S. X)

Auf enthüllende Wahrnehmung hoffnungsloser Misogynität „klassischer" Theoretiker reagierte feministische Kritik zunächst, die gesamte Tradition politischer Theorie zu verwerfen. Zu völligem Neubeginn wurde aufgerufen:

> „(Die) traditionelle politische Theorie ist aus der gegenwärtigen feministischen Perspektive völlig gescheitert … Es liegt nun an uns, neue Theorien zu schaffen, die ein tieferes Verständnis unserer historischen Position eröffnen." (Clark/Lange 1979, S. XVII).

Erst erhebliche Zeit später wurde erkannt, daß feministische politische Theorien selbst aus dem theoretischen Mainstream bemerkenswerten Gewinn ziehen können.[6] In dieser ersten Phase ging es also zunächst einmal um „Dekonstruktion" westlicher intellektueller Traditionen, um eine Dekonstruktion monopolistischer „männlicher Theoriebildung" also (Klinger 1986). Feministische Kritikerinnen enthüllten den „roten Faden" politisch-theoretischer Überlieferung: Geschlechtsblindheit und Geschlechtsverzerrungen.

Nachdem der thematische Ausschluß von Frauen im politisch-theoretischen Diskurs herausgearbeitet war, folgte im nächsten Schritt dann die „Suche nach vergessenen, verleugneten, verschütteten Gegenbestrebungen" (ebd., S. 76). Politische Theorie bewahrheitete sich als durchgängig von Männern bestimmtes Arbeitsgebiet. Nur wenige Denkergebnisse von Frauen konnten die männliche Phalanx politischen Denkens durchbrechen.

Und weil sich politische Theorie in ihrem Kern als ein Ergebnis eingeschlechtlicher Produktion erwies, erschien es vorerst auch nicht besonders wünschenswert, „Frauen" in diese Art von Theorie einzufügen. „Wenn sich wirklich etwas verändern soll, dann – ... – muß sich alles verändern" (ebd.), lautete daher die theoriekritische Devise. In weiterer Folge stellte sich dann das Problem theoretischer „Rekonstruktion" aus weiblicher Sicht. Die das dekonstruktive Bemühen ergänzende „rekonstruktive" Absicht will weibliche und feministische Erfahrungen und Praxen theoretisch sichern und in diesem Sinne eigenes weibliches Handeln begründen. Aspekte weiblicher Existenz und weiblichen Handelns, die bislang als weder theoriefähig noch theoriewürdig erachtet wurden, rückten in den Brennpunkt und wurden überhaupt erst zum Ansatzpunkt theoretischer Reflexion.

Nachdem Lebenszusammenhänge von Frauen quer durch Kulturen, quer durch Gesellschaftsformationen und quer durch historische Perioden Interesse erweckt hatten, fragten feministische Theoretikerinnen schließlich, wie die Auflösung des Monopols männlicher Sichtweisen die zentralen Konzepte, die methodologischen Grundlagen und das Selbstverständnis von Wissenschaft und Theorie verändern würde. Viele Rekonstruktionsabsichten dieser Periode liefen aber Gefahr, das aus weiblicher Erfahrung abgeleitete weibliche Denken mit dem männlichen lediglich zu parallelisieren. Die Suche nach weiblichem Denken kann also unter Umständen auch nur Ontologisierung des Weiblichen oder Biologisierung des Denkens beinhalten (ebd., S. 80 f.).

Die Exklusion von Frauen aus der Politik wird von der feministischen Kritik als historische Kontinuität politischer Verletzungen von Frauen wahrgenommen. Dieselben „Klassiker", die den akademischen Kanon politischer Theorie bilden, sind aber auch maßgeblich verantwortlich für Konstituierung und Aufrechterhaltung des Frauenausschlusses. Fast alle politikwissenschaftlichen Lehr- und Handbücher unterschlagen aber die unmißverständlich einseitigen Äußerungen „großer Denker" zu Sexualität und Geschlechterdifferenz. Das Thema der Organisation des Geschlechterverhältnisses wird in der politikwissenschaftlichen Theorierezeption externalisiert. Feministische Kritikerinnen konnten im Zuge ihrer Dekonstruktionsarbeit aber beweisen, daß Ausführungen zu männlichen und weiblichen „Geschlechtscharakteren" für die Denkfiguren dieser politischen Theorien oftmals geradezu unverzichtbar sind (Okin 1979, S. 286).

Die feministische Bearbeitung „klassischer" Texte lief eigentlich auf eine Archäologie platter Frauenfeindlichkeiten hinaus: „Unterentwickelte" Vernunft, Moral und politische Kompetenz lassen Frauen angeblich für politisches Leben untauglich sein. Männlichkeit, politisches Leben und politische Tugenden bilden dagegen in der „Ahnenreihe" der politischen Theorie eine unauflösbare Einheit. Die gesellschaftlich zugewiesenen weiblichen Fähigkeiten und Aufgaben (insbesonders Mutterschaft) werden „naturalisiert" und stehen dazu im Gegensatz. Politische „Klassiker" konzedierten zwar immer wieder, daß

Frauen einen „vitalen“ Part im sozialen Leben innehaben, aber eben nicht als politisch Handelnde und (Staats)Bürger. Frauen sind in der politischen Theorie vor allem dazu ausersehen, die private Fundierung der politischen Welt der Männer sicherzustellen. Weiblichkeit verkörpert also die private Klammer, den Zwang und die Stabilität, die die politische bzw. staatliche Gemeinschaft erfordert (Saxonhouse 1991, S. 40 ff.).

Die Frage der Geschlechterdifferenz ist also vom Verhältnis privat/öffentlich nicht abtrennbar. Der Mainstream der politischen Theorie nimmt die Sphärenteilung als vermeintlich unhinterfragbar gegeben an. Allerdings wird eben nur eine Sphäre, nämlich die öffentliche, als politisch relevant angesehen. Wir werden sehen können, daß genau diese paradigmatischen Sichtweisen in den „Männerbundtheorien“ des 20. Jahrhunderts nicht nur eine bemerkenswerte und zeitgemäße Wiedergeburt erfahren, sondern vor allem auch eine propagandistisch effektiv umsetzbare Form erhalten haben.

Frei nach Max Weber: „Politik als Männerberuf“

Nur ein bestimmtes Segment und eine bestimmte Inszenierung von Politik wird in unseren Breiten als „Politik“ wahrgenommen und auch als solche bezeichnet. Max Weber ist ohne Zweifel prägende Leitfigur politikkonzeptueller Trends des 20. Jahrhunderts. Seine Bestimmung von Politik als „Streben nach Machtanteil oder nach Beeinflussung der Machtverteilung“ (Weber 1987, S. 8) war theoretischer Reflex auf Veränderungen im politischen Geschehen unter Bedingungen einer schwierigen Transformation hin zu Massendemokratien. Weber vermittelt uns aber mehr als bloße Überhänge aus früheren, vordemokratischen Politikkonzeptionen.

Nur die „Leitung“ oder „Beinflussung der Leitung“ eines „politischen Verbandes“, also eines Staates, nennt Max Weber „Politik“ (ebd., S. 7). Mit dieser Festlegung hat er nachhaltig Weichen für das staats- und institutionenzentrierte Politikverständnis des 20. Jahrhunderts gelegt. Er hat sich von einem „weiten“ Begriff von Politik distanziert, weil das ja sogar die „Politik einer klugen Frau, die ihren Mann zu lenken trachtet“, umschließen würde (ebd.).

Politisches Handeln im Sinne der Beeinflussung der Machtverteilung erfolgt „hauptberuflich“, „nebenberuflich“ (ebd., S. 14) oder „ehrenamtlich“ (ebd., S. 17). Spätestens seit Max Weber ist uns „Politik als Beruf“ vertrautes Konzept eines vor allem männlichen Lebensentwurfes des 20. Jahrhunderts. Anschaulich hat Weber entfaltet, wie man „aus der Politik“ seinen „Beruf“ machen, „von“ der Politik also leben kann (ebd., S. 15) und wie sich überhaupt die Politik zu einem regelrechten „Betrieb“ entwickelt hat (ebd., S. 22). Diese Professionalisierung von Politik hat er plausibel mit der Modernisierung des Staates in Zusammenhang gebracht.

Was Weber allerdings ausgespart hat, ist die Tatsache des faktischen und sogar ideellen Ausschlusses von Frauen aus dem Beruf Politik. Weder thematisiert Weber den Frauenausschluß als demokratiepolitisches Problem noch kommen ihm seine beschreibenden Kategorien oder hoch bewerteten politischen Tugenden in irgendeiner Weise verdächtig oder ideologisch verzerrt vor. Weber spricht in einem Zuge vom „Beruf", der „Berufung" und dem „Charisma des ‚Führers'", der „Hingabe seines Anhanges: der Jüngerschaft, der Gefolgschaft" (ebd., S. 10), der „Sachlichkeit und Ritterlichkeit" (ebd., S. 55), der „Brüderlichkeit" (ebd., S. 67) und dem „Helden" der Politik (ebd.). Weber beschreibt Politik mit Metaphern des Kampfes, des Krieges und der Jagd: Politik wird als „Wahlschlachtfeld" dargestellt (ebd., S. 40), Parteien werden als „reine Stellenjägerorganisationen" (ebd., S. 43) und Ämter als „Beuteobjekte" (ebd., S. 42) etikettiert, alles in allem also als eine nach männlichen Erfahrungen und Bedürfnissen verfaßte und genormte Erlebnis- und Abenteuerwelt.

Im Zuge der Darstellung der Entwicklung politischer Vergemeinschaftung transportiert Max Weber, ohne auch nur ansatzweise relativierende oder kritische Überlegungen anzustellen, den vorurteilsbeladenen Bewußtseinsstand zeitgenössischer Männerbundtheorien samt ihrer frauenausschließenden Sicht der Verknüpfung von Krieg und Politik: „Als politische Volksgenossen erkennt der Waffentragende nur den Waffentüchtigen an. Alle anderen, Nichtwaffengeübte und Nichtwaffentüchtige, gelten als Weiber." (Weber 1972, S. 616)

Für die Welt des politischen Handelns postuliert Weber – eigentlich gar nicht überraschend – eine „andere" Ethik. In seiner die wirkliche Differenz karikierenden Frage ist sein männliches Interesse sowie sein männlicher Blick kaum zu übersehen:

„... ist es denn wahr: daß für erotische und geschäftliche, familiäre und amtliche Beziehungen, für die Beziehungen zu Ehefrau, Gemüsefrau, Sohn, Konkurrenten, Freund, Angeklagten die inhaltlich gleichen Gebote von irgendeiner Ethik der Welt aufgestellt werden könnten?" (Weber 1987, S. 55)

So erscheint seine Unterscheidung von „gesinnungsethischen" und „verantwortungsethischen" Maximen des Handelns eigentlich nur als konsequente Fortführung der gespaltenen Erfahrungswelt (ebd., S. 57). Webers Sicht der Differenz ist jedoch keineswegs eine gleichwertige oder gleichrangige, sie vermittelt vielmehr eine überlegte Matrix der Über- und Unterordnung von Wertigkeiten.

Jeder – auch noch so „bescheidene" – „Berufspolitiker" partizipiert nach Webers Verständnis an Macht über Menschen. Er verfügt deshalb über ein Gefühl von Geschichtsmächtigkeit, was ihn „über den Alltag hinausheben" läßt (ebd., S. 50 f.). Aber nun stellt sich für Weber eine dringliche „ethische Frage": Welcher Qualitäten bedarf dieser Mensch dazu eigentlich? Was für ein Mensch muß er sein, „um seine Hand in die Speichen des Rades der Geschichte legen zu dürfen" (ebd., S. 51)? Erst leidenschaftlicher, verantwortlicher und distanzierter „Dienst an einer ‚Sache'" (ebd.) macht den Politiker. „Politik wird mit dem Kopfe gemacht, nicht mit anderen Teilen des Körpers oder der Seele." (ebd.)

Wenn aber Weber für den Beruf Politik erforderliche Qualitäten hervorkehrt, bedient er sich gerne der „Weiblichkeit“ als Allegorie zur Indizierung von Unfähigkeit und Unangemessenheit:

„Statt nach alter Weiber Art nach einem Kriege nach dem ‚Schuldigen‘ zu suchen – wo doch die Struktur der Gesellschaft den Krieg erzeugte –, wird jede männliche und herbe Haltung dem Feinde sagen: ‚Wir verloren den Krieg, – ihr habt ihn gewonnen. Das ist nun erledigt: nun laßt uns darüber reden, welche Konsequenzen zu ziehen sind entsprechend den sachlichen Interessen, die im Spiel waren, ...‘ “ (ebd., S. 55)

Der „sachlichen“ Seite politischen Handelns entspricht freilich nur die Imagination des männlichen „Geschlechtscharakters“. Das ist dann das von Weber eingeforderte nötige „Augenmaß“ des Politikers, die „Fähigkeit, die Realitäten mit innerer Sammlung und Ruhe auf sich wirken zu lassen“, also: die „Distanz zu den Dingen und Menschen“ (ebd., S. 51).

Distanz hat in Webers Denkmodell also das unbedingte Monopol auf Sachlichkeit, während Nähe zu Menschen oder zu Sachen augenscheinlich für Politik disqualifiziert. Daß diese Unterscheidung nicht nur geschlechtsspezifisch untermauert, sondern auch in einer entsprechenden Bewertungshierarchie positioniert ist, ist nicht zu übersehen. Weit verbreitetes – oft sehr folgenreiches und inhumanes – männliches Verhalten wird nicht problematisiert, sondern unter der Hand zum richtigen politischen Verhalten verklärt und verabsolutiert. Obwohl Max Weber eigentlich nur sehr selten ausdrücklich von Männern spricht, bezieht er sich ausschließlich auf die Spannweite männlicher Erfahrungswelten. Die enge und starre Verknüpfung zwischen männlichem und politischem Denken ist in seinem Falle kaum zu bestreiten (genauer dazu Bologh 1990).

Es soll hier keineswegs Max Webers deskriptiv-analytische Schärfe politischen Verhaltens und politischer Verhältnisse in Abrede gestellt werden. Webers Beschreibungen der „Herrschaft des ‚Klüngels‘“ (ebd., S. 49) in der Sphäre der Berufspolitik, der Vernetzung der „Stellenjäger“ in „gesinnungslosen Parteien“ (ebd.) sowie des Kampfes um die „Staatskrippe“ (ebd., S. 19), in dem die Kritik am Staat als einer „Pfründnerversorgungsanstalt“ (ebd.) zum Ausdruck kam, haben seit 1916 kaum an Relevanz verloren.

Für Weber war es gleichzeitig aber auch selbstverständlich, daß „Realpolitik“ Sache von Männern ist. Er lebte und arbeitete in einem intakten und durchaus kohärenten patriarchalen Zusammenhang. Und so hatte er auch wenig Grund, dieses Faktum zu verschleiern, wenngleich es ihn auch nicht zu spezieller Kritik anstachelte.[7] Die politische Geschlechterteilung war für ihn völlig in Ordnung. Daran änderte auch nichts, daß seine Mutter sowie seine Frau frauenbewußt, ja sogar frauenbewegt waren (Roth 1989).

Eine geheime Methodologie des Unsichtbarhaltens

In der Gegenwart ist es erheblich schwieriger geworden, Frauenausschluß in Politik, Verwaltung, Wirtschaft und Wissenschaft als gegeben anzunehmen bzw. auf ihm auch weiter zu beharren. Weder in der praktischen Politik noch in der wissenschaftlichen Politikanalyse läßt sich eine solche Position unangefochten aufrechterhalten.

In den Sozialwissenschaften etwa peilt man über den Umweg vermeintlich „geschlechtsneutraler" Politikanalysen eine „Entgeschlechtlichung" von Politik an. An den real behindernden Verhältnissen für Frauen sowie am diskriminierenden Verhalten gegenüber Frauen hat sich seit Max Weber in Wirklichkeit eigentlich unverhältnismäßig wenig verändert. Der in der politischen Realität oftmals nur formellen Gleichbehandlung entspricht in der politikwissenschaftlichen Analyse die peinliche Einhaltung der Maximen scheinbar geschlechtsneutraler Erhebung und Darstellung. Das nicht unangenehme Nebenprodukt politikwissenschaftlichen Forschens: Damit wird selbstverständlich auch die „normale" männliche Dominanz in politischen und bürokratischen Institutionen dem Auge entzogen.

Das Unsichtbare, nämlich die Frauen und ihre Geschichte, sichtbar zu machen, galt bzw. gilt aber als eine der ersten Absichten feministischer Forschung. Im Falle politischer und bürokratischer Institutionen ist dieses erkenntnispolitische Programm jedoch nur schwer umsetzbar. Der formelle und informelle Frauenausschluß war so umfassend und nachhaltig, daß die institutionelle Welt der „Berufspolitik" immer noch als männliche Lebenswelt fortbesteht und somit das Weibliche beim besten Willen nicht sichtbar zu machen ist.

Feministische Forschung muß in diesem Bereich daher eine methodische „Inversion" versuchen: Wenn es das „sichtbar Unsichtbare" in der Politik freizulegen gilt, so ist dieses Verborgene mit Sicherheit nicht „das Weibliche", denn der weibliche Lebenszusammenhang hat in dieser Sphäre kaum noch gestaltend eingreifen können. Wenn etwas ausgehoben werden muß, dann ist es wohl „das Männliche", das sich unter dem Deckmantel der „Neutralität" politischer und bürokratischer Institutionen bis in die untersten Gefilde hinein verborgen und festgesetzt hat. Dazu bedarf es einer feministischen „Institutionenarchäologie", die formaldemokratisch camouflierte Schichten männerbündischer Strukturen und männerbündischen Verhaltens nach oben kehrt. Es geht also nicht nur darum, die in den entscheidenden Gremien der Institutionen kaum vorhandenen Frauen zu benennen (das liefe lediglich auf „Damenbeinezählen" hinaus), sondern es muß vorrangig darum gehen, die Institutionen als männliche zu dechiffrieren.

Eine Phänomenologie der Politik: Das Auf und Ab von Männerfreundschaften

Egal von welchem gesellschaftlichen oder politischen System die Rede ist, immer sind es Konjunktur- und Krisenverläufe von Männerbeziehungen, die die tagespolitische Dynamik überproportional bestimmen, ohne daß dieses Faktum aber auch als solches benannt wird. Man könnte Männerbeziehungen auch als die „invisible hands" der Politik sehen. Nicolaus Sombart realisiert die Bedeutung dieses Umstandes und konzeptualisiert daher Freundschaft auch als politische Kategorie.

Zur Unterstützung seiner Argumentation rekurriert Sombart auf einen der nationalsozialistischen Männerbundapologeten, und zwar auf den Ordinarius für politische Pädagogik an der Universität Berlin Alfred Baeumler.[8] Baeumler hielt nämlich 1930 in einem Vortrag fest, daß das Freundschaftsverhältnis nur zum Staat in Beziehung stehen kann:

„... Freundschaft ist etwas anderes als eine persönliche Liebhaberei. Die Freundschaft als Lebensform gedeiht nur mit Bezug auf den Bund und den Staat. Es gibt keine Freundschaft ohne Vaterland, aber auch kein Vaterland ohne Freundschaft." (Baeumler 1934, S. 38)

Und Nicolaus Sombart radikalisiert in kritischer Absicht diese Vorstellungen Baeumlers:

„‚Freundschaft' ist natürlich Männersache, wie der ‚Staat' Männersache ist (nur Männer können Freunde sein). Der Staat ist eine Sache von ‚Freunden'. Die Basis des Staates ist ein Freundesbund – mit anderen Worten der ‚Männerbund'." (Sombart 1988, S. 157)

Sombart ortet in dieser Sicht eine „wesensmäßige Identität von Staat und Männerbund". Die „Entscheidung für den ‚Staat'" ist die „Entscheidung gegen den ‚Feind'" (ebd.). Das Freund-Feind-Denken reguliert politische Zusammenhänge. Ähnlich sieht (der heute immer noch in allen politikwissenschaftlichen Einführungen prominent vertretene) Staatsrechtler Carl Schmitt „die Unterscheidung von Freund und Feind" als das „Kriterium" des Politischen (vgl. Schmitt 1963, S. 26). Der „Feind" steht für das „Andere", das es abzugrenzen und auszuschließen gilt.

Politisches Handeln ist Umgang mit Macht, „wer Politik treibt, erstrebt Macht" (Weber 1987, S. 9). Auch Ausschluß – wer immer davon betroffen sein mag – ist daher eine besondere Machtkonstellation. Unter demokratischen Voraussetzungen hat Macht sich aber immer als „gute Macht" darzustellen. Machtphantasien bedürfen immer auch bestimmter Repräsentationsformen: „Die Herrschaft ‚präsentiert' sich dem Volk, umgibt und schützt sich mit Zeremonien, die Distanz, Wertigkeit und Hierarchie schaffen." (Heinrichs

1990, S. 87) Widerstand wird dann nicht nur gegen reale, sondern auch gegen symbolische und rituell geregelte Macht erforderlich. Individuelles Machtstreben wird ins Unterbewußte abgedrängt und auf das „Kollektiv des Männerbundes der Politiker übertragen" (ebd.). Zunehmende Identifikation mit diesem Bund impliziert die Aufgabe von „Eigenem", bedeutet aber auch Teilhaben am „Schutz" und der „magischen Kraft". „Im Männerbund wird der Machtwunsch des einzelnen durch das Bündnis mit anderen Männern verstärkt und institutionalisiert." (ebd., S. 88)

Ohne Zweifel stellt die Berufspolitik im Vergleich zu anderen einen loseren Männerbund dar, der daher auch eher einem „steten Zerfall" ausgesetzt ist (ebd., S. 90). Politiker sind zwar Initiierte, „aber mit weniger Aufwand und Verpflichtung als in anderen Bünden" (ebd., S. 89). Ihr männerbündischer Kitt ist vor allem in der Geschichte und in jenen Instanzen der Gesellschaft aufzuspüren, durch die faktische Herrschaft garantiert und legitimiert wird, so daß „allein ihr Auftreten ihren Anspruch schon zu rechtfertigen scheint" (ebd.). Männerbündische Initiationsriten und Zeremonien werden durch Frauenquotierung und die Rotationspraxis bei den Grünen zwar allmählich „aufgeweicht", dennoch bewahrt sich Politik aber ihre charakteristische männerbündische Tendenz, nämlich die Ausschließung des „Anderen". Verschiedene „magische Techniken", aber auch Sprachregelungen sind selbstverständlich „für die im männerbündischen Verhalten vereinten Politiker" (ebd., S. 92).[9]

Vorbemerkungen zur zwiespältigen Verwendung des „Männerbund"-Konzeptes

Es ist keinesfalls zu übersehen, daß der Männerbundbegriff nicht nur schillert, sondern in völlig unterschiedlichen Kontexten, mit extrem konträren Gehalten und differenten Konnotationen gebraucht wird: Was die einen bekanntermaßen zum idealen Wunsch steigern, entdecken die anderen bereits in unerträglichem Übermaß in den gesellschaftlichen und politischen Normalstrukturen. Dennoch gebrauchen beide Kontrahenten für ganz und gar nicht kongruente Inhalte und Zielsetzungen dieselbe Bezeichnung. Diese dem Männerbundbegriff innewohnende sonderbare Ambivalenz bedarf der Klärung und Differenzierung:

Einerseits steht der Begriff nämlich für eine politisch-ideologische Programmatik, die den „Männerbund" als anstrebenswerten „Idealtypus" von Vergemeinschaftung und Vergesellschaftung schlechthin ansieht (Schurtz 1902; Blüher 1921; Rosenberg 1930; Baeumler 1934 u. a. m.). Diese männerbündischen Visionen sind ideologische Produkte des 20. Jahrhunderts, die sich ganz jenem Kampf verschrieben haben, der in der Tradition von Antidemokratismus, Antifeminismus sowie Remaskulinisierung von Gesellschaft und Politik steht.

Andererseits hat sich vor allem in der neueren politisch-feministischen Debatte das Konzept des „Männerbündischen“ als herrschafts- und patriarchatskritischer Begriff im Kampf um Entpatriarchalisierung und Feminisierung etabliert. Wenn das Politische in kritischer Weise thematisiert wird, verfängt sich der weibliche Blick rasch am „Männerbündischen“ politischer oder bürokratischer Institutionen. In der Frauenbewegung und selbst in Teilen der Frauenforschung geht der Hinweis auf das „Männerbündische“ leicht über die Lippen, wenn es darum geht, das Ablehnenswerte, Hassenswerte am Staat, seinen Institutionen sowie seinen Repräsentanten mit einem scharf geschnittenen Begriff zu markieren.

Der Männerbund ist folglich zu einem populären „Stehsatz“ der Frauenbewegung geworden, um konkrete Assoziationen zum männlich strukturierten und männlich dominierten Staatswesen anzusprechen. Bislang ist der Begriff weitestgehend unreflektiert in den alltäglichen feministischen Wortschatz eingeflossen. Er suggeriert Klarheit da, wo wir eigentlich immer noch im analytischen Dunkel tappen.

Um den Männerbundbegriff aus der oberflächlichen und unproduktiven Selbstverständlichkeit eines „Stehsatzes“ herauslösen und ihn in ein dynamisch-analytisches Potential überleiten zu können, bedarf es genauerer Klärung zahlreicher noch anstehender Fragen, denen bis vor kurzer Zeit aber gerne ausgewichen wurde.[10] Wissenschaftliche Begrifflichkeit und Alltagsbegriff sind daher meist immer noch amalgamiert. Die Transformation zu einem analytisch anspruchsvolleren Konzept des Männerbündischen ist bislang nicht einmal ansatzweise geschafft.

Auch eine Art von „Theorie“: Die politischen Männerbundideen des 20. Jahrhunderts

Bekanntlich ist der Übergang vom Alltagsdenken zum theoretischen Denken fließend. Wir können Elemente eines Alltagsverständnisses in theoretischen Versuchen finden, aber auch Theorieelemente in alltäglichen Artikulationsformen. Zum anerkannten wissenschaftlichen Vorgehen gehört daher auch die Methode ständigen Hinterfragens.

Die Existenz diffuser Übergänge kann freilich auch gezielt genutzt werden, um Wissenschaftlichkeit zu suggerieren, wo eigentlich fast nur alltägliche Ängste und Vorurteile „erkenntnisleitend“ wirken. An der Jahrhundertwende ist nicht nur eine besondere Hoch-Zeit des sozialen und politischen Geschlechterkampfes, sondern auch eine Ära (pseudo)wissenschaftlicher Legitimationsbemühungen der herrschenden hierarchischen Geschlechterordnung festzustellen. Ebenso spiegeln sich in der Begriffsgeschichte des Männerbundes diese Konfliktlinien und Erkenntnisinteressen wider. Bezeichnenderweise haben Männerbundideologen zur Selbstbezeichnung ihres Kampfprogrammes keineswegs zufällig den Theoriebegriff strapaziert (Schurtz 1902; Blüher 1921). Das bedrängte männliche Alltagsverständnis bediente sich auch der Macht der Wissenschaftsform.

Auch der vorgeblich „wissenschaftliche Begriff" des Männerbundes ist an der Wende zum 20. Jahrhundert in Deutschland[11] entstanden. An dieser Feststellung sind zwei Befunde aufschlußreich: Erstens der Zeitpunkt der Entstehung und zweitens der geopolitische Rahmen der Kreation.[12]

Im 19. Jahrhundert war eine Männerbundtheorie (noch) nicht notwendig gewesen, da der Frauenausschluß in und mit der damaligen Politikstruktur ohnehin realisiert war. Männerbundtheorien sind also theoretischer Ausdruck des 20. Jahrhunderts, jener Zeit also, in der es die „Mädchen- und Fraueninvasion" (Blüher 1921) abzuwehren galt. Zudem ist es auch jene Zeit, in der die „Moderne" die ungerechte hierarchische Geschlechterordnung erstmals auch „wissenschaftlich" zu untermauern begann (Honegger 1991).

Der Männerbundbegriff ist geistesgeschichtlich in Deutschland verwurzelt. Daran kann auch die gelegentliche Beschäftigung mit Detailfragen zum Männerhaus durch ausländische Ethnologen nicht rütteln, denn nirgendwo gab es denselben Anspruch einer „Gesamtschau" bzw. dasselbe ehrgeizige Hochstilisieren des Phänomens zu einer „Gesellschaftstheorie" (Schurtz 1902; Blüher 1921). In Deutschland ist also zuerst der Anstoß zur Entstehung einer Männerbundideologie erfolgt und dann ereignete sich dort auch noch durch den Nationalsozialismus die übersteigerte Ausformulierung sowie Realisierung vieler Aspekte der männerbündischen Form (Reulecke 1990, S. 5). Die historische Tatsache der ideologischen Besetzung des Männerbundkonzeptes durch den Nationalsozialismus belastet die Möglichkeiten bloßer Wiederbelebung des Männerbundbegriffes durch feministische Kritik an patriarchalen Herrschaftsverhältnissen in Staat und Politik.

Drei Zeitpunkte[13] markieren die Konstituierung der (deutschen) Männerbundideologie, wobei der Blick auf sie die kontinuierliche Ausbreitung und Weiterbildung männerbündischer Ideologien nicht übersehen darf. Dies schon deshalb, weil es keinesfalls isolierte „Denker" waren, die dafür verantwortlich zu machen wären. Der Begriff wurde rasch und breit von deutschen Wissenschaftern (Ethnologen, Soziologen, Volkskundler, Skandinavisten, Germanisten usw.) aufgegriffen und die Idee des Männerbundes hat – auch angeregt durch die Erfahrungen des Ersten Weltkrieges – die literarisch-künstlerische Sphäre erfaßt (z. B. Stefan George, Hermann Hesse, Thomas Mann, Ernst Jünger). Diese enthusiastische Aufnahme entsprach den Wunschvorstellungen der Männer dieser Ära.

Heinrich Schurtz, einer der „großen Klassiker" der deutschen Ethnologie, hat 1902 den Terminus „Männerbund" in die wissenschaftliche Diskussion eingeführt (Schurtz 1902). Schurtz war Assistent am Bremer Überseemuseum und entsprechend der damaligen Kolonialbegeisterung mit dem Zuwachs der völkerkundlichen Bestände befaßt. Aus diesem Material hat er zu belegen versucht, daß quer durch die Kulturen „konträre Triebe“ existieren, die Frauen und Männer primär bestimmen: der „Familientrieb“ und der „Geselligkeitstrieb“. Schurtz unterschied zwei „Hauptarten der menschlichen Gesellschaft“: Solche, die auf Blutsverwandtschaft zurückgehen und nicht der bewußten Wahl des einzelnen unterliegen („Geschlechtsverband“), und solche, denen sich der einzelne Mensch mehr oder minder freiwillig beigesellt („Geselligkeitsverband“) (ebd., S. 14 und S. 16). Diese beiden „Hauptarten“ wies Schurtz den Geschlechtern zu, indem er die ,,Schwäche der gesellschaftlichen Neigungen des weiblichen Geschlechts“ zum „Ausgangspunkt“ seiner Erörterungen machte (ebd., S. 17 f. und S. 20 f.). Frauen zeigen in allen Kulturen eine „geringere Neigung zum Zusammenschluß“ als Männer (ebd., S. 58 f.). Die (jungen) Männer bilden überall „sympathetische Gruppen“ (Männerhäuser, klubartige Vereinigungen, Geheimbünde usw.), aus denen sich die höherwertigen Grundformen des öffentlichen Lebens und des Staates entwickeln. Die Anfänge des Staatswesens waren für Schurtz von Kräften abhängig, die in einem zum Familienleben und zur Ehe „feindlichen Verhältnis“ stehen. In methodologischer Hinsicht wollte Schurtz die ethnologische Kleinarbeit überwinden und in dieser Kleinarbeit „nur die Vorbereitung zu höherer Tätigkeit“ sehen (ebd., S. 10). Er wollte nämlich zu einer „neuen Theorie“ der Gesellschaftsentstehung kommen. Was von seiner Begriffsbildung und der Materialsammlung über Naturvölker letztlich blieb, das waren vor allem „a-historische Brückenschläge“ von Ethnologen in die Gegenwart einer modernen Massenindustriegesellschaft um 1900 (Reulecke 1990, S. 5), die nicht zufällig passierten, sondern dringenden männlichen Abwehrabsichten der Zeit entsprachen. Nur diese und nicht wissenschaftliche Einsichten erklären die enorme Resonanz des Schurtzschen Begriffsimpulses.

Charakteristisch dafür ist der Umstand, daß Schurtz' Arbeit in wissenschaftlicher Hinsicht lange Zeit unwidersprochen geblieben ist; erst 1929 erschienen die ersten zaghaften Versuche einer wissenschaftlichen Widerlegung im englischsprachigen Bereich (Völger/Welck 1990, S. XXIV). In Deutschland blieb Schurtz' gesellschaftstheoretisches Konstrukt unwidersprochen bzw. diente als Basis zur Weiterentwicklung der pseudowissensschaftlichen Männerbundtheorie. Sein Einfluß auf die Sozialwissenschaften der Zeit war recht beachtlich (auf Weber, Schmalenbach u. a.).

In den Schützengräben des Ersten Weltkrieges wurde dann der „soldatische Männerbund“ (Reulecke 1990, S. 6) praktiziert und in der nachfolgenden Beschwörung dieser Erfahrungen hat der Männlichkeitsmythos neuen Auftrieb erhalten. Eingebettet war diese „Remaskulinisierung“ in eine Welle von Jugendbewegtheit und Jugendprotest. Auch aus diesem Erfahrungshintergrund speisten sich die Theorien des nächsten wichtigen Männerbundideologen, von Hans Blüher, der dann aus der historischen Rekonstruktion der „Wandervogel“-Bewegung auf die politischen Phantasien einer „mann-männlichen Gesellschaft“ kam und eine „homo-erotische Staatstheorie“ (Sombart 1991, S. 56) begründete. Schon 1915 schrieb Blüher, daß eine „Sozialisierung des Geistes" nur durch Männerbünde erzielt werden könnte. Männerbünde beschrieb er als das „geschärfteste Organ zur Vergeistigung des Volkes". Am liberalen Zeitalter kritisierte Blüher, daß es den „geistigen Funktionswert" der Männerbünde verscherzt habe, indem es durch voreilige Gleichsetzung von Mann und Weib das „gemischte Publikum" geschaffen habe. Im Männerbund dagegen gebe der überlegene, charismatische Männerheld den Geist nach unten weiter und schaffe so „Kasten-Ausgleich" (zitiert nach Reulecke 1985, S. 207 f.).

Ab 1917 publizierte der Autodidakt Hans Blüher sein politisch-theoretisches Hauptwerk über die Rolle der Erotik in der männlichen Gesellschaft:

> „Gäbe es im menschlichen Geschlechte nur die Familie, so wäre nichts weiter gewährleistet als die Erhaltung der Art. Die Staatsbildung kommt erst durch das Einsetzen eines zweiten Poles mit soziologischer Begabung zustande. Und dieser zweite Pol ist die männliche Gesellschaft." (Blüher 1921, 2. Bd., S. 91)

Blüher hat sich im Zuge seiner Theoriebildung ausdrücklich auf Schurtzsche Ideen bezogen: Um die Tiergattung Mensch zu einem staatenbildenden Wesen zu machen, bedarf es „eines Gesellungsprinzipes über die Familie hinaus". Blüher faßte von Schurtz oftmals noch recht vorsichtig formulierte Thesen schon wesentlich schärfer. So meinte er, daß Schurtz gezeigt habe, „wie dem Manne die dauernde Gesellschaft der Frau unerträglich und herabmindernd ist und wie er zwangartig darüber hinaus zu den Männern strebt" (ebd.). Der Familie steht als zweite Gesellungsform also der Männerbund gegenüber. An Schurtz kritisiert Blüher lediglich, daß „in bezug auf das Männerhaus und die Männerbünde überhaupt so außerordentlich wenig Sexuelles gesagt wird" (ebd., S. 99). Blüher meinte, daß Schurtz dem männlichen Gesellungstrieb nicht wirklich auf den Grund gegangen ist und ihn im „Zufälligen, Gelegentlichen, Unverbindlichen" belassen habe (zitiert nach Reulecke 1990, S. 7). Den wesentlichen Grund für diese defizitäre Sicht von Schurtz sah Blüher darin, daß dieser eben bloß „reiner Soziologe" war und „noch nicht die Technik der analytischen Psychologie" beherrschte (Blüher 1921, 2. Bd., S. 92). Er erweiterte also Schurtz' Konzept um eine „tiefenpsychologische" Deutung. In jedem Manne existiere ein latenter „dunkler Verbündungsdrang, der es nicht aushält, unbenannt und dunkel zu bleiben, sondern sich irgendwie in den Dienst des Geistigen und des Lichtes stellen muß" (zitiert nach Reulecke 1990, S. 7). Die Wurzel dafür liegt im „mannmännlichen Eros, der im tiefsten Untergrunde des menschlichen Staatstumes rauscht" (ebd., S. 22). Alle wirklich formenden Männerbünde wären durch Erotik bestimmt. Der Männerbund befreit den Mann zu voller schöpferischer Tätigkeit, während die Familie wegen der „Vorherrschaft des Weibes" destruktiv auf ihn wirke. Die eigentliche Elite des Volkes müsse daher durch die Schule des Männerbundes gehen (zitiert nach Reulecke 1985, S. 205 und Reulecke 1990, S. 7).

Die praktische Realisierung der Männerbundidee vollzog sich nach 1918/19 in Deutschland einerseits im Bereich der „Freikorps“ (Theweleit 1986) und anderseits in der bürgerlichen Jugendbewegung, deren männlicher Charakter immer stärker zutage trat. Die Diskussion um gleichberechtigte Beteiligung von Mädchen im „Wandervogel“ (sog. „Mädelfrage“) gehörte der Vergangenheit an. Schon damals befürchtete man nämlich eine „Mädcheninvasion“ (Blüher 1921, S. 120 f.), die „feminine Mannsgruppen“ entstehen lassen sowie zur „Verbengelung“ der Mädchen führen würde (Reulecke 1985, S. 203). Mittlerweile gab es darüber nicht einmal mehr Diskussion. Die Organisationsstrukturen vermännlichten total:

„Wachsende Disziplinierung und Hierarchisierung, Uniformierung und Ideologisierung bestimmten das äußere Auftreten wie die innere Ausrichtung. ... als zentrale Organisationsform und zugleich als Leitbild (setzte sich) der ‚Bund‘ durch. Der Bund sollte eine Art in sich geschlossener Jugendstaat sein.“ (Reulecke 1985, S. 210 f.)

Jugend umschloß nicht nur die Angehörigen einer biologischen Altersphase, sondern integrierte mehrere Generationen.

Hans Blüher schrieb die Geschichte des „Wandervogels“ als Geschichte einer männlichen Sozietät, deren kulturschaffende Kraft aus dem mann-männlichen Eros stammte. So sah Blüher in der männlichen Homosexualität die eigentliche Triebgrundlage jeder Kulturentwicklung, und er sah sie als entscheidend für die Herausbildung des Staates.

Blüher konzeptualisierte den Staat als „obersten Männerbund“ (Blüher 1921, S. 217 ff.). Am Beispiel des Staates wird dann auch nicht bloß der antifeministische Gehalt des Männerbundbegriffes enthüllt, sondern auch seine grundsätzlich antidemokratische Stoßrichtung:

„Der Staat aber ist keine verstehbare Nützlichkeit, sondern ein schlechthin irrationales Schicksal mit unbekanntem Ende und Ziel. Ein Staat befindet sich im Stande der tiefsten Korruption, wenn die Machtbefugnisse aus den Händen des Männerbundes in die der Zweckverbände geglitten sind, ..., und wenn in ihm statt der geborenen Könige vom bürgerlichen Typus gewählte Vertreter herrschen.“ (ebd., S. 217)

Antidemokratischer Elitarismus und Sakralität der Männlichkeit gingen bei Blüher eine unauflösliche Verbindung ein:

„Der oberste Männerbund ist nichts, was man gründen und machen kann. Man kann nur geringe Dinge machen, deren Struktur ergründlich ist. Vielleicht wird er einmal gestiftet werden. Er ist ein wachsendes und werdendes Ereignis: er ist der Bund, der sich langsam emporringt aus dem verworrenen Gewühl der abgelaufenen Männerbünde.“ (ebd., S. 219)

Hans Blüher hat nicht nur männerbündische Ideen theoretisch entwickelt, er hat sie auch ausdrücklich in ein politisches Programm des „Antifeminismus“ eingebunden:

„… der Liberalismus (muß) ins Irre greifen, wenn er, auf vorgebliche Ebenbürtigkeit der Frauen pochend, verlangt, daß Frauen überall dort sein dürfen, wo Männer untereinander sind. Da die schöpferischen Leistungen von Männerbünden stammen und der Männerbund eine völlige Stilverbiegung erleidet, wenn auch nur eine Frau, die klügste und beste auf der Welt, als gleichberechtigtes, Rechte forderndes Mitglied eintritt, so muß die antifeministische Mindestforderung lauten: Ablehnung jeder Fraueninvasion in die Männerbünde." (Blüher 1916, S. 17)

Das Verbot des Frauenwahlrechtes und der politischen Betätigung von Frauen sind davon nur „abgeleitete Fälle" (ebd.). Trotz kritischer Vorbehalte gegen den „bürgerlichen Antifeminismus" war Blüher von den zentralen Forderungen des „Deutschen Bundes gegen Frauenemanzipation" fasziniert. Dieser Bund formulierte nämlich in seinem Programm, den Frauen den Zugang zum Staatsdienst zu unterbinden, weil diese Arbeitsgebiete vom „Mann von jeher dem Wesen des männlichen Staates entsprechend und zum Vorteil der Allgemeinheit ausschließlich beherrscht" wurden (zitiert nach Blüher 1916, S. 25). Die Staatsverwaltung müsse „dem Manne belassen werden" und „eine Unterordnung männlicher Beamter unter weibliche Vorgesetzte muß gesetzlich ausgeschlossen werden" (ebd.).

Auch an diesen Punkten manifestiert sich die „sakrale Dimension" (Schoeps 1988, S. 144) in Blühers Staatskonzeption: Die Heiligkeit des „obersten Männerbundes" darf offensichtlich durch Frauen nicht berührt werden. Politische Beteiligung von Frauen trägt für Blüher auf keinen Fall das Signum demokratischen Fortschrittes, sondern ist vielmehr ein drastisches „Verfallszeichen":

„Vom Votum einer Frau darf im Staate niemals etwas abhängen. Denn der Staat ist, …, doch dazu berufen, größtes und mächtigstes Werkzeug des Geistes in der Welt zu werden. Da aber die Frau weder den Geist noch den Staat im Grund ihres Wesens ernst nehmen kann, so darf sie auch nichts in ihm zu sagen haben." (Blüher 1916, S. 8)

Blühers Staatsbegriff bleibt alles in allem diffus und ist für eine politikwissenschaftliche Analyse kaum erschließbar. Es bleibt zwar völlig ungewiß, was der Staat eigentlich ist, dennoch aber ist gewiß, daß er mit dem „Männerbund" eins ist bzw. daß nur der „Männerbund" alleine staatenbildende Kraft haben kann. Auf diese mystisch-sakrale Bedeutung des Staates im Denken Blühers kommt auch Nicolaus Sombart zurück: „In der Erfahrung des Staates (erlebt) die Gemeinschaft der Männer als Freundesbund eine das Individuelle transzendierende Steigerung ihres Daseinsgefühls." (Sombart 1988, S. 159 f.)

Im Unterschied etwa zu Paul J. Möbius (Möbius 1900) oder Otto Weininger (Weininger 1916) entwickelte Hans Blüher seine antifeministischen Vorstellungen im Kontext einer breiten sozialen Bewegung, und so hatte er auch eine wesentlich weiterreichende Wirkung als so manche seiner Vorgänger. Er fand nämlich Resonanz in der „Wandervogel"-Bewegung, aber auch in der

Arbeiterjugendbewegung, in den konfessionellen Jugendorganisationen und in den Sportvereinen der zwanziger Jahre bis hin zur nationalsozialistischen Bewegung, die auf dem männerbündisch und antifeministisch aufbereiteten Boden unmittelbar fortsetzen konnte und bis dahin oftmals nur phantasierte Konzepte ernste Wirklichkeit werden ließ.

Mit der Rekonstruktion der Männerbundideologien wird deutlich, daß sie sich in Wellen verbreitet hat. So wie der Erste Weltkrieg der Männerbundidee mächtigen Auftrieb gegeben hat, hat sie gegen Ende der Weimarer Republik an Einfluß und Bedeutung verloren, um erst mit dem Erstarken des Nationalsozialismus eine „bemerkenswerte Renaissance" zu erfahren (Reulecke 1985, S. 217).

Die Nationalsozialisten griffen auf die Männerbundvorstellungen zurück und spitzten sie in extremer Weise zu. Zwar verklärten NS-Ideologen Familie und Sippe, um gleichzeitig aber dem politischen Modell von Führung und Gefolgschaft, also dem Männerbund, absoluten und praktischen Vorzug zu geben. Dies äußert sich nicht zuletzt im Gewicht und der Vielfalt männerbündischer Organisationen (SA, SS, Hitlerjugend), die den politischen und gesellschaftlichen Übergang vollzogen. Es ist bekannt, daß Adolf Hitler Hans Blühers Veröffentlichungen kannte und daß dessen Männerbundinterpretationen bei der Ausschaltung Röhms und der SA-Spitze eine Rolle gespielt haben sollen (Reulecke 1985, S. 212).

Zu Beginn hatte also die breite Militarisierung der jungen Männer der nationalsozialistischen Umwälzung in die Hände gearbeitet. Auch die antidemokratische, antifeministische und homoerotische Komponente in den Männerbünden war den Nationalsozialisten vorerst durchaus von Nutzen. Wurde diese vorerst – wenn auch stillschweigend – noch toleriert, so zeichnete sich 1934/35 eine Wende ab, die mit dem Sturz Röhms, der Entmachtung der SA sowie der Verfolgung von Homosexualität zu markieren ist. Himmler, der SS-Gegenspieler Röhms, haßte Autoren wie Blüher, die militärische Helden im homoerotischen Milieu ansiedelten oder überhaupt die verdrängte, zur Homoerotik sublimierte Sexualität als wesentliche Triebkraft von Männerbünden ansahen.

Auch im staatspolitischen Entwurf Alfred Rosenbergs „erhebt sich der feministische Mann mit dem emanzipierten Weib als Symbol eines kulturellen Verfalls und staatlichen Untergangs" (Rosenberg 1930, S. 483). Immer und überall ist es nur der männliche Geist, „der gegen das Chaos eine Weltordnung gebiert" (ebd., S. 484). Die NS-Ideologen propagierten aber kein isoliertes männerbündisches Projekt, sondern sie integrierten die Männerbundideen in Rassismus, Antisemitismus, Germanenkult sowie Blut-und-Boden-Ideologien. So wurde auch viel in pseudowissenschaftliche Forschungen investiert, um den Männerbund als „Konstante eines typisch germanisch-deutschen Verfassungsdenkens" zu belegen (See 1990, S. 101).

In Riesenschritten durchmißt Rosenberg die Weltgeschichte: Von den kriegerischen Männerbünden Ägyptens über die chinesische Männergesellschaft, die indische Kriegerkaste, die Kriegervereinigungen Spartas und Athens, die „männliche Zucht“ Roms, dem „extremen Männerbund“ der Katholischen Kirche schlägt er den männerbündischen Bogen zum „germanischen Rittertum“, um dann unmittelbar auf die Bedeutung des „Typus des preußischen Offiziers“ sowie des „Typus des deutschen Soldaten“ zu kommen (Rosenberg 1930, S. 486 ff.). Das preußische und deutsche Heer bildete für Rosenberg „eines der grandiosesten Beispiele des architektonischen, dem nordischen Menschen entsprechenden, auf Ehre und Pflicht aufgebauten Männerbundes“ (ebd., S. 493). Der Frauenbewegung rechnete Rosenberg daher besonders übel an, daß sie sich „instinktiv gegen den ‚preußischen Militarismus‘ richtete, d. h. gegen die züchtende und typenschaffende Grundlage eines jeden Staates, solange es überhaupt Kulturen, Völker und Staaten gibt“ (ebd., S. 495).

Zur Abwendung des drohenden „europäischen Unterganges“ müßten daher Männer und Frauen „auf den ihnen zugewiesenen Gebieten“ sich für „Rassenschutz, Volkskraft, Staatszucht“ einsetzen (ebd., S. 508). Die „Erhaltung unserer Rasse“ liegt zwar „in der Hand und in der Art der Frau“ (ebd., S. 510), aber „über eines muß Klarheit bestehen: Richter, Soldat und Staatslenker muß der Mann sein und bleiben“ (ebd., S. 512). Der Staat war in der Geschichte immer ein „Ergebnis des auf irgendeinen Zweck zielstrebig eingestellten Männerbundes“ (ebd., S. 485).

In den Kern der Männerbundidee war der Typus des Helden, der starke Führer sowie das Modell der Gefolgschaft eingelassen und genau das harmonierte bestens mit dem politischen Führungskonzept des Nationalsozialismus. Es galt vor allem, den von heroischer Begeisterung getragenen Männerbund zum zentralen Strukturprinzip des nationalsozialistischen Staates zu machen. Auch das „kommende Deutschland“ sollte wesentlich durch Männerbünde geformt werden: „Das Deutsche Reich wird ..., das Werk eines zielbewußten Männerbundes sein.“ (ebd., S. 514)

Der zuvor bereits erwähnte Alfred Baeumler erwies sich auch in der Männerbundfrage als einer der wichtigsten akademischen Propagandisten des Nationalsozialismus. In Rückgriffen auf die Bücher von Schurtz, Blüher und Rosenberg sprach Baeumler davon, daß „ein Staat ... nicht durch bloße Gedanken und auch nicht durch bloße Gesinnungen (entsteht), er ist ein Erzeugnis von Kräften, und die Kraft, die ihn eigentlich konstituiert, ist diejenige, die in einem Bunde freier Männer hervortritt“. (Baeumler 1934, S. 32)

Der Männerbund „entfaltet sich gegen eine Welt von Feinden. Ohne daß Gegner überwunden werden, ohne den Sieg über das Chaos gibt es keinen Staat.“ (ebd., S. 33) Als Gegner, den der Männerbund zu überwinden hat, bezeichnete Baeumler die „bürgerliche Lebensform“, den „urbanen Boden“, auf dem „die Männerbünde dahinschmelzen (müssen) wie Schnee auf glühenden Steinen“. (ebd., S. 34)

Der Beitritt jedes „heroisch veranlagten jungen Mannes“ zu einem Männerbund bewirkt nicht nur die Beteiligung an einem „Meinungs- und Gesinnungssystem", sondern an einem „Lebenssystem" (ebd., S. 35). Die Familie verwehrte Baeumlers Meinung nach den jungen Männern die Erziehung im Sinne des Staates. Als Folge davon kennt die „uniformierende Gesellschaft" nur Menschen, „hier gibt es keinen Unterschied zwischen Mann und Weib" (ebd., S. 38). Und Baeumler bedauerte weiters, daß es

> „nicht eine Stelle (gibt), wo Mann neben Mann steht, wo Männer zusammenkommen, ... Nur bei Aufsichtsratsitzungen und anderen ernsten Angelegenheiten, wie Geschäftsgründungen und -liquidationen, sind Männer beisammen. Aber dann sind sie nicht Männer, sondern ‚Exponenten der Wirtschaft' oder etwas ähnliches. Überall sonst verkümmert das Verhältnis zwischen Mann und Mann" (ebd.).

Baeumler litt daran, daß „die moderne Welt ... eine Welt ohne Freundschaft (ist)" (ebd., S. 39). Das Freundschaftsverhältnis hatte bei ihm „eine Beziehung zum Staate, das erotische Verhältnis nicht" (vgl. ebd.). Unter Berufung auf Thomas Mann schrieb Baeumler, daß Demokratie eine „erotische Angelegenheit" ist, weil sie „in ihrer letzten Konsequenz dazu führt, daß Weiber über Männer richten dürfen" (ebd.). Der Antidemokratismus erfährt bei Baeumler eine geschlechtsteilige Begründung: „Der Staat hat die Familie und die Sippe, das Weib als Mutter zur Voraussetzung, aber er ist Sache und Werk des Mannes." (ebd., S. 40) Gerade die antifamiliale und antifeministische Stoßrichtung der Männerbundvorstellungen entsprach den ideologischen Positionen des Nationalsozialismus, auch wenn die nationalsozialistische Sozialpolitik nach außen hin als familien- und frauenfreundlich auftrat (Reulecke 1985, S. 218). Die eindeutige männerbündische Priorität der nationalsozialistischen Führer provozierte zumindest anfangs noch Kritik und Widerspruch von nationalsozialistischen Frauen. Das antifeministische Moment in den Männerbundideen konnten diese Frauen noch verstehen und akzeptieren, nicht aber die frauenfeindlichen und antifamilialen Absichten: „Soweit dieser Kampf die alte Frauenbewegung traf, war er berechtigt und gesund: ein natürlicher Aufstand der männlichen Kräfte gegen das drohende Entwertetwerden." (Gottschewsky 1934, S. 40) Aber „der Kampf der männerbündischen Front richtete sich sehr bald nicht nur gegen die alte Frauenbewegung, sondern gegen die Frau als solche und ihre Stellung in der Gemeinschaft" (ebd.). Und vor der „Überspannung der männerbündischen Idee und die damit verbundene Zurückdrängung von Frau und Familie auf die ausschließlich ‚naturhafte' Seite des Lebens" warnte Lydia Gottschewsky entschieden (ebd., S. 44). In ihrer Sorge um den „neuen Staat" nannte sie die Gefahren: „Die schwerste Bedrohung dieses neuen Weges – ein Verschweigen dieser Tatsache wäre Verrat am Volk – ist die Übersteigerung des männerbündischen Gedankens, nicht der Gedanke als solcher." (ebd., S. 9) Die Männerbundidee „als Prinzip der Ordnung hat unser Volk vor dem Chaos des Bolschewismus gerettet", aber „die Übersteigerung dieser Idee, ihre Festlegung als alleiniger Maßstab aller Dinge zerreißt die Volksgemeinschaft" (ebd.). Das politische System des Nationalsozialismus war die konsequente praktische

Umsetzung der männerbündischen Vorstellungen vom totalen Frauenausschluß bei gleichzeitig ideologischer Überhöhung der „Frau als Schützerin des Lebens" (Rosenberg 1930, S. 509). Die Benutzung des Männerbundkonzeptes durch den Nationalsozialismus „belastete" es also dermaßen, daß „nach dem Ende des NS-Reiches die Diskussion um die Funktion von Männerbünden abbrach, die mit ihr einhergehende Forschung eingestellt wurde und betretenes Schweigen sich breitmachte" (Völger/Welck 1990, S. XXIV). Daß männerbündische Ideologien deshalb auch aus den Köpfen verschwunden wären, bleibt allerdings zu bezweifeln.

Das „abgestufte" Männerbundphänomen, seine Strukturelemente sowie seine unbewußten Fundierungen

Nun sollen (formelle wie informelle) „Bauelemente" männerbündischer Strukturen und Mechanismen dargestellt werden. Im thematischen Zusammenhang von Politik und Staat ist keinesfalls davon auszugehen, daß „Männerbund" nur das ist, was sich auch als solcher deklariert. Da gäbe es in aktuellen Gesellschaften unter Umständen nur noch singuläre Rest- oder Randbeispiele (wie z. B. Burschenschaften, Cartellverband, Freimaurerlogen). Diese möglicherweise relative Randständigkeit ist aber nicht unbedingt auch mit tatsächlicher gesellschaftlicher und politischer Macht- oder Einflußlosigkeit gleichzusetzen.

Außerdem würden politisch durchaus relevante Institutionen nicht angemessen erfaßt werden können, in denen zwar nicht eine „Männerbund-Deklaration" das vordergründige Beitrittsmotiv ausmacht, sondern die „Hingabe an Höheres" die Beweggründe darstellen und der Frauenausschluß somit eigentlich als bloß „sekundäres" Phänomen, als sich gewissermaßen „natürlich" ergebende Folgeerscheinung, legitimiert wird (wie z. B. katholische Amtskirche, Militär).

Es kann also nicht nur auf Entstehung und Verfassung als „Männerbund" abgestellt werden, es müssen unbedingt auch die Wirkungen verschiedener institutioneller Formen als Männerbunde, also funktionelle Äquivalente von „Männerbünden", in politikwisenschaftliche Institutionenanalysen einbezogen werden. Männerbünde äußern sich vor allem in modernen Gesellschaften auch in vielfältigen informellen oder latenten Formen, die oftmals eben nur faktisch wie Männerbünde wirken (Heinrichs 1990, S. 89). Der Frauenausschluß oder das Männerreservat kann intendiert oder nichtintendiert sein. In jedem Falle aber sind Frauen ausgeschlossen. Die „loseren" Männerbundformen zu übersehen, würde die analytischen Möglichkeiten des Männerbundkonzeptes erheblich einschränken. Nur unter dieser Voraussetzung läßt sich das Männerbundkonzept in sinnvoller Weise auch auf den (formal- und nicht unbedingt real)demokratisch verfaßten Staat des ausgehenden 20. Jahrhunderts beziehen. Nicolaus Sombart konstatierte daher zurecht, daß das „Männerbundsyndrom als psychisches Verhaltensmuster und als Mentalitätsraster" (Sombart 1988, S. 171 f.) auch dort noch „wirksam und nachweisbar (ist), wo es eine akute Männerbundbindung nicht (mehr) gibt" (ebd., S. 172).

Die Auffassung von einer wesensmäßigen Identität von Staat und Männerbund bildet die eigentliche Substanz aller männlichen Wunschvorstellungen von idealer politischer Gestaltung, wie sie vor allem in den zwanziger und dreißiger Jahren mit großem antidemokratischen und antiliberalen Impetus vorgetragen wurden.

„Masse" und „Männerbund" sind Modelle gesellschaftlicher und politischer „Ordnung", aber eben „nicht bloß für eine politische oder soziale Außenwelt, sondern auch als Mittel der Konstruktion einer männlichen Ich-Identität" (Widdig 1992, S. 29). Die Idee des Männerbundes steht als Gegenbegriff zur ungestalteten, objekthaften, gleichzeitig aber auch bedrohlichen (interessanterweise auch weiblich vercodeten) passiven Masse. Charakteristisch für den Idealtypus männerbündisch strukturierter Gesellschaft ist sein elitäres, männlich-fixiertes Kulturverständnis, für das der Ausschluß der Frauen konstitutiv ist. Der Drang zur männlichen „Selbstfindung" bedarf „radikaler Abgrenzung" (ebd., S. 25 f.). Die Idee des Männerbundes ist in ihrem wahren Kern ein Kampfprogramm gegen Ängste, ein männliches Selbstbehauptungsprogramm:

> „Frauenfeindlichkeit, antikapitalistische Tendenzen und andere Strategien der Ausgrenzung gehen eine eigenartige Mischung ein, um das zu verhindern, was ... als der Untergang männlicher Identität erscheint: den Beginn des Zeitalters einer Herrschaft der Massen." (ebd., S. 21)

Die angeblich wesensmäßige Identität von Staat und Männlichkeit legitimiert vordergründig den militanten Ausschluß von Frauen, um die männlichen Macht- und Entscheidungspositionen zu erhalten. Dieser beinahe pathologische Drang nach männlicher Monokratie läßt sich auf eine „historisch gewachsene Grundtendenz männlichen Verhaltens" zurückführen. Männer verbünden sich fast überall und fast immer mit dem Ziel, die männliche Dominanz in der Gesellschaft zu verteidigen (Völger/Welck 1990, S. XXI). Auch wenn totalitäre Abwehrstrategien (wie z. B. im Faschismus und seiner umfassenden Reorganisation des Geschlechterverhältnisses) nicht auf Dauer greifen können, geht es bei männerbündischen Zielsetzungen immer noch um Erhaltung oder Schaffung zumindest punktueller „Männerreservate". Männerbünde sind eine „männergemäße, männerbezogene, exklusiv von Männern geprägte Form der Gesellung" (Sombart 1988, S. 158). Männerbündische Merkmale finden sich daher in mehr oder weniger deutlicher Form sowohl in „totalen" wie auch in „punktuellen" Arrangements.

Als Grundstrukturen des Männerbundphänomens nennen Ethnologie, Anthropologie, Soziologie und historische Forschung (Sombart 1988, S. 158 ff.; Völger/Welck 1990, S. XXI; Heinrichs 1990, S. 87 ff.; Rastetter 1994, S. 237):

- Freiwillige und bewußte Zusammenschlüsse von Männern, aber auch bloß psychische Verhaltensmuster und Mentalitätsraster; Formen männlicher Identitätstütze;
- Männerbundmitgliedschaft impliziert die Anerkennung von Werten und geistigen Zielen, die häufig eine Überhöhung des in der jeweiligen Gesellschaft geltenden Wertesystems (Ideologie) darstellen;
- Affinität, Kohäsion und Solidarität von Männern, deren Bindung nicht rational, sondern emotional, affektiv, erotisch ist;
- Gemeinschaft in einem geschlechtsspezifischen Sinne;
- hierarchische Binnenstruktur (zentrale Figur eines Männerhelden oder Führers und libidinös gebundene Brüder, Freunde oder Kameraden);
- spezifische Verkehrsformen, Verhaltensmuster, Wertmaßstäbe, Denkfiguren (Treue, Ehre, Gefolgschaft, Gehorsam, Unterwerfung);
- Geheimhaltung und Verstellung (Aura des Geheimnisvollen, Geheimbund);
- Aufnahmeritus, Initiation; überhaupt Rituale, Zeremonien, Sprache; magische Techniken;
- künstliche Feindbilder, Abwehr des Fremden, des anderen (Weiblichkeit, Bolschewismus, Judentum).

Psychoanalytische Deutungsversuche zum Männerbundsyndrom greifen zumeist auf „Totem und Tabu" zurück, in dem Sigmund Freud dem Ursprung kultureller Institutionen nachgegangen ist. Freud versuchte, mit der „Urhorde", dem Ereignis des „Vatermordes" sowie der „Totemmahlzeit" der Brüder die Übergänge vom Alten zum Neuen aufzuhellen. Der Zusammenschluß der Brüder bereitete der Vaterhorde ein Ende: „Vereint wagten sie und brachten zustande, was dem einzelnen unmöglich geblieben wäre." (Freud 1991, S. 196) Der „gewalttätige Urvater" war „das beneidete und gefürchtete Vorbild eines jeden aus der Brüderschar" gewesen. Durch den „Akt des Verzehrens" eigneten sie sich „ein Stück seiner Stärke" an („Identifizierung"). Die Totemmahlzeit ist „die Wiederholung und die Gedenkfeier dieser denkwürdigen, verbrecherischen Tat, mit welcher so vieles seinen Anfang nahm, die sozialen Organisationen, die sittlichen Einschränkungen und die Religion" (ebd.). Mit der Tat allein war die Sache freilich noch nicht erledigt. Die Brüderschar hatte „ambivalente" Gefühle gegen den Vater, sie haßte ihn, aber sie liebte ihn auch. Reue und Schuldbewußtsein ließ sie einen „Vaterersatz" („Totem") schaffen, dessen Tötung sie untersagten, sie verzichteten aber auch auf die „freigewordenen" Frauen („Inzestverbot"). Die Brüder mußten sich zusammentun, damit „niemand von ihnen vom anderen behandelt (werde) ..., wie der Vater von ihnen allen gemeinsam" (ebd., S. 198 ff.). „An die Stelle der Vaterhorde war der Brüderclan getreten, welcher sich durch das Blutband versichert hat." (ebd., S. 200) Und dies wäre gewissermaßen die Geburtsstunde des Männerbundes.

Der Ethnopsychoanalytiker Mario Erdheim deutet „Totem und Tabu" als Erklärungsmodell für die „Institutionalisierung" von Bewegungen überhaupt:

„Freuds Phantasie von der Urhorde spiegelt in gewisser Hinsicht die Situation vor jeder Institutionalisierung wider.“ (Erdheim 1991, S. 21) Freud beschrieb „Prozesse, die die Unbewußtmachung einschneidender und gewaltsamer Umstürze und Machtverlagerungen erwirken“, und er erklärte auch, „wie es möglich war, hierarchische Ordnungen aufzubauen, die eine Mehrheit zugunsten einer Minderheit entmachteten“ (ebd., S. 36). Der Mythos vom Vatermord sollte die Privilegien der Männer vor der Rache der entmachteten Frauen schützen und rechtfertigen. Das alles überragende Männerhaus als Basis aller politischen Strukturen war ein wesentliches Instrument dazu. Mit zeremoniellen Kriegen und oft grausamen Initiationsritualen taten die Männer „Buße“ (ebd., S. 39 f.). Weil keiner der Brüder bzw. Männer den Sieg davongetragen hatte, rotteten sie sich zusammen, nicht aber aus dem Bewußtsein ihrer erwünschten Gleichheit. Sie machten aus der männlichen Not sozusagen unter der Hand eine männliche Tugend.

Männerbundapologeten verschweigen und verschleiern aber gerade diese Tatsache, indem sie eine besonders „egalitäre“ Qualität in Männerbünden erkennen wollen. So wird also behauptet, wenn Männer unter Männern wären, würden soziale Gegensätze keine Rolle mehr spielen. Diese Idylle männlicher Gleichheit wurzelt aber in einer speziellen Konstruktion: Scheinbare Gleichheit nach außen („Brüder“, „Kameraden“ usw.) wird nämlich über Zeremonien und Rituale „in interne Hierarchie und Macht transformiert“ (Ebrecht 1989, S. 30). Orte wirklicher Gleichheit sind Männerbünde jedenfalls nicht, ganz im Gegenteil, eine überaus starre Hierarchie steuert Gefühlsbindungen und regressive Mechanismen: Was „Rekruten“, „Novizen“ oder „Füchse“ dürfen, ist im Detail genauestens festgelegt. Im Zweifelsfall ist immer die größere Verweildauer im Männerbund entscheidend. Positionen werden in der Regel „altersgemäß“ ersessen.

Am Beispiel der Kernstrukturen des Staates: Militär und Bürokratie. Zum analytischen Wert des Männerbundkonzeptes

Politische Männerbundtheorien haben nicht nur Staat und Männerbund, sondern auch Militär und Männerbund in eins gesetzt. Die Imagination des Mannes in Männerbundtheorien ist immer der „männliche“, also der soldatische und heroische Mann. Nichtwaffenfähige oder Nichtwaffentragende wurden immer schon „als Weiber“ betrachtet (Weber 1972, S. 616).[14]

Militär ist nicht bloß eine männliche Institution, es ist vielmehr die „Schule der (männlichen) Nation“ und damit die „Schule der Nation (zum Mann)“. Es ist eine „Illusionsmaschine“, die im wesentlichen „das Konstrukt der Männlichkeit produziert“: Hier wird – ähnlich wie in den Männerhäusern – das Geheimnis gepflegt, wodurch der Mann zum Mann wird (Erdheim 1982, S. 336).

Der Drill bildet den zentralen Motor der militärischen „Illusionsmaschine". Entstanden im Zuge der „militärischen Revolution" des 18. Jahrhunderts bewirkte er, daß Massen in Bewegung gesetzt werden konnten, ohne daß sie das Warum dieser Bewegung kannten. Die Kampfziele „bleiben dem Militär äußerlich und können deshalb auch beliebig ausgewechselt werden" (ebd., S. 338). Statt hehrer „idealistischer Ziele" (wie z. B. das Vaterland) taucht nun „Männlichkeit" als Kampfmotivation auf. Zum Überleben wird männliche Solidarität („Kameradschaft") prioritär und verselbständigt sich.

Nicht nur „äußerer Zwang", sondern auch „libidinöse Strukturen" halten also Armeen zusammen (Freud 1974, S. 88). Jeder einzelne ist einerseits an den Vorgesetzten und andererseits an die anderen Soldaten gebunden. Identifizierung mit dem führenden Vorgesetzten läßt die bewußte Einzelpersönlichkeit schwinden, richtet Gedanken und Gefühle aus, läßt Affektivität und Unbewußtes vorherrschen.

Der Männerbund Militär reproduziert sich über Initiationsriten, die die Männer äußerst ungleiche Ordnung hinnehmen lassen. Die neuen Rekruten werden behutsam in die Welt der älteren Männer eingeführt, in der Oben und Unten längst ausgehandelt und festgelegt ist. Ferner muß der eintretende Rekrut hinter den Kasernenmauern die für unsere Gesellschaft übliche „Frauenrolle" erlernen: „Nur ein Mann, welcher derart als Frau behandelt wurde, wird sich dem weiblichen Geschlecht gegenüber so verhalten können, wie es bei uns üblich ist." (Erdheim 1982, S. 343) Alles in allem wird ihnen also der Standpunkt vermittelt, von dem aus Männer die Welt zu sehen haben.

Aber auch historische und aktuelle Frauenausschlußpraktiken in staatlichen Bürokratien (Kreisky 1991) legen die Anwendung eines männerbündischen Analyserahmens nahe. Die Staatsbürokratie konstituierte sich in unseren Breiten von allem Anfang an als ausschließlicher „Herrenclub" und hat sich ihre frauenausschließende und -diskriminierende Beharrlichkeit bis in die Gegenwart bewahrt. Republikanisierung und Parlamentarisierung haben das männerbündische Fundament staatlicher Bürokratien unter einem Schutzmantel parademokratischer Normen verhüllt. Aber Männerbünde beweisen enorme Bunkereigenschaften. Die Staatsbürokratie, die eigentlich verfassungsmäßig nicht mehr Männerbund sein darf, umgibt sich daher mit einem äußerst vielfältigen und vitalen Berufsumfeld extremer Männerbünde (z. B. Cartellverband, Burschenschaften, Freimaurerlogen). Die Aura des Geheimen und Geheimnisvollen verbirgt die tätigen Männerseilschaften. Die männliche Schutz- und Notgemeinschaft ist nach wie vor intakt. Frauengerechtere Gesetze und Normen werden lasch gehandhabt, unterlaufen, ja überhaupt nicht umgesetzt. Der „strukturelle Konservativismus der Bürokratie" (Häussermann 1977) läßt alle frauenpolitische Reform zur „symbolischen Politik" (Edelmann 1976) verkommen.

Resümee

Unsere institutionelle Welt ruht also auf einem massiven „männerbündischen“ Fundament, worunter keineswegs nur formelle und direkte Ausschlußregeln für Frauen, sondern auch die gesamte „männliche Ethik“ dieser Institutionen mit all den subtilen Diskriminierungs- und Ausgrenzungsspielen zu fassen ist.

Die rechtliche Ordnung hat eine bloße Umcodierung des gesellschaftlichen Zustandes der Ungleichheit in einen formalen Zustand der Gleichheit vorgenommen, denn die Anpassung der Wirklichkeit an die Norm steht keinesfalls prioritär an der Tagesordnung männerbündisch geformter Politik. Antidiskriminierungspolitik oder Maßnahmen der Frauenförderung tragen daher von vornherein und immer einen rechtsstaatlichen Makel, sie sind mit dem Odium der Ungleichbehandlung belastet, während die faktisch ungleichbehandelnde Rechtsordnung davon ein für allemal freigesprochen sein soll. Im harmonisierten Kräfteparallelogramm der Rechtsstaatlichkeit hat Frauenpolitik daher ein prinzipiell „störendes“ Gewicht. Machtkonstellationen und Konsense der Vergangenheit werden durch sie neu unter dem Geschlechteraspekt aufgerollt. Und genau das soll nicht sein.

Selbst die „moderne Welt“ ist nicht „entzaubert“, sondern eine magische Welt von Ritualen und Zeremonien geblieben. Rituale erzeugen neben anderem auch brauchbare – weil eben verwirrende – Nebelschwaden, die nicht nur die ausgrenzenden formalen Strukturen abpuffern, sondern auch die dominanten männlichen Denkmuster und die alles bestimmende männliche Alltagskultur verschleiern helfen. Das Fernhalten der Frauen erfährt dadurch auch eine mythologische Fundierung. Die Berufung auf Traditionen kann und soll auch den Frauenausschluß immer als „Naturhaftigkeit“ erscheinen lassen. Jeder Eingriff in diese „natürliche“ Geschlechterordnung – auch ein solcher, der „nur“ der Realisierung von Recht auch für Frauen auf die Sprünge helfen soll – muß von vornherein als illegitim erscheinen.

Der Antifeminismus hat sich also als wirksame Gegenbewegung zur Frauenbewegung in Wissenschaft, Kunst und Politik formiert. In dieser Strömung erschienen die Männerbünde als praktische Alternative zu sich abzeichnenden gesellschaftlichen Veränderungen. In Männerbünden konnte angegriffene und gefährdete Männlichkeit Zuflucht suchen, sich in traditioneller Männlichkeit bestätigen und „Männlichkeit“ im Sinne traditioneller Gesellschaftsrestauration politisch durchsetzen lassen. Der drohenden „Verweiblichung“ der Männer und „Verweiblichung“ staatlicher Tätigkeit sollte die alte Geschlechterordnung entgegengestellt werden.

Der bloße „Rückzug“ von Männern in Reservate stellt noch nicht das gesellschafts- und demokratiepolitische Problem dar. Das ergibt sich erst dann, wenn der Männerbund zum politischen Strukturelement schlechthin wird und die Standardform aller Politik abgibt. Die Geschichte des neuzeitlichen Staates vermittelt anschaulich die nachhaltige Affinität des Staates zu dieser Männerbundform.

Dies ist die überarbeitete Fassung eines Vortrags, der am 11. 12. 1991 am Institut für Politikwissenschaft der Universität Wien gehalten wurde.

Anmerkungen

1 Daß dabei historisch und kulturell behutsam im Kontext zu verfahren ist, ist selbstverständlich. Der vorliegende Beitrag bezieht sich in seinen Aussagen daher zu allererst auf die männlich dominierte politisch-institutionelle Kultur Deutschlands und Österreichs. Relevante Entwicklungen des 19. und 20. Jahrhunderts weisen in diesem Punkt ziemliche Gleichförmigkeit auf. Eventuell doch erhebliche Differenzen werden speziell angeführt.

2 Carole Pateman hat uns auf „das Paradox von Ausschluß und Einschluß“ von Frauen in der klassisch-bürgerlichen politischen Ordnung hingewiesen: Frauen sind nämlich „aus- und eingeschlossen ... aufgrund genau derselben Fähigkeiten und Eigenschaften“ (Pateman 1992, S. 56). Dieses Paradox erst schafft den komplexen politischen Status von Frauen: Auch wenn die Ausgrenzung von Frauen Pate gestanden hat für die Struktur zentraler politischer Institutionen (insbesonders für Staatsbürgerrechte), waren Frauen nicht auch ausgeschlossen aus der „bürgerlichen Gesellschaft“: „Die Herausbildung des modernen Patriarchats verkörpert auch eine neue Art und Weise, Frauen einzubeziehen.“ (ebd., S. 56 f.) Allerdings differiert der Einbezug von Frauen wesentlich vom Einbezug der Männer in die politische Ordnung. Nur sie waren ja bekanntlich „Individuen“ und „Staatsbürger“. Frauen wurden eingeschlossen als den Männern Untergeordnete, die „politische Pflichten“ zu erfüllen hatten, die aus ihrer „Fähigkeit zur Mutterschaft“ hergeleitet wurden. Mutterschaft wurde in politischen Theorien des 18. Jahrhunderts als „politischer Status“ erörtert (ebd., S. 56 f.).

3 Auch wenn die Engführung auf „institutionelle“ Politikaspekte hin immer wieder zu Recht Anlaß zu grundsätzlicher, so auch feministischer Kritik an Inhalten, Theorien und Methoden der Politikwissenschaft bietet, müssen wir dennoch an Konzepten und Analyseinstrumenten arbeiten, die selbst einem institutionellen Ausdruck von Politik angemessen sein können. Die Zukunft des Politischen liegt zwar mit Gewißheit auch jenseits des traditionellen Korsetts politischer Institutionen, was aber natürlich nicht umgekehrt heißt, daß deshalb die institutionelle Verfaßtheit von Politik total hinfällig würde (Beck 1993). Die Zukunft des Politischen liegt vielmehr in neu definierten und neu austarierten Arrangements aus formellen und informellen Politikstrukturen zu sowohl „alten Fragen“ der Politik wie auch zu völlig neu artikulierten Politikinhalten für alte, aber auch neu auftretende Interessensgruppen (Leggewie 1994).

4 In der Terminologie politischer Theorie und politischer Ideengeschichte müßte man einen solchen Prüfvorgang eigentlich dem großen Komplex der „Ideologiekritik“ zuschlagen. Androzentrismuskritik stimmt ihrer Funktion nach in methodischer, wenngleich nicht auch in inhaltlicher Hinsicht mit Intentionen üblicher Ideologie- und Wissenschaftskritik durchaus überein. Dennoch scheint sie auch in neueren Debatten zur Ideologiekritik noch immer nicht selbstverständlich.

5 Die feministische Theoriediskussion steht allgemeinen, universalistischen Theorieentwürfen zu Recht mit Skepsis gegenüber. So ist es auch nicht als Makel anzusehen, wenn die Reichweite ihrer eigenen Theoriekonzepte vor allem bereichsbezogen ist.

6 Für diese vor allem in der US-amerikanischen feministischen Theoriedebatte beobachtbare Einsicht stehen beispielhaft Autoren wie etwa John Locke, Jean-Jacques Rousseau, John Rawls, Michel Foucault oder Jürgen Habermas (Shanley/Pateman 1991).

7 Etwas anders scheint dies freilich bei seinem Zeitgenossen Georg Simmel gewesen zu sein (Simmel 1983).

8 Alfred Baeumler hielt am 10. Mai 1933 seine Antrittsvorlesung an der Berliner Universität. In dieser Vorlesung rechtfertigte er schon im voraus die noch am selben Tage folgende Bücherverbrennung. Nach seiner Vorlesung marschierten die Studenten in Braunhemden und Couleur – mit Alfred Baeumler an der Spitze – begeistert zur öffentlichen Bücherverbrennung (Roß 1994, S. 67 f.). Diese Antrittsvorlesung veröffentlichte Baeumler im Sammelband seiner hochschulpolitischen Vorträge namens „Männerbund und Wissenschaft“ (Baeumler 1934). Er fungierte zudem als Herausgeber von Alfred Rosenbergs „Schriften und Reden“. Ab 1942 war Alfred Baeumler Leiter des Amtes Wissenschaft in Rosenbergs Dienststelle für die Überwachung der gesamten geistigen und weltanschaulichen Schulung der NSDAP (Korotin 1992, S. 158 f.). Baeumler war auch federführend am Bildungskonzept der NSDAP beteiligt und förderte die neuerliche Einführung getrenntgeschlechtlicher Erziehung (ebd., S. 161).

9 Bärbel Schöler-Macher hat die „Fremdheit“ der Frauen in der Politik am Beispiel des Berliner Abgeordnetenhauses empirisch untersucht. Die Erfahrungen der befragten Frauen, die „Politik als Beruf“ betreiben, bestätigen alle Feststellungen von einer politischen Männerbundkultur. Schöler-Macher erkennt in diesem empirischen Faktum die besondere „Affinität (des politischen Systems) zu Männlichkeitswerten und -vorstellungen“, die Männern noch dazu in doppelter Hinsicht nützt, weil sie ihre politischen Karrieren stützt und weil sie ihnen obendrein auch noch „kameradschaftliche“ Wärme und Geborgenheit schafft in den entfremdenden, inhumanen Strukturen der Berufspolitik. Beides arbeitet aber zugleich auch gegen Frauen, es behindert ihr politisches Fortkommen und es perpetuiert ihr Gefühl von Fremdheit im politischen Männerland (Schöler-Macher 1991, S. 106 f.).

10 Als solche relevante Fragen, die im Kontext der Frauenbewegung noch zu wenig beachtet werden, werden im vorliegenden Beitrag beispielhaft behandelt: Was ist das „Männerbündische“? Wie strukturiert es sich? Welche Auswirkungen hat es? Woher stammt der Begriff des Männerbundes? In welchem historischen und theoretischen Kontext ist er entstanden und mit welcher Absicht und welchem Inhalt wurde er propagiert? Welche Entwicklung hat er seither genommen? Ist er für feministische Staats- und Institutionen-Analysen brauchbar oder bedarf es erst noch kritisch-reflektierter Arbeit an ihm? Wie belastet ist das Konzept durch seine präfaschistisch-antidemokratische und faschistische Vergangenheit?

11 Auch das Wien dieser Zeit kann als eines der geistigen Zentren des Antifeminismus in Europa gelten: Otto Weininger, Jörg Lanz-Liebenfels, aber auch Karl Kraus und viele andere bildeten einen Kreis antifeministischer Denker und Propagandisten (Daim 1985; Le Rider 1990).

12 Interessant an der Begriffsgeschichte ist weiterhin, daß der Terminus „Männerbund", wie er in Deutschland entstanden ist, in keiner anderen Sprache ein wirkliches Äquivalent gefunden hat. Im Englischen wird er als deutsches Fremdwort gebraucht (Völger/Welck 1990, S. XXIII).

13 Diese Zeitpunkte sind mit dem Einfluß bestimmter Autoren verknüpft: 1. 1902 bis 1904 (Heinrich Schurtz), 2. 1917 bis 1922 (Hans Blüher) und 3. 1930 bis 1934 (Alfred Rosenberg, Alfred Baeumler).

14 Etymologisch stehen „taugen" und „tauglich" mit germanischen Wortbildungen im Zusammenhang wie Tüchtigkeit, Tapferkeit, Kraft, Gewalt, Vortrefflichkeit und Tugend. Ein Tugendbold war bekanntlich ein Raufbold. Erst unter dem Einfluß des Christentums wurde das Wort Tugend „sittlich" aufgeladen und zum Gegenbegriff des „Lasters" (Duden 1989, Bd. 7). Auch heute werden „Untaugliche", „Wehrdienstverweigerer" oder „Zivildiener" im Alltagsverständnis immer noch abgewertet, sie werden als „nichttugendhafte", „nichtmännliche" Männer betrachtet. Und alles, was nicht „männlich" ist, gilt in unserer Gesellschaft erfahrungsgemäß als entweder „infantil" oder „weiblich".

Literatur

Baeumler, Alfred (1934), Männerbund und Wissenschaft, Berlin

Beck, Ulrich (1933), Die Erfindung des Politischen, Frankfurt/Main

Blüher, Hans (1916), Der bürgerliche und der geistige Antifeminismus, Berlin

Blüher, Hans (1921), Die Rolle der Erotik in der männlichen Gesellschaft. Eine Theorie der menschlichen Staatsbildung nach Wesen und Wert, 2 Bde., Jena

Bologh, Roslyn W. (1990), Love or Greatness. Max Weber and masculine thinking – feminist inquiry, Boston

Clark, Lorenne M. G. / *Lange*, Lynda (1979), The Sexism of Social and Political Theory: Women and Reproduction from Plato to Nietzsche, Toronto

Daim, Wilfried (1985), Der Mann, der Hitler die Ideen gab, Wien

Der Duden (1989), Bd. 7, Herkunftswörterbuch, Mannheim

Ebrecht, Angelika (1989), Dürfen Frauen und Männer hinter ihr Geheimnis kommen? Frauen und Geheimgesellschaften im 18. Jahrhundert, in: Feministische Studien (1), S. 28–42

Edelmann, Murray (1976), Politik als Ritual. Die symbolische Funktion staatlicher Institutionen und politischen Handelns, Frankfurt/Main

Erdheim, Mario (1982), „Heiße" Gesellschaften und „kaltes" Militär, in: Kursbuch 67, S. 59–70

Erdheim, Mario (1991), Zur Lektüre von Freuds Totem und Tabu, in: Sigmund Freud, Totem und Tabu, Frankfurt/Main, S. 7–42

Freud, Sigmund (zuerst 1921), Massenpsychologie und Ich-Analyse, in: Sigmund Freud, Studienausgabe, Bd. IX, S. 61–134, Frankfurt/Main

Freud, Sigmund (1991), Totem und Tabu, Frankfurt/Main

Gottschewsky, Lydia (1934), Männerbund und Frauenfrage. Die Frau im neuen Staat, München

Harding, Sandra / *Hintikka*, Merrill B. (Hg.) (1983): Discovering Reality. Feminist Perspectives on Epistemology, Metaphysics, Methodology, and Philosophy of Science, Dordrecht – Boston – London

Häussermann, Hartmut (1977), Die Politik der Bürokratie. Einführung in die Soziologie der staatlichen Verwaltung, Frankfurt/Main – New York

Heinrichs, Hans-Jürgen, Politik als männerbündisches Handeln und Verhalten, in: Gisela *Völger* / Karin *Welck* von (Hg.) (1990): Männerbande, Männerbünde. Zur Rolle des Mannes im Kulturvergleich, Bd. 1, Köln, S. 87–92

Honegger, Claudia (1991), Die Ordnung der Geschlechter. Die Wissenschaften vom Menschen und das Weib. 1750–1850, Frankfurt/Main – New York

Klinger, Cornelia (1986), Das Bild der Frau in der Philosophie und die Reflexion von Frauen auf die Philosophie, in: Karin Hausen / Helga Nowotny (Hg.): Wie männlich ist die Wissenschaft?, Frankfurt/Main, S. 62–84

Korotin, Ilse (1992), „Am Muttergeist soll die Welt genesen". Philosophische Dispositionen zum Frauenbild im Nationalsozialismus, Wien – Köln – Weimar

Kreisky, Eva (1991), Bürokratisierung der Frauen – Feminisierung der Bürokratie, in: Barbara Schaeffer-Hegel / Heidi Kopp-Degethoff (Hg.): Vater Staat und seine Frauen. Studien zur politischen Kultur, 2. Bd., Pfaffenweiler, S. 194–207

Kreisky, Eva (1994), Aspekte der Dialektik von Politik und Geschlecht. Plädoyer gegen „geschlechtshalbierte Wahrheiten und Blickrichtungen" in der Politikwissenschaft, in: Erna Appelt / Gerda Neyer (Hg.): Feministische Politikwissenschaft, Wien, S. 13– 35

Leggewie, Claus (Hg.) (1994): Wozu Politikwissenschaft? Über das Neue in der Politik, Darmstadt

Le Rider, Jaques (1990), Das Ende der Illusion. Zur Kritik der Moderne, Wien

Möbius, Paul J. (1900), Über den physiologischen Schwachsinn des Weibes? o. O.

Neyer, Gerda (1991), Zugangsmodalitäten und strukturelle Behinderungen in österreichischen Parlamenten: Frauen im Nationalrat, in: Barbara Schaeffer-Hegel / Heidi Kopp-Degenhoff (Hg.): Vater Staat und seine Frauen, Studien zur politischen Kultur, Bd. 2, Pfaffenweiler, S. 39–51

Okin, Susan Moller (1979), Women in Western Political Thought, London

Patemann, Carole (1992), Gleichheit, Differenz, Unterordnung. Die Mutterschaftspolitik und die Frauen in ihrer Rolle als Staatsbürgerinnen, in: Feministische Studien (1), S. 54–69

Rastetter, Daniela (1994), Sexualität und Herrschaft in Organisationen. Eine geschlechtervergleichende Analyse, Opladen

Reulecke, Jürgen (1985), Männerbund versus Familie. Bürgerliche Jugendbewegung und Familie in Deutschland im ersten Drittel des 20. Jhdt., in: Thomas *Koebner* u. a. (Hg.): Mit uns zieht die neue Zeit. Der Mythos Jugend, Frankfurt/Main, S. 11–32

Reulecke, Jürgen (1990), Das Jahr 1902 und die Ursprünge der Männerbund-Ideologie in Deutschland, in: Gislea Völger / Karin Welck von (Hg.): Männerbande, Männerbünde. Zur Rolle des Mannes im Kulturvergleich, Bd. 1, Köln, S. 3–10

Rosenberg, Alfred (1930), Der Mythos des 20. Jahrhunderts. Eine Wertung der seelisch-geistigen Gestaltenkämpfe unserer Zeit, Berlin

Ross, Martin Michael (1994), „Die staatsgründende Tat" – Alfred Baeumler und die Politisierung der Ästhetik, in: Ilse Korotin (Hg.): „Die besten Geister der Nation". Philosophie und Nationalsozialismus, Wien, S. 66–86

Roth, Günther (1989), Marianne Weber und ihr Kreis, in: Marianne Weber / Max Weber, Ein Lebensbild, München, S. IX–LXXII

Saxonhause, Arlene (1991), Aristotle: Defective Males, Hierarchy, and the Limits of Politics, in: Mary Lyndon Shanley / Carole Pateman (Hg.): Feminist Interpretations and Political Theory, Cambridge, S. 32–52

Schmitt, Carl (1963), Der Begriff des Politischen, Berlin (zuerst 1932)

Schoeps, Julius H. (1988), Sexualität, Erotik und Männerbund. Hans Blüher und die deutsche Jugendbewegung, in: Joachim H. Knoll / Julius H. Schoeps (Hg.): Typisch deutsch: Die Jugendbewegung. Beiträge zu einer Phänomengeschichte, Opladen, S. 137–154

Schöler-Macher, Bärbel (1991), Fremd(körper) in der Politik. Die Normalität des politischen Alltags in Parteien und Parlamenten aus der Sicht der Frauen, in: Frauenforschung, hrsg. v. Institut Frau und Gesellschaft, (1+2), S. 98–116

Schurtz, Heinrich (1902), Altersklassen und Männerbünde. Eine Darstellung der Grundformen der Gesellschaft, Berlin

See, Klaus von (1990), Poltische Männerbund-Ideologie von der wilhelminischen Zeit bis zum Nationalsozialismus, in: Gisela Völger / Karin Welck von (Hg.): Männerbande. Männerbünde. Zur Rolle des Mannes im Kulturvergleich, Bd. 1, Köln, S. 93–102

Shanley, Mary Lyndon/Pateman, Carole (Hg.) (1991): Feminist Interpretations and Political Theory, Cambridge

Sombart, Nicolaus (1988), Männerbund und politische Kultur in Deutschland, in: Joachim H. Knoll/Julius H. Schoeps (Hg.): Typisch deutsch: Die deutsche Jugendbewegung, Opladen , S. 155–176

Sombart, Nicolaus (1991), Die deutschen Männer und ihre Feinde. Carl Schmitt – ein deutsches Schicksal zwischen Männerbund und Matriarchatsmythos, München – Wien

Theweleit, Klaus (1986), Männerphantasien, Basel – Frankfurt/Main

Völger, Gisela / *Welck* Karin von (Hg.) (1990): Männerbande. Männerbünde. Zur Rolle des Mannes im Kulturvergleich, 2 Bde., Köln

Weber, Max (1972), Wirtschaft und Gesellschaft, Frankfurt/Main (zuerst 1922)

Weber, Max (1987), Politik als Beruf, 8. Aufl., Berlin

Weininger, Otto (1916), Geschlecht und Charakter, 15. Aufl., Wien – Leipzig (zuerst 1903)

Widdig, Bernd (1992), Männerbünde und Massen. Zur Krise männlicher Identität in der Literatur der Moderne, Opladen

Claudia von Werlhof
Geschlecht – Differenz – Dissidenz

Rückblickend wird mir immer klarer, daß mein Erkenntnisweg an den eigenen, den eigenleiblichen Erfahrungen entlang gegangen ist. Der Ausgangspunkt der Erkenntnissuche ist also immer ein sehr persönlicher gewesen. Insbesondere habe ich mich gekümmert um Fragen, die mich aufgeregt haben, die mich nicht losließen, die ich nicht verstanden habe. In der Normalwissenschaft ist das gerade nicht der Fall. Da kümmert man sich insbesondere um Fragen, die mit einem selbst gerade nichts zu tun haben. Genau dies ist auch die Kritik der Frauenforschung an der Wissenschaft, daß sie eine „Betroffenheit" der Forschenden nicht zuläßt (Mies 1978 und 1988). Frauenforschung ist ausgegangen von der Empörung. Erst die Empörung der Frauen, z. B. über die Gewalt, die sie erfahren, hat zu Fragen und Thesen geführt, die über die landläufige Wissenschaftlichkeit der bloß unbeteiligten „Analyse" hinausführten.

Umbau des Systems oder Abschied vom System?

Bei einer Fernsehdiskussion im Frühjahr 1992 haben Helga Nowotny und andere darüber diskutiert, wie man ein anderes, neues „Modell" für die Wissenschaft oder die Politik finden und praktizieren könnte als das des Patriarchats. Frau kam zu dem Schluß, daß – so lange es kein anderes Modell als das Patriarchat gäbe – man eben auch nichts anderes tun könne, als diesem Modell weiter zu folgen, wenn auch kritisch. Die Frage, daß es einfach unerträglich ist, unterdrückt zu werden, tauchte überhaupt nicht auf. Modell hin, Modell her, diejenigen, die die Situation unerträglich finden, müssen ja auf jeden Fall versuchen, sich die Lage anders als dem Modell entsprechend zu erklären bzw. sie ganz direkt zu verändern beginnen.

Das Beispiel zeigt, daß mein Thema die Spaltung ist, die unter Frauen herrscht, gerade auch solchen, die sich als Frauenforscherinnen und/oder Frauenbewegte verstehen. Es geht aus meiner Sicht in der Frauenbewegung gerade nicht einfach um „Gleichheit" oder „Differenz", wie fast immer betont wird (Gerhard u. a. 1990; Schröder 1979, 1979 und 1981; Irigaray 1990; Graf 1990), sondern vor allem um *Dissidenz*, um Dissidenz zum Patriarchat. Der Begriff der „Dissidenz" erscheint mir besonders geeignet, um auszudrücken, daß wir nicht auf andere „Modelle" warten können, ja, daß es gar nicht um Modelle geht.

Im Lexikon (Wahrig 1989) ist zu lesen: Ein Dissident ist jemand, der zu keiner staatlich anerkannten Religionsgemeinschaft gehört, also ein Religionsloser. Es ist auch jemand, der von einer offiziellen Lehrmeinung oder Ideologie abweicht; dissidens (lateinisch) heißt: uneinig mit jemandem sein, beiseite sitzend. Genau das möchte ich für mich in Anspruch nehmen. Erst, wenn ich zwischen den Stühlen sitze, begegne ich dem Problem, um das es eigentlich geht. Es hat dann Gelegenheit, mich gewissermaßen zu durchqueren, und ich habe die Gelegenheit, dieses – mitunter auch schmerzliche – Erleben zu einer Erfahrung zu machen und zu einer mitteilbaren Erkenntnis werden zu lassen.

Das Problem der Spaltung der Frauen selbst oder gerade *innerhalb* der Bewegung kenne ich nun seit Ende der 70er Jahre. Es begann bereits kurz nach Beginn der Frauenbewegung. Dennoch ist es bis heute nicht grundlegend analysiert worden. Es ist ein dunkler Fleck auf der Landkarte der Bewegung. Ich möchte daher am Beispiel eigener Erfahrung versuchen, dem Problem der Spaltung unter den Frauen auch theoretisch zu Leibe zu rücken (Werlhof 1986; 1990a; 1990b; 1991a; 1991b; 1993; 1994a).

Gehen wir also von der Auseinandersetzung um Gleichheit und Differenz versus Dissidenz aus. Wozu werden solche Fragen diskutiert und Forderungen nach Gleichheit und/oder Differenz erhoben? Entsteht aus ihnen lediglich eine Ergänzung/Vervollkommnung oder gar Verdoppelung des schon Bestehenden oder etwas anderes? Diese Frage ist auch für die Frauenforschung zu stellen: Ist sie bloß eine Verdoppelung und Ergänzung bestehender Wissenschaft und schürt oder verdoppelt damit gar noch die dort stattfindende Frauenunterdrückung oder führt sie überhaupt zu einer anderen Wissenschaft? Zeigt sie nicht nur Forschungslücken auf, oder will sie eine Infragestellung der Grundlagen und Voraussetzungen dieser Wissenschaft selbst?

So haben wir zu fragen, lautet meine These: Es kann nur um Dissidenz gehen, denn Gleichheit und Differenz sind schon da, sie einzuklagen ist historisch überholt. Es ist überflüssig, die Fragen *des* Systems zu stellen, es müssen endlich einmal diejenigen gestellt werden, die aus ihm hinausweisen. Das klingt gewagt. Ist das System, das „Modell Patriarchat", nicht überall, in Politik, in Wissenschaft, zu Hause? Gibt es überhaupt etwas „anderes", ein „Draußen"?

Zunächst einmal: Worum geht es in diesem „System"? Nach Habermas (und der muß es ja wissen!) (Habermas 1981) geht es dabei insbesondere um *Geld*, *Macht* und/oder *Moral* (die vierte von ihm genannte Kategorie, den „Einfluß", lasse ich aus Redundanzgründen hier weg). Die Frage ist nun, was haben Frauen damit zu tun, was ihre Gleichheit, ihre Differenz und ihre Dissidenz? Denn wenn die Frauen dieses System und seine Mittel und Zwecke kritisieren, dann müßten sie etwas anderes anzubieten haben als eben jene Macht-, Geld- und Moral-Mechanismen. Geht es also um eine Art System-Exmanenz oder geht es lediglich um einen Ausbau der System-Immanenz „zugunsten" von Frauen, die nun eben auch an Macht, Geld und/oder moralische Rechtfertigungen herankommen wollen, um gewissermaßen das System „mit seinen eigenen Mitteln" zu schlagen? Geht also der Weg in Richtung Aus- und „Umbau", also Erneuerung und Verbesserung des „Systems" oder geht er in Richtung Abschied vom System?

Folgen von Gleichheit/Differenz und Dissidenz

Um die Folgen solcher Entscheidungen zu beurteilen, müssen wir uns nun drei Fragen stellen (Ernst 1990):

1. Was sind die *Voraussetzungen* von und für Gleichheit/Differenz oder eben Dissidenz?
2. Gibt es etwas, das bei den Forderungen nach Gleichheit/Differenz oder auf dem Wege der Dissidenz *negiert*, also geleugnet wird?
3. In welcher *Form*, also durch welche Methode soll das Ziel Gleichheit/Differenz oder Dissidenz erreicht werden?

Die Voraussetzung für das Erreichen von Gleichheit und/oder Differenz bleibt in jedem Falle: Herrschaft. Differenz und Gleichheit setzen Herrschaft insofern voraus, als sie innerhalb dieser Herrschaft oder durch sie erreicht werden wollen. Nur Dissidenz hält sich nicht an diese Voraussetzung, ja will den Herrschaftszusammenhang gerade verlassen. Dissidenz geht es um Herrschaftsfreiheit, um Befreiung von Herrschaft überhaupt. Entsprechend verhält es sich mit der Negation. Differenz- und Gleichheits-Forderungen leugnen die Möglichkeit von Herrschaftsfreiheit. Sie tun so, als ob es die letztere nicht gäbe. Nur Dissidenz schließt die Möglichkeit der Herrschaftsfreiheit gerade nicht aus, sondern ein, geht auf sie zu.

Nun kenne ich kaum Männer, die davon ausgehen, daß Herrschaft gar nicht notwendig, gar eine „Fehlform" (Werner Ernst) wäre. Aber gerade die Patriarchatsforschung hat klargemacht, daß Herrschaft als System, nämlich systematische, auf Dauer angelegte, expandierende Herrschaft, erst mit und als Patriarchat, nämlich als *Staat,* auftaucht, also seit vier- oder fünftausend Jahren (Braun 1988; Göttner-Abendroth 1988). Herrschaft ist demnach keineswegs geschlechtsneutral, sondern das, was das Patriarchat möglich macht, ist Herrschaft von Männern über Frauen, mindestens. Dabei ist sie, blickt man in die Geschichte, immer wieder untergegangen und zusammengebrochen, von Rom bis zum „Tausendjährigen Reich". Das heißt, Herrschaft hat sich immer als prekär erwiesen. Außerdem ist Herrschaft immer mit *Gewalt* verbunden gewesen, ist Gewaltherrschaft allein dadurch, daß sie aufrecht erhalten werden will. Gerade Frauen hätten nach allen ihren Erfahrungen von Mord und Unterdrückung an Frauen, Müttern und Kindern allen Grund, die „Notwendigkeit" von Herrschaft anzuzweifeln, ihre Künstlichkeit zu betonen und wieder nach Formen herrschaftsfreien Lebens zu suchen. Und in der Tat sind es insbesondere Frauen, die die Befreiung von Herrschaft thematisieren (Daly 1981; Keller 1989; Weiler 1993; Göttner-Abendroth 1988; Lorde 1983). Diejenigen jedoch, die Herrschaft voraussetzen, halten derartige Versuche und Überlegungen für illusorisch, romantisch, naiv, ja verfehlt (Lenz/Luig 1990). In der Tat: das Patriarchat als Gesellschaftsordnung umfaßt nicht nur die Männer, sondern auch die Frauen. Patriarchat ist demnach der Fall, wenn auch Frauen für

Herrschaft sind, und eine nichtpatriarchale Gesellschaft ist die, in der auch Männer gegen Herrschaft sind. Das soll es ja gegeben haben und immer noch geben (Göttner-Abendroth 1991; Weiler 1993).

Der Unterschied der Positionen ist an die Voraussetzung von Herrschaftsgläubigkeit bzw. deren Fehlen geknüpft. Herrschaftsglaube geht aus von einer tendenziellen Totalität von Herrschaft als System ohne ein „Draußen", also nicht nur von einer Vereinnahmung des gesamten Raums, sondern auch aller Zeit durch Herrschaft. Wir werden also hier mit unserem Raum- und Zeitverständnis – so wie es uns Herrschaft „erklärt" – konfrontiert. Und dieses Verständnis von Raum und Zeit ist *evolutionär*, was bedeutet, daß man sich auf einer Einbahnstraße wähnt, auf der man auf Nimmerwiedersehen immer geradeaus in immer wieder neue Räume und Zeiten gelangt. So kommt man nie, weder in Raum noch Zeit, an einen schon passierten Punkt zurück (bzw. vor, wenn man zyklisch denkt). Das hinter uns Liegende ist damit für immer und ewig passé, ist Vergangenheit im Sinne von Vergangen-Sein und nicht Vergangenheit im Sinne eines sich Vergangen-Habens, dem man irgendwann wieder ins Gesicht zu sehen hätte. Daher besteht unsere Vergangenheitsbewältigung immer nur im Vergessen oder Verdrängen der Vergehen. Für die Herrschaft heißt das, daß sie als real, da existent, vorausgesetzt wird. Es wird mit ihr „positivistisch" umgegangen, so als gäbe es keine andere Möglichkeit, bloß weil andere Möglichkeiten (angeblich) der Vergangenheit angehören, für heute also passé sind. Daß von einem zyklischen oder „relativitätstheoretischen" Standpunkt aus Raum und Zeit keine lineare Anordnung haben, sondern immer gleichzeitig, als Neben- und Ineinandersein von „Vergangenheit", „Gegenwart" und „Zukunft", zu gelten haben, kann dann nicht gedacht werden. Von einem zyklisch denkenden „Realismus" her wäre aber Herrschaftsfreiheit jederzeit ebenso möglich wie Herrschaft. Aus der Sicht eines entsprechenden Raum-, Zeit- und insgesamt Geschichtsverständnisses ist Herrschaft sogar etwas, das immer wieder neu etabliert werden muß, also auch nicht für immer und ewig „da" ist. Womöglich muß sie gerade auch gegen die Tendenz zu ihrer Auflösung immer wieder neu durchgesetzt werden. So gesehen wäre der Pseudo-Realismus von Frauen bezüglich einer angeblichen Unvermeidbarkeit von Herrschaft und ihrer Vorausgesetztheit nicht nur ein Irrtum, sondern sogar dessen Bestätigung, also die tatsächliche Herbeiführung, „Verdinglichung", „Konstruktion" dieses Irrtums als „Realität". Damit würde also nicht nur jede Möglichkeit, etwas anderes zu tun, als von Herrschaft auszugehen, verabschiedet, sondern zur völlig unnötigen Beibehaltung von Herrschaft auch noch beigetragen – ausgerechnet von denen, auf deren Beherrschung die Herrschaft immer beruht hat.

Aus der „zyklischen" Sicht jedoch wird die Entscheidung über Herrschaft jeden Tag neu getroffen. Sie ist daher auch anders zu treffen. Die Dissidenz bezüglich der Herrschaft ist also ein Abfall vom Glauben an deren Normalität, gibt Herrschaft als Religion, die als Profanität und als für „alle" und „immer"

Akzeptables ausgebreitet worden ist, auf. Und damit verfällt auch der Glaube an den evolutionären Fort-Schritt und an Geld, Macht und Moral als die entsprechenden Mittel zu diesem Zweck. Der Mythos der Aufklärung (Horkheimer/Adorno 1969) und die moderne Mystik der Versenkung in die Denkweise des Geldes, der Machtbeschaffung und moralischen Erpressung werden dadurch als die wahren Irrationalismen des modernen Rationalismus erkennbar.

Ob Herrschaft vorausgesetzt wird oder nicht, ob die Möglichkeit einer Befreiung von ihr negiert wird oder nicht, schließlich kommt es darauf an, wie frau zur Gleichheit und/oder Differenz bzw. zur Dissidenz kommt. Dies ist die Frage nach der Form, der Vorgehensweise. Zu Herrschaftlichkeit und ihrer konkurrenzlosen Akzeptanz gehört die „formale Form" (Ernst 1993) als systemimmanente Verhaltensweise. Die zur Herrschaft gehörende Form ist formal, indem sie von einem Inhalt abstrahierende „Verfahrensweise" oder „Maschine" (Bammé u. a. 1983) ist. Das Verfahren ist geregelt in dem, was wir „Partizipation" nennen, „Demokratie" oder „Institution". Die Arbeit der Verwaltung, die Bürokratie, abstrahiert von dem, worum es geht. Sie setzt universelle Prinzipien und abstrakte Normen der Behandlung voraus und orientiert sich an ihnen. Werden Herrschaft und ihre Form also vorausgesetzt, dann können Gleichheit und/oder Differenz nur erreicht werden durch Teilnahme an sog. demokratischen oder institutionellen Verfahren und entsprechend auch nur abstrakt erreicht werden.

Der Inhalt, also die je *konkrete* Gleichheit und/oder Differenz muß damit aber keineswegs erreicht werden, und gerade das Gegenteil ist eher der Fall, wie uns die Geschichte der Rechte für Frauen und nicht nur die Geschichte der Menschenrechte, die trotz ihres Namens nie generell gegolten haben, zeigt (Gerhard u. a. 1990; Birk/Stoehr 1987; Mies 1988; Werlhof 1993).

Dissidenz dagegen würde sich an den Verfahrensweisen, wie Gleichheit und/oder Differenz auf dem Wege der Aneignung von Geld und Macht und/oder des Appells an eine Moral erreicht werden können, nicht mit demselben Ziel beteiligen. Der dissidente Weg ist nicht mittel-, sondern unmittelbar, er weicht vom Verfahren ab und konzentriert sich nicht auf Erwerb und Einsatz von Geld, Macht und Moral. Dissidenz „glaubt" nicht mehr an Herrschaft, ihre Möglichkeiten und Mittel, sondern macht sich auf die Suche nach anderen Verhältnissen und Verhaltensweisen, die den Menschen schließlich auch zur Verfügung stehen. Dissidenz durchbricht den Reduktionismus herrschender Verfahrensweisen auf ein maschinelles Funktionieren und die entsprechende Reduktion der Person auf ein ausschließlich strategisch-taktisches, an Konkurrenz orientiertes, Zweck-Mittel-gerichtetes und kalkulierendes Verhalten und Denken (Werlhof 1994b).

Antagonismus statt Pluralismus in der Frauenpolitik

In der Forschung drückt sich Dissidenz z. B. aus als ein „pioneer-stream", dem eine Minderheit im Gegensatz zum „main-(oder „male"-)stream" der Mehrheit folgt. Aber in der Frauenforschung hat sich trotz ihres Aufbruchs als pioneer-stream erneut der main-male-stream durchgesetzt. D. h., die Wissenschaft hat sich – selbst unverändert – der Sache der Frauen bemächtigt, sodaß auch die Frauenforschungsbewegung, ähnlich wie andere soziale Bewegungen, gespalten ist in diejenigen, die mit der bestehenden Wissenschaft weiter „verfahren" und in diejenigen, die Erkenntniswege aus ihr heraus suchen.

Nun könnte man diese Spaltung für einen simplen Pluralismus halten, also den Versuch, dasselbe Ziel auf verschiedenen Wegen zu erreichen. Dies mag sich subjektiv auch den davon Betroffenen so darstellen. Die Erfahrung zeigt jedoch, daß es sich um eine Spaltung handelt, die „objektiv" sogar zu einem Antagonismus geworden ist. Da wollen die einen sich von Herrschaft befreien, während die anderen Herrschaftsformen unter sich, in die eigene Bewegung erst hineinbringen. Das Problem der Verbreitung der Kolonisierung durch die und unter den Kolonisierten selber ist schon lange analysiert (Fanon 1976). Wie sehr das aber auch auf die Frauenbewegung zutrifft und in welchen Formen dies geschieht, ist noch nicht ausreichend geklärt worden.

Es geht also gar nicht um Gleichheit/Differenz, sondern um Gleichheit/Differenz versus Dissidenz, also um eine Situation, in der Opfer nicht nur zu MittäterInnen (Thürmer-Rohr u. a. 1989), sondern sogar zu TäterInnen werden. Das heißt, manche der Opfer liefern nicht nur quasi masochistisch sich selbst, sondern direkt sadistisch auch noch andere aus. Es geht demnach nicht einfach um einen Verzicht auf die Möglichkeit von Dissidenz, sondern um deren bewußte Verhinderung. Dies geschieht im Namen von Gleichheit und/oder Differenz, kommt also durchaus im Gewande (angeblicher) gesellschaftlicher Veränderungen zugunsten von Frauen einher. Dies hat bis heute dazu beigetragen, daß der Charakter dieses Antagonismus nicht analysiert werden kann, weil „beide Seiten" ja ein und derselben Bewegung anzugehören scheinen. Am wenigsten ist dabei erkannt, daß diese Spaltung unter Frauen keineswegs bloß „naiv" ist, also ein ungewolltes Resultat von Irrtümern darstellt, sondern inzwischen sogar zu einer ganz bewußten *Politik* von *Frauen gegen Frauen* gehört (Werlhof 1994a). Was sich hier auswirkt, ist die politische Annahme, das Annehmen der patriarchalen Spaltung von Frauen durch einen Teil der Frauen selber, die auf dieser Grundlage auch selber zur Herrschaft gelangen wollen (Begriff „Femokratie", Werlhof 1992).

Das Beispiel: Mit „Gleichheit" und „Differenz" gegen Dissidenz

Diese hier theoretisch entwickelte These möchte ich nun anwenden auf die Debatte und das Verhalten unter Frauenforscherinnen und insbesondere meine eigenen Erfahrungen als dissidente Denkerin und Autorin. Ich tue dies anhand einer Rezension zweier 1991 von mir geschriebener Bücher (Werlhof 1991a und 1991b) durch eine Frau „aus der Szene" (Braunmühl 1992), weil dort praktisch alle Argumente versammelt sind, die zum fraglichen Spaltungs-Syndrom unter Frauen und der auf dieser Basis entwickelten Kritik an dissidenten Ansätzen (wie generell dem sog. „Bielefelder Ansatz") gehören. Die Rezensentin, die ich auch kenne (aber nicht gut), hat die Bücher aus freiem Ermessen rezensiert. Ich habe (durch sie selbst) erst davon erfahren, als die Rezension bereits fertiggestellt und publiziert war.

Die Rezension ist insgesamt ein gutes Beispiel dafür, wie alle Arten von Einwänden, wie sie immer schon von Männern gegen Frauen ins Feld geführt worden sind, hier von einer Frau gegen eine andere Frau verwendet werden: um ihre Dissidenz zu bekämpfen. Die Einwände kommen von links wie rechts, von „oben" wie von „unten" her, aus dem Politischen wie aus dem Privaten, sie sind „realistisch" und „rationalistisch", aber genauso moralisierend und denunziatorisch, also gewissermaßen kirchlich-hexenverfolgerisch wie staatstragend, sie sind „vernünftig" und ängstlich, wohlwollend und bösartig. Wie kann das Phänomen einer solchen Argumentation erklärt werden? Meine These dafür ist, daß Gleichheit und Differenz als Begriffe und Politiken, die patriarchale Herrschaft voraussetzen und auf der Ebene dieser Voraussetzung „operieren", nicht nur für eine An- und Einpassung der Frauen(Bewegung) in die derzeitige Gesellschaft verwendet werden, sondern auch zur Abwehr jener anderen Möglichkeit von Denken und Handeln, die ich mit „Dissidenz" bezeichne. Meine These ist also, daß die in der vorliegenden Rezension auftauchenden „Argumente" allesamt, bewußt oder unbewußt, gegen eine Dissidenz zum Patriarchat gerichtet sind und ihr „Arsenal" aus den Begriffen „Gleichheit" und „Differenz" beziehen. Dies würde bedeuten, daß die so „frauenbewegt" klingenden Begriffe Gleichheit und Differenz auf einen erneuten gigantischen Betrug an den Frauen hinauslaufen, nur daß er diesmal auch von Frauen selber begangen wird, die damit in peinlichster Weise wieder einmal den Männern die Arbeit abnehmen. Wie durchgängig und unhinterfragt die Verwendung der „Instrumente" der Gleichheit und Differenz gerade auch in Österreich zum „politischen Stil" sogenannter „,Feministinnen" gehört, habe ich schon anderswo analysiert (Werlhof 1990a, 1992, 1994a).

Was tut nun die Rezensentin?

Die Verwendung von „Moral“ gegen Andersdenkende

Der erste Eindruck nach der Lektüre der Rezension ist der eines *Verhörs*. Sie hat mich (in die Ecke) „gestellt“. Sie will von mir Antworten. Es sollen Antworten auf ihre Fragen sein, nicht auf meine. Ich soll nicht eigenmächtig denken und fragen können, ich habe ihr zu antworten, ob ich will oder nicht. Es ist der „peinlichen Befragung“ ähnlich, wie das Verhör auf der Folter genannt wird. Es ist ein Zur-Rede-Stellen, dem abstrakte Vorwürfe zugrunde liegen. Ob die Vorwürfe stimmen, wird nicht untersucht, sondern sie werden vorausgesetzt. Als abstrakte können sie auch gar nicht untersucht werden, denn dann würde es ja konkret, dann müßte die Person selber wahr- und ernst genommen werden. Dann müßte anders gefragt werden, nämlich nach den Gründen, warum sie etwas anderes und auf eine andere Weise untersucht hat als „es“ (angeblich) zu erwarten ist? Warum aber ist etwas anderes zu erwarten? Was ist dieses „etwas“? Es ist eine *Norm*. Die Norm gibt vor, was jemand in einem bestimmten Falle zu tun gehabt hätte. Es ist wie bei Aristoteles und allen nachfolgenden Staatstheoretikern, die definieren, wer was im Staate zu tun hat, sei er Bauer, sei er Krieger, sei er Philosoph. So auch hier. Es darf nichts miteinander vermischt werden. Von außen her wird definiert, was in diesem Falle „die Frauenbewegung“ von jemandem wie mir erwartet. Auch die Rezensentin taucht nicht als konkrete Frau auf, sondern als „Vertreterin der Frauenbewegung“. Das ist ihre Rechtfertigung. Es ist, als ob es ein Kollektiv Frauenbewegung gäbe, das allein bestimmt, was Frauenforschung zu sein habe. Jede Abweichung von solcher Norm scheint dann verfolgt und als *moralische Verfehlung* bestraft werden zu müssen.

Es ist typisch, daß dort, wo Geld und Macht fehlen, zumindest mit Moral argumentiert wird, und auch sie ist nicht etwa eine „feministische“ oder „andere“, sondern die übliche, die aus der Norm des Systems kommende, die immer schon vorausgesetzte, die, die jede andere Möglichkeit negiert. Das ist es, was Werner Ernst „Denkgewalt“ nennt. Das Denken soll nur zu instrumentellen Zwecken der Herrschaftssicherung verwendet werden („instrumentelle Vernunft“) und wird als und mit Gewalt („Moral“) gegen diejenigen eingeklagt, die sich von diesem Denken abwenden.

Die Form, in der dies hier geschieht, ist ein Verfügen über die Person. Die Rezensentin verfügt im Namen „der“ Frauenbewegung über mich und schreibt mir vor, was ich zu denken und zu analysieren hätte. Ihre Rechtfertigung stammt aus den angeblichen Interessen einer angeblich hinter ihr stehenden Bewegung. Hier wird also vom „System“ und von links her argumentiert, von einer rein mechanischen „Solidarität“ aus, angesichts derer jede konkrete Eigenart als „kleinbürgerliche“ Verirrung, wenn nicht böswillige oder wenigstens fahrlässige Schädigung des Kollektivs erscheint.

Das Einklagen von Herrschaft durch „Wissenschaftlichkeit"

Insbesondere wird mit dieser Methode des Verhörs und moralisch „begründeten" Verfügen-Wollens eine Art von *„Wissenschaftlichkeit"* eingeklagt, die als „positiv" gilt, aber nichts weiter ist als eben das, was auch Männer immer unter Wissenschaftlichkeit verstehen und wogegen sich die Frauenforschung von Anfang an gewendet hat. Diese Wissenschaftlichkeit soll vor allem bar jeder Leidenschaftlichkeit, Betroffenheit und Empörung sein, die als Irrationalismen diskriminiert werden. Das ist der typisch aufgeklärte Angriff auf das Empfinden. Das Empfinden gilt in letzter Instanz als geisteskrank oder gar als faschismusverdächtig. Als hätten die Faschisten sich über Ausbeutung und Gewalt empört und wären besonders empfindsam gewesen.

Hier wird nichts weiter eingeklagt als das Denkniveau eines Descartes (Descartes 1979). Von Frauenforschung und ihrer Methodendiskussion keine Spur (Mies 1978 und 1988). Gesucht wird nach „theoretischer Stringenz", die zu einer „richtigen" Wissenschaftlichkeit gehöre. Da soll es nicht nur „Skizzen", Entwürfe und Fragen geben, sondern feste, sichere Antworten. Frau will ausgerechnet „Gewißheit"! (Wittgenstein 1970). Offenbar befinden wir uns in der Frauenforschung vor nichts weiter als einer Rechenaufgabe. Es wird so getan, als ob die heutigen wissenschaftlichen Begriffe und das wissenschaftliche Instrumentarium dazu geeignet wären, das Unsägliche, das Unaussprechliche – und um was sollte es sonst gehen? – benennen, gar erklären zu können. Als gäbe es überhaupt noch eine Möglichkeit, anders als letztlich poetisch zu sprechen.

Die Rezensentin klagt also eine Gleichheit ein, und zwar eine des Grades an Wissenschaftlichkeit. Wissenschaftlerinnen sollen genauso wissenschaftlich sein wie Wissenschaftler. Gleichzeitig operiert sie aber mit dem Einklagen einer bestimmten Differenz. Denn schließlich könnte sie ja, wenn ich es schon nicht tue, sich hinsetzen und die angeblich allgemein interessierenden Fragen, die sie im Kopf hat, selber beantworten. (Das hat sie meines Wissens bisher noch nicht versucht). Darum geht es aber nicht, denn dazu bin *ich* ja da. Es wird verfügt, daß ich alle die Fragen zu beantworten habe, die andere angeblich haben „müssen", weil ich nun diese „Funktion" habe: Ich bin Professorin für Frauenforschung geworden. Es ist gewissermaßen meine Pflicht, den Leuten ihre Fragen zu beantworten. Ich soll nun so wissenschaftlich sein wie der trockenste und bebrillteste Professor, den man je gesehen hat. Jawohl, wie ein Mann der Wissenschaft soll ich sein und den ganzen Tag in der Bibliothek sitzen, um der Frauen-Bewegung zu ihren theoretisch-stringenten Erkenntnissen zu verhelfen. Es wird vorausgesetzt, daß das wünschenswert und auf diese Weise überhaupt möglich wäre.

Eine *Geschlechtsumwandlung* soll ich also mitmachen, als echter Mann Kind und Haushalt anderen (wem wohl?) aufhalsen, meine Erkenntnisse beim Kloputzen für minderwertig halten, und – Differenz hin / Gleichheit her, wie es gerade gebraucht wird – *gleichzeitig* die „wissenschaftliche Hausfrau" für den Bedarf einer sogenannten Frauenbewegung sein. Ich soll eine Art doppelte Abstraktion werden, patriarchale(r) Mann und Frau zugleich. Ich soll eine ebenso abstrakte „Funktion" erfüllen, Funktionärin, Kommissarin des „Kollektivs" sein. Bin ich das nicht, bin ich ein Fehlgriff, ein Irrtum, nicht verwendbar, unwissenschaftlich, womöglich gar gefährlich usw. Die Konsequenz ist naheliegend.

Worum geht es hier? Um *Herrschaft*. Herrschaft muß sein, es geht nicht ohne sie. Solange es nur das „Modell Patriarchat" gibt, ist Wissenschaft gleich Wissenschaft. Hier kommt der positivistische Pseudo-Realismus zum Zuge. Auch Frauenforschung ist schließlich Wissenschaft. Frau braucht die wissenschaftliche Anerkennung. Also wird festgehalten an den bereits bekannten und keinesfalls bewährten Formen der Wissenschaft auch für Frauen. Wo doch nun eine Frau Professor geworden ist, da darf Frau lamentieren, beleidigt sein und oberlehrerhaft den Finger heben, ja gar Befehle austeilen und zumindest Drohungen, falls nicht immer noch der Rationalismus zum Zuge kommt, jene männliche Version der Vernunft, die mit einem Vernehmen überhaupt nichts mehr zu tun hat, ja bei der – um mit Hegel zu sprechen – einem Hören und Sehen vergangen sein muß. Als wäre jede Phantasie irrational und nicht dieser Rationalismus selbst, als gäbe es eine Aufklärung, die den Frauen genützt hätte und nicht lediglich die zweite Auflage der ersten Aufklärung gewesen wäre, die für mich die Hexenverfolgung darstellt (Diefenbach 1988; Hammes 1977). Die Verfahren gegen sog. Hexen sind in der Tat sehr rational und genauso abstrakt in ihren Anschuldigungen gewesen, wie auch die späteren Nachfolgeverfahren in Gestalt der wissenschaftlichen „Befragungen" oder der polizeilichen „Verhöre" (Modelmog 1990).

Politik (das Verfahren, die Gewalt) als Schutz vor dem „Draußen" (dem Inhalt, der „Natur")

Was über unseren anerkannten Rationalismus hinausweist, wird mit einem ganz schlimmen Vorwurf belegt, nämlich dem der *„Maßlosigkeit"*. Angeblich ist ja ein gutes Maß vorgegeben. Das kommt vom vielen Messen. Das Maßlose ist dagegen offenbar gefährlich, denn es weist darüber hinaus. Wovor hat die Rezensentin Angst? Da muß sofort zur Domestikation und Zivilisierung geschritten werden! Als ob nicht Frauen die Opfer dieser Zivilisation wären. Eben, die Zivilisation muß verbessert werden, und vor allem: sie muß geschützt werden vor diesen Halbwilden und Widerspenstigen. Die arme Herrschaft. Da ist jemand dabei, sich um sie gar nicht zu kümmern. Nicht die Herrschaft selber, sondern das an ihr Vorbeigehen also ist es, was da „bedrohlich" und „zerstörerisch" wirkt. Bücher wie meine sind wahrscheinlich „Natur"-Katastrophen. Natur sei bedrohlich und zerstörerisch, sagt die Rezensentin. Und so findet sie meinen Naturbegriff, in dem Natur mit Überfluß gleichgesetzt sei, natürlich völlig „falsch". Wo kämen wir denn auch hin, wenn Natur als eben jenes „Draußen" erkannt würde, zu dem wir auf unserem dissidenten Weg kämen? Wie, wenn die Frauen aus einer so verstandenen Natur, aus der Welt heraus die Gesellschaft betrachteten, gewissermaßen mit dem Blick der Archäologin?

An den Inhalt dessen, was dann erkannt würde, und darum geht es mir in der Tat, darf überhaupt nicht gerührt werden, er darf auf keinen Fall zur Kenntnis genommen werden. Er muß von vornherein zur Absurdität erklärt werden und der Vorstellung von einer gesellschaftlichen Konstruktion der Möglichkeit, wie Natur zu sein hätte, weichen. Da nützt auch alle Ökologiebewegung nichts. Die Angst, die einem diese Gesellschaft einjagen müßte, wird auf die Natur verschoben, auf sie projiziert – wie ebenso auf die Frauen, und nun auch durch diese (auf sich) selbst. Aber: Wo hätte uns die Natur je etwas Böses getan? Dennoch, nicht die Natur muß vor der Politik geschützt werden, sondern die Politik muß vor Frauen wie mir geschützt werden. Denn es stimme nicht, daß Politik „bloße Gewaltausübung" sei. Nun, mir reichte es schon, wenn sie es bloß auch wäre. „Darf" Politik gewalttätig sein? Gegen maßlose Naturen offensichtlich schon, und ansonsten sei Politik ja auch nicht gewalttätig. Welcher Gewaltbegriff wird hier wohl vorausgesetzt? Ist nur der „heiße" Krieg Gewalt? Muß unbedingt geschossen werden, damit Gewalt erkannt wird? Und wenn es einen Bruch gäbe zwischen Gewalt und Nicht-Gewalt in der Politik, warum protestiert dann die Nicht-Gewalt-Seite der Politik nicht gegen die Gewalt-Seite? Es ist das *Kontinuum der Gewalt* bis hinein in die haarspitzenspalterischste Denkgewalt, das nicht gedacht werden soll, zumal dann nicht, wenn frau diese Gewalt selbst anwendet und daher nicht als Gewalt ansieht.

Wo wohl die Waffen herkommen? Mußten sie nicht erst gedacht werden, bevor sie erfunden, produziert und auch noch zum Einsatz gebracht werden konnten? Das zeichnet ja uns Europäer insbesondere weltweit aus, daß wir so groß sind bei diesen Erfindungen. Und wenn wir in bezug auf Waffen so denken, wer sagt dann, daß wir nicht *immer* so denken?

Unterwerfung: Das Rezept zur Macht- und Geldbeschaffung für Frauen?

Die These vom Verschwinden der Gewalt, insbesondere (und paradoxerweise) aufgrund der Ausbreitung von („legitimer") Herrschaft, ist ja nun schon lange gerade von den Frauen aus den Angeln gehoben worden (Bennholdt-Thomsen 1985; Elias 1978). Aber ich weiß, neuerdings reden gewisse Frauen nicht mehr von Gewalt. Dabei wissen wir heute besser als noch vor 10 Jahren, daß in Mitteleuropa in 25–30 % der Familien unmittelbare Gewalt gegen Frauen ausgeübt wird. Die Mär vom Ende der Gewalt, die uns mit der Gleichheits-Differenz-Diskussion im Namen eines gesellschaftlich zu realisierenden künstlichen Geschlechts namens *„gender"* erreicht hat (Butler 1991), und die wahrscheinlich Ex-Jugoslawien irgendwo in einer anderen Galaxie ansiedelt, ist ja wohl für die von Gewalt Betroffenen keine glaubwürdige Version der derzeitigen Lage. Machen wir die „Pfadanalyse" der Gewalt bis hin zur Denkgewalt, dann finden wir nämlich, wie sehr wir auch als Frauen und selbst als Opfer von Gewalt gleichzeitig als MittäterInnen (Thürmer-Rohr 1989 u. a.) an ihr beteiligt sind. Eine solche negative Beteiligung am System weist die Rezensentin sicherlich weit von sich. Ihre Beteiligung ist ja positiv und dadurch gerechtfertigt, daß Gewalt eben nicht durchgängig die Politik bestimme. Also kann frau – sogar in Übereinstimmung mit aller Moral – sich durchaus an dieser Politik „beteiligen". Hauptsache, wir sprechen uns selbst frei und rechtfertigen unsere (Mit)Täterschaft. Schlimm ist ja nicht das System, sondern sind diejenigen, die – frau sollte es nicht für möglich halten – sich ihm nicht unterwerfen wollen! So platt kann es nicht sein, denke ich. Doch, es ist so, und ich habe lange gebraucht, das zu begreifen.

Es war zu begreifen am Umgang der Rezensentin mit einem Satz, der lautete: *„Nur wer Macht haben will, läßt sich unterdrücken."* Für mich ist dieser Satz negativ gemeint. Das Paradox, das in ihm ausgedrückt ist, betrifft den ungewohnten Zusammenhang von Opfer und Täter. Umgekehrt hieße es: Wer keine Macht will, braucht sich auch nicht unterdrücken zu lassen. Unterdrücken lassen sich Leute, die dadurch und darüber irgendwann noch/auch an die Macht zu kommen gedenken. Sie halten die Unterdrückung aus, weil sie selber später zum Unterdrücker werden (wollen). Wer an die Macht will, muß in ihrer Nähe verweilen, auch wenn dies bedeutet, zunächst einmal selbst unterdrückt und ohnmächtig zu sein. Der Satz ist gemeint als Kritik an dem Sich-Unterdrücken-Lassen vieler Frauen (und Männer!) und der Erfahrung, daß sie es unter anderem deswegen tun, um damit moralisch – sei es durch entsprechende Forderungen, sei es durch Erpressung – irgendwann den Spieß umzudrehen. Aber wie, wenn ich gar nicht an die Macht will? Wenn ich verschwinde, immer wenn sie sich blicken läßt, wenn ich gar nicht wissen will, wie man andere unterdrückt, und ich schon gar nicht will, daß andere unterdrückt werden, um damit zu begründen, warum ich deswegen an die Macht soll? Wenn ich mich also nicht unterdrücken lasse, ist das Machtproblem im Grunde gleich mit beseitigt. Denn dann brauche ich auch gar nicht selber an die Macht zu wollen. Es drückt sich also hier eine Kritik an der Koketterie vieler Frauen aus, die mit ihrer Unterdrückung politisch hausieren gehen und damit im Grunde sogar für Unterdrückung plädieren, weil ohne diese auch kein politischer Druck möglich wäre. Hier schlüge die Koketterie in puren Zynismus um, denn dann würde Frauenpolitik auf einer Fortsetzung, ja womöglich Neuerfindung von Unterdrückung von Frauen beruhen müssen! Die Rezensentin sieht das ganz anders. Sie hält den Satz: „Nur wer Macht haben will, läßt sich unterdrücken" für positiv, für eine Rechtfertigung: Um an die Macht zu kommen, muß man sich eine Weile unterdrücken lassen, und das ist *richtig*. Deshalb wirft sie mir vor – was ich erst gar nicht verstanden habe –, ich würde ja gar nicht an der Macht „rütteln" wollen, weil ich mich ihr verweigere, mich von ihr fern halte. Sie meint offenbar, man würde dadurch am meisten an der Macht rütteln, indem man – gewissermaßen masochistisch – möglichst in ihrer Nähe bleibt bzw. sie selbst ergreift. Sie denkt, es wäre besser, wenn Frauen Macht haben, als wenn Männer Macht haben. Andererseits geht sie davon aus, daß ich als Professorin zu den Mächtigen gehörte, sozusagen auch eine *Klassenumwandlung* hinter mich gebracht hätte, und deswegen gar kein Interesse daran hätte, an der Macht zu rütteln. Nun gehöre ich also plötzlich automatisch selber zu den bösen Unterdrückern und sie gehört – denn sie ist ja nicht Professorin – automatisch zu den armen Unterdrückten. Daß ich die Position der Unterdrückerin und Mächtigen ablehne und viel lieber möchte, daß die Macht „verfällt", begrüßt sie aber nicht. Denn ihr liegt ja an der Macht – und zwar daran, daß ich sie auf andere übertrage, an sie weitergebe. Meine Aufgabe wäre also, mich a) erst einmal für die „Macht", die ich als Professorin habe, zu schämen (Moral), und b), dem moralischen Druck der Bewegung nachgebend, nun das tue, was mir die Ohnmächtigen vorschreiben: nämlich Macht an sie weitergeben, nachdem ich möglichst viel davon ergattert habe. Ich soll die Macht also nicht etwa für mich persönlich, gewissermaßen feudalistisch oder diktatorisch, anwenden, das finde ich auch. Ich soll sie aber um Gottes Willen auch nicht einfach von mir weisen, sondern soll alles tun, damit sie sich vermehrt und irgendwie gießkannenartig auf meine Umgebung herunterregnet. Ich soll also meine plötzliche Eigenschaft als Oberklassen-Papa ergänzen durch die einer Unterklassen-Mama. Der Staatsfemininismus gipfelt in der Ernennung wissenschaftlicher Puffmütter, die dafür sorgen, daß alle sog. Frauenforscherinnen Geld kriegen. Wofür auch immer.

Das Abstrahieren vom Inhalt und das sich den Verfahrensweisen (der formalen Form) Fügen, das damit zusammenhängt, ist immer schon der Tod aller sozialen Bewegungen gewesen. In bestimmten Milieus ist es ein Irrglaube, der immer wieder auftaucht, daß der Inhalt, um den allein es gehen müßte, hinterher käme, nämlich dann, wenn man das Geld, die Macht oder die Moral einmal auf seiner Seite hätte. So ist nach meiner Erfahrung aber noch nie etwas zustande gekommen, wenn, dann immer nur umgekehrt. Geld gab es, wenn überhaupt, immer erst hinterher, nie vorher. Und das finde ich auch richtig.

Die Rezensentin aber interessiert sich nicht für den Inhalt dessen, was sie rezensiert, ja sie findet, dieser sei ihr schon bekannt. Dann hat sie ihn aber nicht verstanden. Denn sie selbst interessiert sich nur für die Macht und ließe sich dafür auch unterdrücken, wahrscheinlich sogar von mir, wenn ich es nur versuchte und sie sich davon irgendetwas erhoffte. Bestimmt hält sie es für unmöglich, daß ich Professorin geworden bin, ohne daß ich mich ausgiebig habe unterdrücken lassen. Deswegen findet sie es ungerecht, wenn ich nach dieser angeblich durchgemachten Unterdrückung nun nicht auch anderen

Frauen diesen Weg weise, nämlich: wie frau durch Unterdrückung an die Macht kommt. Aber ein solches „Rütteln" an der Macht würde ja zu deren Bestätigung, Verdoppelung, Neuschaffung!

Frauen sind „gleich", wenn sie auch an der Macht sind, und die Frau, die im Moment „different" ist, hat die Differenz in diesem Sinne zu verwenden. Tut sie dies nicht, gehört sie zu den Frauen-Verrätern, ist sie Mittäterin in der „herrschenden Klasse". Ein Abschied von der Macht kommt gar nicht in Frage, ist aus linker, rechter oder herrschaftsgläubiger Sicht auch überhaupt völlig undenkbar, kann als „Inhalt" noch nicht einmal wahrgenommen werden. Eine Dissidenz von der Macht ist aus dieser Sicht sogar noch „böser" als zur herrschenden Klasse zu gehören, denn sie würde die beherrschten Klassen auf ihrem Weg zur Macht nicht unterstützen. Ein Weg *aus* der Macht, weg von der Macht, darf noch nicht einmal gedacht werden.

Also: Nicht Befreiung von Herrschaft, sondern Beteiligung an ihr wird als Ziel der Frauenbewegung vorausgesetzt. Ich nenne das Zuhälterei. Frau soll für Geld und Macht alles tun. Ich soll für sie anschaffen gehen, mich also von noch Mächtigeren für diesen „guten Zweck" beherrschen lassen. Ich soll mich prostituieren, damit andere auch in die Prostitution geraten, denn dafür gibt es Geld (James / Dalla Costa 1975). Ist das die heute angestrebte „Frauenarbeit"? Es ist, als wäre die Anwesenheit von Unterdrückung die Voraussetzung für die Ankunft der Macht. Alice Schwarzer, die es wirklich wissen muß – unter anderem von sich selbst –, nennt dies den „Griff zur Männlichkeit". Wir schlagen dadurch angeblich das System mit seinen eigenen Mitteln (Angerer 1991). Es haben schon viele Leute versucht, die Institutionen für ihre eigenen Zwecke zu benutzen. Statt dessen läuft es genau umgekehrt – es sei denn, die Zwecke waren sowieso immer die gleichen. Aber generell besteht die Erfahrung darin, daß die Leute von den Institutionen benutzt werden und sich mit deren Mitteln selbst schlagen. Und kommen die Unterdrückten tatsächlich einmal an die Macht, ist es ja nicht besser. Das Thema reicht von den Christen in Rom über die erste Revolution, die in Haiti stattfand, und die Französische Revolution bis zu den Nationalsozialisten. Schon Aristoteles wußte, daß die „Demokratie", die Volksherrschaft, auch in eine Tyrannei münden kann (Aristoteles 1986). Das Volk ist ja nicht per se besser als seine Herrscher, auch dann nicht, wenn es selbst herrscht. Dieses Problem der „Demokratie" ist aus guten (oder schlechten) Gründen tabu – auch unter Frauenforscherinnen!?

Machen oder Mögen?

Wer Macht im Sinne des Systems haben will, biedert sich an bei noch Mächtigeren und versucht, über weniger Mächtige zu verfügen, sei es mittels Geld oder mittels Drohungen, also wie üblich mittels Gewalt oder Moral. Macht wird dadurch überhaupt erst geschaffen und bestätigt. Sie soll (ver)teilbar sein wie Geld. Alles, worum es geht, soll auf ihren Erwerb reduziert werden. Alles, was geschieht, soll nur noch auf das Verfahren zur Produktion und Verteilung von Macht (oder Geld) hin gerichtet werden. Alle Mitglieder der Gesellschaft sollen nach und nach in die Rituale der Machtbeschaffung und -Verteilung eingebunden werden und an deren peinlich genauer Einhaltung interessiert sein (Daly 1981). Wehe dem, oder der, die/der da nicht mitmacht, z. B. als Dissidentin. Wie „undemokratisch" erscheinen so doch Leute, die die Volksherrschaft nicht für ein Ende von Herrschaft, sondern für ihre Vervollständigung halten, für eine „Durchherrschung" der einzelnen, für eine Vertiefung und Internalisierung von Herrschaft auch bei Frauen, für die allgemeine Akzeptanz von Herrschaft, für eine Suche anstatt Meidung, eine Sucht nach Herrschaft, die es immer unmöglicher machen, Herrschaftsfreiheit überhaupt noch zu wollen.

Nicht im Finden von Wegen des Mitmachens, sondern im Aufzeigen dieser Zusammenhänge sowie im Ausprobieren von Wegen, die aus der Herrschafts-Seuche herausführen, besteht eine Frauenforschung, die deswegen ihren Namen verdient, weil sie dissident ist zum Patriarchat. Patriarchale Frauenforschung tut statt dessen, als wäre Dissidenz Ohnmacht schlechthin. Nicht nur, daß Ohnmacht „die größte aller Illusionen" ist, wie Josef Weizenbaum es selbst angesichts der Computerisierung der Welt noch (oder gerade) formuliert (Weizenbaum 1978). Sondern: Es gibt – ob frau will oder nicht – etwas anderes, ein „Draußen" zu Macht und Ohnmacht. Selbst der Begriff Macht hat ja sprachhistorisch einen gewissermaßen dissidenten Hintergrund. Er kommt nicht von „machen" und auch nicht von „maquina" (das Gerüst zur Eroberung der Stadtmauern), sondern aus dem Vermögen, aus dem Mögen (Paul 1981). Es ist das Können des Handwerkers, der die Dinge, die er tut, mag. Die Macht aus dem Mögen ist die Entäußerung der Person und ihr Vermögen, etwas Gemochtes zu tun. Es ist das „Eigentum", das Eigentümliche im ursprünglichen Sinne, nicht das Privateigentum, also das Geraubte (privare = rauben), sondern umgekehrt die Verlängerung des Selbst in den Dingen, die jemand schafft als schöpferischer Mensch. Die „Macht" der Frauen ist also zunächst einmal ihre Liebes- und Gebärfähigkeit und -möglichkeit. Es ist die „Macht", die sich mit Gleichheit oder „gender"-Differenz nicht mehr verträgt, aus Sicht der letzteren eigentlich abgeschafft gehört! Solche Macht als Kraft und Fähigkeit eines lebendigen Wesens wird auf dem Altar der patriarchalen, der äußerlichen Fremdmacht, der Macht als Instrument, geopfert. Die patriarchale Macht als umgekehrt definierte, aufgesetzte, „gemachte" Macht, die ja deswegen immer bewaffnet ist, weil sie keine innere Kraft oder Vermögen darstellt, bleibt ein äußerliches Herrschaftsinstrument, ist ein pures *Macht-Haben*. Die *Macht, zu sein*, ist dagegen die große alte, tabuisierte Frauen- und Lebensmacht (Weiler 1993), die Macht der Menschen als „Geschlechtswesen" (Braun 1988). Warum wollen gewisse Frauen davon nichts mehr wissen, ja reagieren quasi hysterisch auf dieses Thema? Warum sind so viele Frauen statt dessen am Foucaultschen Macht- und dem entsprechenden Subjektbegriff interessiert, wo doch Foucault mit Frauen und Frauenforschung überhaupt gar nichts zu tun gehabt hat? Eben gerade deswegen. Foucault beschreibt nämlich, wie ich vom Objekt zum Subjekt des Systems werde, indem ich mich innerhalb dieses Systems so bewege, daß ich dabei meine Fähigkeiten auf eine Art Selbstermächtigung richte. Wohlgemerkt, im System, nicht aus ihm hinaus (Dreßen 1982). Deshalb ist der Foucaultsche Macht- und Subjektbegriff für Frauen so interessant, die von einer Demokratie nichts weiter wollen, als eine „Femokratie" (Werlhof 1992) zu sein (Foucault 1977 und 1978).

Wie dieses „Subjekt" aussieht, ist längst beschrieben (Fleischer 1993). Die Frau, die ein Kind will, aber keins bekommt, wird „Subjekt" in Kooperation mit dem Arzt, mit dem sie sich gemeinsam ihren eigenen Leib unterwirft. Die Frau will Macht über sich als Körper, Ding, Ressource, fremden Apparat, indem sie ihm durch künstliche „Befruchtung" ein Kind aufzwingt, das der Leib nicht wollte. Das macht sie zum Subjekt mit sich selbst als Objekt, beide – das Individuum in ein „Dividuum" gespalten (Mies 1992) – dem System als Ganzem unterworfen (subjacere = unterwerfen). Das hat mit Eigenmacht und -mächtigkeit (Lorde 1983; Rich 1983; Daly 1981; Keller 1989) gerade nichts zu tun, sondern ist ein immenser (Selbst)Betrug.

Diese Ersatz-Macht wird den Frauen nun angeboten, nachdem – am Anfang durch die monotheistischen Religionen – ihnen nun alle Eigenmacht so ausgetrieben worden ist, daß sie noch nicht einmal einen Begriff mehr davon haben (wollen).

Der Exorzismus des „Weiblichen" ist, so scheint es, aber immer noch nicht beendet, zumal dann nicht, wenn die „Weibmächtigkeit" (Mühlmann 1984) bzw. Leibmächtigkeit von Frauen und überhaupt allen lebenden Wesen innerhalb eines dissidenten Denkens und Handelns wieder auftaucht. Insofern steht die Rezensentin an der Front einer womöglich noch einmal notwendigen Runde von Frauenverfolgungen im Übergang zum dritten Jahrtausend. Neu ist nur, daß man Frauen nun auch noch als „Frauenbewegung" zu dieser Selbstverhöhnung und Selbstvergewaltigung mobilisiert hat. Mary Daly hat ihre Verwunderung über derartige Tendenzen in der sog. „Frauenbewegung" so ausgedrückt: Warum sollten Schwarze Mitglieder des Ku Klux Klan werden wollen?

Dissidenz in der Provinz

Gleichheit und Differenz werden dazu verwendet, von einer möglichen Dissidenz abzulenken und sie, wo immer sie auftaucht, zu bekämpfen. Gleichheit innerhalb des Systems schafft Ungleichheit – sonst bräuchte es den Begriff Gleichheit ja nicht – und schafft uns als Ungleiche gleichzeitig ab. Auch Differenz schafft Ungleichheit, die sich immer zu unseren Ungunsten wendet, und deshalb wieder in Forderungen nach Gleichheit mündet. So dreht sich das

Spiel im Kreis. Gleichheit der Geschlechter auf der Grundlage des Patriarchats bedeutet Abschaffung des Geschlechtlichen (Braun 1988) und Erniedrigung der Frauen auf ein männliches Niveau: das nicht (mehr) Selbst-Schöpferische (Mies 1992). Diese Idee von „Gleichheit" taucht übrigens zum erstenmal im Kirchenrecht (neben dem Römischen Recht) auf. Sie meint nichts Gutes für Frauen. Und Differenz als „positive Diskriminierung" von Frauen erscheint nur als die bessere Möglichkeit (Irigaray 1990), denn auch die positive Diskriminierung mißt sich immer noch an den Normen des Patriarchats und bleibt ihm damit verhaftet. Es müßte ja nicht nur für Frauen, sondern auch für Männer alles anders gesehen werden. Erst dann kämen wir zur Dissidenz, könnten aus der Einbahnstraße des Fort-Schreitens ausscheren.

Zum Schluß zitiere ich aus der österreichischen Provinz, der Peripherie. Ist sie vielleicht – wie auch weltweit zu beobachten – reifer als das „Zentrum"? (World Congress of Sociology 1994; Bennholdt-Thomsen 1994; Esteva 1993; Werlhof 1994c). Es handelt von einem „Frauentreff" im Mühlviertel. Brigitte Menné, deren Arbeit darüber jetzt erscheint (Menné 1994), und die dort selbst lebt, hat die Entstehung und Arbeit dieses Frauentreffs (in Rohrbach) dokumentiert. Ich zitiere aus dieser „echten" Frauenforschung und ihrer Art von Dissidenz: „Weiblichkeit und Männlichkeit können sich erst zeigen, wenn es nicht mehr um die Bestätigung der patriarchalen Gesellschaftsordnung in ihren Grundprinzipien geht." „Selbstermächtigung" oder „Ermächtigung" nennen die Frauen das, was sie tun, und sie tun Dinge, als ob es das Patriarchat gar nicht gäbe.

Sie wollen dieser Gesellschaft „nicht entsprechen, sondern ihr widersprechen".

„In Erscheinung treten" (der ursprüngliche Titel der Arbeit) von Frauen heißt: „Wir schaffen uns eine eigene Öffentlichkeit, wir treten nicht ein in die, die es gibt, in die Schein(werfer)-Öffentlichkeit."

Sie wollen sich nicht „verdingen", also „zum Ding werden".

Sie „möchten ohne Zwecke sprechen und handeln", also nicht auf Geld und Macht hinleben.

Frauen sind „mächtige, generöse, freigiebige, schöpferische, geniale Identitäten".

Sie möchten den „guten Ruf, den Frauen noch haben, durch die Geschichte nicht preisgeben".

Es sei „zu verneinen, was es gibt, und verständlich zu machen, was es nicht gibt".

Sie wollen, „daß die Frauen sich einander anvertrauen und sich einander zumuten" (vgl. den italienischen Begriff des Affidamento), also sich auch in Konflikt zueinander begeben, aber nicht wegen Geld und Macht, sondern wegen ihrer Verschiedenheit und jeweiligen Andersartigkeit. Sie wollen keine Homogenisierung, sondern gerade die Verschiedenheit zwischen Frauen zur „Improvisation des Menschenmöglichen" nutzen. Das heißt „ausbrechen, überraschen, überrascht sein, sich überraschen lassen, annehmen, ergreifen, wahrnehmen, wahrmachen, sich bewahrheiten, sich anregen lassen, Neugier, sprechen, in Erscheinung bringen, ausdrücken, hervortreten". Sie wollen keine „Defektologie" betreiben und auch keine „Sozialpartnerschaft der Geschlechter", sondern voller „Gelassenheit" ihre Unterschiede untereinander annehmen, „Freiheit improvisieren". Sie wollen nicht „dazugehören und dabei untergehen", sondern sich „außerhalb der männlichen Konzeption von Wirklichkeit stellen". Sie wollen sich lossagen von der simulierten, der künstlichen Frau denn sie seien „Begehrende und Erfahrene". Sie möchten statt dessen „das Segel sein, in das der Wind fahren kann", „unkalkulierbar bleiben" und nicht etwa „Meisterinnen der Realisierung eines vorgefaßten Plans". Sie wollen „für das Wunderbare offen bleiben", nämlich das Unvorhergesehene, Unbekannte und Geheimnisvolle, ja noch nie Dagewesene.

Und das „Erreichte" wollen sie auch noch „loslassen" können ... Bin ich da nicht in „guter Gesellschaft"? Die Praxis eilt, wie üblich, der Theorie voraus. Auch anderswo wird – mit sehr guten Erfolgen – Politik als Herrschaft abgelehnt (Esteva 1992; Werlhof 1991a und 1994b), typischerweise da, wo man und frau sich wirklich keinen Illusionen über den Charakter der patriarchalen Welt-„Ordnung" mehr hingeben können.

Nicht Monokulturen von konstruierten „gender"-Differenzen und von Utopien geschlechtsloser Gleichheit im Staat, sondern Dissidenz als Wieder-sein-Lassen einer Art Vielfalt – wo sonst ist der Weg aus den (selbst)vernichtenden Konsequenzen des Patriarchats?

Dies ist die überarbeitete Fassung des Vortrags, der am 13. 5. 1992 am Institut für Politikwissenschaft der Universität Wien gehalten wurde.

Literatur

Angerer, Marie-Luise u. a. (Hg.) (1991), Auf glattem Parkett. Feministinnen in Institutionen, Wien

Aristoteles, (1986), Politik, 6. Aufl., Zürich – München

Bammé, Arno u. a. (1983), Maschinenmenschen – Menschmaschinen, Reinbek

Bennholdt-Thomsen, Veronika (1985), Zivilisation, moderner Staat und Gewalt. Eine feministische Kritik an Norbert Elias. Zivilisationstheorie, in: Beiträge zur feministischen Theorie und Praxis 13, S. 23–35

Bennholdt-Thomsen, Veronika (Hg.) (1994), Juchitan, Stadt der Frauen, Reinbek

Birk, Angelica / *Stoehr*, Irene (1987) „Der Fortschritt entläßt seine Töchter", in: Frauen und Ökologie, Gegen den Machbarkeitswahn, Die GRÜNEN im Bundestag (Hg.), Köln, S. 59–70

Braun, Christina von (1988), NichtIch. Logik – Lüge – Libido, Frankfurt/Main

Braunmühl, Claudia von (1992), Festgefrorene Streit-Essayistik, in: Beiträge zur feministischen Theorie und Praxis 32, S. 142–148
Butler, Judith (1991), Das Unbehagen der Geschlechter, Frankfurt/Main (engl. 1990)
Daly, Mary (1981), Gyn/Ökologie, München
Descartes, René (1979), Regeln zur Ausrichtung der Erkenntniskraft, Hamburg
Diefenbach, Johann (1988), Der Hexenwahn in Deutschland, Leipzig
Dreßen, Wolfgang (1982), Die pädagogische Maschine. Frankfurt/Main – Berlin – Wien
Elias, Norbert (1978), Über den Prozeß der Zivilisation, 2 Bde., Frankfurt/Main
Ernst, Werner (1990), Idionomie und Herrschaft. Ist alteritäre (nicht: alternative) Politik überhaupt möglich?, in: Texte. Psychoanalyse, Ästhetik, Kulturkritik 1, S. 94–109
Ernst, Werner (1993), Formale Form als Rechtsgewalt, in: Ethica. Wissenschaft und Verantwortung 2, S. 163–184
Esteva, Gustano (1992), Fiesta – Jenseits von Entwicklung, Hilfe und Politik, Frankfurt
Esteva, Gustano (1993), Reflexiones sobre la situacion y las perspectivas a raiz de los eventos de principios de ano (unveröff. Manuskript), Oaxaca (Mexiko)
Fanon, Frantz (1976), Die Verdammten dieser Erde, Reinbek
Fleischer, Eva (1993), Die Frau ohne Schatten. Gynäkologische Inszenierungen zur Unfruchtbarkeit, Pfaffenweiler
Focault, Michel (1977), Sexualität und Wahrheit, Frankfurt/Main
Focault, Michel (1978), Dispositive der Macht, Berlin
Gerhard, Ute u. a. (Hg.) (1990), Differenz und Gleichheit. Menschenrechte haben (k)ein Geschlecht, Frankfurt/Main
Göttner-Abendroth, Heide (1988), Das Matriarchat I: Geschichte seiner Erforschung, Stuttgart – Berlin – Köln
Göttner-Abendroth, Heide (1991), Das Matriarchat II/1, Stuttgart – Berlin – Köln
Graf, Andrea (Hg.) (1990), Zur Politik des Weiblichen. Frauen, Macht und Ohnmacht, Wien
Habermas, Jürgen (1981), Theorie des kommunikativen Handelns, 2 Bde., Frankfurt/Main
Hammes, Michael (1977), Hexenwahn und Hexenprozesse, Frankfurt/Main
Horkheimer, Max / *Adorno*, Theodor W. (1969), Dialektik der Aufklärung, Frankfurt/Main
Irigaray, Luce (1990), Ethik der sexuellen Differenz, Frankfurt/Main (franz. 1984)
James, Selma / *Della Costa*, Mariarose (1975), Sex, Race and Class, London
Keller, Catherine (1989), Der Ich-Wahn. Abkehr von einem lebensfeindlichen Ideal, Zürich (engl. 1986)
Lenz, Ilse / *Luig*, Ute (Hg.) (1990), Frauenmacht ohne Herrschaft, Berlin
Lorde, Audre (1983), Texte in: Dagmar *Schultz* (Hg.): Macht und Sinnlichkeit. Ausgewählte Texte von Adrienne *Rich* und Audre *Lorde*, Berlin
Menné, Brigitte (1994), Wir Frauen am Land, Wien
Mies, Maria (1978), Methodische Postulate zur Frauenforschung. Dargestellt am Beispiel der Gewalt gegen Frauen, in: Beiträge zur feministischen Theorie und Praxis 1, S. 41– 63

Mies, Maria (1988), Patriarchat und Kapital. Frauen in der internationalen Arbeitsteilung, Zürich

Mies, Maria (1992), Wider die Industrialisierung des Lebens, Pfaffenweiler

Modelmog, Ilse (1990), Empirische Sozialforschung als Phantasietätigkeit. Zur Ethik von Beobachtung und Befragung, in: Ethik und Sozialwissenschaften 1, S. 1–13

Mühlmann, Wilhelm (1984), Die Metamorphose der Frau, Berlin

Paul, Hermann (1981), Deutsches Wörterbuch, Tübingen

Rich, Adrienne (1983), Texte in: Dagmar *Schultz* (Hg.), Macht und Sinnlichkeit. Ausgewählte Texte von Adrienne *Rich* und Audre *Lorde*, Berlin 1983

Schröder, Hannelore (1979), Die Rechtlosigkeit der Frau im Rechtsstaat. Frankfurt/Main – New York

Schröder, Hannelore, Die Frau ist frei geboren. Texte zur Frauenemanzipation, 2 Bände, München 1979 und 1981

Thürmer-Rohr, Christine u. a. (Hg.) (1989), Mittäterschaft und Entdeckungslust, Berlin

Wahrig, Gerhart (1989), Deutsches Wörterbuch, München

Weiler, Gerda (1993), Eros ist stärker als Gewalt. Eine feministische Anthropologie I, Frankfurt/Main

Weizenbaum, Joseph (1978), Die Macht der Computer und die Ohnmacht der Vernunft, Frankfurt/Main

Werlhof, Claudia von (1986), Geschlecht und Arbeit. Zur Geschichte der Frauenforschung an der Universität Bielefeld, in: Die Tageszeitung, 24. 12. 1986

Werlhof, Claudia von (1990a), Erfassen statt Erkennen: Frauenforschung als Mittäterschaft? Normierung, Denkverbote und Spaltung unter Frauen, in: Renate *Schwab* u. a. (Hg.): Zwischen Autonomie und Vereinnahmung. Frauenforschung und feministische Wissenschaft an Österreichs Universitäten, Wien, S. 39–51

Werlhof, Claudia von (1990b), Frauenforschung. Überwindung der Politikwissenschaft?, in: Gerald *Prabitz* / Wolfgang *Schopper* (Hg.): UNI 2000. Zukunftsperspektiven universitärer Forschung und Lehre am Beispiel der Universität Innsbruck, Innsbruck, S. 170–178

Werlhof, Claudia von (1991a), Was haben die Hühner mit dem Dollar zu tun? Frauen und Ökonomie, München

Werlhof, Claudia von (1991b), Männliche Natur und künstliches Geschlecht. Texte zur Erkenntniskrise der Moderne, Wien

Werlhof, Claudia von (1992), Wie patriarchal ist die Frauenbewegung? Wo bleibt die Dissidenz?, in: EVA & CO. eine feministische Kulturzeitschrift 24, S. 13–21

Werlhof, Claudia von (1993), Law and the Death of Women, Paper beim Congreß on Human Rights, Onati, Spanien

Werlhof, Claudia von (1994a), (Frauen-)Politik gegen Frauenforschung. 5 Jahre Konflikt um den „Frauenlehrstuhl“ in Innsbruck, in: Bundesministerium für Wissenschaft und Forschung (Hg.): Über die Schwierigkeiten der Frauen in der Wissenschaft Fuß zu fassen. Reihe Frauenforschung, Bd 3. Wien (im Ersch.)

Werlhof, Claudia von (1994b), Abschied vom ökonomischen Kalkül?, in: *Werlhof*, Claudia von u. a. (Hg.): Herren-Los. Herrschaft – Erkenntnis – Lebensform (in Vorbereitung)

Werlhof, Claudia von (1994c), Through Dissidence to Subsistence as Non-Development – with recent examples from Venezuela –, Beitrag für World Congress of Sociology, Women in Society: „Envisioning the Future: Women and Alternative Development", (unveröff. Manuskript)

Wittgenstein, Ludwig (1970), Über Gewißheit, Frankfurt/Main

World Congress of Sociology, Women in Society: „Envisioning the Future: Women and Alternative Development", (Beiträge von 13 Frauen aus aller Welt), Manuskripte, Bielefeld 1994

Teil II

Politische Theorie und Ideengeschichte – wozu?

Ulrich von Alemann

Politische Ideengeschichte als Museum, Schule, Ideendatenbank – oder was sonst?

I

Eine konkrete Frage verlangt eine klare Antwort. Hier ist sie: Die politische Ideengeschichte dient uns als Politik-historisches *Museum.* Da gibt es die klassisch-archäologische Abteilung mit den großen Sälen von Platon und Aristoteles und den kleineren Kammern der Vorsokratiker, der etwas skurrilen Sophisten, Stoiker und Kyniker oder der lebensfrohen Epikureer, aber auch ein paar schöne, seltene römische Stücke von Cicero und Marc Aurel sind dabei. In der Mittelalterabteilung gibt es nur wenige Exponate. Dies ist eine Arbeit für Spezialisten im Depot. Aber die Neuzeit ist reich. Machiavelli blendet uns noch immer, Hobbes und Locke sind immer noch aktuell. Besondere Komplexe beanspruchen Hegel und Marx, ein insgesamt doch sehr unübersichtliches Gelände.

Man interpretiere meine Ironie nicht falsch. Ein Museum ist schließlich nichts Schlechtes oder Verstaubtes, wenn es gut gepflegt wird, den Interessierten offensteht, übersichtlich präsentiert. Sicher besser als ein „Lagerhaus", in das Klaus von Beyme (1969, S. 50) die Ideengeschichte einmal abstellen wollte. Auch Helmut Spinner (1974, S. 120) sieht eine Hauptfunktion von politischer Theorie im „Thesaurieren", also Horten wissenschaftlicher Erkenntnis. Den Thesaurus, den Schatz, gilt es zu bewahren, seine Zugänglichkeit zu sichern. Zum Bild des Museums paßt Münklers „Lust an der Erkenntnis", so der Titel eines neuen Lesebuches (1990) zum politischen Denken im 20. Jahrhundert.

Diese Erkenntnislust zielt auf die wissenschaftliche Neugier. Das Wundern und Staunen, das „thaumazein", ist seit Aristoteles Anfang und Antrieb aller Wissenschaft. Auch politische Theorie ist eine Lust und damit Selbstzweck, Nabelschau, Narzißmus oder gar Autopoiese (ein postmodernes Wort von Niklas Luhmann, der aber auch auf den Rückgriff auf ein altgriechisches Wort nicht verzichten zu können meint). Sie kann auch dem Status, dem Imponieren dienen wie jedes große, reiche Museum immer schon und heute wieder erst recht. „Theory is a matter of status", zitieren Jürgen Falter u. a. (1990, S. 31) den Amerikaner Albert Somit. Sie schmückt und verleiht Prestige. Deshalb heißt wohl auch eine der größten Politikberaterfirmen in den USA „Aristotle Industries".

Aber die politische Theorie und Ideengeschichte als Museum, diese Antwort will mich nicht befriedigen. Sie ist zweitens auch eine *Schule,* eine Schule der

Erkenntnis. Lehrmeister Geschichte – ebenfalls ein ehrwürdiger Topos. Robert A. Dahl (1973, S. 11) beantwortet die Leitfrage deshalb so: „Sie hilft einem, die Welt zu verstehen, in der man lebt, unter den Alternativen, vor denen man steht, eine klügere Auswahl zu treffen und die großen und kleinen Veränderungen zu beeinflussen, die ein inhärenter Aspekt aller politischen Systeme sind". Auch Klaus von Beyme (1969, S. 50) nennt als Zweck der Ideengeschichte die „methodische Schulung".

Theorien haben eine Anleitungsfunktion. „Sie prägen und festigen das forschungsleitende Interesse; sie kanalisieren die Auswahl der Forschungsthemen; sie fixieren bestimmte, selektive Perspektiven, in denen man auf den Forschungsgegenstand blickt", so Werner J. Patzelt (1992, S. 88; vgl. auch ders. 1993, S. 112). Politische Theorien belehren uns über frühere Lösungsversuche politischer Grundfragen. Theorien der Macht oder der Demokratie, der Freiheit oder der Gleichheit, des Konflikts oder des Konsenses können nie als erledigt abgehakt werden. Sie mögen Patina ansetzen, aber ihre Fragen bleiben offen.

> „Die Originalität der großen Gesellschaftstheoretiker wie Max Weber, Durkheim und Mead besteht (...) darin, daß sie Paradigmen eingeführt haben, die in gewisser Weise heute noch gleichberechtigt konkurrieren. Diese Theoretiker sind Zeitgenossen geblieben." (Habermas 1981, S. 201 f.)

Aber Museum und Schule sind noch nicht alles. Ich habe als vorläufige Annäherung auf die Leitfrage noch ein drittes Bild parat. Es ist das *Archiv*, die Datenbank, die Ideenbank, als die die Geschichte politischer Theorien benutzt werden kann. Die Beschäftigung mit politischer Theorie dient dem Ordnen und Systematisieren von wissenschaftlichem Wissen, auch zum Vermehren von Wissen, dem Akkumulieren. Dabei ist das Wissen in den Sozialwissenschaften allerdings selten kumulativ wie in den Naturwissenschaften oder in der Mathematik, sondern bleibt plural, widersprüchlich, widerspenstig und ungleichzeitig. Ergebnisse und Erkenntnisse gilt es zu sichern. „Theorien" – so erneut Werner J. Patzelt (1992, S. 89) – „ermöglichen die Systematisierung und Aufbewahrung von Forschungsergebnissen."

Politische Theoriearbeit, so könnte man vorläufig annehmen, dient uns dazu, politische und politikwissenschaftliche Kenntnisse und Ergebnisse zu thesaurieren, zu systematisieren und zu akkumulieren. Museum, Schule und Ideendatenbank – alle drei wären legitime Orte der Theoriearbeit.

Habe ich damit die gestellte Leitfrage zufriedenstellend beantwortet? Wohl kaum. Denn viele Fragen bleiben offen. Ich habe völlig undifferenziert von politischer Theorie und Ideengeschichte zugleich gesprochen, ohne sie klar zu trennen. Kurz, ich habe noch gar nicht gesagt, worüber ich überhaupt rede. Denn ich habe in diesem ersten Anlauf das Thema intoniert und eine erste Exposition geliefert. Die Durchführung als zweiter Teil folgt mit der Frage: Was ist politische Theorie und Ideengeschichte? Drittens werde ich dann mit der Reprise das Eingangsmotiv wieder aufnehmen und fragen, wem nützt politische Theorie? Der Leser hat es bemerkt: Ich bemühe die klassische Sonatenform in Exposition, Variation und Reprise. Den Schluß bildet die Coda.

II

In der Politikwissenschaft plagen wir uns mit einer Fülle höchst diffuser Begriffe: Macht oder Interesse, Herrschaft oder Repräsentation, Gemeinwohl oder System. Die Verwirrung um den Begriff „Theorie" schießt aber den Vogel ab. So schillernd und changierend ist kaum ein zweiter. Ist sie eine Aussage oder ein System, ein Anfang oder ein Ende, ein Teil oder ein Ganzes der Wissenschaft? Schauen wir – als den naheliegendsten Weg, um das Dickicht zu lichten – im Lexikon nach. Das Wort Theorie stammt aus dem Griechischen vom Verb „theoreo", d. h. nach meinem griechischen Schullexikon:

„a) schauen, zuschauen, anschauen, betrachten, sehen, Zuschauer sein, einem Feste beiwohnen;
b) überlegen, erwägen, beachten, untersuchen, beurteilen;
c) einsehen, merken, verstehen, erfahren."

Ein erstaunliches Fundstück! Theorie ist ein Begriff der Sinne, wie auch der „Be-griff" nicht des Intellekts, des Logos, der Abstraktion. Goethe geht also völlig fehl, wenn er Mephisto in den Mund legt: „Grau, teurer Freund, ist alle Theorie. Und grün des Lebens goldener Baum." Theorie bedeutet also zuallererst sehen, schauen, betrachten; erst dann erwägen, beurteilen, verstehen. Mein Eingangsbild vom Museum als „Schau-Platz" war also gar nicht so falsch. Platon hat uns die Theorie als Schau-Bild mit seinem Höhlengleichnis eindrucksvoll und wirkungsmächtig vorgeführt. Theorie war also von Anbeginn nicht Abstrahieren, sondern Anschauung.
Das moderne Verständnis von Theorie hat es mit zwei unterschiedlichen Dimensionen der Bedeutung von Theorie zu tun. Sie zeigt sich in den beiden Gegensatzpaaren Empirie–Theorie einerseits und Praxis–Theorie andererseits; dieses geht vom Einzelnen, Besonderen, der Tatsache zum Allgemeinen und Gesetzlichen, vom Beschreiben zum Erklären, von der Deskription zur Analyse – jenes vom konkreten Handeln und Verhalten, von der tatsächlichen Aktion zu ihrer Betrachtung und papiernen Beschreibung, zu ihrer Brechung und Verfremdung.

Machen wir einen Zeitsprung in die Gegenwart. Ich habe das Textverarbeitungsprogramm meines PCs im Thesaurus nach Synonymen für das Wort „Theorie" befragt. Mein Bildschirm zeigt mir an: „Lehre, System, Illusion, Lehrgebäude, Behauptung, Dogma, Lehrmeinung, Lehrsatz, Wissenschaft." Man sage nicht, Computer seien dumm, denn wir haben hier wieder die wichtigsten

Assoziationen versammelt: *Museum*, wie Dogma oder Illusion; *Schule*, wie Lehrgebäude oder Lehrsatz; und *Ideendatenbank*, wie System und eben Wissenschaft.

Theorie ist der genuine Zweck von Wissenschaft, besser umgekehrt: Die Funktion von Wissenschaft ist die Theorieproduktion. Sie tut das in Form von Behauptungen und Lehrmeinungen, verknüpft sie systematisch zu Lehrgebäuden, verhärtet sich zu Dogmen, karikiert als Illusion in dem Satz: Das ist ja reine Theorie. „Reine" Theorie ist Illusion oder Dogma. Denn Theorie muß immer einen Kern der Anschauung bewahren und auf Empirie und Praxis gerichtet sein. Sonst wird sie ein Glasperlenspiel.

Zurück zur Frage: Was ist die Theorie der Politik? Die Formulierung der Leitfrage legt eine Zweiteilung nahe: politische Theorie und Ideengeschichte. Es gibt einige andere Dichotomien, z. B. in empirische Theorie und normative Theorie oder in politische und politikwissenschaftliche Theorie (Patzelt 1992, S. 89 f.). Oder wie John G. Gunnell (1983) in seinem State-of-the-Art der amerikanischen Politiktheorie die *Political Theory* (groß geschrieben, abgekürzt *PT*) als Teildisziplin der Politikwissenschaft im Sinne von politischer Philosophie unterscheidet von *political theory* (klein geschrieben, abgekürzt *pt*) als ein interdisziplinäres Unternehmen der sozialwissenschaftlichen Theoriebildung.

Neben den Dichotomien gibt es natürlich auch die beliebten Trinitäten. Eine solche Dreiteilung legen z. B. Jürgen Falter und Gerhard Göhler (1986, S. 122 f.) in dem deutschen Versuch einer „State-of-the-Discipline", herausgegeben von Klaus von Beyme, vor. Sie lautet:

1. Meta-Theorie (inkl. Wissenschaftstheorie und Methodenlehre),
2. Systematische Theorie (inkl. allgemeine Theorien, z. B. zum Politikbegriff oder Systemtheorie sowie Bereichstheorien zu Staat und Demokratie, Wahlen oder internationaler Politik) und
3. Politische Philosophie und Ideengeschichte.

Diese Einteilung mit Ober- und Unterabteilungen ist mir zu unübersichtlich. Da mich die Zwei- und Dreiteilungen unbefriedigt lassen, schlage ich eine Fünfteilung, eine Pentatomie, vor (Alemann 1994). Ich habe dabei Ideen von Göttrik Wewer (1989) und Kurt Lenk/Berthold Franke (1987) verarbeitet.

Mikro-Theorien der Politik

Hierbei handelt es sich um Theorien der Politikwissenschaft, die das Verhalten von einzelnen und Gruppen zu erklären versuchen. Theorien der politischen Sozialisation, des Wahlverhaltens, der Einstellungen und des Wertewandels gehören dazu genauso wie Theorien der Wirkung von Massenkommunikation und der Partizipation. Es besteht ein enger Austausch mit Sozialpsychologie, Soziologie, Massenkommunikationsforschung und Ökonomie. Auch „Rational-Choice"-Theorien, insofern sie sich dem methodologischen Individualismus verpflichtet fühlen, gehören in diese Kategorie, also Entscheidungstheorie oder Spieltheorie, auch Rollentheorie und Lerntheorie. Diese Mikro-Theorien sind in der Regel empirisch orientiert, oft aber mit normativen Konnotationen.

Meso-Theorien der Politik

Sie erklären als Theorien kollektives politisches Verhalten der mittleren Ebene zwischen den Gruppen einerseits und dem Staat und der Gesamtgesellschaft andererseits. Dies ist ein überaus vielfältiger „intermediärer Bereich", der aus Parteien und Gewerkschaften, Regierungen und Parlamenten, Koalitionen und Korporationen besteht. Diese Meso-Ebene ist eine besonders genuine Domäne der Politikwissenschaft, da ihr dieser Bereich sozusagen alleine gehört und weniger durch Nachbarwissenschaften streitig gemacht wird – wie die Mikro-Ebene durch Sozialpsychologie oder Massenkommunikationsforschung, die Makro-Ebene durch Staatslehre und Philosophie. Es ist der klassische Bereich der Theorien mittlerer Reichweite, dazu gehören auch Demokratie- und Pluralismustheorie und spezielle Staatstheorien, insofern sie eher empirisch orientiert sind.

Makro-Theorien der Politik

Wenn man die Meso-Theorien mit Falter/Göhler (1986, S. 137) als systematische Bereichstheorien bezeichnet, so kann man die Makro-Theorien als allgemeine Theorien der Politik ansehen. Politische Systemtheorie und generelle Staatstheorien sowie allgemeine Theorie des Politikbegriffs gehören dazu. Grundfragen der politischen Philosophie wie die Theorie kommunikativen Handelns von Jürgen Habermas (1981), aber auch Gesellschaftstheorien wie die der Risikogesellschaft oder der Postmoderne rechne ich hierzu, auch die Theorie der Gerechtigkeit von John Rawls und „grand theories" aus der Theoriegeschichte. Hier verknüpfen sich noch stärker als in den beiden anderen Stufen empirische mit normativen Betrachtungen. Auch ist die Interdisziplinarität hier sehr hoch. Ob Mikro-, Meso- oder Makro- ist auch nicht völlig trennscharf. Es kommt auf den primären Focus an. „Rational Choice"-Theorie kann deshalb auch ein Makro-Unternehmen sein.

Mega-Theorien der Politik

Hier wechselt die Dimension von eher wissenschaftlicher zu politischer Theoriebildung. Es handelt sich nun also nicht mehr um primär empirische Theoriebildung, die auf der Mikro- und Meso-Ebene, wenn auch schon weniger auf der Makro-Ebene, noch dominierte, sondern nur noch um normative Konstrukte. Die großen normativen Theorieentwürfe der politischen Theoriegeschichte gehören hierher, aber auch die politischen Ideen und Ideologien der sozialen Bewegungen, also Liberalismus, Konservativismus, Sozialismus und neuerdings vielleicht Ökologismus und Feminismus und zukünftig wohl wieder stärker ethnischer Regionalismus und Nationalismus sowie religiöser Fundamentalismus. Die politischen Mega-Theorien bieten weltanschauliche Orientierung und normative Weltdeutung. Es sind *politische* Theorien, aber deshalb nicht weniger ein Arbeitsfeld der Politikwissenschaft, das deren Entstehung und Entwicklung, deren Konsistenz und Kontinuität analysieren kann.

Ich plädiere deshalb, wie der Leser bemerkt haben wird, für den Begriff Theoriegeschichte statt Ideengeschichte, weil mir Ideen zu leicht ein Eigenleben, ob als Überbau des Marxismus oder als Geistesgeschichte im Idealismus, spielen wollen.

Meta-Theorien der Wissenschaft

Sie gehören der Politikwissenschaft am wenigsten alleine, denn sie besitzen weder eine eigene Methodologie noch eine genuine Methodik. Meta-Theorie ist Wissenschaftstheorie. Sie beschäftigt sich mit den Grundfragen der Theoriebildung überhaupt, mit der Frage: Was ist Theorie, was leistet sie, wem nutzt sie? Also genau mit den Fragen, die uns in diesem Augenblick vereinen. Wissenschaftstheorie ist deshalb nicht nur übergreifende Meta-Wissenschaft, die genausogut ein Philosoph für jegliche Wissenschaft betreiben könnte, sondern auch Grundsatzreflexion der eigenen Disziplin, Fragen nach dem eigenen Wozu.

Ziehen wir nun ein ganz kurzes *Zwischenfazit.*

1. Politische Theorie ist ein schillernder Begriff.
2. Politische Theorie hilft Wissen zu thesaurieren, zu systematisieren und zu akkumulieren.
3. Ich schlage vor, politische Theorie als einen Überbegriff auch zur politischen Ideengeschichte zu verstehen.
4. Diese möchte ich lieber politische Theoriegeschichte nennen.
5. Das Universum politischer Theorien kann man aufgliedern in Mikro-, Meso- und Makro-Theorien der Politikwissenschaft sowie Mega-Theorien der normativen Politik und Meta-Theorien der Wissenschaftswissenschaft.

III

Die Reprise führt uns zurück auf das Leitmotiv: Wozu politische Theorie? Ich erlaube mir, das Motiv zu variieren in die Frage: Wem nützt politische Theorie? Cui bono? – eine der ältesten politischen (auch politikwissenschaftlichen) Fragen überhaupt. Darauf gibt es drei mögliche Antworten: 1. sie nützt keinem, 2. sie nützt allen und 3. sie nützt einigen.

Zunächst zu der Annahme, sie nütze keinem. Es gibt durchaus Stimmen, die den Nutzen politischer Theorie glatt bestreiten, nicht nur in der aktuellen Politik. „So häuft sich dann mit der Zeit über die vielen Schulen mit ihren Doktrinen ein gewaltiger Berg ideologischen Schutts auf", klagte Lothar Kramm (1981, S. 170) in seinem Essay „Vom Un-Sinn einer politischen Ideengeschichte". John G. Gunnell zitiert Stimmen aus den fünfziger Jahren, die Tod oder wenigstens Niedergang der politischen Theorie und Philosophie prophezeien. So Robert A. Dahl 1958: „In der englischsprachigen Welt, wo so viele wichtige politische Probleme gelöst wurden (zumindest oberflächlich), ist politische Theorie tot. In den kommunistischen Ländern ist sie im Gefängnis. Anderswo todkrank." (zitiert nach Gunnell 1983, S. 17)

Auch in den sechziger Jahren klagte noch der amerikanische Politologe David Truman „the theory chorus is less polyphonus than cacophonus" (ebd., S. 20). Aber die Stimmen, die mal wieder den Tod der politischen Theorie beschwören, treten doch in zu regelmäßigen Intervallen auf, als daß man ihnen glauben könnte. Auch Politiker, die politische Theorie für „Luxus" halten, sind genausowenig glaubwürdig, denn sie meinen meist das Gegenteil von Luxus, nämlich „Unbequemlichkeit" für sich selbst.

Verwerfen wir also die erste Antwort, daß politische Theorie niemandem nutzt, und wenden wir uns der zweiten Version zu, politische Theorie nutzt allen Menschen. Die Kontroverse ist so alt wie politische Theorie überhaupt. Denn hier steht Protagoras gegen Platon. Ich will dazu kurz eine Geschichte aus Platons Dialog des Protagoras erzählen.

> „Die politische Befähigung, so der Sophist Protagoras in Platons gleichnamigem Dialog, sei etwas, das allen Menschen, nicht bloß einigen Spezialisten, zukomme. Um dies zu erläutern, erzählt Protagoras jenen Mythos, wonach Epimetheus alle Fähigkeiten und Eignungen an die Tiere verteilt hat, so daß zuletzt für die Menschen nichts übrig blieb (...) Da erbarmte sich Zeus der Menschen und sandte Hermes, um ihnen auch die politische Befähigung zuteil werden zu lassen. Ob er sie, fragte Hermes, wie im Falle der Heilkunst und der technischen Intelligenz, einigen zuweisen solle, die dann für die anderen zu sorgen hätten, oder ob sie allen zuteil werden solle? Alle sollten sie haben, antwortete Zeus, denn sonst könnten Städte und Staaten auf Dauer nicht bestehen." (zitiert nach Münkler 1990, S. 11)

Die politische Befähigung, damit auch die Fähigkeit zur politischen Theorie, ist die Sache aller, keine Spezialistenaufgabe, als die sie Platon für die Philosophen reserviert sehen wollte. Ich stehe auf der Seite von Protagoras, im Namen von Aufklärung und Emanzipation, Mündigkeit und Selbstbestimmung: Politik ist für alle da, auch die politische Theorie als Vernetzung politischer Erkenntnis. Politikverdrossenheit, dies am Rande, ist deshalb in einer Demokratie keine Abwendung, denn diese ist unmöglich, sondern eine Auffassung von Politik.

Mehr noch kann ich aber der dritten Antwort, politische Theorie nutzt einigen, abgewinnen, schließlich bin ich selbst professioneller Politologe, wenn auch kein Philosoph in Platons Sinne mit Hang zum Philosophenkönigtum. In der Tat nutzt politische Theorie gerade dann, wenn man sie nicht in den Turm der Ideengeschichte und politischen Philosophie verbannt, sondern einen weiten Begriff von politischer Theorie vertritt, wie ich es mit meiner Fünfteilung versucht habe.

Ich mache es kurz, weil vieles schon gesagt wurde: empirische Politikforschung muß theoriegeleitet sein, da ist es leicht, allgemeine Zustimmung zu erhalten. Aber ich meine, auch die Umkehrung muß gelten: Politische Theoriebildung soll empiriegeleitet sein und eben nicht in einen Theoriehimmel entschwinden, sondern Entstehung, Wandel und Entwicklung politischer Theorien immer mit sozialen, ökonomischen und politischen Tatsachen abgleichen (Bermbach 1984).

Politische Theorie nutzt den professionellen Politologen, denn sie gibt ihnen Broterwerb. Aber diese sollen sie zum gesellschaftlichen Nutzen betreiben, nicht nur als Herrschaftswissenschaft, sondern auch als Oppositionswissenschaft. Beides zusammen ergibt Demokratiewissenschaft.

Politische Theorie geht mit ihren Ergebnissen aus der Mikro- und der Meso-Forschung und mit ihren Erkenntnissen und Forderungen aus der Makro- und Mega-Ebene in die Standortbestimmung der Gegenwart ein. Wir wissen nur, wo wir stehen, wenn wir rekonstruieren können, woher wir gekommen sind. Politische Theorie kann reflexive Distanz zur Unmittelbarkeit der Empirie vermitteln (Euchner 1987, S. 49); sie kann durch Legitimationswissen verhindern, daß Politikwissenschaft zur Sozialtechnologie verkommt. Sie kann uns das Denken nicht abnehmen, aber erleichtern. Sie kann legitimatorische Orientierungsmuster und Leitbilder bereitstellen, die helfen, zur Begründung und genauso zur Beurteilung staatlicher Politiken beizutragen.

IV

Ich komme zur Coda. Meine knappe Kernthese für diese winzige Skizze im Universum des Theorie-Diskurses lautet, daß politische Theorie Urteilskraft vermittelt, um Leitbilder der Begründung und Beurteilung von Politiken zu bilden. Ohne eine solche „theoria" würden die Politik und die Politikwissenschaft blind.

Das letzte Wort soll Karl Popper haben. Obwohl sicher kein Popperianer, halte ich viel von seiner Formulierung: „Die Theorie ist das Netz, das wir auswerfen, um die ‚Welt' einzufangen, sie zu rationalisieren, zu erklären und zu beherrschen." (Popper 1966, S. 31) Das ist sehr doppelbödig.

– Rationalisieren – heißt das vernünftiger gestalten oder effektiver machen?
– Erklären – heißt das Sinnzusammenhänge oder eindeutige Kausalbeziehungen aufweisen?

– Beherrschen – heißt das durch Erkenntnis Probleme bewältigen oder durch Ideologien Menschen unterdrücken?

Weil die Formulierung so vielschichtig, so pluralistisch ist, paßt sie auf politische Theorie und politikwissenschaftliche Theoriebildung gleichermaßen. Und das schätze ich an ihr.

Literatur

Alemann, Ulrich von (1994), Grundlagen der Politikwissenschaft – ein Wegweiser, Opladen (zuerst Kurs Nr. 3201 der Fernuniversität Hagen 1992)

Bermbach, Udo (1984), Über die Vernachlässigung der Politischen Theoriegeschichte als Teil der Politischen Wissenschaft in: Politische Vierteljahresschrift Sonderheft 15, S. 9–31

Beyme, Klaus von (1969), Politische Ideengeschichte. Probleme eines interdisziplinären Forschungsbereiches, Tübingen

Dahl, Robert A. (1973), Die politische Analyse, München (engl. 1963)

Euchner, Walter (1987), Zur Nutzanwendung der ideengeschichtlichen Tradition für die moderne Politikwissenschaft, in: Hans-Hermann Hartwich (Hg.): Politikwissenschaft, Lehre und Studium, Opladen, S. 49–57

Falter, Jürgen W. / *Göhler,* Gerhard (1986), Politische Theorie: Entwicklung und gegenwärtiges Erscheinungsbild, in: Politische Vierteljahresschrift Sonderheft 17, S. 118–141

Falter, Jürgen W. / *Honolka,* Harro / *Ludz,* Ursula (1990), Politische Theorie in den USA. Eine empirische Analyse der Entwicklung von 1950–1980, Opladen

Gunnell, John G. (1983), Political Theory: The Evolution of a Sub-Field, in: Ada W. *Finifter* (Hg.): Political Science: The State of the Discipline, Washington, S. 3–45

Habermas, Jürgen (1981), Theorie des kommunikativen Handelns, 2 Bde., Frankfurt/Main

Kramm, Lothar (1981), Vom Un-Sinn einer politischen Ideengeschichte, in: Politische Vierteljahresschrift 22 (3), S. 168–180

Lenk, Kurt/*Franke,* Bertold (1987), Theorie der Politik. Eine Einführung, Frankfurt/Main – New York (zuerst Kurs Nr. 3206 der Fernuniversität Hagen 1985)

Münkler, Herfried (Hg.) (1990), Lust an der Erkenntnis: Politisches Denken im 20. Jahrhundert. Ein Lesebuch, München-Zürich

Patzelt, Werner J. (1992), Einführung in die Politikwissenschaft. Grundriß des Faches und studiumbegleitende Orientierung, Passau

Patzelt, Werner J. (1993), Formen und Aufgaben von „Theorieforschung" in den Sozialwissenschaften, in: Ethik und Sozialwissenschaften 4 (1), S. 111–123

Popper, Karl R. (1966), Logik der Forschung, 2. Aufl., Tübingen (zuerst 1934)

Spinner, Helmut (1974), Pluralismus als Erkenntnismodell, Frankfurt/Main

Wewer, Göttrik (1989), Politikwissenschaft und Zeitdiagnose in der Bundesrepublik Deutschland in: aus politik und zeitgeschichte B 46, S. 32–45

Jozsef Bayer
Alte Weisheiten, neue Herausforderungen

In der vorgegebenen Frage „Wozu politische Theorie und Ideengeschichte?“ steckt eine weitere, provozierende Nebenfrage: Wozu noch überhaupt politische Theorie und Ideengeschichte? Ihre paradoxe Stellung innerhalb des Faches hat Udo Bermbach in einer rückblickenden Darstellung dadurch charakterisiert, daß sich ihr hohes Prestige mit ihrer schwindenden praktischen Bedeutung verbindet (Bermbach 1991). Früher wirkten sie ihrerseits legitimierend für das Fach als Ganzes, als sie das hohe Ansehen der Geisteswissenschaften für die akademische Etablierung der Politikwissenschaft einsetzten. Jetzt müssen sie sich selbst vor dem Vordringen der „policy studies“ und den Ansprüchen einer empirisch fundierten „big science politology“ rechtfertigen (Bermbach 1991, S. 298 ff.).

Die Theorie und die Ideengeschichte sind davon freilich nicht gleichermaßen betroffen. Daß man eine Theorie braucht, wird allgemein anerkannt, das gehört seit den einflußreichen Arbeiten der modernen Wissenschaftstheorie (von Popper, Lakatos, Kuhn und anderen) ohnehin zur guten Manier (Popper 1965 und 1976; Kuhn 1970; Lakatos 1970). Theorien seien unentbehrlich und hielten auch gegen widersprechende Tatsachen eine Weile stand, solange für die neu entstandene Unordnung keine bessere theoretische Erklärung gefunden werde.

Die Wichtigkeit der Theorie ist noch einleuchtender in den Sozial- und Geisteswissenschaften (neukantianisch: Kulturwissenschaften), die hermeneutisch verfahren, deuten und verstehen müssen. Hier ist das Verhältnis von Theorie und Empirie etwas komplizierter, der konstruierte Status der Tatsachen offensichtlicher als in den Naturwissenschaften, obwohl im Modell der theoretischen Physik, die die Einsichten der modernen Wissenschaftstheorie prägte, ähnliche Einsichten auch schon längst auftauchten. Daß Theorien ohne Empirie leer sind, während die reine Empirie ohne Theorie blind bleibt, gilt seit Immanuel Kant ebenfalls als Binsenwahrheit. Daher versuche auch ich den empirisch arbeitenden Studenten stets klarzumachen, daß aus einer rein empirischen Forschung nie mehr herauskommen kann, als was in sie an theoretischer Phantasie, an Konzepten und Hypothesen investiert wurde. Operationalisierbares Wissen genügt nicht. Theoretische Konzepte werden zum Maßstab für die kritische Beurteilung der empirischen Befunde, sie wirken während des ganzen Forschungsprozesses und werden auch danach zur Deutung gebracht. So bestätigt sich der alte Grundsatz: Nichts ist praktischer als eine gute Theorie.

Diese Wahrheit wird aber meistens nur für die zeitgenössischen, modernen politischen Theorien gültig gehalten. Ein intensiver Theorieimport machte auch, will man Bermbach Glauben schenken, das Gros der theoretischen Aktivität unserer Disziplin im deutschen Sprachraum aus (Bermbach 1991, S. 310 f.). Als Folge herrscht heute in der Politikwissenschaft ein Methodensynkretismus vor und ihre theoretischen Grundlagen sind meist nicht nur eklektisch, sondern weitgehend interdisziplinär. Je nach Themenbereichen und Problemen werden philosophische, soziologische, historische oder auch rechtswissenschaftliche Theorien zur Deutung politischer Phänomene hergeholt, und daran ist nichts auszusetzen. Die einzelnen Erklärungsversuche haben sich zu theoretischen Richtungen und Forschungsansätzen in der Politikwissenschaft verdichtet, deren Aneignung unerläßlicher Bestandteil jedes echten Studiums der Wissenschaft von der Politik sein muß. Es gibt freilich sehr verschiedene Klassifikationen der theoretischen Programme und Forschungsansätze und einen ständigen Streit darüber, welche die fruchtbarsten, und in den einzelnen Ländern, welche Schulen und Theorietraditionen am einflußreichsten sind. Ich möchte hier nicht die im deutschen Sprachraum für am wichtigsten gehaltenen aufzählen, da sie in jedem Einführungsbuch aufzufinden sind. Zur Abwechslung möchte ich auf Gabriel Almond verweisen, der in seinem neuen Buch: „A Discipline Divided: Schools and Sects in Political Science" (1990), unter anderem folgende wichtige theoretische Ansätze behandelt: „Rational Choice Theory", „Political Culture Theory", „System Theory", „Communism Studies", „Pluralism and Corporatism", „State-Theory", „Political Development", „International-National Connection". Ersichtlich hat er dabei theoretische Schulen im Sinne von Theorien mittlerer Reichweite mit praktisch-inhaltlichen Themen vermengt. Interessanter ist jedoch, wie Almond in bezug auf methodologische Verfahren und Wertorientierungen die theoretischen Richtungen entlang zwei sich kreuzender Dimensionen aufteilt: „methodologically hard vs. soft", „ideologically left vs. right". So sind in seiner Aufteilung die folgenden vier Denkschulen in der Politikwissenschaft zu unterscheiden: „soft left", „hard left", „soft right", „hard right". „Soft left" sind „Critical Theory", die Frankfurter Schule, Perry Anderson, Göran Therborn, Philip Slater, Fernando Cardoso, David Ricci; „hard left" sind einige US-Amerikaner, die mit szientistischen, quantitativen Methoden operieren. „Soft right" heißt zum Beispiel Leo Strauss; und die Beispiele für „hard right" sind Virginia school (James Buchanan), Rochester school (William Riker) u. a. (Almond 1990, S. 13 ff.). Die meisten Theoretiker sitzen freilich nach Almond nicht in solchen Schulbänken, sondern umgeben den großen Tisch, der sich in „the great cafeteria of the center" befindet. Sie verfahren eklektisch und benützen je nach den untersuchten Problemen verschiedene Theorieansätze, um der Vielfalt und Komplexität der politischen Phänomene gerecht zu werden. Was in Almonds Darstellung noch nicht reflektiert wird, ist die völlig veränderte Situation seit der Wende von 1989, das Ende des Systemantagonismus und der Bipolarität in der Weltpolitik, die ganz neue Fragen stellt. Das alte theoretische Instrumentarium muß daraufhin geprüft werden, wieweit es auf diese völlig neue Situation noch überhaupt anwendbar ist.

Das führt uns hinüber zur zweiten wichtigen Frage: läßt sich bei so vielen lebendigen Theorien noch überhaupt eine politische Ideengeschichte rechtfertigen, die wesentlich vergangenes Lehrgut vermittelt? Bleibt der Traditionsbestand des politischen Denkens, mit einem Ausdruck von Wilhelm Windelband, nur eine große historische Schultasche, die wir ständig mitschleppen müssen, deren Inhalt aber höchstens noch eine gewisse pädagogische Bedeutung besitzt, auf unsere heutigen Anliegen aber kaum mehr Bezug hat?

Diese Frage enthält die Frage nach dem Verhältnis moderner Theorien zu ihrer eigenen Vorgeschichte, also zur Ideengeschichte. Für eine Theorie, die aus der klassischen politischen Philosophie unmittelbar praktische Konsequenzen für heutige Verhältnisse glaubt ziehen zu können, stellt sich diese Frage nicht. Das ist der Fall vor allem mit dem ontologisch-normativen Theorieansatz von Leo Strauss und seinen Nachfolgern sowie entsprechenden Ansätzen der Freiburger Schule. Die Kategorien des politischen Denkens sind demnach zeitlos; der Ursprung des „liberal constitutionalism" ist z. B. unmittelbar bei Aristoteles, in seinen – von seinen Schülern zusammengetragenen – Verfassungsvergleichen zu suchen. Die Entwicklung der Hauptbegriffe bzw. der Kategorien politischen Denkens ist hier invariant und erfährt höchstens eine Entfaltung in der historischen Zeit. Ein Klassikerkult und das Steinbruch-Prinzip in der Behandlung des Traditionsbestandes ist die Folge, die – wie Adorno es bezeichnete – zu einer „Topologie des Geistes" führen, wobei das Material von der konkreten Geschichte zufällig beigesteuert wird.

Das Verhältnis zwischen Theorie und Ideengeschichte wird aber oft auch in anderen modernen Sozialtheorien der Politik etwas verkürzt dargestellt. Die geschichtliche Entwicklung dient dann oft nur zur Illustration heutiger Ansätze oder wird in einem selektiven Verfahren zur Begründung der eigenen Theorie hergezogen. Ob das der wirklichen Entwicklungsdynamik des politischen Denkens im sozialen Raum und historischer Zeit entspricht, ist äußerst fraglich. Die Geschichte ist nicht so schön geordnet, wie die theoretischen Konstruktionen es haben wollen. Die Entwicklung des politischen Denkens enthält Brüche, ist voll von Sackgassen, verlassenen Holzwegen. Das Wissen häuft sich nicht unbedingt kumulativ an; es gibt Querverbindungen zwischen einzelnen Denkern und Richtungen, wiederaufgenommene Fäden, gegenseitige Beeinflußungen. Daher zählen nicht nur die großen Systembildner, sondern auch die unterschwelligen, verschwiegenen Strömungen. Einflußreich in der politischen Denkgeschichte sind außerdem nicht notwendigerweise die größten Denker geworden, sondern oft diejenigen, die die Forderung des Tages am besten erfaßt und sprachlich am prägnantesten ausgedrückt haben.

Damit soll nicht geleugnet werden, daß moderne theoretische Konstruktionen wesentliche Aspekte der ideengeschichtlichen Entwicklung der Politik aufdecken können. Sehr beeindruckend finde ich z. B. Richard Münchs konstruktivistische Sozialtheorie der Politik, in der er historisch aufgetretene Denkschulen ziemlich überzeugend in mögliche Typen politischen Denkens kategorisiert (Münch 1975, S. 99 f.). Die vier analytisch reinen Theorietypen der Politik sind bei ihm die Politik als Ethik bei Aristoteles, Politik als Vergemeinschaftung bei Rousseau, Politik als ökonomischer Tausch bei Hume, Smith und den Utilitaristen, bis hin zur modernen „rational choice theory"; und letztlich die Politik als Machttechnik, wofür Münch vor allem Machiavelli und Hobbes anführt. Diese Typologie fließt unmittelbar aus seiner handlungstheoretischen Begründung der Politik, die wesentlich auf Max Webers Auffassung zurückgreift, aber vor allem die moderne Systemtheorie von Parsons, Luhmann u. a. ausschlachtet. Demnach ist Politik ein allgemeiner Aspekt des sozialen Handelns, der darauf abzielt, verbindliche Entscheidungen für eine politische Gemeinschaft zu treffen. Mit der Entwicklung der Komplexität der Gesellschaft verbinden sich diese Aspekte des Handelns zu einem System, dessen Funktion es ist, verbindliche Entscheidungen so zu erbringen, daß die Handlungskontingenz reduziert wird, bei gleichzeitiger Erhaltung der Symbolkomplexität. Es klingt etwas abschrekkend, ist aber logisch und wirkt einleuchtend, übersetzt man sie in ordentliches Deutsch: Unter dem Existenzdruck muß man sich für eine Handlungsalternative entscheiden, weil nicht alle gleichzeitig realisierbar sind; gleichzeitig sollten dabei jedoch möglichst viele weitere Wahlmöglichkeiten offengehalten werden, um darauf später zurückgreifen zu können. In diesem handlungtheoretischen Rahmen läßt sich dann schön erklären, wie die einzelnen ausdifferenzierten Systeme der sozialen Handlung in der modernen Gesellschaft einander bedingen und gegenseitig durchdringen, dynamisieren oder hemmen (Münch 1986). Auch ganz praktische Probleme lassen sich in diesem Rahmen deuten, die eben wegen des „Fundamentalismus der Moderne" heute problematisch geworden sind. Das demokratische Prinzip der Mehrheitsentscheidung wird z. B. fragwürdig, sobald es dazu führt, daß gewisse Optionen für die Zukunft dabei vernichtet werden und unumkehrbare Entwicklungen einsetzen, die dann völlig außer menschliche Kontrolle geraten.

In einer solchen evolutionistischen Sozialtheorie lassen sich die historisch auftretenden politischen Theorien schön unterbringen, typisieren und zueinander in Beziehung setzen. Es ist auch pädagogisch sehr brauchbar, vorausgesetzt, daß dabei die Denkgeschichte nicht allzu sehr homogenisiert wird. Sonst geht die Einsicht verloren, daß politische Theorien immer auch Antworten auf die existentiellen Probleme ihrer Zeit gewesen sind und solcher Praxisbezug auch den heutigen Theorien nicht fehlt. Sie stellen eine ständige Suche nach plausiblen Lösungen für die politischen Probleme und Konflikte ihrer Zeit dar. Ihre theoretische Struktur wechselt zwar nach den geltenden wissenschaftlichen Paradigmen – einst waren die Modelle der Mechanik, dann der theoretischen Physik maßgebend, später biologische Selbststeuerungssysteme („autopoietische Systeme") oder neuerdings eben die Informatik. (Letzteres wird schon in der verdinglichten Alltagssprache ausgedrückt, wenn z. B. Computer-Fans das menschliche Gehirn als „hardware" und seinen Inhalt, die angeeignete Kultur als „software" bezeichnen – auf diese Verkehrtheit ließe sich eine ganze Theorie aufbauen.)

Im folgenden möchte ich einige, meist unterschätzte pädagogische Aspekte der Beschäftigung mit der Theoriegeschichte andeuten. Eine gute Einführung in die politische Ideengeschichte könnte den Studierenden helfen, den von Pierre Bourdieu beschriebenen kulturellen Schock aufzuarbeiten (Bourdieu 1970), d. h. sie könnte die Kluft zwischen der kodierten Sprache der Wissenschaft und der Alltagsprache überbrücken bzw. verringern – sie zu überwinden wäre nämlich verfehlt. Zu dieser Aufgabe ist die Ideengeschichte weitgehend geeignet (obgleich bei ungeschicktem Vorgehen der erwähnte Kulturschock noch vertieft werden kann). Deshalb halte ich die Unterordnung der Ideengeschichte unter eine einzige moderne politische Theorie aus pädagogischen Gründen für problematisch. Statt einer Vielfalt von theoretischen Ansätzen erhält der Studierende dann eigentlich nur eine Theorie, aus dem Traditionsbestand wird äußerst selektiv ausgewählt, und der Pluralismus der Theorien kommt nicht gebührend zum Ausdruck. Wie kann sich ein Studierender anders als durch Aneignung einer Vielzahl politischer Begrifflichkeiten und Denkweisen, notfalls auch gegen die Tyrannei seines eigenen Lehrers auflehnen? Darüber hinaus erzieht die Begegnung mit unterschiedlichen Gesichtspunkten und theoretischen Lösungen zur Toleranz und zum Verständnis und schafft jene kritische Distanz, die für eine objektive Forschung und für den geregelten politischen Diskurs überhaupt notwendig ist.

Ich stimme deshalb völlig mit Bermbachs Behauptung überein, daß die politische Ideengeschichte ein unentbehrlicher, konstitutiver Bestandteil der Politikwissenschaft bleiben muß. Sie bietet mit der „Aufarbeitung historischer Politik-Konzepte Reflexionsmaterial" zu aktuellen Diskussionen. Gleichzeitig vermittelt sie „einer vorwiegend empirisch orientierten Sozialwissenschaft deren historische Problemhorizonte" (Bermbach 1991, S. 332), damit sie nicht zu einer bloßen Sozialtechnologie verkommt.

Zum Schluß möchte ich mir einige inhaltliche Aussagen über die Schwerpunkte erlauben, die mir in der Forschung und Lehre wichtig erscheinen. Während meiner Gastprofessur an der Wiener Universität wurden von mir außer den normalen ideengeschichtlichen Kursen bislang Themen wie Legitimation, Politische Kultur, Nationalismus und ethnische Politik in der Politischen Theorie angeboten. Mein theoretisches Interesse an den „soft structures" des politischen Systems erklärt sich vielleicht auch aus dem mitteleuropäischen Kontext, in dem ich stehe. Die sogenannten weichen Strukturen, die Bewußtseinsprozesse erwiesen sich hierzulande oft als äußerst hart und zählebig, wenn es um ihre Veränderung ging. Im Studienbetrieb habe ich dennoch immer versucht, die erwähnten Themen vergleichend zu behandeln. Längerfristig plane ich einen Schwerpunkt zur Europäischen Integration. Die Analyse ihrer Bedingungen und Folgen für eine demokratische Politik erstreckt sich auch auf den mittel- und osteuropäischen Raum. Nationalismus und Ethnisierung der Politik, Regionalisierung unterhalb der integrativen Ebenen, Substrukturen der Integration usw. sind auch ein gesamteuropäisches Phänomen. In Mittel- und

Osteuropa spielen sie aber in der nächsten Zukunft eine besonders große Rolle. Die politische Landschaft Europas hat sich gravierend verändert in den letzten Jahren; dadurch sind viele frühere Konzepte einfach veraltet.

Neue Herausforderungen für die politische Theorie bringen nicht nur das Ende des früheren Systemantagonismus und die dadurch geschaffene neue Situation in Europa, sondern auch globale Probleme oder solche lokale Konflikte, welche eine globale Bedeutung besitzen. Natürlich erachte ich z. B. das Thema der Diskriminierung jeder Art von Minderheiten, von Rassen über Deviante und Ethnien bis hin zum „gender issue" für äußerst wichtig und zugleich von großem theoretischen Interesse. Im weiteren möchte ich aber vor allem die neue Wende der Modernismuskritik und die damit zusammenhängende Erneuerung der demokratischen Politik behandeln, die von den neuen sozialen Bewegungen neue Anstöße erhalten hat, deren Einlösung allerdings noch weitgehend aussteht. Das politische Denken des 20. Jahrhunderts ist von gravierenden existentiellen Konflikten geprägt gewesen. Im widersprüchlichen Prozeß der Vereinheitlichung der Menschheit (im Zuge einer weltweiten kapitalistischen Modernisierung) sind nun viele Prozesse aus den Fugen geraten. Nicht nur die ökologische Balance ist gestört, sondern auch die anthropologische; und während die modernen Produktionspotentiale riesig angewachsen sind, herrscht überall zu viel Elend und Leid, besonders in der „Dritten Welt" (die jetzt zur „zweiten" aufgerückt ist, ohne einen wirklichen Fortschritt zu machen). Die Ressourcen für die Überwindung dieses Zustandes werden heute noch weitgehend verschwendet. In dieser Situation stellt sich die Politik auf der einen Seite als alltäglicher Beruf, als „business as usual" dar, die auf Erhaltung von geregelten Verfahren und Stabilisierung bewährter Systeme abzielt. Auf der anderen Seite hat eine auf Veränderung drängende Politik auch ihre Grenzen und im Falle der gewaltsam revolutionären Strömungen auch ihr finsteres, dämonisches Gesicht aufgezeigt. Die Widersprüche des Fortschritts – aber noch mehr seiner Verhinderung – führten in diesem Jahrhundert wiederholt zu großen Umwälzungen und Erschütterungen. Die Einseitigkeit eines instrumentellen Rationalismus wurde allzu oft mit der Herrschaft der Unvernunft bezahlt. Unter so gewaltigen historischen Turbulenzen fand sich der einzelne Mensch oft verloren; winzig ist die Stimme des rationalen Individuums gegenüber den Kräften des Irrationalismus geblieben, wie Freud richtig vermerkt hat. All das hat die postmoderne Kritik der Aufklärung und der Moderne nahegebracht; diese Kritik speist sich aus dieser Enttäuschung. Dieser neuen Herausforderung politischen Denkens zu begegnen, halte ich für eine der wichtigsten theoretischen Aufgaben.

Klaus von Beyme hat diese postmoderne Kritik an der Politik in folgenden Punkten zusammengefaßt:

1. Die Macht versteckt sich und zerstreut sich in weiten Bereichen des gesellschaftlichen Lebens.
2. Die informatisierte Technokratie droht mit einer totalen Ausdehnung der Kontrolle.

3. Die Auflösung der Lebenswelten führt zu einem chaotischen, dialogunfähigen Pluralismus.
4. Statt großer rationaler Reformprojekte wird auf passiven Widerstand der kleinen Interessen gesetzt.
5. Es gibt keine verallgemeinerbaren öffentlichen Interessen mehr, welche die politische Machtausübung legitimieren könnten; auch das Mehrheitsprinzip wurde in Frage gestellt (Beyme 1991).

So berechtigt diese Kritik erscheinen mag, sie beschwört die Gefahr herauf, daß Politik, nun im Gewande der Antipolitik, erneut zu einem Kult des Irrationalen führt und dadurch einer selbsttäuschenden Neoromantik erliegen kann, die sich als Postmoderne mißversteht. Die heutige Aufwertung von „naturhaften" Bindungen und Gewalten unter dem Stichwort der „Biopolitik"; der Rückzug ins Private, die Absage an große Projekte der sozialen und anderer Reformen etc. können einen nicht weniger seinem Schicksal ausliefern, als die modernen Strukturen und Institutionen der Gesellschaft es tun. Alle Kritik an der modernen Wissenschaft kann darüber nicht hinwegtäuschen, daß wir dem sich nähernden Unheil nur mit ihrer Hilfe ausweichen können. Ohne die Wissenschaft könnten wir weder die schon verursachten Schäden mindern, noch die Reproduktionsprozesse unter Kontrolle halten. Ähnliches läßt sich über bewährte politische Institutionen sagen, die allzu bürokratisch und zu wenig „bürgernah" sind. Sie bieten dennoch eine gewisse, noch überschaubare Struktur unserer Gesellschaft dar; und nur darauf gestützt läßt sich rationale Politik betreiben, will man vermeiden, daß die postmoderne politische Landschaft bald wie das Bosnien von heute aussieht. Eine schöpferische politische Phantasie ist dringend vonnöten, die über die bürokratische Routine hinausgeht, jedoch in ihrem radikalen Bruch mit der Vergangenheit nicht ins Leere läuft. Denn, wie die Geschichte unseres Jahrhunderts uns belehrt hat, je radikaler der Bruch mit der Vergangenheit, desto schneller stellt sich der alte Mist wieder her. Integrative Mechanismen, Verfahren demokratischer Konsensbildung, Rekonstruktion solidarischer Beziehungen sind unentbehrlich, wenn die Veränderungen schon deshalb außer Kontrolle geraten, weil immer mehr Faktoren von uns Menschen, von unserer bewußten Entscheidung abhängig werden. Das ändert auch völlig den Sinn von Konservativismus und Progression. Wie Günter Anders, der radikale Wiener Moralist in einer kritischen Umkehrung von Marx sagte, heute geht es nicht mehr darum, die Welt zu verändern; sie verändert sich in rasendem Tempo auch von selbst. Man sollte lieber ein wenig innehalten und nachdenken, worauf die Entwicklung hinausläuft (Anders 1981, Bd. 2, S. 5). Vielleicht müßte man den alten konservativen Satz – „damit alles beim alten bleibe, muß sehr vieles geändert werden" – heute umdrehen, und im Sinne eines Wertkonservativismus, der freilich sehr radikal gegenüber verkrusteten sozialen und politischen Strukturen sein kann, sagen: Damit sich endlich etwas bewegt und wirkliche Veränderungen einsetzen, muß sehr vieles bewahrt werden.

Literatur

Almond, Gabriel (1990), A Discipline Divided. Schools and Sects in Political Science. Newbury Park – London – New Delhi

Anders, Günter (1981), Die Antiquiertheit des Menschen, 2 Bde., München

Bermbach, Udo (1991), Demokratietheorie und politische Institutionen, Opladen

Beyme, Klaus von (1991), Theorie der Politik im 20. Jahrhundert. Von der Moderne zur Postmoderne, Frankfurt/Main

Bourdieu, Pierre (1970), Tradition lettrèe et conservation sociale, in: Pierre Bourdieu / Jean-Claude Passeron: La Reproduction, Paris, S. 131–206

Kuhn, Thomas (1970), The Structure of Scientific Revolutions, Chicago

Lakatos, Imre (1970), Falsification and the Methodology of Scientific Research Programs, in: Imre Lakatos / John Musgrave (Hg.): Criticism and the Growth of Knowledge, Cambridge, S. 91–196

Münch, Richard (1975), Basale Politik, München

Münch, Richard (1986), Die Kultur der Moderne, 2 Bde., Frankfurt/Main

Popper, Karl J. (1965), Das Elend des Historizismus, Tübingen

Popper, Karl J. (1976), Logik der Forschung, Tübingen (zuerst 1934)

Alex Demirović
Aspekte der theoretischen und politischen Praxis politischer Theorie

Ich verstehe die Frage nach dem Wozu der politischen Theorie und Ideengeschichte als Aufforderung, ihren Zweck, ihren Sinn, ihren Nutzen zu bestimmen. Wozu kann sie dienen, wozu ist sie nützlich? Die Frage scheint unterscheiden zu wollen zwischen der Praxis der Politik und ihrer Theorie. Mit dieser Unterscheidung kann die Wertung verbunden werden, politische Theorie begründe die Normen und gebe Ziele und Strategien an, nach denen sich die politische Praxis zu richten habe; es kann die Theorie aber auch als für die politische Praxis etwas ganz Belangloses, als ein intellektuelles Glasperlenspiel geringgeschätzt werden. Gegenüber dieser Alternative sind Zweifel angebracht. Denn wird als der Zweck der Theorie bestimmt, der politischen Praxis Anweisung zu geben, kommt es alsbald zu einem verhängnisvollen Dünkel des Geistes, der glaubt, die politische Wirklichkeit und ihre Komplexität rationalistisch und autoritär bevormunden zu sollen. Umgekehrt kann die mit der Frage nach dem Wozu verbundene Geringschätzung der Theorie, die sich an der Praxis auszuweisen habe, einem Konformismus gegenüber der Macht des Faktischen entsprechen, so als dürfe man sich intellektuell nur mit dem beschäftigen, was auch praktisch unmittelbar nützlich sei (Adorno 1973, S. 146 ff.).

Aus dieser ersten Bemerkung folgen weitere politiktheoretische Fragen. Was eigentlich ist mit einem Nutzen oder einem Zweck von politischer Theorie gemeint? Und wenn es einen Nutzen gibt, in welchem gesellschaftlichen Feld? Meinen wir den Nutzen für den Staat und die Regierenden im Sinn einer Regierungskunst und einer Regierungstechnologie? Oder meinen wir den Nutzen für die Regierten, die Untertanen und Bürger eines Staates? Verstehen wir unter Nutzen den einer kleinen Gruppe von Privilegierten oder zielt das Wozu der politischen Theorie auf die Kritik von Institutionen, weil sie eine Beteiligung der vielen nicht gestatten? Nicht zuletzt schließt dies die Frage danach ein, wer den Nutzen, den Sinn, den Zweck der politischen Theorie beurteilt: staatliche Behörden durch finanzielle Förderung; die akademischen Kollegen in Gutachten, theoretischen Bezugnahmen und fachlichen Diskussionen; die Publizisten in ihren Rezensionen; Aktivbürger in ihren Forderungen an und Einwänden gegen herrschende Politik?

Lassen Sie mich Ihre Geduld noch etwas länger beanspruchen, wenn ich diesen vielen Fragen noch weitere hinzufüge. Wir können danach fragen, was politische Theorien und politische Ideen sind, deren Zweck wir bestimmen. Wie ist das Verhältnis von politischer Theorie zu politischen Ideen? Bezeichnen wir alles das als politische Ideen, was vor diesem Jahrhundert zur Politik gedacht wurde, während unser heutiges Denken die Würde der Theorie verliehen bekommt? Was sind Ideen? Führen Freiheit, Gerechtigkeit, Macht, Herrschaft, Führung, Gewalt, Krieg eine von den immer neuen theoretischen Bemühungen unabhängige Existenz? Was zeichnet historisch eine politische Theorie aus, wodurch wird sie als eine politische Theorie definiert? Ab wann und warum verleihen wir retrospektiv und manchmal teleologisch einem Korpus von Äußerungen den Status einer politischen Theorie?

Es handelt sich um eine Reihe von politischen und mithin politiktheoretischen Fragen danach, wer, wann und wie festlegt, was als eine politische Theorie, eine Idee oder ein politisches Thema gelten kann. Unverkennbar handelt es sich um eine politisch relevante Beurteilung und Entscheidung, wenn ein Text, ein Autor oder eine Autorin, eine Überlegung oder eine These zum ideengeschichtlichen Korpus gerechnet oder ausgeschlossen wird (Benhabib/Nicholson 1987; Demirović 1993). Um ein Beispiel zu geben. Wahrscheinlich wird niemand bezweifeln, daß Hobbes', und Lockes Werke bedeutende Beiträge zur neuzeitlichen politischen Ideengeschichte sind. Ganz anders sieht die Bewertung der Texte von Olympe de Gouges aus, die als Monarchistin unter die Guillotine kam, weil sie gegen die führenden Männer der Französischen Revolution das Verhältnis von Tradition und Umwälzung anders bestimmt wissen wollte. Bis vor wenigen Jahren galt sie der Aufmerksamkeit der wissenschaftlichen Diskussion nicht würdig. Implizit setzte sich eine den Wissenschaftlern selbst nicht bewußte Wertung und damit eine politische Entscheidung durch, durch die der Textkorpus auf Texte männlicher Herkunft einer bestimmten sozialen Klasse reduziert wurde. Genau dies hatte schon Olympe de Gouges kritisiert, daß nämlich der Mann, stolz auf seine Wissenschaft, im Zeitalter der Aufklärung und Vernunft in gröbste Unwissenheit zurückfalle und despotisch über das andere Geschlecht verfüge. Das Geschlechterverhältnis und die Rechte der Frauen, die von Olympe de Gouges gegen die Menschenrechtserklärung vom September 1791 kritisch eingefordert wurden, waren per definitionem aus der politischen Theorie in der Tradition der Menschenrechte und Aufklärung ausgeschlossen, und nur mühselig eignen wir uns heute diesen Aspekt einer ausgeschlossenen und verdrängten Geschichte an (Gouges 1980).

Mit einem weiteren Beispiel möchte ich auf den Selektionsprozeß relevanter Themen in der politischen Theorie hinweisen. In einem Informationsheft einer gesetzlichen Krankenkasse in der Bundesrepublik fand sich kürzlich der Artikel „Die ‚guten‘ und die ‚bösen‘ Kalorien“. In ihm werden Ernährungsratschläge mit statistischen Hinweisen gegeben und wird ländervergleichend über Eßgewohnheiten informiert. Handelt es sich dabei um ein für die politische Theorie relevantes politisches Thema? Indirekt vielleicht um ein gesundheitspolitisches, denn die Ernährungsgewohnheiten betreffen einen Aspekt des Wohlfahrtsstaats, seine Versicherungssysteme und ihre mittlerweile notorische Überlastung. Doch es handelt sich um noch mehr als bloß das, was üblicherweise

Gegenstandsbereich der politikwissenschaftlichen Forschung in diesem Bereich ist. Die Analyse von zentralen ideengeschichtlichen Texten kann zeigen, welches große politische Gewicht solchen Alltagspraktiken wie Essen beigemessen wurde. Richtige Ernährung gilt als Teil einer komplexen Moral- und Askesepraxis, mit der sich Männer historisch die Fähigkeit der Selbstbeherrschung und Selbstführung angeeignet haben. Und diese Fähigkeit zur Selbstführung sollte sie befähigen, andere zu regieren und Führungsaufgaben für das Gemeinwesen übernehmen zu können (Foucault 1986). So begründete Locke seine ausführlichen Problematisierungen der Erziehung junger Gentlemen, seine Ratschläge zu ihrer Erziehung, straffe Schlaf-, Eß- und Trinkgewohnheiten, körperliche und geistige Disziplin, mit der Sorge um die Stabilität des Gemeinwesens. Denn sei der Stand der Gentlemen erst einmal durch „Erziehung in Ordnung gebracht worden, wird er auch alle übrigen sehr schnell in Ordnung bringen" (Locke 1970, S. 5). So wie Locke hier die Erziehung einer neuen bürgerlichen Elite zum Gegenstand seiner Reflexionen macht, stellen überhaupt die Sorge und die Moralisierungsversuche kollektiver Gewohnheiten, ihre Normalisierung, Disziplinierung und Steuerung einen Gegenstand der politischen Theorie dar. Die Geschichte der politischen Theorien trägt also dazu bei, Ausschließungen festzustellen; doch ebenso lehrt sie, was jeweils historisch zum Politischen gehörte und gerade aufgrund seiner Selbstverständlichkeit von den Nachkommenden übersehen oder ignoriert wurde. Sie legt gewissermaßen das Vorgewußte unserer politischen Institutionen frei und erhellt zivilisatorische Entscheidungen; und weil diese so oder auch anders hätten ausfallen können, macht sie sie der kritischen Revision zugänglich.

Bevor ich diesen Gedanken der in die politische Theorie eingelagerten Definitionsmacht noch einmal aufnehme und weiter verfolge, möchte ich auf die Vielzahl der aufgeworfenen Fragen zurückkommen. Richtig verstanden verlangen alle diese Fragen nicht nur theoretische Antworten. Vielmehr sind sie eine Herausforderung für eine empirische Wendung der politischen Theorie und Ideengeschichte.

Die Frage nach dem Wozu der politischen Theorie löst sich nicht auf, doch relativiert sie sich, wenn ich behaupte, daß es politische Theorien in modernen Gesellschaften einfach gibt, daß es gleichzeitig viele verschiedene gibt und sie sozial weit verbreitet sind. In diesem Fall nehme ich einen beobachtenden Standpunkt ein, von dem aus ich feststelle, daß viele gesellschaftliche Akteure in unserer Gesellschaft so etwas wie alltägliche politische Theorien haben, die zum Gegenstand nicht nur der soziologischen Analyse gemacht werden sollten, sondern die auch für die politische Theorie selbst interessante Fragen aufwerfen und ein Untersuchungsfeld darstellen.

Ausgangspunkt dieser Feststellung ist eine Beobachtung, die Ulrich Rödel und ich in einem Projekt über Demokratisierungsprozesse in der Bundesrepublik Deutschland gemacht haben (Rödel 1994; Demirović 1994). Gegenstand unserer Untersuchung war der Grenzverlauf des öffentlichen Raums, der in den Massenmedien und den Medien der selbstorganisierten Öffentlichkeit festgelegt wird. Damit wird darüber entschieden, wer sich noch innerhalb dieses Raumes als demokratischer Akteur befindet und anerkannt oder aber, wer sich außerhalb befindet und ausgegrenzt wird bzw. selbst ausgrenzt. Entsprechend dem demokratietheoretischen Kriterium, wonach auch der politische Gegner noch als ein Mitglied des Gemeinwesens und als ein berechtigter Sprecher anzuerkennen ist, dem die Kommunikationsfreiheiten nicht einmal durch eine implizite Ausgrenzung aberkannt werden dürfen, haben wir die Berichterstattung von 35 Zeitungen und Zeitschriften in der Bundesrepublik untersucht. Interessant war zu sehen, in welchem hohen Maße in die Berichte der Zeitungen Informationen über politische Verfahren und rechtsstaatliche Probleme eingingen und über demokratietheoretische Fragen reflektiert wurde. Es läßt sich durchaus sagen, daß Webers Beobachtung, wonach im 19. Jahrhundert Journalisten diejenigen sind, die die Kontinuität der Politik verkörpern, in einem gewissen Maße auch heute noch zutrifft (Weber 1971, S. 527 f.) – auch wenn sie durch die Rolle der Berufspolitiker und Politikwissenschaftler stark relativiert wird. In manchmal elaborierter, manchmal dilettantischer Weise wird in den Zeitungen über parteiförmige und parlamentarische Entscheidungen, über die Bedeutung von sozioökonomischen, administrativen und politischen Machtgruppen, die Rechte von Minderheiten und die von Mehrheiten, die Motive und die Bedeutung von Protestbewegungen und die Unfähigkeit von Politikern nachgedacht. In diesen vielen Überlegungen wird ständig die Frage nach dem Wozu der politischen Theorie beantwortet. Es wird den politischen Akteuren, ihren Handlungen und ihren Zielen eine politische Theorie unterstellt oder zuerkannt; und diese wird daraufhin überprüft, welche Folgen sie für das Zusammenleben aller hat. Politisch-theoretische Überlegungen werden also von den Beteiligten angestellt, weil sie helfen, das eigene Handeln zu optimieren und das anderer zu bewerten. Theorie belehrt uns darüber, in welche taktischen und strategischen Konstellationen, in welche nicht-intendierten Folgen eine Zieldefinition, ein politisches Handeln auch gegen die besseren und besten Absichten der Akteure einmünden können.

Um dies zu veranschaulichen: In liberalen Zeitungen wie der „Zeit" oder der „Frankfurter Rundschau" wird die Praxis des zivilen Ungehorsams fast durchgängig als ein wichtiger Beitrag zur Demokratisierung der deutschen Gesellschaft beurteilt, weil sie die obrigkeitstaatliche Einstellung der Bürger durchbreche und von ihnen die Einsicht verlange, daß das Gemeinwesen ihr Gemeinwesen ist, das sie zu ihrem eigenen Wohl und dem des Gemeinwesens selbst nicht Machtmenschen überlassen sollten, die unkontrolliert von der öffentlichen Diskussion partikulare und teilweise gefährliche Ziele verfolgten. Dem entgegengesetzt finden sich Zeitungen wie die „Frankfurter Allgemeine Zeitung", die sehr konsequent legalistisch argumentieren. Die Praxis des zivilen Ungehorsams schaffe Ausnahmen vom kodifizierten Recht. In der Logik des Präzedenzfalles bedeutet dies, daß ein Rechtsbruch einen anderen nach sich ziehe; einer Bürgerinitiative gegen ein Bauprojekt werde alsbald eine Bürgerinitiative für das Bauprojekt folgen. Interessant ist nun unter dem Gesichtspunkt der politischen Theorie, daß gar nicht einmal so sehr die protestierenden Bürger kritisiert werden, sondern viel stärker noch die Regierung und die liberalen Medien. Die Befürchtung der Journalisten ist nämlich, daß sich das Gemeinwesen von innen her auflösen könnte. Schuld daran trügen Pädagogen, deren permissiver Erziehungsstil keine festen Ordnungsvorstellungen mehr vorgibt, oder Medien, die falsche Maßstäbe setzen, indem sie Begriffe umdeuten und zu „Kampfbegriffen" pervertieren. So verbreite sich der Geist der Subversion und Dekadenz in der Gesellschaft, zerstöre den Korpsgeist der Polizei, die politische Entscheidungen nicht mehr exekutiere, und schwäche schließlich die Handlungs- und Entscheidungsmacht der politischen Führung. Die genauere Analyse solcher Äußerungen mit Blick auf ihre politische Theorie zeigt, daß sich in ihnen eine vordemokratische, der antiken Tradition entliehene Zyklentheorie politischer Institutionen verbirgt, die gegen ihr inneres Gefälle zur Dekadenz verteidigt werden sollen, um überhaupt Demokratie zuzulassen. Es finden sich also in der Presse mindestens zwei verschiedenartige Formen alltäglicher Sorge um die Demokratie: Einmal wird angenommen, daß die Aktivbürger in ihrer demokratischen Praxis den das Gemeinwesen konstituierenden Gesellschaftsvertrag ständig erneuern. Im anderen Fall gilt der Staat als konstituiert. Die Demokratie erscheint als riskant, weil sie negativ auf den Staat zurückwirkt. Doch um diese Regierungsform erhalten zu können, wird über ihre Normalitätsgrenzen und die tolerierten Grenzwerte ständig mit größter Aufmerksamkeit gewacht und häufig mit Bürgerkriegsszenarien gedroht. Aufgrund dieser Sorge wurde schließlich in der genannten Presse seit Anfang der 80er Jahre die Forderung nach dem Ende der Demokratisierung und nach der Durchsetzung geistiger und moralischer Führung erhoben. Die Analyse zeigt: Politische Theorien sind allgegenwärtig, und sie haben weitreichende Konsequenzen für die politische Praxis der beteiligten Akteure.

Diese Aussage von einer Beobachterposition aus läßt sich jedoch nur machen, wenn der Beobachter selbst über ein Repertoire an politischen Theorien verfügt. Dies ist nun der Aufgabenbereich der politischen Theorie im engeren Sinn. Anders als im politischen Alltagsgeschäft, in dem politische Theorien eingesetzt werden, um eine Praxis zu unterstützen oder zu kritisieren, hat die politische Theorie die Aufgabe und die Zeit, theoretische Überlegungen, Begriffe und Vorschläge ausführlich und systematisch zu durchdenken, auf Schwächen zu prüfen und die weitreichenden Konsequenzen herauszuarbeiten, in die die Akteure durch ihr politisches Denken häufig genug wider Willen hineinschlittern. Ihre Aufgabe ist es, um eine Formulierung Kants aufzunehmen, anstatt mit Maulwurfsaugen bloß in Erfahrung verhaftet zu sein, aufrecht zu stehen und den Himmel anzuschauen. Sie analysiert die Begriffe, die politische Semantik, mit der wir unseres Gemeinwesens und seiner politischen Institutionen gedanklich habhaft werden wollen und legt ihre innere Dynamik und ihr Verhältnis zu anderen Realitätsebenen und Ereignisketten des Politischen dar. Ihr Gegenstand ist demnach auch der Prozeß der politischen Willensbildung, sind die gesellschaftlichen Interessen und Akteure, die politischen Institutionen, ihre Möglichkeiten und Grenzen, die politischen Entscheidungen und ihre Folgen für die Gesellschaft selbst. Politische Theorie zielt durch begriffliche Arbeit auf das Verständnis dessen, was politisch geschieht. Theoriegeschichtlich, historisch und empirisch informiert, erhebt sie den Anspruch, zur Erklärung politischer und staatlicher Prozesse beizutragen. Im Lichte dieser Kenntnisse prüft sie die Aussagekraft von Theorien und die Reichweite ihrer Antworten. Die Krise des Wohlfahrtsstaats, der Prozeß der europäischen Vereinigung, die Entstehung neuer Protestakteure und rechtspopulistischer Bewegungen, die Krise der Arbeiterbewegung im Westen, das Scheitern des staatssozialistischen Projekts und die politisch gewollte Einführung von marktwirtschaftlichen Regulierungsmustern in Osteuropa, die Wiedererstehung nationalistischer, ethnischer und rassistischer Konflikte, die politisch induzierten ökologischen Risikolagen, die Entstehung von „civil societies" in unterschiedlichen Formen – alle diese Vorgänge aktualisieren das Politische und geben der Politik offensichtlich eine neue Bedeutung. Gegenüber einer Dekaden währenden Periode, in der sie sich auf Verwaltungsroutinen des wohlfahrtsstaatlichen Kompromisses festgelegt fand, muß sie plötzlich gleichzeitig zu viel und zu Komplexes entscheiden und steht gewissermaßen unerwartet vor neuen Herausforderungen, die der Erklärung und der zeitgemäßen Theorie bedürfen.

Ich komme nun zum vierten und letzten Gesichtspunkt. Politisches Handeln bedarf der theoretischen Analyse, der Diagnose, Prognose und Kritik. Obwohl keine Theoriebildung auf den Anspruch der Objektivität und der Vollständigkeit verzichten kann, wissen wir gleichzeitig immer um die Endlichkeit der Theorien, die Unabgeschlossenheit ihrer Kontroversen, ihre Konkurrenzen und ihre unterschiedlichen Präferenzen. Es gibt – auch im wissenschaftlichen Feld – eben viele politische Theorien, die auf jeweils unterschiedliche Weise den politischen Prozeß erklären. Deswegen ist ein weiterer Zweck der politischen Theorie auch, selbstreflexiv die Rolle, Bedeutung und Funktion von politischen Theorien zu analysieren. Politische Theorie ist niemals in einem wertneutralen Sinne objektiv, sondern immer ein performativer Akt; sie kann niemals den Standpunkt der distanzierten und neutralen Beobachterin einnehmen, sondern ist Teilnehmerin in der politischen Diskussion und Auseinandersetzung. Für diese wissenschaftstheoretisch immerhin bezweifelbare These möchte ich – das mag auf den ersten Blick erstaunen – den Begründer der neuzeitlichen Wissenschaft der Politik als Kronzeugen in Anspruch nehmen, nämlich Hobbes und seine Argumentation im „Leviathan", die lange vor Luhmann den selbstreferentiellen Charakter moderner Gesellschafts- und Politiktheorie in Anspruch genommen hat. Hobbes beansprucht, mit geometrischer Methode und mithin universeller Gültigkeit den Sitz souveräner Macht zu begründen. Danach sollen die Menschen niemals mehr im Zustand des

Krieges aller gegen alle leben, sondern durch einen grundlegenden Vertrag aller mit allen einen Zustand schaffen, in dem der Souverän die Sicherheit aller garantieren kann. Das Prinzip, nach dem die Individuen Einsicht in den Vertragsgedanken und die Motivation dafür erlangen, daß der Vertrag sie überhaupt binden kann, ist ein Nutzenkalkül der Individuen, die sich ausrechnen können, daß durch den Gesellschaftsvertrag und den freiwilligen Verzicht, ungehemmt ihr Interesse zu verfolgen, ihr individueller Vorteil letztlich größer wird. Doch muß Hobbes feststellen, daß die Individuen trotz aller Vernunft nicht immer gleich rechnen, sondern sich gerne zu ihren eigenen Gunsten verrechnen. Hier muß der Souverän eingreifen und die Untertanen lehren, wie sie rechnen sollen, damit ihr eigenes Wohl und das des Gemeinwesens gedeihe. Das ist ganz offensichtlich ein Paradox der Begründungsfigur. Denn wenn die einzelnen, die den Gesellschaftsvertrag abschließen sollen, nicht richtig rechnen können, werden sie ihn auch nicht abschließen wollen, weil zu seinem Abschluß die more geometrico demonstrierte und verbindlich gewordene Einsicht gehört. Diesem Paradox entgeht Hobbes, weil er seine Begründungsstrategie dem Souverän selbst unmittelbar empfiehlt. Dieser muß sich von einer Wissenschaft der Politik, also von Hobbes' universalistischer politischer Theorie, beraten lassen, die darauf dringt, die Menschen zur Kenntnis moderner Rationalitätsprinzipien zu erziehen, durch die sie wiederum den Staat als einen durch ihren gemeinsamen Vertragsschluß zustande gekommenen anerkennen. Die selbstreferentielle Struktur der Theorie von Hobbes ist offenkundig. Ihr Beweisgang ist selbst eine politische Handlung. Ich verallgemeinere diese Überlegung zu der These, daß politische Theorien generell als performative Handlungen Teil des politischen Prozesses sind. Ihr Anspruch auf Objektivität ist selbst Politik; und aus dem Innern ihrer theoretischen Objektivität heraus tragen sie zur Bildung von politischen Institutionen bei. Ein Gegenstand einer reflexiven und selbstkritischen politischen Theorie ist demnach, neben den politischen Theorien der politischen Akteure die politische Theorie als Akteur zu begreifen und zu verstehen, was sie in der Gesellschaft tut und was sie zum jeweiligen politischen Prozeß im guten wie im schlechten Sinne beiträgt.
Ich fasse zusammen: Vier Antworten habe ich auf die Frage nach dem Wozu der politischen Theorie und Ideengeschichte gegeben:

1. Politische Theorie thematisiert die historischen politischen Wissensbestände zwischen Gewußtem, Vorgewußtem und Ausgegrenztem. Sie verfolgt die Prozesse der Herausbildung, der Grenzziehungen und der Wirkungen politischen Wissens.
2. Politische Theorie analysiert die politischen Theorien der gesellschaftlichen Akteure, um ihre Perspektiven und sozialen Konsequenzen zu bestimmen.
3. Politische Theorie gibt einen Begriff vom aktuellen Stand des Politischen, von den Grenzverläufen zwischen Staat und Gesellschaft, vom Prozeß staatlichen Entscheidens, von den Grenzen und Kosten politischen Handelns in unseren heutigen Gesellschaften.

4. Reflexiv und selbstkritisch belehrt politische Theorie uns über den Beitrag der politischen Theorien zum politischen Prozeß und zur Bildung politischer Institutionen. Um im Bild von Kant zu bleiben: Die politische Theorie ist das Teleskop, mit dem wir in den Himmel sehen. Das Bild ist jedoch nur bedingt brauchbar, stammt aus den Zeiten vor der Relativitätstheorie. Denn in den Himmel sehend, unsere Zukunft diagnostizierend, trägt politische Theorie dazu bei, sie herzustellen. Und dies nach Prinzipien einer Vernunft, von der wir heute nach einer langen rationalitätskritischen Diskussion wissen, daß sie selbst in die Verachtung, in die Ausgrenzung, ja in die Vernichtung individueller Integrität umschlagen, daß sie selbst Gegenstand widersprüchlichster Auffassungen und Instrument politischer Auseinandersetzung sein kann – einer Vernunft, die aber dennoch als einer der wenigen, wenn nicht einziger Begriff unserer Gesellschaften die Kraft hat, in den sich ständig verschiebenden Koordinaten des politischen Lebens die Versuche auszuzeichnen, die auf die autonome Gestaltung unseres gesellschaftlichen Zusammenlebens zielen.

Literatur

Adorno, Theodor W. (1973), Negative Dialektik, in: Theodor W. Adorno: Gesammelte Schriften, Bd. 6, Frankfurt/Main

Benhabib, Seyla / *Nicholson* Linda (1987), Politische Philosophie und Frauenfrage, in: Fetscher Iring / Münkler Herfried (Hg.): Pipers Handbuch der politischen Ideen, Bd. 5, München, S. 513–562

Demirović, Alex (1993), Politische Führung und Geschlechterverhältnis. Zu einem Aspekt der politischen Ideengeschichte, in: Institut für Sozialforschung: Mitteilungen 2, S. 63–79

Demirović, Alex (1994), Öffentlichkeit und die alltägliche Sorge um die Demokratie, in: Forschungsjournal Neue soziale Bewegungen 1, S. 46–59

Foucault, Michel (1986), Der Gebrauch der Lüste. Sexualität und Wahrheit 2, Frankfurt/Main

Gouges, Olympe de (1980), Schriften, Frankfurt/Main

Locke, John (1970), Gedanken über Erziehung, Übers. von Heinz Wohlers, Stuttgart

Rödel, Ulrich (1994), Zivilgesellschaft und selbstorganisierte Öffentlichkeiten, in: Forschungsjournal Neue soziale Bewegungen 1, S. 34–45

Weber, Max (1971), Politik als Beruf, in: Max Weber: Politische Schriften, Tübingen, S. 505–560

Tilman Evers

Politische Theorie: Kampf um Deutung

Politische Theorien als Selbstentwürfe im geschichtlichen Prozeß

Was heißt und zu welchem Ende studiert man Politische Theorie und Ideengeschichte? Kaum jemand wird heute noch einstimmen wollen in jene edelmütige Antwort, die der frischernannte Jenaer Geschichtsprofessor Friedrich Schiller auf eine analoge Frage gab: Daß nämlich dieses Studium dazu diene, zu zeigen, wie weit wir es gebracht haben dank all der Mühen unserer Vorfahren, wie sehr wir daher in deren Schuld stehen und verpflichtet sind, unser Scherflein zur weiteren Perfektionierung des Menschengeschlechts beizutragen.

Sein Zeitgenosse Kant, damals schon älter, auch skeptischer, hatte in seiner „Idee zu einer allgemeinen Geschichte in weltbürgerlicher Absicht" auf eine ähnliche Frage geantwortet: Nein, nein, aus so krummem Holze, wie der Mensch geschnitzt sei, lasse sich nichts ganz Gerades zimmern. Mit Blick auf die fernere Zukunft war Kant jedoch wieder optimistischer: Er hoffte auf eine List der Natur, die den Menschen nicht mit Vernunftsgaben ausgestattet haben würde, wenn sie dabei nicht dem Entschlusse gefolgt wäre, dieselben auch dermaleinst zur völligen Vollendung zu bringen.

Solch hochgestimmte Erwartung in die Vernunft des Menschen oder der Natur werden wir heute am Ausgang dieses so gewalttätigen 20. Jahrhunderts kaum noch teilen. In anderer Hinsicht aber sind und bleiben wir mit beiden Denkern Zeitgenossen der Moderne. Sie sind sich nämlich in drei Punkten einig, die noch heute unsere Herangehensweise an Geschichte ausmachen: Erstens verstehen beide Geschichte als einen Prozeß, der der methodischen Betrachtung des Menschen zugänglich ist. Zweitens sehen sie diesen Prozeß auf Zukunft angelegt, so daß die Gegenwart Teil dieses Prozesses wird und die Möglichkeit der gestaltenden Einflußnahme bietet. Und drittens begreifen sie die Betrachtung der Geschichte als Teil dieser Gestaltung von Gegenwart und Zukunft; das Nachdenken über Geschichte ist selbst Bestandteil der Geschichte.

Die Konstruktion der Wirklichkeit

Das gilt besonders für unser Nachdenken über Gesellschaftsformen und Herrschaftsbeziehungen, damit auch für die Geschichte der politischen Ideen, die diese politische Realgeschichte vorbereitet, begleitet und verarbeitet haben. Jene klassischen Großtheorien, mit denen politische Theorie und Ideengeschichte traditionell zu tun hat, waren in ihrer Zeit politische Stellungnahmen, ja Parteinahmen, und damit Teil der politischen Geschichte. Sie beinhalten eine Kritik an den Verhältnissen, die diese Denker in ihrer jeweiligen Gesellschaft vorfanden, eine Warnung vor Bedrohungen, die sie wahrnahmen sowie Antworten, mit denen sie Auswege aus den Notlagen aufzuzeigen suchten.

Ein Beispiel: Der Name Machiavelli hat heute den Beiklang eines Machtzynikers. Liest man den „Principe" (1513) genauer und stellt ihn in seine Zeit, dann tritt einem manches entgegen, was an eine Verantwortungsethik im Weberschen Sinne gemahnt. Was Machiavelli als politischer Beamter in Florenz erlebte, war die Verselbständigung von Gewalt und Verrat innerhalb wie zwischen den oberitalienischen Stadtrepubliken nach einer wildgewordenen Logik von Reichtum und Macht. Selber zeitweilig verhaftet und gefoltert, schloß er daraus, es müsse sich eben eine Macht durchsetzen, als erste Voraussetzung dafür, den Bürgerkrieg aller gegen alle zu beenden und damit überhaupt erst die Frage nach einer guten Regierung zu ermöglichen.

Jede Parteinahme fordert die Gegenposition heraus, und jede neue gesellschaftliche Situation verlangt neue Antworten. So entsteht jede Theorie im dialektischen Widerstreit mit gleichzeitigen und vorigen Theorien, nimmt aber auch jeweils etwas von ihnen in sich auf. Um an das vorige Beispiel Machiavelli anzuknüpfen: Auf ihn folgt ein halbes Jahrhundert später der französische Jurist Jean Bodin, mit seiner epochemachenden Theorie der Souveränität. Er antwortet damit auf die ausbrechenden konfessionellen Bürgerkriege, die zu seiner Zeit das französische Königreich zu zerreißen drohten. Bodin selbst war in der Bartholomäusnacht für einen Calvinisten gehalten und beinahe ermordet worden. Daraus zog er in seinem aufsehenerregenden Werk „Les six livres de la République" die Lehre, daß kein Staat existieren könne ohne eine über den Parteien und Konfessionen stehende Zentralgewalt, die die unanfechtbare letzte Entscheidungsmacht haben müsse. Damit steht er natürlich auf den Schultern von Machiavelli, auch wenn er sich in seinem Vorwort gerade von ihm vehement absetzt und ihm vorwirft, Macht an die Stelle von Recht gesetzt zu haben.

Freilich gehen in jede Theoriebildung auch Interessen ein. Wie die soziale Wirklichkeit konzipiert wird, ist Teil einer zeitbedingten Auseinandersetzung, in der kein Autor uneigennütziger Schiedsrichter sein kann. Politische Theorien sind Teil eines politischen Ringens um die Beeinflussung der Wirklichkeit. Sie wollen soziale Kräfte zum gemeinsamen Handeln bündeln, indem sie ihre Ziele klären und ihre Gegner benennen.

Dazu wieder ein Beispiel, das an das vorige anknüpft: Auf Bodin antwortet eine Generation später der Herborner Rechtsgelehrte Johannes Althusius, der den Staat nicht zentralistisch von oben nach unten, sondern föderativ über die Stände von unten nach oben aufbauen möchte. In seiner „Politica methodice digesta" (1603) setzt er sich wiederum mit Bodin heftig auseinander – und ist sich doch mit ihm in der Suche nach einer öffentlichen Rechtsordnung einig. Aber während Bodin gedanklich dem aufkommenden Absolutismus den Weg bereitet hat, sieht Althusius in den mächtigen Territorialfürsten gerade seine

Gegner. Dabei war Althusius persönlich keineswegs freiheitlicher oder toleranter gesinnt als Bodin. Seine so sympathisch anmutende Konsoziationslehre war auch von Interessen diktiert: Es ging Althusius darum, die überkommenen Rechte der kleineren und schwächeren Stände im Reich zu wahren – und damit zwischen den großen Konfessionen der Katholiken und Protestanten die Existenz jener Minderheit reformierter Städte und Gebiete zu sichern, zu denen er selbst gehörte.

In ähnlicher Weise lassen sich auch die heutigen Großtheorien auf unsere Gegenwart, deren Probleme und Veränderungen beziehen. Ich nenne nur den Wandel unserer theoretischen Anschauungen seit den siebziger Jahren, der unter dem Stichwort „Wertewandel" auf den Umschlag von Naturbeherrschung in Naturzerstörung reagiert. Ein „Großfrontensystem" politisch-sozialer Theorien löst sich auf, dessen Evidenz des unbegrenzt steigerbaren technisch-wissenschaftlichen Fortschritts sich verliert, und es bildet sich ein neues Theoriensystem, das umgekehrt die Grenzen dieses Fortschritts in den Blick nimmt. Die vorigen Theorien der „klassischen" Moderne hatten bei aller Verschiedenheit soviel gemeinsam, daß sie ihre Gesellschaftsmodelle weitgehend nach dem Bild des Wirtschaftshandelns formten. Dabei lassen sich ihre Antagonismen auch als verschiedene Blickrichtungen auf diese wirtschaftliche Seite heutiger Gesellschaftlichkeit lesen: Die liberalen Theorien orientierten sich mehr harmonistisch am Bild des Marktes, die marxistisch inspirierten Theorien mehr konfliktorientiert und hierarchisch am Bild der Fabrik.

Dieser Vorrang des Ökonomischen löst sich nun ab und gibt den Weg frei für ein neues theoretisches Paradigma, das Gesellschaft nach dem Bild der Stadt konzipiert. Die sozialen Bezüge werden unüberschaubarer, vielfältiger, konfliktträchtig in vielen Richtungen gleichzeitig. Auch hier finden sich verschiedene Graustufen. Die relativ optimistischen Färbungen sehen die Stadt als Ort urbaner Begegnung; ihnen entsprechen die Theorien der neuen sozialen Bewegungen, der civil society als Raum republikanischer Politikgestaltung. Die düsteren Interpretationen entsprechen eher dem Bild der Stadt als Moloch, als Allgegenwart verschlingender, anonymer Gefahren: Hierher gehören die Theorien der subjektlosen Systemlogik, der Risikogesellschaft, der technisch-industriellen Selbstverschlingung. Irgendwo dazwischen siedeln die Beschreibungen von Gesellschaft als verwirrende postmoderne Unübersichtlichkeit zwischen Schein und Wirklichkeit.

Ich denke, daß dieser Paradigmenwechsel sich soziologisch beziehen läßt auf die Tertiarisierung unserer Gesellschaft: Die Fabrik spielt tatsächlich nicht mehr dieselbe Rolle wie noch vor einigen Jahrzehnten, und die meisten Bewohner heutiger Industriegesellschaften leben in Städten. Er läßt sich aber auch ideengeschichtlich beziehen auf das Ende der Industriemoderne mit all ihrem Hoffnungs- und Fortschrittspathos, an dessen Stelle nun die „Grenzen des Wachstum", die ökologische Krise und die Gefahren nicht mehr steuerbarer Selbstläufe vor Augen stehen. Und doch stimmen beide theoretische „Großfronten" noch immer darin überein, gesellschaftliche Prozesse systemisch als Ausdruck von überindividuellen sozialen Kräften zu sehen, also als ein energetisches Geschehen, das seine stärksten Antriebe aus der gewaltigen Steigerung menschlicher Verfügung über Naturkräfte zieht. Von da ist es nicht mehr schwer, die unterschiedlichen Theorieansätze auch als Interessenstandpunkte zu verstehen von Gewinnern und Verlierern jeweiliger Formen der Naturnutzung.

Die genannten Beispiele aus der frühen Neuzeit wie aus unserer heutigen Theoriediskussion zeigen: Politische Theorie ist Kampf um Deutung. Als politikwissenschaftliche Disziplin dienen politische Theorie und Ideengeschichte zur Kenntnis von und Befähigung zu jener besonderen Form politischer Auseinandersetzung, die als Konflikt widerstreitender Deutungsmuster stattfindet. Das ist meine erste Antwort auf die Ausgangsfrage nach dem Wozu von politischer Theorie und Ideengeschichte.

Das Wort „Deutung" verweist auf die Hermeneutik, also auch auf deren Schatz an methodischem Wissen. Sie teilt freilich auch die begrenzenden Voraussetzungen dieser Methodik:

1. Der Deutende ist mit seiner Subjektivität immer Teil des Erkenntnisprozesses. Es gibt keine Objektivität; die beste Annäherung daran ist die bewußt gemachte und explizierte Subjektivität.
2. Wir bleiben uns bewußt, daß unsere Kategorien mehr Zuschreibungen als Beschreibungen sind. Wir erfinden das Verbindende in der Gesellschaft durch einen geistigen Akt der Ordnung mehr, als daß wir es aus der Betrachtung ihrer Realität herausfinden.
3. Dabei sind wir angewiesen auf Vorerfahrungen des zu Verstehenden. Der Gegenstand unserer Betrachtung, den wir erklären wollen, muß also immer zu einem Teil schon in uns sein; man nennt das den hermeneutischen Zirkel.
4. Vor allem aber muß eine solche Vorerfahrung sich bei jenem menschlichen Gegenüber finden, an das wir uns mit unserer Deutung richten. Dessen Vorerfahrung ist aber nicht deckungsgleich mit der unseren. So wird unsere Deutung vom „Empfänger" immer schon anders aufgefaßt und umgedeutet.
5. Um überhaupt Deutung vermittelbar zu machen, muß sie sich auf eine zu unterstellende Allgemeinerfahrung beziehen. Bei allem Streit berufen sich daher alle Theorien explizit oder implizit auf eine Basis geteilter Grundannahmen, die oftmals den expliziten Teil der Theorie als „geheimes Thema" durchdringen und im geschichtlichen Rückblick oft stärker prägen als die jeweilige bewußte Mitteilung.
6. Und schließlich ist die Methodik die der Auslegung, die ein bekanntes Altes auf ein noch unbekanntes Neues bezieht und damit ausdrücklich konstruktiv arbeitet.

Deutung ist also immer eine Konstruktion von Wirklichkeit und damit auch eine Auswahl: Indem sie vordringlich macht, was als bedrängend empfunden wird, privilegiert sie bestimmte Aspekte der Wirklichkeit auf Kosten anderer. An diesen ausgeblendeten Aspekten machen sich dann die Gegentheorien fest, wenn sie nicht zeitweilig in den Schatten des Bewußtseins treten, bis eine veränderte gesellschaftliche Situation sie wiederentdeckt.

Widersprüche im Prozeß

Diese gesellschaftlichen Deutungssysteme folgen nicht nur dialektisch aufeinander: Sie sind auch in sich dialektisch. Wo immer politische Ideen sich zu Großtheorien verdichtet haben, sind sie für ihre Zeit gelungene Versuche, Widersprüche zu integrieren. Sie sind daher notgedrungen in sich widersprüchlich. Das ist jedoch nicht nur ihre Not, das ist vielmehr zugleich ihre Stärke. Würden sie nicht die wesentlichen gesellschaftlichen Spannungen ihrer jeweiligen Epoche aufnehmen, hätten sie ihr auch nichts zu sagen. Ein Beispiel dafür sind die Vertragstheorien, die in der Zeit des Absolutismus – zentral bei Thomas Hobbes – den Anspruch des rationalistischen Naturrechts auf ursprüngliche Gleichheit und Freiheit mit der Realität politischer Ungleichheit und Unfreiheit zu vermitteln hatten. Dahinter stand die gesellschaftliche Ungleichzeitigkeit zwischen dem Besitzindividualismus einer aufkommenden bürgerlich-kapitalistischen Welt und der überkommenen politischen Form einer religiös beglaubigten feudal-ständischen Ordnung, die zugleich höchst modern zur Durchsetzung des Flächenstaats als Voraussetzung für einen einheitlichen Markt benötigt wurde. All diese Widersprüche vermochte die Fiktion eines Herrschaftsvertrags zu integrieren: Freie Individuen – so die Legende – hätten in ferner Vorzeit untereinander den Vertrag geschlossen, sich alle freiwillig einem Herrscher zu unterwerfen. Und zwar – hier meldet sich das frühbürgerliche Denken – aus der Nützlichkeitserwägung, daß nur ein selbsteingesetzter Souverän sie vor dem Kampf aller gegen alle bewahren könne. Die Fiktion des Vertrags deutet die bestehende Unfreiheit als freiwillige Selbstbindung um und bringt sie so mit der postulierten Freiheit gedanklich überein.

Versteht sich, daß diese gedankliche Konstruktion voller Aporien und Spannungen steckt. So hat denn der Kontraktualismus seit Hobbes immer neue Bearbeitungen, Neudefinitionen, Umdeutungen erfahren. Am folgenreichsten wurde dabei die Umkehrung, die Rousseau in seinem „Contrat Social“ vorgenommen hat: Die Freiheit der Individuen könne sich nicht in einer mythischen Vorzeit erschöpfen, sie habe sich vielmehr aktuell im Prozeß der Herrschaft zu bewähren und zu erweisen. Nur diejenige Herrschaft sei noch gerechtfertigt, die im freien Willen jedes einzelnen ihren Ursprung und ihren Zweck habe. So wird er zum Schöpfer jenes Konzepts der Volkssouveränität, das bis heute die Grundlage der Legitimität jeglicher staatlichen Ordnung ist. Es lohnt, dieses Konzept näher zu betrachten, zeigt doch sein Beispiel, wie die Widersprüche in einem theoretischen Entwurf geschichtlich fortwirken und zum Guten wie zum Schlechten die politischen Prozesse mitprägen. Seit Rousseau trieb der enorm spannungsgeladene Gedanke einer freiheitsermöglichenden Herrschaft immer neue Antinomien aus sich hervor. In der Frage nach der Legitimität demokratischer Herrschaft durchziehen sie auch heute noch und wieder all unser politisches Denken. Wie läßt sich das Postulat der freien und gleichen Teilhabe aller an der gesellschaftlichen Selbstgesetzgebung verbinden mit der Erfahrung, daß Demokratie nie und nirgends etwas anderes war und ist als eine faktische Elitenherrschaft?

Der Widerspruch steckt schon im Begriff der Volkssouveränität: Sein Stammwort „Souveränität" stammt aus dem Absolutismus, ist also zu Rousseaus Zeiten gerade das Kennzeichen der zu stürzenden vorigen Macht und gedanklich das Gegenteil von Demokratie. Das „Volk" war damals per definitionem der Nicht-Souverän, der gedankliche Gegenpol zum alleinherrschenden Souverän. Die Verbindung dieser diametralen Gegenwelten zur „Volks-Souveränität" war also ein frontaler Angriff auf die gesellschaftlichen Grundüberzeugungen der Zeit und forderte das Prinzip des Absolutismus in seinen Wurzeln heraus. Das machte die polemische Durchschlagskraft der Wortverbindung in ihrer Zeit aus.

Seitdem haben alle Regime sich auf dieses neue Prinzip berufen. Selbst die schlimmsten Diktaturen unseres 20. Jahrhunderts haben es mißbräuchlich für sich in Anspruch genommen. Aber auch in Staaten mit anerkannt demokratischer Ordnung kann von praktizierter Volkssouveränität kaum die Rede sein. Wie kommt es, daß dieses doch allseits hochgehaltene Prinzip sich in der Praxis so wehrlos gegen autoritäre Anmaßung erweist?

Es zeigt sich nun, daß seine wesentliche Kraft in der Negation lag und liegt. Geschmiedet wurde der Begriff als Waffe zum Kampf gegen die vorige Unfreiheit, nicht als Werkzeug zur Errichtung neuer, freiheitlicher Institutionen. Über die Form der institutionellen Umsetzung sagt er nur soviel, daß jede künftige Herrschaft begründungspflichtig sein soll am Maß der Freiheit, die sie ermöglicht. Das löst nicht das Problem der institutionellen Umsetzung, bietet ihr aber ein unverzichtbares normatives Axiom.

Aus dieser Geschichte des Begriffs verstehen sich manche Schwierigkeiten seiner heutigen Ausformung. Daß er sich als überwiegend negatorisches, normatives Prinzip erweist, heißt jedoch nicht, daß jeder Machtzynismus sich in diesen übergroßen Legitimationsrahmen einfügen ließe. Er verlangt als institutionelles Minimum eine erfahrbare Teilhabe der Bürgerinnen und Bürger an der Ausübung der Macht sowie die Möglichkeit ihrer Selbstkonstitution als Organ demokratischer Legitimation.

Das andere, mindestens ebensogroße Problem der Volkssouveränität steckt in ihrem anderen Wortteil: dem „Volk". Indem Rousseau dieses Volk mit allen Attributen des gestürzten Monarchen versah, muß er es gedanklich als homogene, fast körperliche Einheit sehen. So etwas wie divergierende Interessen und Meinungen waren in seinem Begriff des Volkes nicht vorgesehen. Diese im

Grunde wiederum undemokratische Vorstellung hat zu allen Zeiten Zwangsideen einer Volkseinheit hervorgebracht, die hauptsächlich dazu dienten, ein angebliches „Nicht-Volk“ davon abzugrenzen und zum Feindbild zu erklären. Schon in der französischen Nationalversammlung erhob Abbé Sièyes den Dritten Stand, faktisch das aufkommende Besitzbürgertum, zum eigentlichen Volk, demgegenüber Adel und Geistlichkeit das Nicht-Volk seien. Im Marxismus rückte das Proletariat in die Rolle dieses auserwählten Volkes, das sich auf seinem Weg ins gelobte Land des Sozialismus von der Knechtung durch das Pharaonen-Volk der Kapitalisten loszureißen habe. Der Nationalismus des 19. und 20. Jahrhunderts wiederum unterstellte dem „Volk“ eine völkisch-ethnische Einheit – mit mörderischen Folgen für ausgegrenzte Ethnien bis hin zum Holocaust. Das wirkt im völkisch definierten Staatsangehörigkeitsrecht der Bundesrepublik Deutschland sowie in einem immer noch ethnisch statt politisch gefärbten Begriff der Nation bis heute fort. Kurz: Die Widersprüche, die irgendwann in die Fundamente eines Begriffs – hier der Volkssouveränität – eingelassen wurden, wirken fort und treiben immer neue Verwandlungen aus sich heraus. Das ist ihre Stärke und Schwäche zugleich.

Gesellschaftsentwürfe – Selbstentwürfe

Wenn aber das politisch-gesellschaftliche Denken aller Epochen sich nie anders als in Spannungsbögen bewegt hat, dann muß diese Dialektik in der „Natur der Sache“, dem menschlichen Leben und Zusammenleben selbst zugrundegelegt sein. Die geheimnisvolle Faszination der Geschichte politischer Theorien liegt auch darin, daß in ihnen jeweils Grundwidersprüche der menschlichen Existenz mitverhandelt werden. Das menschliche Dasein als *zoon politikon* ist in sich paradox, und so arbeiten die großen Theorien seit je auch an diesen Paradoxa. Beispiel Plato: Wie verhält sich der einzelne zur Gemeinschaft? Beispiel Aristoteles: Freiheit und Herrschaft. Dies sind Themen, die bis heute nicht erledigt sind, die in verwandelter Gestalt immer neu erscheinen, unabschließbare Fragen, auf die zwar jeweils andere Antworten gegeben werden, deren paradoxale Grundstruktur aber beharrlich wiederkehrt. Wenn wir in die Geschichte der politischen Theorien schauen, blicken wir also in einen „fernen Spiegel“ (so der Titel eines Buchs von Barbara Tuchmann): Wir sehen uns selbst mit dem klärenden Abstand der Zeit.

Nur deshalb, weil sie mit Grundwidersprüchen gesellschaftlichen und damit auch menschlichen Lebens ringen und darauf nur in sich widersprüchliche Antworten geben können, bleiben die alten Theorien aktuell. Es ist diese paradoxale Widerspruchsspannung, die sie durch die Zeiten lebendig hält – vergleichbar alten Steinbögen, die gerade durch den inneren Druck vor Verwitterung geschützt sind. Sie können immer wieder neu, immer wieder anders gelesen werden. Und so geben sie auch schier unendlich neue Antworten auf sich wandelnde Bedingungen, je nachdem, wie sie ausgelegt und angewendet werden.

Wohin man nun aber in diesem Feld der unabschließbaren Möglichkeiten deutet (im doppelten Sinne), darin äußert sich auch eine Option für und gegen Zielwerte, die über das unmittelbar Politische hinausweisen. Mit den Grund-Rätseln menschlicher Existenz sind Fragen angesprochen, die in der faktischen Welt der Sozialbeziehungen allein nicht aufgehen. So erleben wir heute die bange Frage, wie denn die radikale Freiheit des einzelnen zusammenbestehen könne mit einem Minimum an geteilten sittlichen Überzeugungen, ohne die eine Gesellschaft auseinanderbrechen würde, die sie aber in der säkularisierten Moderne aus sich heraus nicht mehr begründen und verbindlich machen kann.

Alle politische Theorie und Ideengeschichte kreist also im letzten um die Frage nach der guten Ordnung. In diesem uralten Konzept sind Wert- und Sinnfragen aufgerufen, über die nicht die Theorie oder die Geschichte selbst Auskunft gibt, sondern die Philosophie. Bloßes historisches Wissen, sagte Kant, sei „zyklopische Gelehrsamkeit", der das zweite Auge fehle, nämlich das Auge der Philosophie. Die Frage nach der guten Ordnung verweist auf die Grundfrage: Was ist der Mensch? Woher kommt er? Wohin geht er? Nur aus dem Nachsinnen hierüber kann jede Zeit eine Antwort darauf versuchen, was „gut" ist. Politische Theorie ist daher immer auch verknüpft und verschwistert mit politischer Philosophie, mehr noch: *Sie* ist angewandte Ethik. „Die Politik kann keinen Schritt tun, ohne der Moral zu huldigen", schreibt Kant.

Das ist meine zweite Antwort auf die Frage nach dem Wozu von Politischer Theorie und Ideengeschichte: Die Geschichte der Gesellschaftstheorien hat zutiefst mit uns selbst, unserem Ort in der Welt und in der Geschichte zu tun. Sie trägt ihren Zweck in sich selbst, uns ein Bild von uns selbst zu ermöglichen. Alle großen Gesellschaftsentwürfe sind zugleich Selbstentwürfe im geschichtlichen Prozeß.

Beides, der Kampf um Deutung wie das Ringen um ein Selbstbild in Zeit und Raum, gehören zusammen. Die Entwürfe eines Gesellschaftsbilds und eines Selbstbildes sind wie die beiden Pole einer elliptischen Bewegung, die Innenwelt und Außenwelt miteinander verbindet. In ihnen drückt sich die Doppelseitigkeit menschlicher Existenz aus. Etwas End-Gültiges läßt sich über sie nicht sagen; etwas Gültiges aber steckt in jedem geistigen Ringen mit dieser Paradoxie.

„Historia magistra principum" – die Geschichte ist die Lehrmeisterin der Fürsten, hieß es im Zeitalter der Herrscherhäuser. Zu solchem fürstlichen Lernen lädt uns die Geschichte der politischen Theorien ein. Im Zeitalter der Volkssouveränität sind wir ja alle: Fürsten.

Heinz Gärtner

Politische Theorie – ein ständiger Diskurs über Grundsätze

Es ist schwierig, diesem wunderbaren Thema „Politische Theorie und Ideengeschichte – wozu“ nur annähernd gerecht zu werden. Der vorliegende Beitrag versucht es, indem er die verschiedenen Dimensionen der Politikwissenschaft darstellt. Zu diesem Zweck wird die Disziplin in vier Analyseebenen – Individuum, politisches System, Staat und internationales System – aufgliedert. Das Hauptargument lautet, daß die Komplexität der Beziehungen und Prozesse zwischen den Ebenen nur von politischer Theorie erfaßt werden kann, obgleich in Einzelbereichen auf den jeweiligen Ebenen beachtliche Fortschritte erzielt worden sind. Am Schluß werde ich noch auf das Verhältnis von Idee und Realität eingehen und die Frage stellen, ob politische Theorie die politische Realität beeinflussen kann oder ob eher große politische Veränderungen neue Ideen hervorbringen.

Die horizontale Dimension der Politikwissenschaft

Politikwissenschaft ist eine umfassende Wissenschaft. Sie ist umfassend in zweifacher Hinsicht. Horizontal ist sie umfassend in dem Sinne, daß sie Elemente der verschiedensten Nachbardisziplinen beinhaltet, ja geradezu ihre Berechtigung von dieser Komplexität ableitet. Was wäre die Politikwissenschaft ohne die Veredelung durch die politische Philosophie, die Geschichts- und Rechtswissenschaft, ohne Befruchtung durch die Soziologie und die politische Psychologie und ohne die Rationalität der Wirtschaftswissenschaften. Diese Reihe könnte ausgedehnt werden auf die Sprach- und Kommunikationswissenschaften, die Mathematik, die in der Spieltheorie Anwendung gefunden hat, und auf andere Disziplinen, die auf spezielle Aspekte der Politikwissenschaft entscheidenden Einfluß ausgeübt haben.
Diese Reichhaltigkeit hat der Politikwissenschaft nicht nur Vorteile gebracht. Sie hat gerade durch diese Vielfalt mehrere Identitätskrisen durchgemacht und ihr Selbstfindungsprozeß ist noch keineswegs abgeschlossen.

Die vertikale Dimension der Politikwissenschaft

Die Politikwissenschaft ist auch umfassend im vertikalen Sinne. Sie thematisiert das individuelle menschliche Verhalten, das Handeln der innerstaatlichen politischen Akteure, wie das der Staaten und die Formation von Strukturen und Systemen.

Analyseebenen der Politikwissenschaft

4. Internationales System
3. Staaten
2. Politisches System
1. Individuum

Auf der ersten Analyseebene hat die Politikwissenschaft am meisten Anleihen bei Nachbardisziplinen gemacht (etwa bei der Soziologie, der Psychologie und auch der Wirtschaftswissenschaft).

Die zweite Ebene ist das Feld der traditionellen Politikwissenschaft. Hier hat sie ausgezeichnete Leistungen auf den Gebieten der Parteien-, Parlaments-, Bürokratie- und Verbändeforschung erbracht. Aber auch staats-, system-, macht-, demokratie- und entscheidungstheoretische Analysen sind auf dieser Ebene angesiedelt.

Auf der dritten Ebene beginnt das Gebiet der internationalen Beziehungen mit Querverbindungen zum Völkerrecht und zur Staatengeschichte. Für Hans Morgenthau, Hedley Bull und Kenneth Waltz sind die Staaten die zentralen politischen Einheiten, aber auch neo-liberale institutionalistische Ansätze (z. B. Keohane 1988) halten am Staat als zentraler politischer Analyseeinheit fest, auch wenn dieser gegenüber anderen, transnationalen, Akteuren an Bedeutung verliere.

Der vierten Analyseebene geben Spezialisten der internationalen Beziehungen[1] jeweils ihre spezielle Prägung. Strukturelle und neo-realistische Ansätze (Waltz 1979) glauben Regelmäßigkeiten im Verhalten von Staaten in einer gegebenen Struktur feststellen zu können. Neo-institutionalistische Theorien (March/Olsen 1984 und 1989; Keohane 1988) nehmen an, daß internationale Institutionen und Regime das Verhalten der Staaten entscheidend beeinflussen.

Integrationstheoretiker sehen eine evolutive Entwicklung in Richtung regionaler (Haas 1958 und 1964) und globaler (Mitrany 1966) supranationaler Einheiten, Interdependenztheoretiker irreversible gegenseitige symetrische aber auch asymetrische ökonomische Beziehungen (Keohane/Nye 1971 und 1977) und politische Verflechtungen entstehen. Sie würden letztlich auch „Sicherheitsgemeinschaften" (security communities) bilden, ein Begriff, der auf Karl Deutsch zurückgeht (Deutsch 1966).

Globalisten entwickelten einen „multi-zentrierten" Ansatz mit „Hunderten von Tausenden Akteuren" (Rosenau 1990), der neben dem „staatlich-zentrierten" entstehen, ja diesen letzlich überwinden würde. Mehr praktisch orientierte Vertreter von Subkategorien des Globalismus fordern globale Lösungen bei Einzelproblemen, wie Umwelt oder Telekommunikation etc. Entwicklungstheoretiker sehen in der Nord-Süd-Spaltung die entscheidende Dimension. Die Liste von Spezialisten in den internationalen Beziehungen ließe sich noch um einige Einzeltheorien erweitern. Auf dem jeweiligen Teilgebiet wurden oft erstaunliche Fortschritte in der Forschung gemacht.

Nicht nur auf der horizontalen Dimension zwischen den Disziplinen, sondern auf der vertikalen Dimension zwischen Vertretern der jeweiligen Ebenen gibt es oft eine heftige, sehr oft fruchtbare, manchmal zerstörerische Auseinandersetzung darüber, welche Ebene die entscheidende Analyseeinheit sei. Um die Mitte der fünfziger Jahre begann eine Debatte darüber, ob nun die dritte oder die vierte Ebene entscheidend für das Staatenverhalten sei. Morton Kaplan betonte in „System and Process in International Politics" die Dominanz der Staaten, Kenneth Waltz (1959, 1979) sah im Staatensystem, das von den miteinander in Beziehung stehenden Staaten geformt wird, den entscheidenden Faktor, der wiederum das Verhalten von Staaten bestimmt und beschränkt.

Die dritte Analyseebene sowie strukturelle Ansätze sind durch die postmoderne Herausforderung zunehmend in Bedrängnis geraten. Die „Wiederentdeckung der Identität" (Lapid 1993) und der Rolle des Individuums (Kegley 1987) stellen eine klare Gegenposition zu staatlich-zentrierten sowie strukturbestimmenden Ansätzen dar. Dazu beigetragen hat insbesondere auch die feministische Kritik an den „traditionalistischen Theorien" (D'Damico/Beckman 1993)[2], aber auch die Neubetonung der nationalen Identität, die sich anders als oft in der Vergangenheit gegen etablierte Staatlichkeit richtet.

Gehaltvolle politische Theorien

Wozu Politische Theorie und Ideengeschichte? Gehaltvolle Theorien der Vergangenheit haben sich nicht nur auf eine Analyseebene konzentriert, so wertvoll die Erkenntnisse auf den jeweils einzelnen Ebenen sein mögen. Gehaltvolle Theorien haben die Beziehungen zwischen den einzelnen Ebenen analysiert.

Theorie ist immer eine generalisierende Aussage über Beziehungen und Zusammenhänge von zwei oder mehreren Ereignissen und Prozessen. Diese Definition unterscheidet sich von der des Behaviorismus, die sich auf die gleichzeitige beobachtbare Veränderung von Dingen, Aktivitäten oder Ereignissen (Beyme 1986) beschränkt, ohne daß kausale Beziehungen bestehen müssen.[3]

Die Klassiker der Politischen Theorie haben vor allem die Beziehungen zwischen den beiden ersten Ebenen thematisiert, woraus dann auch Schlußfolgerungen für das Verhalten von Staaten abgeleitet wurden. In Platos System von Individuum, gerechter Gesellschaft und Staat sind Individuum und Gesellschaft fast identisch, wichtig für Aristoteles war die Beziehung zwischen Bürger und „Polis". Für Hobbes, Spinoza, Locke befindet sich das Individuum in einer Art Naturzustand, nur haben sie unterschiedliche Schlußfolgerungen daraus gezogen. Hobbes argumentierte im 17. Jahrhundert, so wie Macchiavelli hundert Jahre vor ihm, daß der Naturzustand (Spinoza betont dabei die menschlichen Unzulänglichkeiten) gleichbedeutend mit einem anarchischen Zustand sei, woraus die Legitimität der zivilen Staatsautorität abgeleitet wurde.[4] Für Locke war es ein halbes Jahrhundert später, als sich der Bürgerkrieg in England etwas beruhigt hatte, möglich, daß sich die Individuen trotz Naturzustand einer politischen Gesellschaft verpflichten.

Im Gegensatz zu Hobbes und Spinoza war für Rousseau, sowie für Montesquieu, die entscheidende Frage, wie der Naturzustand in einen zivilen Staat, die Naturfreiheit in zivile Freiheit übergeführt werden kann. Für Rousseau wie für Kant war damit die Möglichkeit für ein moralisches Leben gegeben. Kant appellierte an das Gemeinschaftsinteresse, Rousseaus „Legislatoren" sollten soziale Kohäsion auch mit Gewalt im Namen des „volonté generale" herstellen. Hegels Struktur des modernen Staates besteht aus den Ebenen Familie, zivile Gesellschaft und Staat, wobei dem Staat die Aufgabe zukommt, die soziale Kohäsion im „universellen Interesse" zu gewährleisten.

Ausgehend von der Verknüpfung der beiden ersten Ebenen stellten alle „Sozialvertragstheoretiker" (Spinoza, Hobbes, Locke, Rousseau oder Kant) die Beziehung zur dritten Ebene her, indem sie das Verhalten von Staaten mit dem von Individuen verglichen. Kant hat den Sprung auch auf die oberste Ebene gewagt, indem er eine „freie und freiwillige" Föderation von Staaten – und keineswegs einen Weltstaat, der despotische Züge annehmen kann – vorschlug. Hedley Bull (1977) fragte, wie eine anarchische in eine internationale Gesellschaft verwandelt werden kann. Er hält eine Annäherung an eine „internationale Gesellschaft", nicht aber eine grundsätzliche Transformation für möglich.

Politisches System und internationale Politik

Aus der relativen Bedeutungslosigkeit, die die oberste Ebene für die Klassiker der politischen Theorie hatte, hat einer der herausragendsten Theoretiker der „Englischen Schule" der internationalen Beziehungen, Martin Wight, in den sechziger Jahren den Schluß gezogen, daß es eigentlich keine internationale Theorie gäbe, da die zentrale Frage der politischen Theorie die nach dem Staat sei und internationale Theorie nur aus Beziehungen zwischen Staaten abgeleitet werden könnte (Wight 1966).

Globalisten und Vertreter postmoderner Ansätze haben hingegen argumentiert, daß die politische Theorie, die sich mit dem Staat beschäftigt, zugunsten von Globalisierungsprozessen (Rosenau 1990) oder der Bedeutung des Individuums zurückgedrängt würde.

Ganz in der Tradition Oswald Spenglers steht Samuel Huntingtons (1993) Einteilung der Welt in Konfliktlinien zwischen Zivilisationen und Kulturen, die die politischen und ideologischen Grenzen ersetzen würden. Was wir aber gegenwärtig beobachten, ist nicht eine Auflösung von Staatlichkeit (und damit ein Verschwinden der dritten Ebene), sondern einerseits eine Internationalisierung des Staates selbst. Es entstehen zusätzliche Steuerungsanforderungen an den Staat (Infrastrukturleistungen, Anpassungs- und Strukturpolitik) und soziale Kosten der Internationalisierung (z. B. erhöhte Umweltbelastung, Ausbildungskosten).

Andererseits ist der Staat nicht zuletzt durch internationalen Druck dazu angehalten, vermehrt Individual- und Minderheitenrechte zu respektieren. Stanley Hoffmann (1981) hat etwa mit Hannah Arendt argumentiert, daß individuelle Rechte nur in einem souveränen Staat existieren können. Es kommt also zu einer zunehmenden Verflechtung aller Analyseebenen, nicht aber zum Verschwinden einer zugunsten einer anderen.

Souveränitätsverlust und Souveränitätsgewinn von Staaten hat es seit ihrer Existenz gegeben. Souveränität und Staatlichkeit sind nicht identisch. Der „souveräne Staat" ist ein Mythos des 19. Jahrhunderts. In ihren Entscheidungen waren Staaten immer durch nationales und internationales Recht und durch die Staatenpraxis selbst eingeschränkt. Aufbauend auf Hugo Grotius betont die englische Tradition politischer Theorie, daß das Völker- und Kriegsrecht auf Staaten immer nur einen beschränkenden aber keinen bestimmenden Einfluß ausüben kann (Bull 1977; Roberts 1991/92).

Nun eröffnet gerade die Analyse der Prozesse und Beziehungen zwischen den Ebenen ein weites Forschungsfeld. Weitgehend unerforscht ist die Frage, wie sich das innerstaatliche politische System (zweite Ebene) auf das Verhalten von Staaten und das internationale System (dritte und vierte Ebene) auswirkt. Kant beobachtete etwa, daß sich republikanisch verfaßte Gesellschaften zueinander friedlicher verhalten als absolutistische. Daraus hat Michael Doyle (1986) den Schluß gezogen, daß Demokratien gegeneinander keine Kriege führen würden, ein empirisch relativ abgesichertes, theoretisch aber keineswegs zufriedenstellend begründetes Ergebnis.

Weitgehend ungeklärt sind Fragen über den Zusammenhang von der Einhaltung von Menschen- und Minderheitenrechten (erste und zweite Ebene) und dem Außenverhalten von Staaten (dritte und vierte Ebene) oder über die Rolle des Individuums im internationalen System.

Idee und praktische Relevanz

Politikwissenschaft ist eine empirische Wissenschaft. Empirische Forschung auf jedem Teilgebiet der vier Ebenen ist unerläßlich. Politikwissenschaft ist aber auch eine umfassende Wissenschaft. Die Prozeß- und Beziehungsanalyse aller vier Ebenen würde jeden empirischen Ansatz überfordern. Sie kann nur von politischer Theorie geleistet werden.

Umfassende Darstellung und Analyse politischer Prozesse ist aber nur eine Seite der Bedeutung politischer Theorie, die andere ist ihre Relevanz für die Praxis. Nicht unerwartet gibt es auch in dieser Frage unterschiedliche Ansichten. Karl Marx und Friedrich Hegel argumentierten überzeugend, daß Ideen unter bestimmten Bedingungen politische Konsequenzen hätten. Von Victor Hugo stammt der Spruch, daß es nichts Mächtigeres gäbe als eine Idee, deren Zeit gekommen ist. Die „Kritische Theorie" glaubte überhaupt an die gesellschaftsverändernde Kraft einer wertenden Sozialwissenschaft. Hedley Bull (1977) hingegen betont, daß es keine politische Theorie geben kann, die unabhängig von politischer Praxis existiert. Zwar sei die Realität nicht unabhängig von der Idee (für Bull die der internationalen Gesellschaft), aber die Idee könne die Praxis nicht transzendieren. Wie ein Boot im stürmischen Meer ist die Idee abhängig von ihrer Umgebung.

Zumeist waren es auch weniger die Ideen, die große Veränderungen bewirkt haben, sondern globale Veränderungen hatten entscheidenden Einfluß auf die Relevanz von Ideen (Kegley 1993). Thucydides formulierte eine erste Theorie des Realismus während des Peloponnesischen Kriegs zwischen Athen und Sparta (431–404 a. c.). Der Dreißigjährige Krieg mit dem Westfälischen Frieden (1648) und der Spanische Erbfolgekrieg mit dem Frieden von Utrecht (1713) hatten entscheidenden Einfluß auf das Entstehen des Idealismus. Der Idealismus erfuhr nach dem Ersten Weltkrieg und der Gründung des Völkerbundes (1919) eine Wiederbelebung mit den Ideen von Woodrow Wilson.

Ein Wiederauferstehen des Realismus folgte nach den Napoleonischen Kriegen und dem Wiener Kongreß im Jahre 1815, formuliert etwa durch Metternich und Karl von Clausewitz, und nach dem Zweiten Weltkrieg durch Hans Morgenthau, Raymond Aron, George Kennan, Reinhold Niebuhr und seine neo-realistische Erweiterung während des Kalten Krieges.

Die Bedeutung Politischer Theorie

Welche Bedeutung hat nun die Politische Theorie? Die meisten Theoretiker gehen davon aus, daß theoretische Modelle verläßliche Voraussagen ermöglichen sollen. Theorie soll regelmäßiges Verhalten von politischen Akteuren (Staaten und Individuen) aufspüren, um immer präzisere Voraussagen machen zu können (Gaddis 1992/93). Diese Erwartungen haben mit dem Ende des Kalten Krieges, einem Ereignis das sich jeder wissenschaftlichen Vorhersehbarkeit entzog, einen gewaltigen Rückschlag erlitten.

Politische Theorie und Ideengeschichte bleibt dennoch notwendig, der Anspruch muß jedoch bescheidener sein. Für Hedley Bull (1977) ist politische Theorie ein ständiger Diskurs über Grundsätze. Eine Theorie sagt uns aber auch, welche Fragen wir stellen, wonach wir suchen und wie wir das Gefundene interpretieren sollen. Fakten sprechen nicht für sich selbst. Die Fähigkeit politischer Theorie, zukünftige Ereignisse vorauszusagen, bleibt aber wegen der hohen Anzahl potentieller Variablen beschränkt.

Einer Forderung muß Politische Theorie aber in jedem Fall gerecht werden. Um eine kritische Diskussion zu ermöglichen, muß Politische Theorie dem von Popper gestellten Anspruch nach Klarheit entsprechen (Popper 1984). Eine Theorie hat jedermann, der über Vergangenes, Gegenwärtiges oder Zukünftiges spricht oder nachdenkt, und zwar ganz gleichgültig, ob er ausdrücklich darauf hinweist oder nicht (Frei 1977, 11). Politische Theorie und Ideengeschichte sind notwendig, um Gedanken und Ideen zu ordnen und zu klären.

Anmerkungen

1 Die Theorien der internationalen Beziehungen kommen fast ausschließlich aus den USA. In den meisten Universitäten der USA sind „International Relations" eine von „Political Science" getrennte Disziplin.
2 Hirschmann allerdings argumentiert, daß oppositionelles Denken gegenüber staatlicher Autorität ebenfalls ein Ergebnis des „Maskulinismus" sei (Hirschmann 1992).
3 Diese Definition hat ihren Ursprung im Empirismus David Humes. Für Hume gibt es keine Kausalität von beobachteten Zusammentreffen von Ereignissen. Sie lassen daher auch keinen Schluß auf zukünftige Beziehungen zu.
4 Der politische Hintergrund von Hobbes' Theorie war nicht so sehr die Unterstützung des Absolutismus, sondern die Erfahrungen des englischen Bürger- und Religionskriegs. Hobbes hatte auch nicht primär eine Zwangsgewalt vor Augen, sondern eine Reform der Universitäten, „to correct through a process of rediscription and reeducation the beliefs that when passionately held underlie socially disruptive activities" (Lloyd 1992, S. 45).

Literatur

Beyme, Klaus von (1986), Die politischen Theorien der Gegenwart, München
Bull, Hedley (1977), The Anarchical Society: A Study of Order in World Politics, London
D' Damico, Francine / *Beckman*, Peter (Hg.) (1993), Women and World Politics, New York
Deutsch, Karl W. (1966), Nationalism and Social Communication, Cambridge, Mass
Doyle, Michael (1986), Liberalism and World Politics, in: American Political Science Review 80 (4), S. 1151–1169
Frei, Daniel (1977), Einführung: Wozu Theorien der internationalen Politik?, in: Daniel *Frei* (Hg.): Theorien der internationalen Beziehungen, München, S. 11–25
Gaddis, John L. (1992/93), International Relations Theory and the End of the Cold War, in: International Security 17 (3), S. 5–58
Haas, Ernst B. (1958), The Uniting of Europe, Stanford
Haas, Ernst B. (1964), Beyond the Nation State, Stanford
Hirschmann, Nancy J. (1992), Rethinking Obligation: A Method for Political Theory, Ithaca

Hoffmann, Stanley (1981), Duties Beyond Borders. On the Limits and Possibilities of Ethical International Politics, Syracuse
Huntington, Samuel P. (1993), The Clash of Civilizations? in: Foreign Affairs 72 (3), S. 22–49
Kegley, Charles W. (1987), Decision Regimes and the Comparative Study of Foreign Policy, in: Charles F. Hermann / Charles W. Kegley Jr. / James N. Rosenau (Hg.): New Directions in the Study of Foreign Policy, Boston, S. 247–268
Keohane, Robert O. / *Nye*, Joseph S. (1971), Transnational Relations and World Politics, London
Keohane, Robert O. / *Nye*, Joseph S. (1977), Power and Interdependence, Boston
Keohane, Robert O. (1988), International Institutions: Two Approaches, in: International Studies Ouarterly 32 (4), S. 379–396
Lapid, Yosef (1993), Nationalism, Identity and Security: Global Threats and Theoretical Challenges (Paper prepared for the International Studies Association Convention, Acapulco, March)
Lloyd, S. A. (1992), Ideals as Interests in Hobbes's „Leviathan": The Power of Mind over Matter, New York
March, James G. / *Olsen*, Johan P. (1984), The New Institutionalism: Organizational Factors in Political Life, in: American Political Science Review 78 (3), S. 734–749
March, James G. / *Olsen*, Johan P. (1989), Rediscovering Institutions: The Organizational Basis of Politics, New York
Mitrany, David (1966), A Working Peace System, Chicago
Popper, Karl R. (1984), Objektive Erkenntnis, Ein evolutionärer Entwurf, Hamburg
Roberts, Adam (1991/92), International Law and the Use of Force: Paper I, in: Adelphi Papers 266, New Dimensions in International Security, Part II, S. 53–63
Rosenau, James N. (1990), Turbulence in World Politics, A Theory of Change and Continuity, New York – London – Toronto – Sidney
Waltz, Kenneth N. (1959), Man, the State and War. A theoretical analysis, New York – London
Waltz, Kenneth N. (1979), Theory of International Politics, New York
Wight, Martin (1966), Why is there no international theory? in: Herbert Butterfield / Martin Wight (Hg.): Diplomatic Investigations: Essays in the theory of international politics, London, S. 17–32

Hedda J. Herwig
Zur Begründung der kritischen Funktion aus der Rechtfertigungsbedürftigkeit von Politik

Da die Zusammenziehung des Topos politische Theorie mit dem der Ideengeschichte im Rahmen der jüngeren Tradition der politischen Wissenschaft nur verständlich ist, wenn politische Theorie den Traditionsbestand politischen Philosophierens einschließt, lege ich der Fragestellung „Politische Theorie und Ideengeschichte – wozu?“ ein philosophisch orientiertes Verständnis von politischer Theorie zugrunde. Demzufolge werde ich die gestellte Frage auch nur streng philosophisch, das heißt in diesem Falle rein sachlogisch, vom Wesen politischer Realität ausgehend, zu beantworten versuchen. Ich werde dabei in zwei Schritten vorgehen, das heißt ich spreche zuerst über den epistemologischen und pädagogischen Sinn einer philosophisch orientierten Theorie der Politik und sodann über die Relevanz der Ideengeschichte für eine philosophisch orientierte Theorie der Politik. Der aktuelle Trend in der deutschsprachigen Politikwissenschaft (ich erwähne ihn, weil ich ihn als Hintergrund der mir gestellten Frage vermute) geht dahin, die politische Wissenschaft immer wissenschaftlicher zu machen, das heißt vor allem im Sinne des naturwissenschaftlichen Modells von Wissenschaft zu modernisieren. Dagegen ist, soweit es die Beförderung der Exaktheit empirischer Forschung betrifft, nichts einzuwenden, wohl aber dann – und das ist der Fall –, wenn dem methodologischen objektivitäts- und Exaktheitspostulat die Offenheit des Horizonts politikwissenschaftlicher Fragen geopfert wird bzw. wenn philosophische Fragen, die bisher unter dem Titel Theorie gestellt werden durften, in den Orkus historischer Überholtheit abgedrängt werden. Signifikant für diesen Vorgang ist unter anderem die im Jahr 1991 von Dieter Nohlen herausgegebenen „Wörterbuch Staat und Politik“ vollzogene radikale Abtrennung der Abteilung politische Philosophie und Ideengeschichte von der Abteilung politische Theorie, wobei in der letzteren, für die Klaus von Beyme verantwortlich zeichnet, nur noch dem naturwissenschaftlichen Ansatz verpflichtete Theorien abgehandelt werden (Noheen 1991, S. 541 ff.).

Eingedenk der Tatsache, daß sogenannte Theorie immer das Fundament einer Wissenschaft zu bilden beansprucht, betrachte ich diesen Vorgang als einen der Legitimationserschleichung, das heißt als den Versuch, sich der Begründung politischer Wissenschaft bzw. dessen, was man unter diesem Namen betreibt, durch den Verweis auf eine Wissenschaftlichkeit zu entziehen, die zwar auf fremdem, nämlich naturwissenschaftlichem Felde Erfolge verzeichnen kann, deren Erfolg auf dem eigenen Felde aber bis dato nur als Wunschtraum existiert. Die Frage nach dem Wozu politischer Theorie und Ideengeschichte ist angesichts dieses Trends daher am klarsten, wie ich meine, zu beantworten, wenn man jenseits verschleierungsstrategischer Manöver zuerst wieder (wie in den 50er und 60er Jahren) die Frage nach dem Wozu politischer Wissenschaft insgesamt stellt – zu welchem Zwecke dann allerdings die grundsätzliche Gegenstandsproblematik einer möglichen Wissenschaft von der Politik ins Blickfeld gerückt werden muß.

Eric Voegelin, der seiner Zeit offenbar weit voraus war, hat 1965 seinen Grundsatzvortrag „Was ist politische Realität?" nicht von ungefähr mit einer Erklärung über die Differenz naturwissenschaftlicher Axiomatik zu den Grundsätzen einer Wissenschaft von der Politik eingeleitet. Er kannte bereits, von Österreich aus zur Emigration in die Vereinigten Staaten von Amerika gezwungen, den amerikanischen Trend zur Szientifizierung politikwissenschaftlicher Fragen. Dennoch traf er seine Differenzierung nicht aus bloß zeitbedingten Gründen, sondern um die überzeitliche Differenz der Gegenstandsbereiche Politik und Natur zu klären und daraus die notwendig philosophische Orientierung politikwissenschaftlichen Denkens plausibel zu machen (Voegelin 1959 und 1966). Ähnlich möchte ich hier vorgehen, allerdings „primitiver" als Voegelin, weil ich mich kurzhalten muß.

Gegenstand der Naturwissenschaft sind Phänomene der natürlichen Welt, deren Entstehungsbedingungen und Funktionsweisen bis dato erfolgreich erforscht und im Dienste menschlicher Zwecke technisch verwendbar gemacht worden sind, soweit unterstellt werden konnte, daß sie einer strengen Gesetzmäßigkeit unterliegen. Gegenstand der politischen Wissenschaft sind dagegen Phänomene, die von Menschen selber gemacht werden. Würden wir unterstellen, daß auch dieses Machen in jedweder Hinsicht naturwüchsig determiniert ist, wäre die Frage, wozu wir die Gesetze menschlichen Handelns erforschen sollen, ins Absurde gesetzt. Wir täten, was wir tun müssen, ob als Objekte der Betrachtung oder als solche, die in Gesetze eingreifen wollen. Daß wir von den Gesetzen dieses Zwangs Kenntnis hätten, brächte uns nicht weiter als dahin, wohin wir ohnehin steuern. Ein sinnvoller Grund, die Gesetze menschlichen Handelns zu erforschen, ergibt sich daher nur unter der Prämisse, daß menschliches Handelns nicht schlechthin determiniert, sondern offen für Alternativen ist. In anderen Worten: ob wir szientistisch oder philosophisch an die Erforschung politischer Realität herangehen, immer ist dabei ein Menschenbild unterstellt, demzufolge menschliches Handeln in einer doppelten Dimension gesehen wird. Die eine ist die der möglichen kausalen Determiniertheit, die andere die des freien Entwurfs von Handlungszielen im Rahmen eines Sinnhorizonts menschlicher Existenz, welcher zumindest insofern als frei angesehen wird, als unterstellt wird, daß Menschen hinsichtlich der Ziele und Mittel ihres Handelns besser oder schlechter beraten sein können bzw. etwas Gutes oder Besseres realisieren oder verfehlen können. Unter diesem Aspekt ist zunächst zu konstatieren: Versteht man Philosophie, wie ich das hier tue, sokratisch, das heißt als Liebe zur Weisheit im Sinne der Wohlberatenheit betreffend die menschliche Lebensführung, so dürfte evident sein, daß politische Wissenschaft, ob man sie nun philosophisch oder szientistisch verstehen will, allemal auf denselben Rechtfertigungsgrund verwiesen ist, nämlich der Wohlberatenheit dienlich zu sein. Woher also der Dissens?

Nun, szientistisch orientierte Politikwissenschaftler lieben es, sich mit Max Weber darauf zu berufen, daß menschliche Zielentscheidungen wertorientiert und Werte nicht objektivierbar sind. Allerhöchstens könnten noch die Mittel zum Zweck wissenschaftlich stringent erforscht werden, die Zwecke selbst seien in die subjektive Entscheidung einzelner gestellt. Zusätzlich verweisen sie gern auf den mißlichen Umstand, daß sogenannte Werte, die unter dem Namen von Philosophie für objektiv erklärt werden, in der Regel nur aus der subjektiven Weltanschauung des jeweiligen Propheten resultieren. Dessen ungeachtet, daß die Geschichte der sogenannten Philosophie in der Tat sehr viel Weltanschauliches mit sich gebracht hat, verbirgt der pauschale Vorwurf der Weltanschaulichkeit indes sehr geschickt, daß man sich mit seiner Hilfe des Kernpostulats praktischer Vernunft entledigt, das heißt des Postulats, daß Wohlberatenheit in Angelegenheiten der menschlichen Lebensführung nur möglich ist, wenn es ein spezifisches Wohl der Menschen gibt, und daß dieses nach vernünftigen Gesichtspunkten bestimmtbar sein muß, wenn der Bezug darauf, den letzten Endes doch alle machen, nicht ins Leere gestellt sein soll. Solche Flucht vor dem Kernpostulat praktischer Vernunft befördert aber nicht nur beiläufig den selber weltanschaulichen Gedanken, daß praktische Vernunft geringerwertiger als naturwissenschaftliche Objektivität sei. Sie befördert vor allem und fatalerweise einen Prozeß, vermittels dessen politische Wissenschaft ihres eigentlichen Gegenstands verlustig geht.

Die zunehmende Fragmentarisierung des Gegenstands Politik, die sich zum Beispiel in der Entwicklung westdeutscher Lehrbücher widerspiegelt (im Studienbuch von Böhret, Jann und Kronenwett von 1988 finden wir zum Beispiel elf gleichberechtigt nebeneinander aufgezählte wissenschaftliche Politikbegriffe) (Böhret u. a. 1988), hilft zwar ganz konsequenterweise diesen Umstand zu verdunkeln, sollte aber nicht über folgenden Tatbestand hinwegtäuschen: Egal in wie viele Facetten Politik sich aufgliedern läßt – vom Gesamtfeld menschlicher Geschichte her gesehen bedeutet Politik nicht nur menschliches Handeln, sondern immer zugleich herrschaftliches Handeln, und zwar als Herrschaft von Menschen über Menschen. Das Spezifikum solcher Herrschaft ist die Verknüpfung unterschiedlicher Menschen mit ähnlichen oder unterschiedlichen Interessen zu einer arbeitsteiligen Bedürfnisbefriedigungsgemeinschaft. Ihr Mittel ist die Schaffung bzw. Erhaltung einer dazu erforderlichen Ordnung, respektive die Unterwerfung (Reglementierung) des Verhaltens einzelner unter verpflichtende Normen, deren Einhaltung unter Verweis auf übergeordnete Sinngründe gefordert wird. (Ich füge in Klammern hinzu: Die Sanktionierung der Normen bedarf in der Regel eines Minimums an Macht oder Gewalt, wird aber selbst dann, wenn Herrschaft extrem gewaltbegründet ist, zumindest in der Selbstrechtfertigung der Herrschenden auf Sinngründe gestützt.)

Da für herrschaftliches Handeln dasselbe gilt wie für menschliches Handeln überhaupt, nämlich daß es in eine Dimension des freien Sinnentwurfs gesetzt ist, heißt dieses aber: Politik greift mit Hilfe des Bezugs auf Sinnhorizonte normierend in die individuellen Sinnhorizonte und Möglichkeiten menschlicher Existenzgestaltung ein (Berger/Luckmann 1991). Sie spielt also zwar nicht unbedingt die Rolle des Beraters in Sachen der Lebensführung, wohl aber, was viel einschneidender ist, die des Richters über die Zulässigkeit von Lebensentwürfen bzw. von Aussichten, bestimmte Lebensentwürfe zu verwirklichen. Egal wie bescheiden sie sich dabei zum Beispiel im Rahmen rechtsstaatlicher Politik geben mag: Solange das Gesetz, nach dem die einen Menschen aufgrund ihres eigenen Sinnhorizonts in die Sinngebungschancen anderer Menschen mit Notwendigkeit eingreifen, nicht gefunden ist (und darauf werden wir, um mit Thomas Morus und Anthony Giddens zu sprechen, wohl noch eine hübsche Reihe von Jahren warten müssen) (sprachlich: Morus 1964, S. 52; inhaltlich: Giddens 1988, S. 46), ist Politik nicht neutralisierbar. Die Frage nach ihren Gesetzen bzw. Notwendigkeiten macht daher, jedenfalls vorläufig, nur Sinn, wenn sie im Rahmen der Perspektive gestellt wird, daß zumindest die Art und Weise, wie Politik stattfindet, nicht ontologisch vorgegeben ist, sondern als Produkt menschlichen Handelns selber *rechtfertigungsbedürftig* ist.

Versteht man nun unter Theorie das Bemühen um die Erklärung von Zusammenhängen aus wirklichen Prinzipien und unter Wissenschaft eine Disziplin, die solche Erklärungen für einen bestimmten Gegenstandsbereich empirisch erhärtet, so dürfte hieraus klar werden, daß die Suche nach Prinzipien in der politischen Wissenschaft im Gegensatz zu einer Wissenschaft, die sich rein naturwissenschaftlich definieren kann, einer doppelten Vernunft verpflichtet ist. Sowohl der Vernunft, die nach vorgegebenen Bedingungen menschlichen Handelns fragt, als auch der Vernunft, die nach rechtfertigungsfähigen Sinngründen fragt. Aus dieser Sicht heraus haben denn auch die Begründer der politischen Wissenschaft in der griechischen Antike, Platon und Aristoteles, ihr Tun als ein notwendig kritisches verstanden. Sie hinterfragten (Platon mit größerer Radikalität als Aristoteles) ihre vorgegebenen Herrschaftsstrukturen unter dem Gesichtspunkt: Welchen prinzipiellen Sinn macht Herrschaft, welchen prinzipiellen Sinn hat politische Gemeinschaft (als Existenz vieler unter einer gemeinsamen Herrschaftsordnung) und welche spezifische Herrschaftsordnung ist unter dem Gesichtspunkt des prinzipiellen Sinns politischer Gemeinschaft rechtfertigungsfähig? Sie gingen dabei aber noch einen Schritt weiter, und zwar, indem sie der Frage nach Sinngründen epistemische Zügel anlegten. Nicht mehr mythisch-religiös sollten die Sinngründe vertretbar sein, sondern sich vor dem Tribunal einer aufgeklärten, das heißt zwischen Schein und Wirklichkeit differenzierenden Vernunft rechtfertigen können. Vor diesem Tribunal erwies sich die Natur der Menschen als Realgrund politischen Handelns, das den Menschen naturgegebene Streben nach Glück als Sinngrund politischen Handelns, und zwar insofern, als individuelles Glück optimal nur in Gemeinschaft von Menschen mit anderen Menschen realisierbar schien. Da politisches Handeln verpflichtend bzw. durch verallgemeinernde Regeln in menschliches Leben eingriff, mußte sich politisches Handeln folgerichtig vor der maßgeblichen Instanz des Glücks aller verantworten – inwieweit es dies beförderte oder verhinderte. Gleichzeitig mußte sich jedoch auch das Streben des einzelnen Menschen nach Glück dem Gebot der aufgeklärten Vernunft beugen. Soweit die Verwirklichung eigenen Glücks die Glückschancen anderer tangierte, war das eigene Glück in den Grenzen der Verträglichkeit mit dem anderer zu verfolgen. Konsequent im Sinne der Forderung der Vernunft nach Realitätsadäquanz verlangten Platon und Aristoteles hierüber hinaus, daß Politik nicht nur im Dienste einer sozial verträglichen Verwirklichung von Glück zu stehen habe, sondern zugleich im Dienste der Ermöglichung des „wahren" Glücks der einzelnen. Der Unterschiedlichkeit menschlicher Neigungen und Begabungen sowie dem Wissen um die Illusionsbereitschaft von Menschen Rechnung tragend, mußte Politik, um sich rechtfertigen zu können, daher auch die Eigenschaften von Menschen fördern, die dazu angetan waren, das je eigene Glück realitätsadäquat zu suchen und zu finden, das heißt Politik sollte Verstand und Begabung fördern. Ausgehend von der Frage nach prinzipiellen Sinngründen herrschaftlichen Handelns gelangten Platon und Aristoteles so zu durchaus brauchbaren ethischen Maßstäben für die Beurteilbarkeit je faktischer Politik: an erster Stelle zum Kriterium des guten und gerechten Lebens. Wie weit konkrete Politik dazu beitrug, dieses zu ermöglichen, machte sie, modern gesprochen, auf ihre Effizienz hin transparent.

Wenngleich diese kritische Funktion politischer Wissenschaft bei ihren antiken Begründern, die ich hier exemplarisch herangezogen habe, deutlicher hervortritt als bei politischen Denkern späterer Zeiten (wo sie vor allem unter christlichem Einfluß dogmatischen Fesseln unterliegt), läßt sich doch cum grano salis, insbesondere für die Wiederentdeckung radikalen Philosophierens durch die Aufklärung, sagen, daß sich politisches Denken bei denjenigen, die sich der Vernunft verpflichtet fühlten, immer an den genannten Grundfragen entzündete und in dem Versuch bestand, diese unter veränderten zivilisatorischen Bedingungen zu erneuern oder voranzutreiben. Daher kann man mit Voegelin über die politische Wissenschaft insgesamt und nicht nur über politische Philosophie oder Theorie als Teildisziplin sagen:

> „Der Kern der politischen Wissenschaft ist eine noetische (rationale, H. H.) Interpretation von Mensch, Gesellschaft und Geschichte, die gegenüber der Ordnungskonzeption der Gesellschaft, in der sie sich jeweils ereignet, mit dem Anspruch kritischen Ordnungswissens auftritt." (Voegelin 1966, S. 284)

Für die Frage, die mir gestellt worden ist, folgt hieraus: Im Rahmen der für die neuere, universitär etablierte Politikwissenschaft gültigen Aufteilung der politischen Wissenschaft in verschiedene Disziplinen erfüllt philosophisch-theoretisches Denken eben die genannte kritische Funktion, ohne welche politische

Wissenschaft insgesamt ihrem Gegenstand nicht gerecht werden kann. Über seine epistemologische Notwendigkeit hinaus erfüllt philosophisch-theoretisches Denken damit zugleich eine aufklärerische pädagogische Funktion, nämlich ein kritisches Bewußtsein gegenüber Herrschaftshandeln (politischer Realität) wachzuhalten und diesem selbst Orientierungshilfe zu bieten, indem es zum Denken in der Offenheit gegenüber dem Spektrum rationaler Kriterien der Beurteilung politischer Realität und ihrer prototypischen Probleme motiviert (Bourdieu 1979; Mohr 1988).

In aller Kürze wende ich mich von hier aus der Frage zu, welchen Sinn die Beschäftigung mit Ideengeschichte macht. Ihrer Beantwortung ist eine begriffserklärende Bemerkung vorauszuschicken. Unter Ideengeschichte versteht man in der Regel die Geschichte aller möglichen Leitvorstellungen des Handelns, die im historischen Kampffeld eine Rolle gespielt haben oder noch spielen, egal ob sie mit systematisch-theoretischer Begründung aufwarten oder dem Enthusiasmus historisch bedingter Interessen entspringen. Häufig verdanken sich jedoch solche Leitvorstellungen einer ursprünglich systematisch-theoretischen Begründung und unterliegen nur im historischen Kampfgetümmel einer teilweisen Ablösung oder Verwandlung. Da das Feld politischer Ideen sich insoweit zum Teil mit dem der Geschichte der politischen Theorie überschneidet, werde ich hier beide unter den Begriff der Geschichte des politischen Denkens zusammenziehen – unter Hintanstellung des unterschiedlichen Rationalitätsgehalts und -anspruches solchen Denkens.

Wozu also sich mit Ideengeschichte bzw. Geschichte des politischen Denkens beschäftigen? Daraus, daß die kritische Funktion politischer Wissenschaft in Form politischen Philosophierens nur von einzelnen Personen erfüllt werden kann, die in der Regel keine geborenen Genies sind, ergibt sich, daß diese Personen der Orientierungshilfe bedürfen. Wie sollten sie diese finden, außer im Rückbezug auf das historische Feld der Geschichte politischen Denkens? Meine eigenen Ausführungen bezeugen selbst die Notwendigkeit eines solchen Rückbezugs. Aber es gibt noch andere Gründe. Der Rückbezug auf die nähere Vergangenheit politischen Denkens zum Beispiel ist notwendig, soweit die politischen Institutionen der Gegenwart sich der kämpferischen Durchsetzung von Ideen der Vergangenheit verdanken, ohne deren Kenntnis der Sinn gegenwärtiger Strukturen im dunkeln bliebe. Der Rückbezug auf die weiter entfernte Vergangenheit politischen Denkens, der, wie ich meine, sogar über die Tradition abendländischen Denkens hinausgehen sollte, ist aber ebenso notwendig, nämlich um das Bewußtsein für die unterschiedlichen Möglichkeiten sinnorientierter Existenzentwürfe und deren praktische Auswirkungen offenzuhalten. Das schützt sowohl den Dozenten vor eigener Borniertheit als auch den Studenten vor der eigenen Borniertheit – und der seines Dozenten.

Der Beförderung von „Offenheit" sollte indes eine spezifische Wachsamkeit zur Seite treten. Sinnfragen sind notwendig, Sinngebungen sind mit Argwohn zu betrachten, und zwar insbesondere aus folgendem Grund: Politisches Handeln unterliegt den Gesetzen von Strategie und Taktik, weshalb damit gerechnet werden muß, daß politisch Handelnde ihre „wahren“ Motive und Ziele durch Sinngebungen scheinbar akzeptabler Art verschleiern. Dasselbe gilt für politisches Denken – speziell für dasjenige, das sich im Machtfeld artikuliert, nicht selten aber auch für solches, das sich in Distanz zum Machtfeld bewegt. Daher gilt es, mit Hilfe von Geschichte wie Gegenwart, auch das Bewußtsein für die Verbergungsfunktion politischer „Ideen“ zu schärfen und das Verborgene ans Licht zu bringen: zum Beispiel den Willen zur Macht im Willen zur Wahrheit oder den Willen zur Männlichkeit im Willen zur „Menschlichkeit“.

Literatur

Berger, Peter L. / *Luckmann*, Thomas (1991), Die gesellschaftliche Konstruktion der Wirklichkeit. Eine Theorie der Wissenssoziologie, 5. Aufl., Frankfurt/Main

Böhret, Carl u. a. (1988), Innenpolitik und politische Theorie. Ein Studienbuch, 3. Aufl., Opladen

Bourdieu, Pierre (1979), Entwurf einer Theorie der Praxis auf der ethnologischen Grundlage der Kabylischen Gesellschaft, Frankfurt/Main

Giddens, Anthony (1988), Die Konstruktion der Gesellschaft, Frankfurt/Main – New York

Mohr, Arno (1988), Politikwissenschaft als Alternative, Bochum

Morus, Thomas (1964), Utopia, Stuttgart

Nohlen, Dieter (Hg.) (1991): Wörterbuch Staat und Politik, München – Zürich

Voegelin, Eric (1959), Die neue Wissenschaft der Politik, München

Voegelin, Eric (1966), Anamnesis. Zur Theorie der Geschichte und Politik, München

Otmar Höll
Das Theorie- und Praxisproblem zwischen kreativer Phantasie und gesellschaftlicher Wirklichkeit

Verglichen mit der Zeit der späten sechziger und der siebziger Jahre mag die Beschäftigung mit politischer Theorie und Ideengeschichte tatsächlich ein wenig „aus der Mode“ gekommen sein (Lenk/Franke 1991, S. 9). In einer Zeit globaler Umwälzungen fällt es schon schwer, dem beschleunigten Gang der Ereignisse auch nur halbwegs zu folgen. Pragmatische (Neu-)Orientierung und das Studium der sich erst herausbildenden Konturen einer tiefgreifend veränderten politisch-gesellschaftlichen Wirklichkeit absorbieren den Großteil an Energie und Aufmerksamkeit auch von Sozialwissenschaftlern. Zudem gesellt sich parallel zu diesen politischen Umwälzungen auch noch die immer deutlicher werdende Gewißheit um die globale Gefährdung des Ökosystems Erde als zusätzliche Herausforderung (Weltkommission für Umwelt und Entwicklung 1987, S. 9).

Und doch stellt sich gerade in einer Zeit wie dieser, in der feste Weltbilder, „große Theorien“, gesellschaftliche Konzepte und die dazu gehörenden realen Systeme gleichsam unter der Hand zerbröseln, die Frage nach Theorie und Ideengeschichte in einer radikaleren, den Umständen entsprechend veränderten Art und Weise. Ich verstehe die Fragestellung „Theorie und Ideengeschichte – wozu?“ unter diesem spezifischen Zeitbezug. So läßt sich meines Erachtens nach die gegenwärtige Umbruchsphase dadurch charakterisieren, daß einerseits viele traditionelle theoretische Erklärungsrahmen und Fragestellungen sich erledigt haben oder zumindest einer tiefgreifenden Reflexion und Revision bedürfen, andererseits neue Problembereiche ins Blickfeld kommen. Die Wissenschaftsgeschichte ist voll von politischen Ideen und Theorien, die immer wieder – notwendigerweise – auf dem Abfallhaufen der Geschichte landen (oder nicht selten von dort als Kleinode wiedergefunden und neu gefaßt werden) (Feyerabend 1976; Kuhn 1967 und 1978). In diesem Zusammenhang ist es auch müßig darauf zu verweisen, daß keine der politischen Theorien (und auch nicht Vertreter der empirischen Forschung) den raschen Zusammenbruch der sozialistischen Systeme vorauszusagen im Stande war. Völlig zu Recht hat Karl Popper bereits in den vierziger Jahren darauf verwiesen, daß historische (Popper 1957, 23) Prophezeiungen weit über den Anwendungsbereich sozialwissenschaftlicher Methoden hinausgehen. Er hat derartige Versuche als historisches Mißverständnis bezeichnet. Theodor Adorno wiederum befürchtete, daß jedes objektivierende, theoretische Denken, das in instrumentelle Gesellschaftsgestaltung umgegossen wird, letztlich nur die Herrschaft des Menschen über den Menschen fortsetzt und sah für sich den alleinigen Ausweg in einer ästhetischen Kritik der herrschenden Verhältnisse (Adorno u. a. 1970).

Jürgen Habermas hat versucht, diese resignative Haltung Adornos zu überwinden, indem er an die Stelle der herrschaftsstabilisierenden, mit absolutem Wahrheitsanspruch auftretenden Wissensanhäufung ein diskursives Verfahren einer sich entfaltenden kommunikativen Rationalität vorschlug (Habermas 1981). Dem kritischen, herrschaftsfreien Dialog sollte angemessener Raum gegeben werden, um ein ausreichendes Gegengewicht gegen die realitätsgestaltenden und die Lebenswelt kolonisierenden Bereiche von Ökonomie, Politik und des Rechtes etablieren zu können. Solange ausreichend effektive, gesellschaftsgestaltende Diskurse geführt würden, solange könne auch am Glauben an der Durchführbarkeit des Projekts der Moderne festgehalten werden.[1] Aber es muß doch unter den gegenwärtigen Umständen fraglich bleiben, ob über die Frage darüber, was vernünftig und gesellschaftlich bestandfähig ist, überhaupt noch Konsens gefunden werden kann und weiters, ob ein derartig erzielter Konsens in praktisches politisches Handeln umgesetzt werden könnte.[2] Die Formel von der wachsenden Komplexität der Wirklichkeit ist keine Ausrede, sie hat einen sehr realistischen, wahren Kern.

In den folgenden Ausführungen verstehe ich unter politischer Theorie jede systematische Reflexion über Bedingungen, Ziele und Rechtfertigungsprinzipien politischen Handelns. Politische Ideengeschichte verstehe ich als die Geschichte politischer Ideen und Theorien, einschließlich ihres historischen und politisch-sozialen Kontextes, in dem diese entstanden sind und wirksam wurden.

Sieben Thesen und nur vorläufige Antworten

Jedermann/Jedefrau hat eine Theorie über Politik oder gesellschaftliche Zusammenhänge (gleichgültig ob er/sie sich dessen bewußt ist oder nicht)

Da die gesellschaftlichen Erscheinungsformen und ihr Wesen bzw. ihre Funktion(en) nicht unmittelbar zusammenfallen und daher nicht spontan erfaßbar sind, benötigen wir auch im Alltag kommunizierbare Vorstellungen bzw. Konstrukte betreffend ihre Bedeutung, ihr Verhältnis zueinander und über ihre wahrscheinlichen Wirkungsverhältnisse. An ihnen orientieren wir unser Denken, aber auch unser Handeln. Analysieren, Deuten und Schlüsseziehen sind allerdings keine sozialwissenschaftlichen Erfindungen, sondern seit der frühen Kindheit eingeübte Fertigkeiten. Sie gehören zu den grundlegenden Konstitutionsbedingungen menschlicher Sozialität.[3] Sie stehen jedem einzelnen von uns zur Verfügung, noch lange bevor wir die wissenschaftliche Sprache erlernt haben oder durch sie deformiert wurden. Sie ermöglichen, das zu erfassen, was man unter „sozialer Wirklichkeit" versteht. Mehr noch, jede gedankliche Vorstellung ist selbst Bestimmungselement dieser Wirklichkeit. Menschliches Erkennen stellt einen gestaltenden Zugriff auf soziale und natürliche Vorgänge dar und bestimmt insofern (zumindest zum Teil) selbst mit, was erfahren werden kann. In einem so verstandenen Sinn konstruiert es die gesellschaftliche Wirklichkeit mit, auch wenn diese dem Erkennenden durchaus nicht strukturlos entgegentritt. Was dem Erkennenden als Problem erscheint und welche Fragen und Mittel er zur Erkenntnisgewinnung einsetzt, ist vom jeweiligen Bewußtseinsstand der je gegebenen historischen Gesellschaft, von den persönlichen Interessen, dem Erkenntnisniveau und den methodischen Mitteln des Erkennenden abhängig.

Für die Arbeit von Sozialwissenschaftlern bedeutet dies, daß die Objekte in ihrer Untersuchung (gesellschaftliches Handeln, Institutionen, Strukturen etc.) bereits durch Alltagsdeutung/-auslegung explizit oder implizit strukturiert sind. Das Untersuchungsobjekt steht meist im Kontext alltäglicher Erklärungs- und Handlungszusammenhänge. Dem/Der Sozialwissenschaftler/in wird also beim Versuch, soziale Wirklichkeit aus einer wissenschaftlichen Perspektive zu deuten, das bereits Gedeutete deutungsbedürftig. Er/Sie steht damit, ob bewußt oder unbewußt in einem Spannungs- und Konkurrenzverhältnis zum gesellschaftlichen Alltagsverständnis über soziale Zusammenhänge.

Theorien ermöglichen, die Komplexität der Wirklichkeit zu reduzieren

Die Welt, als „das, was der Fall ist" (Narr 1988, S. 77), also „die Wirklichkeit", wie sie uns in ihrer Vielfalt und „großen Unübersichtlichkeit" begegnet, läßt sich nicht in ihrer Totalität erfassen. Selbst getreue Abbildungen erfassen nur die Oberfläche der Dinge und lassen als statisch erscheinen, was in ständiger Veränderung begriffen ist. Überdies sind Beziehungen zwischen den Dingen, Prozessen oder Geschehen durch bloße Abbildungen (etwa Deskriptionen) nicht erfaßt. Jeder Erkenntnisvorgang abstrahiert daher zuerst aus der Unübersichtlichkeit der Wirklichkeit wesentliche Teilelemente heraus (Selektionsprozeß) und befrägt oder fokussiert sie dann unter bestimmten Aspekten auf ihre Beziehung zueinander (Ordnungsprozeß). Erkennen setzt immer ein erkennendes Interesse voraus, dessen Ziel es ist, klarer begreifen bzw. rationaler handeln zu können. Ein Erkenntnisvorgang, der sich als (sozial)wissenschaftlich versteht, erfordert, daß bereits die Entscheidung zu einer bestimmten Fragestellung, Urteilskriterien und Erkenntnisziele, explizit getroffen werden und grundsätzlich transparent und nachvollziehbar sind. Mit diesem Thema hängt das sozialwissenschaftliche Grundproblem der Werturteilsdebatte zusammen, das sowohl den Prozeß der Objektselektion als auch der wissenschaftlichen Analyse betrifft.[4] Beispielhaft könnte der in der „Entwicklungsforschung" bis vor kurzem nicht problematisierte Begriff „Entwicklung" dienen.[5] „Entwicklung" hat – bis auf wenige Ausnahmen, wie in der „Cocoyoc-Erklärung" von Sozialwissenschaftlern aus dem Jahr 1974 oder das Basic-needs-Konzept – für mehr als vier Dekaden als hinlänglich genauer Begriff der sozio-ökonomischen

Zielvorgabe für Entwicklungsländer-Gesellschaften gedient. Implizit wurde unter dem Entwicklungsziel sowohl bei „progressiven" als auch „konservativen" Autoren und Praktikern das nachholende Erreichen der materiellen und politisch-institutionellen Standards der Industriestaaten verstanden. Erst in jüngster Zeit werden an der universellen Erreichbarkeit dieses Ziels starke Zweifel angemeldet (Sachs 1992; Rifkin 1982, S. 217). Das Beispiel macht deutlich, daß Begriffe konstruktiv-aktive Wertigkeiten besitzen, die gleichzeitig einen normativen Charakter aufweisen (können).

Plädoyer für eine Theoriebildung in Verständnisabsicht

Die Frage nach dem Umgang theoretischer Erkenntnis mit der Wirklichkeit hat auch zu tun mit der wissenschaftlichen Konstruktion und Rekonstruktion dieser Wirklichkeit. Hermeneutisches Vorgehen als Verständnis- und Reflexionsprozeß ist auch konfrontiert mit der Frage nach der Gewißheit von Wissen. Auf der Suche nach Gewißheit trifft wissenschaftliche Analyse zuallererst auf deren Grenzen (Popper 1957; Kuhn 1967; Soeffner 1989 und 1992).
Anders als die Naturwissenschaft, die die „Entzauberung" (von Mythen) der (modernen) Welt zum Ziel hat, sind die Geistes- und Sozialwissenschaften damit beschäftigt, „Mythen" im weiteren Sinn zu interpretieren und gegebenenfalls auch Antworten auf ihren ursprünglichen und verdeckten Sinn zu finden. Weil sich als Ergebnis der Suche nach universeller Gewißheit der Zweifel an einer solchen ergibt, bringt der Versuch, soziale Realität zu verstehen, eine Haltung der Skepsis hervor. Der Sinn dieser Haltung liegt einerseits in einer bewußten Distanz zum jeweiligen Erkenntnisobjekt und andererseits in einer reinigenden Wirkung, dem Verzicht auf absolut gültige, zeit- und raumungebundene Wahrheiten. „Richtige" Ergebnisse, in intersubjektiven Diskursen konstituiert, erhalten so lediglich instrumentellen Charakter. Sie bleiben für eine bestimmte Zeit und einen bestimmten gesellschaftlichen Raum Werkzeuge des Zugangs zur bzw. des Verständnisses von Realität und werden durch neue ersetzt, wenn ihre Konstituierbarkeit durch andere, „bessere" Instrumente sich entweder erwiesen oder aber auch lediglich durchgesetzt hat. Besonders deutlich zeigen sich solche Einstellungswandlungen im Falle von Paradigmenwechsel. Unter dem Eindruck eines neuen Paradigmas sehen sich Wissenschaftler veranlaßt, „die Welt ihres Forschungsbereiches anders zu sehen" (Kuhn 1967, S. 123).[6] Hermeneutische Vorgehensweise zerstört alte Gewißheiten und stellt fest, daß unser Wissen von der Welt immer ein vorläufiges Wissen bleibt. Zu einem solchen Paradigmenwechsel sind wir gegenwärtig wieder einmal gezwungen.

Politische Ideengeschichte als sozialwissenschaftliche Anamnese

Da politische Ideen (durchaus) gesellschaftliche Gestaltungsfaktoren sind und dies in der Vergangenheit auch immer waren, kann das Studium der Geschichte dieser Ideen für die Gegenwart aus einer Reihe von Gründen sinnvoll sein. Da die Wurzeln heutiger Ideologien ebenso wie sozialwissenschaftlich zentraler Begriffe und Theorien bis in die europäische Antike zurückreichen, kann ihre Wirksamkeit für die Gegenwart nicht von vorneherein ausgeschlossen werden. Ganz im Gegenteil kann kein Zweifel daran bestehen, daß die „archäologische" Beschäftigung mit vergangenen Gedankenkomplexen für das soziale Verständnis der Gegenwart (Werthaltungen, Begriffsinhalte, Weltbilder etc.) oft von immenser Bedeutung ist.

Auf drei Beispiele sei in diesem Zusammenhang verwiesen: auf die komplementäre Kodierung der Geschlechterdifferenz durch die aristotelische Zeugungstheorie,[7] auf die Über- und Unterordnung von Männlichem und Weiblichem und ihre Zuordnung zu Geist (Logos, Techné, Seele) und Materie (Physis, Bios, Natur) sowie auf den Wandel des Natur- bzw. des schon oben erwähnten Entwicklungsbegriffs seit der frühen Neuzeit (Sachs 1992).

Es ist eine Eigenheit von tradierten Ideen bzw. Konzepten, daß zentrale, ursprüngliche Kernaussagen über ihren dauernden Gebrauch abgeschliffen und (nahezu) vergessen werden, sich aber im kulturell-gesellschaftlichen Wertekanon quasi als „Archetypen" festgesetzt haben. So kann die schon bei Aristoteles aufzufindende abgewertete Stellung der Frau (aufgrund ihres postulierten Naheverhältnisses zur Natur, wohingegen dem Mann eine größere Nähe zum Bereich des „Geistes" zugeordnet wird) unschwer bis ins 20. Jahrhundert in den Arbeiten etwa eines Sigmund Freud (Gleichsetzung weiblicher Sexualität mit dem „dark continent" – Afrika!) verfolgt werden.[8] Da sich die Diskussion über die Gegenwartsrelevanz politischer Ideen der Vergangenheit oft auf sehr hohem Abstraktionsniveau abspielt, ist es sinnvoll, einerseits die dadurch gegebene esoterische Abgehobenheit kritisch und konkret zu hinterfragen und andererseits den Bezug von politischer Theorie und politischem Denken auf ihre historischen und real-gesellschaftlichen Prozesse der sie tragenden politischen Kräfte zurückzuführen. Ideengeschichte in einem solchen Sinn betrieben, vermag gleich einer Anamnese gesellschaftlich pathologischen Verhaltens in der Gegenwart gesellschaftsrelevante Aufklärung zu ermöglichen.

Ideengeschichte als Mittel des Verstehens ihres historisch-sozialen Kontextes

Politische Theorie und politisches Denken sind zu keiner Zeit als geistige Entladungen im politisch-gesellschaftlichen Vakuum entstanden, sondern sind in ihren je real politisch-gesellschaftlichen Kontext entwickelt worden, von spezifischen Interessen getragen und vom politischen Umfeld in unterschiedlicher

Weise angenommen oder abgestoßen worden. Vor allem in der Phase der Aufklärung, dem Beginn neuzeitlicher Theoriebildung, zeigen sich Tendenzen der Verschmelzung politischer Theorien mit gesellschaftlich-politischen Umwälzungen. Der Grundgedanke einer nicht im Transzendenten (Kosmos, Gott), sondern in der Vernunft menschlicher Gesellschaft begründeten politischen Macht wurde zum vorherrschenden politischen Bewußtsein des nach Befreiung von feudaler Abhängigkeit drängenden Bürgertums. Die Bewegung erreichte mit der Französischen Revolution ihren Höhepunkt. Ihre Auswirkungen haben die politisch-gesellschaftliche Struktur Europas und der ganzen Welt von Grund auf verändert. Durch diese Veränderung sind Begriffe dieser Epoche verallgemeinert/universalisiert worden, deren negative Dialektik heute erkennbar wird.

Theoriegeschichte existiert ausschließlich in sprachlicher Form und spiegelt daher in ihrem geschichtlichen Ablauf die Entwicklungen und Verwicklungen des gesellschaftlichen Denkens über den Lauf der Geschichte wider. Da die Theoretiker aufeinander implizit oder explizit immer wieder Bezug nahmen und in jeder „neueren“ die „älteren“ Theorien einbezogen sind (oder aber bewußt ignoriert werden), erschließt sich für den am Gegenstand Interessierten das Verständnis für die Prozeßhaftigkeit einerseits und Unabgeschlossenheit des Gegenstandesbereiches andererseits in nachvollziehbarer Weise.

Ideengeschichte als Reservoir für Theoriebildung in innovativer Absicht

Die Auseinandersetzung mit politischen Ideen und Theorien der Vergangenheit kann auch dann sinnvoll sein, wenn es darum geht, für Problemlösungsmodelle der Gegenwart Anstoß und Hinweis zu erhalten. So können Lösungsmodelle der Vergangenheit gefunden werden, die für die Gegenwart geeignet sind, neue Problemlösungsverfahren oder Teillösungen zu finden. Wenn es sich auch von selbst versteht, daß von strengen Analogieschlüssen Abstand zu nehmen ist, da historisch-gesellschaftliche Konstellationen sich (in der Regel) nicht wie in Laboranordnungen wiederholen lassen, wird es meist möglich sein, daß sozialwissenschaftliche Vorhaben dann umso präziser zu definieren und zu verstehen (und gegebenenfalls zu ergänzen) sind, wenn man den historischen Fall präzise hinterfrägt.

Als Beispiel könnte die bekannte These des US-amerikanischen Politologen John Mearsheimer dienen, das Europa der Gegenwart zeige deutliche Strukturähnlichkeiten mit dem Europa der Zwischenkriegszeit (Mearsheimer 1990, S. 6).[9] Schließlich lassen sich aus dem Reservoir theoretischer Angebote verschiedene, für gegenwärtige Problemlösungen hilfreiche Kategorien bilden, im Falle daß gewisse gesellschaftliche Konstellations- und Strukturelemente in ähnlicher Form in der Gegenwart wiederkehren. „Anleihen“ bei den Ideen von Theoretikern vergangener Epochen mit Gewinn aufgenommen zu haben, hat sich etwa auch eine Ausnahmeerscheinung wie John M. Keynes (bei John Stuart Mill und den Kameralisten) nicht gescheut (Bombach/Ramser 1984, S. 213 f.; Lekachman 1970).

Theoriebildung und Ideengeschichte in ihrem Bezug auf die soziale Wirklichkeit

Da politische Theorie Erkenntnisse über soziale und politische Gesetzmäßigkeiten zu gewinnen vermag, steht das Ergebnis in einem gewissen Zusammenhang mit ihrer praktischen Verwertung. Die zunehmende Komplexität der gesellschaftlichen Wirklichkeit und ihrer Prozesse erfordert ein wissenschaftliches Methodensystem, das imstande ist, Auskunft über Zusammenhänge zu geben, nicht nur, um zu erkennen, sondern diese auch gestaltend bzw. verändernd zu beeinflussen. Mit der steigenden sozialen Komplexität steigen auch die politischen Anforderungen an die politische Theoriebildung.

Allerdings stellt sich in der Praxis wieder die Frage, ob die gegenwärtigen industriellen Gesellschaften noch nach Maßstäben der Vernunft und der Rationalität steuerbar sind, oder zwangsläufig allein dem (einmal geschaffenen) ökonomischen Black-Box-Sachzwang folgen (Münch 1992). Es ist das Kennzeichen westlich-industrieller Gesellschaften, daß (soziale) Vernunft und (ökonomische) Wirklichkeit entscheidend auseinanderklaffen: Eben das erzeugt jene Spannung, aus der die moderne Gesellschaft ihre besondere (wissenschaftlich-technologische und sozio-ökonomische) Dynamik erhält. Je wörtlicher der Anspruch der Moderne genommen wird (mittels Vernunft bessere Welten zu schaffen), desto illegitimer scheint die Wirklichkeit, bis hin zu etwaigen Versuchen, in Gewaltakten wieder einmal Vernunft und Wirklichkeit zusammenzuführen. Öffentliche Zugänglichkeit zu den Ergebnissen ist da eine notwendige, aber bei weitem nicht hinreichende Voraussetzung einer sich als demokratisch verstehenden Wissenschaft. Die Ergebnisse müßten von einer breiten Öffentlichkeit auch gelesen, verstanden, und es müßte danach gehandelt werden. Dies ist in der Regel nicht der Fall.

Politische Theorie und ihre Ergebnisse haben auch die Funktion, den beständig notwendigen Aufklärungsprozeß einer Gesellschaft zu unterstützen, insofern sie verschiedene Handlungsmöglichkeiten zwischen den Bereichen der Wirtschaft und anderer Subsysteme (Bildung, Kultur, Sozialpolitik etc.) aufzeigen. Da das Zusammenfallen von Vernunft und Wirklichkeit – wie die Vergangenheit gezeigt hat – zu Totalitarismus führt, wächst der Bedarf an kommunikativen Verfahren der Verhandlung und der Kompromißbildung zwischen diesen wichtigsten gesellschaftlichen Funktionsbereichen (siehe oben), die in einer Welt des strukturellen Pluralismus überlappen und zwischen denen Vermittlung über Verhandlungsprozesse immer notwendiger wird.

Resümee

Politische Theorie und Ideengeschichte sind gerade in einer Zeit des Umbruchs politischer Strukturen einerseits und der globalen ökologischen Gefährdung andererseits mehr denn je gefragt, einer ratlos gewordenen politisch-gesellschaftlichen Öffentlichkeit Hinweise für zukünftige gesellschaftpolitische Optionen zu geben, die jenseits gewaltsamer Konfliktlösungsverfahren zu suchen sind. Traditionelle Werte der politischen Ideengeschichte (wie Gleichheit, Gerechtigkeit, Würde und Freiheit) sind ebenso wichtige Bezugspunkte wie konsensfähige Verfahren als soziale Innovationen. Eine Sozialwissenschaft wie die Politikwissenschaft, die sich als Wirklichkeitswissenschaft versteht, verdient diesen Namen nur, wenn sie sich in der Analyse der Realität konkreter Erscheinungsformen bewährt, und das bedeutet, daß sie in der gesellschaftlich-politischen Praxis Position beziehen muß.

Anmerkungen

1 Allerdings hat vor kurzer Zeit gerade einer der glühendsten Vertreter der Moderne, Ralf Dahrendorf, ernste persönliche Zweifel eingestanden, ob denn das Projekt der Moderne tatsächlich erfolgreich weiterzuführen sei (Dahrendorf 1993, S. 7).

2 Internationale „Verhandlungsmaschinerien" etwa von der Größenordnung der Umweltkonferenz von Rio (Juni 1992) zeigen die Grenzen der Verhandelbarkeit im Rahmen traditioneller diplomatischer Verfahrensorganisation selbst vom gesellschaftpolitisch als richtig erkannten Zielvorstellungen nur zu deutlich auf (Höll 1993).

3 Vgl. die Rekonstruktion der Aneignung gesellschaftlicher Normen und Verhaltensregelung durch den einzelnen in der großartigen Darstellung von Soeffner (1989), insbesondere aber ders. (1992, S. 7 ff.).

4 Anatol Rapoport hat bereits in einem sehr frühen Aufsatz auf die Problematik sozialwissenschaftlicher Begriffsbildung hingewiesen und dieses Problem als sozialwissenschaftliche „Rekognitionsproblematik" bezeichnet (Rapoport 1967).

5 Vgl. den in „kritisch-polemischer Absicht" herausgegebenen Reader „Wie im Westen so auf Erden", herausgegeben von Wolfgang Sachs (1993).

6 Kuhn fährt unter anderem fort: „Als einfachste Veränderung der Welt des Wissenschaftlers erweisen sich die bekannten Darstellungen eines visuellen Gestaltwandels als sehr lehrreich. Was in der Welt des Wissenschaftlers vor der Revolution Enten waren, sind nachher Kaninchen."

7 Vgl. Gerburg Treusch-Dieter (1990, S. 54 ff.) und Aristoteles, Über die Zeugung der Geschöpfe (1959, Bd. VIII, Teil 3). Die phantasierte Bedrohlichkeit und Unerschöpflichkeit der Materie und des Weiblichen (Als Sinnbild der Natur!) sind also ein Vermächtnis der antiken Zeugungstheorie.

8 Vgl. Sigmund Freud, Die Frage der Laienanalyse (Freud 1925, Bd. 14, S. 241) sowie die Kritik durch Christiane Olivier (1987, S. 14).

9 Die Schlußfolgerung Mearsheimers, das Europa der Gegenwart könne einen ähnli-

chen konfliktreichen Weg wie in der Zwischenkriegszeit nehmen, ist methodisch unsauber und überdies vermutlich falsch. Um richtig verstanden zu werden: Ich kann mir durchaus Szenarien vorstellen, in denen in Europa in Zukunft Kriege in größerem Umfang geführt werden könnten, aber nicht aus den gleichen Ursachen und nicht mit unbedingt denselben Protagonisten wie im Zweiten Weltkrieg.

Literatur

Aristoteles (1959), Die Lehrschriften (herausgegeben von Paul Gohlke), Band VIII, Paderborn

Adorno Theodor W. u. a. (1970), Ästhetische Theorie, Frankfurt/Main

Bombach, Gottfried u. a. (Hg.) (1984), Der Keynesianismus, Hamburg

Dahrendorf, Ralph (1993), Eine große universelle Sicht. Die Entzauberung der Moderne, in: „Spiegel"-Spezial 4/1993

Feyerabend, Paul (1976), Wider den Methodenzwang. Skizze einer anarchistischen Erkenntnistheorie, Frankfurt/Main

Freud, Sigmund (1925), Gesammelte Werke, London

Habermas, Jürgen (1981), Theorie des kommunikativen Handelns, 2 Bde., Frankfurt/Main

Höll, Otmar (1993), Ökologisierung der internationalen Politik als Konfliktpotential. Die Konferenz über Umwelt und Entwicklung von Rio und die Folgen, in: Friedensberich 1993. Friedensforscher zur Lage, Dialog 24 (1–2), S. 185–201

Kuhn, Thomas (1967), Die Struktur wissenschaftlicher Revolutionen (1962), Frankfurt/Main (engl. 1962)

Kuhn, Thomas (1978), Die Entstehung des Neuen. Studie zur Struktur der Wissenschaftsgeschichte, Frankfut/Main

Lekachmann, Robert (1970), John M. Keynes. Revolutionär des Kapitalismus, München (engl. 1966)

Lenk, Kurt/*Franke*, Berthold (1991), Theorie der Politik. Eine Einführung, Frankfurt/Main

Mearsheimer, John (1990), Back to the Future: Instability in Europe after the Cold War, in: International Security 15 (1), S. 5–56

Münch, Richard (1992), Die Herausforderung der Moderne, in: Christian Matthiessen (Hg.): Was macht das Denken nach der großen Theorie?, Wien, S. 17–23

Narr, Wolf-Dieter (1988), Politische Theorie wofür? Anforderungen an politische Theorie heute. Gründe ihres weitreichenden Versagens. Ansätze, den Mangelzustand zu überwinden, in: Österreichische Zeitschrift für Politikwissenschaft 1, S. 77–88

Olivier, Christiane (1987), Jokastes Kinder. Die Psyche der Frau im Schatten der Mutter, Düsseldorf (franz. 1980)

Popper, Karl R. (1957), Die offene Gesellschaft und ihre Feinde, Bern (zuerst 1934)

Rapoport, Anatol (1967), Verschiedene Bedeutungen von „Theorie", in: Robert H. Schmidt (Hg.): Methoden der Politologie, Darmstadt, S. 303–329

Rifkin, Jeremy (1982), Entropie – Eine neue Weltansicht, Hamburg

Sachs, Wolfgang (1992), Zur Archäologie der Entwicklungstheorie, Frankfurt/Main
Sachs, Wolfgang (Hg.) (1993), Wie im Westen so auf Erden, Bonn
Soeffner, Hans-Georg (1989), Auslegung des Alltags – Der Alltag der Auslegung, Frankfurt/Main
Soeffner, Hans-Georg (1992), Die Ordnung der Rituale – Die Auslegung des Alltags 2, Frankfurt/Main
Treusch-Dieter, Gerburg (1990), Von der sexuellen Rebellion zur Gen- und Reproduktionstechnologie, Tübingen
Weltkommission für Umwelt und Entwicklung (1987), Unsere gemeinsame Zukunft. „Der Brundtland Report“ (deutsch herausgegeben von Volker Hauff) Greven

Eva Kreisky
Pluralität, Differenz, Emanzipation

Zur Mehrdeutigkeit der Begriffe

In meinem Vortrag zum Thema „Politische Theorie und Ideengeschichte – wozu? " versuche ich vorerst eine historisch-kritische Ableitung politikwissenschaftlicher Theorieproblematik[1], um schließlich – wenn auch nur exemplarisch – über aktuelle praktische und theoretische Herausforderungen der Disziplin zu sprechen. Leitlinie dabei ist mein Interesse an Möglichkeiten einer Verschränkung ideengeschichtlicher Inputs mit theoretischen Ansprüchen.

Zwischen politischer Ideengeschichte und politischer Theorie gab es immer Konkurrenz, die sich niemals nur als Kampf zwischen Bezeichnungen, sondern immer auch als Konflikt gegensätzlicher wissenschaftstheoretischer Konzeptionen äußerte. Es lohnt, diesen alten Streit wiederaufzurollen, weil die damals formulierten Probleme und Fragestellungen keineswegs solche der Vergangenheit sind, sondern auch gegenwärtige und zukünftige Entwicklungen der politischen Theorie bestimmen (werden).

In der Politikwissenschaft mangelt es an ausreichender begrifflicher Trennschärfe zwischen Theorien politikwissenschaftlicher Teilbereiche, Ideengeschichte, politischer Theorie und Metatheorie. Der Theoriebegriff wird daher häufig „flexibel" und „fließend" gebraucht. Die wenig strenge Anwendung wird mit der Existenz verschiedener theoretischer Abstraktionsebenen begründet, die gelegentlich sogar als „Stufenbau" hierarchisiert (Lenk/Franke 1987, S. 21) werden.

Im politikwissenschaftlichen Diskurs werden politische Theorie und politische Ideengeschichte nicht selten als gegensätzliche Begriffe gefaßt. Sie sind aber nicht eindeutig zu trennen. Dieses Dilemma der Disziplin erweist sich natürlich auch als Belastung dieses Vortrages. Das Problem ist nur zu bewältigen, wenn ich diese Begriffe in doppelter Weise sehe, nämlich als Abgrenzung und als Überschneidung. Wenn Begriffe nicht klar abzugrenzen sind, ist beides mitzudenken. Ansonsten würden die Möglichkeiten von politischer Theorie und politischer Ideengeschichte auf ihren bloßen Gegensatz eingeengt.

Mein Vortrag bezieht sich nicht unmittelbar auf die österreichische Politikwissenschaft. Aber die österreichische Politikwissenschaft existiert natürlich nicht unabhängig vom Umfeld ihrer internationalen „scientific community". So manche Trends amerikanischer Politikwissenschaft wirken – meist „umwegig" über Deutschland – auch nach Österreich. Die Auseinandersetzungen, die ich hier darstellen werde, sind in der österreichischen, im internationalen Vergleich bescheiden dimensionierten Politikwissenschaft verspätet und in abgeschwächter Form beobachtbar gewesen.

Aufwertung der Politikwissenschaft um den Preis einer Abwertung der Ideengeschichte?

Im Verhältnis von politischer Ideengeschichte und politischer Theorie bildet sich ein Gutteil der Dynamik der gesamten Politikwissenschaft ab. Ich deute diese Entwicklung als Konfliktgeschichte der Politikwissenschaft, in deren Verlauf eine Entwertung der Ideengeschichte stattgefunden hat. Damit sollte der programmatischen Absicht einer Vereinheitlichung der Politikwissenschaft mit Hilfe eines allgemeinen Rahmens, möglichst eines Paradigmas[2], zum Durchbruch verholfen werden.

Dieses Anliegen ist aus der speziellen Entwicklungsgeschichte der Disziplin zu verstehen, die sich ohne wirklich „festen" Gegenstand, gewissermaßen als „Residualwissenschaft" des „Politischen", etabliert hat. Andere Sozialwissenschaften haben sich demgegenüber im Laufe ihrer Entwicklung, wie am Beispiel der Wirtschaftswissenschaft zu zeigen ist, schrittweise „verengt" und sich um Paradigmen herum organisiert. „Ungelöste" Probleme wurden anderen, oftmals auch neu entstehenden Disziplinen überlassen (Boudon 1979, S. 32).

Es besteht kaum Zweifel, daß in der Politikwissenschaft ein solcher Sprung hin zu einem allgemeinen Begriffs- und Theorierahmen nicht getan werden konnte. Ein Blick in die Geschichte der Disziplin bietet uns Leitlinien des Verstehens:

1953 kündigte David Easton das „Ende" der „traditionellen", „normativen" politischen Theorie an. Der System-Ansatz sollte den Abschied vom traditionellen Staatsbegriff und seinen normativen Implikationen einleiten. Beinahe zeitgleich zu diesem konzeptuellen Wandel wurde im Gefolge des „Kalten Krieges" in westlichen Demokratien auch die Ideologie des „Endes der Ideologien" propagiert (Shils 1955; Bell 1960). Dieser äußere Rahmen ideologischer Ost-West-Konkurrenz sollte erst 1989 obsolet werden.

Von Mitte der fünfziger bis Mitte der siebziger Jahre dominierte in der amerikanischen Politikwissenschaft der philosophische Positivismus bzw. der mit ihm alliierte Behavioralismus. Aus dem Bedürfnis nach „wissenschaftlicher" Anerkennung hat sich die Politikwissenschaft in besonderem Maße der „positivistischen" Regulation ausgeliefert. Diese „Ehe" zwang sie zu „scharfkantiger" Wissenschaftlichkeit (scharfe Konzeptualisierung, genaue Kausalbeziehungen, quantitative Methoden u. a. m.). Darin äußerte sich auch der Wunsch oder die Hoffnung auf Kontrolle der Wirklichkeit und Vorhersagbarkeit gesellschaftlicher Entwicklung. Die traditionelle, normative politische Theorie harmonierte jedenfalls nicht mit Kriterien positivistischer Wissenschaftlichkeit.

An der Geschichte der amerikanischen Politikwissenschaft läßt sich nachvollziehen, wie positivistisch-behavioralistische Dominanz eine „Enttheoretisierung" der Politikwissenschaft bewirkt hat im Sinne ihrer Abschottung von den Geisteswissenschaften. Erst Mitte der siebziger Jahre begann die Zurückdrängung des Behavioralismus und in der Folge auch eine neue Prosperität politischer Theorie. Überzeichnungen der „behavioralistischen Revolution" wurden als falsch erkannt und revidiert. Dazu kam auch, daß der Vietnamkrieg insbesondere für die amerikanische Politikwissenschaft neue „normative" Fragen aufgeworfen hatte. Schließlich stellten auch neue politische und soziale Bewegungen alte Orthodoxien in Frage und thematisierten neue politische Fragen.

Der eben dargestellte konzeptuelle Konflikt blieb keineswegs auf die USA beschränkt, sondern beeinflußte nicht unerheblich die Entwicklung der Politikwissenschaft in der Bundesrepublik Deutschland. Auch in der deutschen Politikwissenschaft war dieser Streit – wenngleich deutlich zeitverschoben – angesagt.

Was in der amerikanischen Debatte als „traditionelle", „normative" politische Theorie markiert wurde, hatte sich in der deutschsprachigen Politikwissenschaft als „politische Ideengeschichte" und als „normativ-ontologischer Theorieansatz" festgesetzt. Die politische Ideengeschichte sollte – wie seit 1952 diskutiert – die Legitimierung des neuen Fachs leisten (Bermbach 1986, S. 142): „Der Rekurs auf Ideengeschichte hatte für die Politikwissenschaft die Funktion, ihre Identität nach außen – in Unterscheidung von anderen wissenschaftlichen Disziplinen – und nach innen – als gemeinsame theoretische Grundlegung – zu begründen" (Nonnenmacher 1984, S. 5). Man meinte damals, mit dem historischen Rückgriff die normative Ausrichtung der Politikwissenschaft als universitär akzeptierte „Demokratiewissenschaft" arrangieren zu können (Bermbach 1986, S. 143). Die politische Ideengeschichte hat daher die durch die westlichen Alliierten gestützten Aufbaujahre der deutschen Politikwissenschaft dominiert. Zeitgleich mit dem „Ende" der normativen politischen Theorie in den USA standen also die ideengeschichtlich begleiteten „Anfänge" der Politikwissenschaft in Deutschland. Auch die Bindungen an die Philosophie waren damals weder inhaltlich noch institutionell abgestreift.

Politikwissenschaftliches Theorie-Babylon

Es ist noch relativ einfach, den Gegenstandsbereich politischer Ideengeschichte zu umreißen. Dieser wird nämlich mit seiner Bezeichnung einigermaßen offengelegt: Mit politischer Ideengeschichte werden ganz allgemein die historischen Entwicklungslinien politischen Denkens und politischer Ideen bezeichnet. Freilich auch hier ergeben sich Auswahl- und Rezeptionsprobleme, auf die noch einzugehen sein wird. Was aber politische Theorie ist, diese Frage provoziert geradezu ein politikwissenschaftliches „Babylon". Einigkeit scheint nur darüber zu bestehen, daß gar nichts klar ist.[3] Man bescheidet sich daher in der politikwissenschaftlichen Literatur mit Minimalbeschreibungen (Beyme 1972; Falter/Göhler 1986; Narr 1986; Böhret u. a. 1988):

– Politische Theorien enthalten Aussagen über die gesellschaftliche und politi-

sche Wirklichkeit, die in einen systematischen Zusammenhang gebracht werden, um aus ihnen Erklärungen zu gewinnen.
- Sie können umfassende Gesellschaftstheorien, Theorien mittlerer Reichweite oder auch nur sehr begrenzte Theorien sein.
- Politische Theorien sind einerseits Produkt wissenschaftlicher Forschung über gesellschaftliche und politische Wirklichkeiten, schaffen aber gleichzeitig wiederum Voraussetzungen für wissenschaftliche Erkenntnis sowie gesellschaftliche und politische Veränderungen.

Politische Ideengeschichte ist daher für manche Autoren „kein genuiner Teil der politischen Theorie", weil

> „sie im Deskriptiven verharrt und sich nicht um die Schaffung von Erklärungsmustern und Grundlagen der Prognose durch Aufstellung von Hypothesen, deren methodische Überprüfung und Systematisierung bemüht" (Weber-Schäfer 1985, S. 745).

Viele betrachten die Geschichte politischer Ideen bloß als „Vor-Geschichte" moderner wissenschaftlich-politischer Theorien, die sie als unverbunden begreifen (durchaus kritisch dazu Beyme 1992, S. 8 f.). Ein Beispiel dieser wertenden Dichotomisierung von Ideengeschichte und Theorie findet sich auch beim „frühen" Wolf-Dieter Narr: „Die ‚normative' Demokratietheorie ist primär untheoretisch und vielmehr ideengeschichtlich." (Narr 1971, S. 24)

Natürlich zieht das besondere Spannungsverhältnis zwischen Norm und Wirklichkeit politikwissenschaftliches Fragen in den Bann. Die eine Dimension ist ohne die andere nicht gut denkbar. Dies erkenntnistheoretisch sauber zu lösen, ist schwierig. Daher ist in politikwissenschaftlichen Analysen oftmals auch ein Schwanken zwischen Deskription und Erklärung feststellbar. Das indiziert erkenntnistheoretische Unsicherheiten der Disziplin. Das Problem wurzelt aber nicht darin, daß in der Politikwissenschaft deskriptiv und „nomothetisch" zugleich verfahren wird, auch nicht die prinzipielle Wechselbeziehung zwischen Empirie und Theorie erweist sich als problematisch, sondern eher die beobachtbare Selbstbeschränkung auf Beschreibung, die jedoch nicht selten zur Erklärung stilisiert wird. Es ist naheliegend, daß der Machtkonflikt zwischen normativem und empirisch- analytischem Theorieverständnis entlang dieser strittigen, noch dazu äußerst diffusen Linie abgearbeitet werden hat müssen.

Politische Ideengeschichte wurde auch ihrer normativ-ethischen Ausrichtung wegen als „vor-wissenschaftlich" stigmatisiert und entwertet. Sie bildet für manche einen verzichtbaren Einschluß der Philosophie in einer sich zunehmend wissenschaftlich, nämlich empirisch-analytisch ausrichtenden und vor allem „nützlich" werdenden Politikwissenschaft. Das Ringen der „adoleszierenden" Politikwissenschaft um Akzeptanz als „Wissenschaft" hat die den Naturwissenschaften abgeschauten und nachgeformten Ansprüche moderner empirischer Theoriebildung oftmals überkompensierend hervortreten lassen. So haben etwa feministische Theoretikerinnen an der Politikwissenschaft ihr auffälliges positivistisches „Konvertitenverhalten" sowie ihre beinahe loyale Bindung an den Pragmatismus der Realpolitik kritisiert (so etwa Ferguson 1985, Lovenduski 1981; Stacey/Thorne 1985).

Verschränkung von Ideengeschichte und Theorie

Mir erscheint es plausibel, politische Ideen und politische Theorien in einem Kontinuum (Narr 1989, S. 12) zu betrachten. Ich werde versuchen, möglichst immer beide Aspekte politikwissenschaftlichen „Theoretisierens" aufzugreifen und sie auch „zusammen" zu denken. In meinem Verständnis kommt politischer Theorie die Aufgabe zu, das Aufspüren von Erklärungs- und Lösungsmustern für gesellschaftliche und politische Problemlagen anzuregen, vorzubereiten, zu begleiten und Erfolge oder Mißerfolge ihrer Anwendung auch kritisch zu würdigen. Dabei kann m. E. sowohl ein normativ-theoretischer wie auch ein empirisch-analytischer Zugriff nützlich sein. Die „Erklärungsleistung" der politischen Ideengeschichte sollte aber keinesfalls unterschätzt werden (Falter/Göhler 1986, S. 123). Und Beyme erkennt folgerichtig in der politischen Ideengeschichte ein „Lagerhaus politischer Probleme" (Beyme 1969), einen Fundus von Argumenten und Denkmodellen, die anregen und somit auch Erklärungsgewinn induzieren können.

Politische Theorie in der Politikwissenschaft kann und soll selbstverständlich auch welthistorisches „Archiv" politischer Ideen und politischen Denkens beinhalten. Sie darf sich aber nicht mit mehr oder weniger kritischem Sammeln bescheiden. Wird dieses Sammeln und Präsentieren systematisiert, werden politische Ideen und Konzepte in ihrem gesellschaftlichen und politischen Entstehungskontext reflektiert, werden sie unter dem Gesichtspunkt von Kontinuitäten und Brüchen sowie ihrer Gleich- und Ungleichzeitigkeiten erörtert, werden sie auf ihre Erklärungs- und Praxisrelevanz hin überprüft, werden sie als Probiersteine für aktuelle gesellschaftliche Problem- oder Krisenlagen gesetzt u. a. m., dann nähern wir uns den Anforderungen politischer Theoriearbeit, und jede „diskriminierende" Differenzierung verliert an Basis. Auch politische Ideengeschichte wird dann ihren Beitrag zur Theoriebildung leisten können.

Kritik an der verengten Rezeptionsgeschichte

Das Problem der Rezeptionsgeschichte politischer Ideen ist immer auch ein Problem der Auswahl: wo anfangen, wo stehenbleiben, was ist groß, was einflußreich?

Die Rezeptionsgeschichte politischen Denkens läßt sich aber jedenfalls nicht als „Herauslösung" einzelner politischer Ideen aus dem historischen Kontinuum oder dem historischen Kontext betreiben. „Reine Ideengeschichte, ..., führt in die Irre", meinte Iring Fetscher (Fetscher 1985, S. 22). Durch ideengeschichtliche Arbeit kann „nur ein Teil der Wirklichkeit" erfaßt werden. Fetscher weist auch darauf hin, daß „reine Ideengeschichte" nicht „lehren" kann, warum etwa Autoren der Vergangenheit „plötzlich wieder ‚aktualisiert'" werden, warum Theorien oder Ideen „neu aufgegriffen" werden. Die Renaissance der politischen Theorie Carl Schmitts beispielsweise oder auch mancher Theoretiker der „konservativen Revolution" wäre auch aus diesem Blickwinkel zu besehen.

Im üblichen politikwissenschaftlichen Ausbildungskontext wird politische Ideengeschichte mehr personen- als problem- oder themenbezogen vermittelt. Hier ist freilich noch eine weitere Einschränkung zu treffen: Es geht vor allem um die sog. „Klassiker" des politischen Denkens, die studiert, gelehrt und kommentiert werden. Durchforstet man die allgemein verbreitete Einführungs- und Überblicksliteratur zur Geschichte politischer Ideen und politischen Denkens, so ist diese „elitäre" Verengung in den meisten Darstellungen nicht zu übersehen: Eine überschaubare Zahl „großer Denker" war es demnach, die das politische Denken in der Menschheitsgeschichte gestaltet haben soll. Und Zentren politischen Denkens existierten fast nur in der „westlichen", insbesondere der europäischen Welt.

Das „disziplinierende" Korsett akademischer Konventionen eignet sich, den Kreis der „Denker" klein zu halten. De facto gibt es in der Ideengeschichte also eine „Nomenclatura" politischer Denker. Es soll und darf nicht alles „politisches Denken" sein. So bleiben denn auch ganz bestimmte „lebendige" Varianten und Kulturen politischen Denkens, wie etwa jenes sozialer Bewegungen, bestimmter Jugendkulturen, der Frauenbewegung, der im Abseits der Gesellschaft in der „Subkultur der Armut" Lebenden, der um Subsistenz ringenden Frauen in der Dritten Welt u. a. m., am Rande üblicher akademisch-theoretischer Wahrnehmung.

In jüngerer Zeit zeichnet sich hier eine m. E. bemerkenswerte Öffnung ab. Gehen nun doch vermehrt Autoren dazu über, hinter den die politische Ideengeschichte dominierenden „großen Erzählungen" auch „anderes politisches Denken" zu vermuten (vgl. etwa von Bredow/Noetzel 1991, S. 13). Dazu zählen in der „schönen" Literatur verborgene politische Konzeptionen und Theorien ebenso (vgl. z. B. Krippendorffs Analysen zur in Goethes und Shakespeares Werken enthaltenen politischen Theorie) wie auch das sich im gewöhnlichen Alltag der Menschen äußernde politische Denken, das vielfach aber erst sichtbar gemacht werden muß (vgl. vor allem historische Annäherungen dazu, wie etwa die „Mentalitäten-Geschichte", die historische Frauenforschung oder „Geschichte von unten"). Und auch außerakademische Impulse, wie etwa die „Theorie-Produktionen" von Repräsentanten sozialer und politischer Bewegungen, werden – wenn auch spät – zunehmend rezipiert.

Selbst solche Autoren, die sich durch eine äußerst offene Konzeption auszeichnen, können in die Sprach- und Denkfalle des Androzentrismus geraten. An zwei Beispielen, die für viele andere stehen, möchte ich das zeigen: So formuliert etwa Wilfried Röhrich seine „Ideengeschichte der bürgerlichen Gesellschaft" durchaus kontextbezogen, verfängt sich aber in einer männlichen Weltsicht, indem er Frauen selbst in der sprachlichen Form ausschließt: „In der Geschichte der politischen Ideen geht es um eine Vielzahl von Denkern der Politik, die – (Röhrich 1989, S. 8) – als „Söhne ihrer Zeit".[4]

Der unbewußte Androzentrismus mancher politischer Theoretiker „vermännlichte" unter der Hand jene Denkerinnen, die als bedeutsam akzeptiert und rezipiert werden sollten. Jürgen Habermas hat uns das in seinen „Philosophisch-politischen Profilen" am Beispiel Hannah Arendts vorgeführt: „Die behandelten Autoren gehören, wenn ich für Hannah Arendt, die streitbar ihren Mann gestanden hat, um Verständnis bitte – zur Generation der Väter." (Habermas 1981, S. 9)

Knapp zehn Jahre später hat sich Habermas anläßlich der Neuauflage von „Strukturwandel der Öffentlichkeit" ob seiner Vernachlässigung der Frauenfrage selbst kritisiert. Er bekannte in imponierender Weise ein, die „strukturbildende Kraft" der Frauenexklusion übersehen zu haben (Habermas 1990, S. 18).

Wozu in der aktuellen politischen Situation die Forderung neuer Normativität?

Im Schlußteil möchte ich ausgehend von den in den allerletzten Jahren veränderten Politikbedingungen Konsequenzen und Herausforderungen für politische Theorie und Ideengeschichte – in der von mir angesprochenen Offenheit und Verschränktheit – zumindest beispielhaft anreißen.

Politik im modernen Sinne ist entstanden, nachdem der Mensch – und hier ist einzufügen der männliche Mensch – als Individuum anerkannt war, als „einer, der das Recht hat, Rechte zu haben" (Arendt 1991).[5] Paradoxerweise war aber alles, was diesem historischen Einschnitt folgte und sich fortan Politik nannte, in diesem Sinne eigentlich „antipolitisch". Die historisch angepeilte Verwirklichung und Erweiterung der Rechte des Individuums unterblieb: Dieser „individualisierte" Mensch mit seinen Rechten blieb entindividualisierenden Strukturen unterworfen (Markt, Bürokratie, Sozialismus etc.). Nicht unerwähnt bleiben darf in unserem Zusammenhang auch der „Entzivilisierungsschub" (Elias 1992, S. 7) des Nationalsozialismus mit seinen fatalen Folgen für staatsbürgerliche Mentalitäten.

„Politik" wurde abgeblockt, auf institutionelle Formen von Politik verkürzt, kurzgeschlossen mit Staat und politischem System (Narr 1986, S. 66 ff.; Beck 1993, S. 155). Diese Verengung kommt auch in den Aspekten des politikwissenschaftlichen Politikbegriffes zum Ausdruck: Es geht um die institutionelle

Verfassung des politischen Gemeinwesens (polity), um Inhalte politischer Programme zur Gestaltung gesellschaftlicher Verhältnisse (policy) und um den Prozeß der politischen Auseinandersetzung um Machtanteile und Machtpositionen (politics). Nicht das Individuum erweist sich in der Praxis als politikfähig, sondern organisierte, korporatistische, kollektive Akteure gestalten das Politikspiel (Beck 1993, S. 162).

Übersehen wurde von der „politischen Klasse" freilich, was Ulrich Beck die Aktivierung der „Subpolitik" , die Selbstorganisation des Politischen nennt (Beck 1993, S. 156 ff.). Für Beck stellt Subpolitik die strukturverändernde Praxis der Moderne dar, weil endlich auch Akteure von außerhalb des politischen oder korporatistischen Systems intervenieren. Das Politische ist „jenseits der formalen Zuständigkeiten und Hierarchien" auf- und ausgebrochen.

1989 bedeutete – und darin sind sich viele einig – auch eine Wiederkehr des „Politischen", ein Aufbruch der „Zivilgesellschaft". Es erfolgte ein grundlegender Kategorienwandel des Politischen, aber die Institutionen blieben unverändert und die Machteliten unausgetauscht. Auch die gewohnten Politikkoordinaten (rechts-links, konservativ-sozialistisch, apathisch-partizipativ) haben kaum noch Gültigkeit. Beck modifiziert einen Begriff aus der Architektur: Er stellt eine „Entkernung des Politischen" fest: Hinter den alten institutionellen Fassaden der Politik werden Weichen für eine neue Politik gestellt. Die „Erfindung des Politischen" bedeutet nicht regelausführende Politiker-Politik, sondern regelverändernde Politik der Gesellschaft. Und diese vollzieht sich häufig im Informellen (Beck 1993, S. 17 und 212).

Der jeweilige Politikbegriff generiert immer auch ein bestimmtes Verständnis politischen Theoretisierens. Dementsprechend existiert politische Theorie nicht nur als wissenschaftliche Theorie, sondern auch als Alltagstheorie (Narr 1989, S. 7): Nicht nur theoretische Konstruktionen zur Erklärung der Wirklichkeit, auch andere sinnhafte Interpretationen der Wirklichkeit sind „politische" Theorie.

Jede grundlegende inhaltliche und theoretische Erneuerung der Politikwissenschaft setzt die Überwindung selektiven Wahrnehmens und elitären Denkens voraus. Es gilt daher, Euro- und Androzentrismus politischen Denkens ebenso zu vermeiden wie auch den sozialen Bias. Wolf-Dieter Narr beharrt auf dem Theoretisieren als einer „humanen Qualität" (Narr 1989, S. 19). Daher wäre

> „theoretisch zu erwägen, welche Bedingungen gegeben sein müß(t)en, damit möglichst alle Menschen sich theoretisierend zu entwickeln und ihre Umstände mitzugestalten vermögen. Radikale Demokratie machte insofern geradezu die Reduktion von fachlich abgekapselter, hermetisch formulierter Theorie nötig, nicht freilich die Aufgabe des Theoretisierens insgesamt". (ebd.)

Ulrich Beck eröffnet sein oben zitiertes Buch mit der Aufforderung, die Soziologie nach dem Ende des Kalten Krieges „neu zu erfinden". „Eine konzeptionelle Renaissance der Soziologie setzt ... die soziologische und gesellschaftliche Kontroverse über theoretische und politische Leitideeen voraus." (Beck 1993, S. 12)

Was Beck für die Soziologie vehement einfordert, hat auch für die Politikwissenschaft Gültigkeit. Eine Disziplin, die traditionell das Politische am Rechts-Links-Schema hochgezogen hat und die in ihrer Entwicklung so überaus stark aus der Dynamik des Ost-West-Konfliktes generiert und gespeist worden ist, hätte mit Sicherheit nach 1989 Anlaß, ihre Grundlagen und Konzepte zu überdenken.

In meinem Verständnis kommt politischer Theorie und Ideengeschichte auch die Funktion „reflexiven" Getriebes zu. Politische Theorie hätte für die Politikwissenschaft immer auch erkenntnistheoretische Grundlagenarbeit einzuleiten und erforderliche Anpassungen zu fundieren. In diesem Sinne müßte sie experimentelle Schritte politikwissenschaftlicher Erkenntnisarbeit begleiten. Ich habe die perspektivische Wende erwähnt, dernach nicht bloß die „großen Erzählungen" politisches Denken ausmachen, sondern immer auch noch „anderes" politisches Denken hinter dem politisch-philosophischen Diskurs existiert. „Politisch denken – das meint ja nicht nur die Reflexion über Staatsformen und -funktionen. Gesellschafts-, Geschichts- und Menschenbilder haben unvermeidlich ihre politische Seite" (Bredow/Noetzel 1991, S. 13).

Ein Beispiel soll diese zwei Seiten veranschaulichen: Auch der „reale Sozialismus" der ehemaligen DDR hatte zwei Gesichter, die „große Idee" des Marxismus-Leninismus, aber auch die „kleinen Alltäglichkeiten" der Menschen. Heute wissen wir, daß diesen letztendlich „zivilgesellschaftliche" Kraft und damit subversive Wirkung zukommen sollte. Die „praktisch" gewordene Theorie des Sozialismus hatte eine reaktive Entsprechung im Alltagsverhalten der Menschen. Diese Seite des politischen Denkens, die die „große Theorie" unterlaufen sollte, war jedoch von den „Herrschenden", aber auch von den „Denkenden" verdrängt worden.

Im Vordergrund politischen Denkens der Moderne standen bislang eigentlich fast immer „überaus ambitionierte Groß-Konzepte, universalistisch angelegte politische Richtungsbegriffe, Ideologien, die Feindbilder der Mega-Aggregate von Nationen, Klassen, Rassen, single-purpose-Erklärungen mit autoritärem Anspruch" also. Für uns relativ neu ist die Einsicht, daß auch die Suche nach „anderen" Konstellationen wichtig ist, die eben nicht eindeutig und klar sein müssen, sondern von Widersprüchlichem, aber auch Transitorischem geprägt sein mögen.

Ambivalenzen stehen für „die Eigenart sozialer Konstellationen, sich gegen eindeutige und restlose Erklärung oder Auflösung zu sträuben". (Bredow/Noetzel 1991, S. 14 f.) Solche Ambivalenzen wurden bislang aber sowohl von Theoretikern wie auch von „Machern" der Geschichte zumeist nur als störend empfunden. Immerhin widerstreben sie vordergründig einfachen und glatten theoretischen Erklärungen wie praktischen Lösungen. Deshalb neigte man in

Theorie und Praxis lieber dazu, Ambivalenz in Dialektik oder in Fundamentalismen umzuwandeln.

Aus einer solchen Perspektive der Mehrdeutigkeit sind selbstverständlich auch Phänomene wie der neue Nationalismus oder der neue Rechtsextremismus anders zu sehen und anders zu interpretieren. Ulrich Beck etwa geht von der Annahme aus, daß Nationalismus, Ethnozentrismus, Fremdenhaß und Gewalt „nicht Ausdruck und Ausbruch verdrängter und hinter Zivilisationsfassaden fortwirkender Atavismen“, sondern Ergebnis der niemals abgeschlossenen Auseinandersetzung von Modernisierung und Gegenmodernisierung sind (Beck 1993, S. 16). Auch in der ideologischen und technischen Naturalisierung von Weiblichkeit manifestiert sich für Beck dieser grundlegende Konflikt. Gefragt ist aber aktuell keineswegs nur Anti-Antimodernismus. Beck erblickt in der „Gegenmoderne“ nicht nur die Gefahr der Zerstörung der Moderne, sondern auch die Herausforderung und Chance dringlich anstehender Modernisierung der Moderne.

Politische Theorie und Ideengeschichte war in der Politikwissenschaft oftmals nur philosophische Enklave ohne viel Relevanz für die Gesamtdisziplin. Politisch-theoretisch gewendete Ideengeschichte müßte als Kernbereich der Politikwissenschaft akzeptiert sein, sonst kann sie ihr Potential nicht ausspielen. Jene Bereiche, die nah zur politischen Macht oder ihr „nützlich“ sind, nehmen derzeit in der Politikwissenschaft eine gewichtigere Position ein (Leggewie 1989). Gleichzeitig verflachen sie aber durch ihren Pragmatismus und durch Mach- und Brauchbarkeitszwänge die Disziplin. Unter solchen Bedingungen läuft politische Theorie und Ideengeschichte dann eben Gefahr, nur eine Restfunktion realisieren zu können, nämlich „museale“ Aufgaben zu erfüllen. Politische Theorie und Ideengeschichte werden damit ihrer schöpferischen Möglichkeiten für Politikwissenschaft und Politik beraubt. Sie verkörpern in wesentlichem Maße eine „qualitative“ Schneise in der Politikwissenschaft, die dem Monopol quantifizierender und für „objektiv“ gehaltener Welterfassung widerstrebt. Ideengeschichtlich fundierte politische Theorie kann Fragen stellen bzw. in Frage stellen. Politische Theorie in der von mir vorgeschlagenen Verschränkung muß mit aktuellen gesellschaftlichen und politischen Problemlagen in Verbindung gebracht werden (denn nicht nur Erklärungsrelevanz, sondern auch Praxisrelevanz ist gefordert). Die „beste politische Theorie“ ist jene, meint Terence Ball, die eng mit Politik verbunden und aus einer Krise entstanden ist (Ball 1991, S. 68). Und der Krisen und neuen Problemlagen gibt es gegenwärtig wohl genug.

Auch der Politikwissenschaft kommt in dieser Zeit krisenbedingter Neuorientierung besondere Verantwortung zu. Freilich: Scheinbar eingespielte theoretische und praktische Konzepte versagen, gesellschaftliche und politische Situationen bedürfen neuer Bewertungen, scheinbar bewährte Wertekataloge werden in ihren absoluten und universalistischen Geltungsansprüchen neu thematisiert. So wird m. E. auch in der Politikwissenschaft die „normative“ Frage wieder neu gestellt werden müssen. Denn erstrebte politisch-ökonomische Effizienz und gesellschaftliche Innovation bedürfen auch einer neuen „moralisch-ethischen" Fundierung (Etzioni 1988).

Die Ausgangsfrage „Politische Theorie und Ideengeschichte – wozu?" ist am Ende also auf drei Ebenen zusammenzufassen und zu beantworten: Politische Theorie und Ideengeschichte sind unverzichtbar

- einmal wegen ihres Erkenntnisgewinnes in bezug auf Wissenschaft und Lehre,
- zweitens wegen möglicher Veränderungsanstöße aufgrund der kritischen Reflexion politischer und gesellschaftlicher Wirklichkeiten,
- und schließlich wegen des moralisch-normativen Erneuerungsschubes, der von einer reflexiven[6] politischen Theorie und Ideengeschichte hoffentlich ausgehen wird.

Anmerkungen

1 Politikwissenschaftliche Erkenntnis- und Forschungsprozesse werden durch konkurrierende Theorieansätze geleitet. Bis weit in die siebziger Jahre war hierfür die „Trias" aus ontologisch-normativem, empirisch-analytischem und dialektisch-historischem Theorieansatz charakteristisch. Von einer solchen relativ übersichtlichen, leicht handhabbaren Dreigliedrigkeit kann längst nicht mehr die Rede sein, vielmehr hat sich in der Politikwissenschaft in den letzten Jahren eine Ausdifferenzierung und Ausweitung theoretischer Ansätze und Zugriffsweisen ereignet.

2 Paradigma i. S. Thomas Kuhns: eine „musterhafte" wissenschaftliche Theorie, an der in der „normalen" Forschung nicht mehr gezweifelt, sondern die als „Vorbild" benutzt wird, um beobachtbare Phänomene zu erklären (Kuhn 1967).

3 Auch Max Weber hat die äußerst schmale konsensuale Basis der Sozialwissenschaft erkannt, als er meinte, daß Verstehen höchstens zur Erkenntnis führe, „daß, warum und worüber man sich nicht einigen könne" (Weber 1951, S. 489).

4 Hier nimmt der Autor Anleihe aus Hegels „Rechtsphilosophie": „Was das Individuum betrifft, so ist ohnehin jedes ein Sohn seiner Zeit, so ist auch die Philosophie, ihre Zeit in Gedanken erfaßt, ..." Bemerkenswerterweise ist diese Passage in manchen englischen Übersetzungen nicht als „a son", sondern als „a child of his time" (vgl. die von Ball zitierte Hegel-Übersetzung, Ball 1991, S. 57) rezipiert worden. Diese Übertragung alleine bringt freilich das männliche Geschlecht des Philosophen noch nicht zum Verschwinden (vgl. „of his time", Röhrich 1989, S. 8).

5 Hannah Arendt hat in diesem Zusammenhang sogar vom „einzigen Menschenrecht" gesprochen.

6 Reflexiv verwende ich hier durchaus im Sinne Ulrich Becks als durch die gesellschaftliche, aber auch eigene Entwicklung in Frage gestellt und sich in Folge selbst erneuernd (Beck 1993, S. 12 ff.).

Literatur

Arendt, Hannah (1991), Elemente und Ursprünge totaler Herrschaft, 2. Aufl., München

Ball, Terence (1991), Whither Political Theory?, in: William Crotty (Hg.): Political Science: Looking to the Future, Vol. 1, The Theory and Practice of Political Science. Evanston, Illinois, S. 57–76

Beck, Ulrich (1993), Die Erfindung des Politischen, Frankfurt/Main

Bell, Daniel (1960), The End of Ideology, New York

Bermbach, Udo (1986), Zur Entwicklung und zum Stand der politischen Theoriegeschichte, in: Politische Vierteljahresschrift Sonderheft 17, S. 142–167

Beyme, Klaus von (1969), Politische Ideengeschichte, Probleme eines interdisziplinären Forschungsbereiches, Tübingen

Beyme, Klaus von (1985), Politische Theorie, in: Pipers Wörterbuch zur Politik, Bd. 1, hrsg. von Dieter Nohlen, München, S. 784–787

Beyme, Klaus von (1992), Die politischen Theorien der Gegenwart. Eine Einführung, 7. Aufl., Opladen

Böhret, Carl u. a. (1988), Innenpolitik und politische Theorie. Ein Studienbuch, 3. Aufl., Opladen (zuerst 1972)

Boudon, Raymond (1979), Widersprüche sozialen Handelns, Darmstadt – Neuwied

Bredow, Wilfried / *Noetzel,* Thomas (1991), Lehren des Abgrunds. Politische Theorie für das 19. Jahrhundert, Erster Teil, Münster

Easton, David (1953), The Political System, New York

Elias, Norbert (1992), Studien über die Deutschen. Machtkämpfe und Habitusentwicklung im 19. und 20. Jahrhundert, Frankfurt/Main

Etzioni, Amitai (1988), The Moral Dimension. Toward A New Economics, New York – London

Falter, Jürgen W. / *Göhler,* Gerhard (1986), Politische Theorie. Entwicklung und gegenwärtiges Erscheindungsbild, in: Politische Vierteljahresschrift Sonderheft 17, S. 118–141

Ferguson, Kathy (1985), Male – Ordered Politics: Feminism and Political Science, Paper presented to the Annual Meeting of the American Political Science Association, New Orleans

Fetscher, Iring (1985), Politische Ideen in der jüngeren Geschichte, in: Iring Fetscher / Herfried Münkler (Hg.): Politikwissenschaft. Begriffe – Analysen – Theorien. Ein Grundkurs, Reinbek, S. 25–68

Fetscher, Iring (1988), Wozu Geschichte der politischen Ideen?, in: Iring Fetscher / Herfried Münkler (Hg.): Pipers Handbuch der politischen Ideen, Bd. 1, München, S. 21–39

Habermas, Jürgen (1981), Philosophische-politische Profile, Frankfurt/Main

Habermas, Jürgen (1990), Strukturwandel der Öffentlichkeit, Neuaufl., Frankfurt/Main

Krippendorff, Ekkehart (1988), Wie die Großen mit den Menschen spielen. Versuche über Goethes Politik, Frankfurt/Main

Krippendorff, Ekkehart (1992), Politik in Shakespeares Dramen, Frankfurt/Main

Kuhn, Thomas (1967), Die Struktur wissenschaftlicher Revolutionen, Frankfurt/Main

Leggewie, Claus (1989), Politologie: Wissenschaft oder Kaderschmiede?, in: Kursbuch 97, S. 99–118

Lenk, Kurt / *Franke*, Berthold (1987), Theorie der Politik. Eine Einführung, Frankfurt/Main – New York

Lovenduski, Joni (1981), Toward the Emasculation of Political Science: The Impact of Feminism, in: Dale Spender (Hg.): Men's Studies Modified: The Impact of Feminism on the Academie Disciplines, Oxford, S. 33–97

Narr, Wolf-Dieter (1971), Theorie ohne Demokratie und Demokratie ohne Theorie, in: Wolf-Dieter, Narr / Frieder, Naschhold, Theorie der Demokratie. Einführung in die moderne politische Theorie, Bd. III (1986) Stuttgart – Berlin – Köln – Mainz, S. 11–163

Narr, Wolf-Dieter (1986), Politische Theorie – wofür und wie? Eine Einführung, in: Wilfried Röhrich, Politik als Wissenschaft. Ein Überblick, Opladen, S. 43–95

Narr, Wolf-Dieter (1989), Neun Tage Politik. Probleme der Herrschaftstheorie heute. Eine Einführung (unveröffentlichtes Manuskript), Berlin

Nonnenmacher, Günther (1984), Was war wichtig? Von der Identitätspräsentationsfunktion zur Inkompetenzkompensationskompetenz, in: Politische Vierteljahresschrift Sonderheft 15, S. 237–249

Röhrich, Wilfried (1989), Denker der Politik. Zur Ideengeschichte der bürgerlichen Gesellschaft, Opladen

Shils, Edward (1955), The End of Ideology?, in: Encounter 5, S. 52–58

Stacey, Judith / *Thorne*, Barnie (1985), Feministische Revolution in der Soziologie? Ein Vergleich feministischer Ansätze in der Geschichte, Literaturwissenschaft, Anthropologie und Soziologie in den USA, in: Feministische Studien 4 (2), S. 118–130

Weber, Max (1973), Der Sinn der „Wertfreiheit" der soziologischen und ökonomischen Wissenschaften, in: Max Weber, Gesammelte Aufsätze zur Wissenschaftslehre, 4. Aufl., Tübingen, S. 489–540

Weber-Schäfer, Peter (1985), Politische Ideengeschichte, in: Pipers Wörterbuch zur Politik, Bd. 1, hrsg. von Dieter Nohlen, München 1985

Tilo Schabert
Rom darf nicht brennen

Antworten auf: „Politische Theorie und Ideengeschichte – wozu?"

Die erste Antwort: Für die primäre gesellschaftliche Subsistenz

Es ist ein gutes Zeichen, wenn ihre politische Existenz in einer Gesellschaft für ganz selbstverständlich gehalten wird. Dann wissen die ihr zugehörigen Menschen, warum sie Mitglieder dieser Gesellschaft (und keiner anderen) sind, woraus sich deren politische Gestalt herleitet, woraufhin jene zielt und was daraus für sie selber einzeln und gemeinsam und gegenseitig im Umgang miteinander folgt. Die Gesellschaft ist in einem solchen Falle sich selbst evident. Ihre Existenz ist im wesentlichen „problemlos". Denn sie hält sich für „wahr" in dem Sinne, daß sich für diese Gesellschaft *durch* sie theoretische Fragen nach den Prinzipien und Paradigmen der Politik eigentlich erübrigen: Sie stellt diese ja schon dar.

Und sie zeigt, idealiter, daß auf die eingangs gestellte Frage nach dem Wozu der Politischen Theorie und Ideengeschichte eine Antwort gegeben werden kann, und zwar auch ohne daß im gegebenen Zusammenhang explizit von einer Politischen Theorie gesprochen wird. Einen Korpus solchen Wissens, das die Politische Theorie reflektiert – Wozu Gesellschaft und wozu gerade in dieser Form? – gibt es in jeder Gesellschaft. Aber nicht in jeder Gesellschaft gibt es die Politische Theorie. Denn der Grund zu einer Politischen Theorie liegt nicht in ihr und die Frage nach jenem wird auch nicht erst durch sie relevant. Der zwingende Grund, politisch zu denken, ist die Praxis menschlicher Existenz: Das *animal sociale* überlebt, indem es politisch ist. Die Menschen vollziehen, schlicht insoweit als sie leben, ein politisches Verständnis. Sie leben in Gesellschaft. Praktisch gesehen, ist die Politische Theorie, so formulierte es Bernard Crick, „ein wesentlicher Bestandteil jedes politischen Systems. Es gibt keinen einzigen Fall eines politischen Systems, das nicht einen Korpus politischen Denkens in sich enthielte." (Crick 1962, S. 188)

Der empirische Befund beweist diese Aussage. Man kann bis in die ältesten Zivilisationen zurückschauen und man wird Texte finden, in denen die politische *conditio* menschlicher Existenz behandelt und gedeutet wird: im babylonischen Königreich den *Codex Hammurabi*, im Alten China das *I-Ching*, im Alten Ägypten die *Theologie von Memphis*, oder im Alten Israel die „Verfassung" der mosaischen Theopolitie wie sie *Exodus* 20, 2–17 enthält.

Und die Geschichte der Deutungen führt stetig bis in die Gegenwart hinein, zuletzt mit der Geschichte der in heutigen politischen Systemen implizierten

Theorie. Der überwiegend größere Teil unserer Mitbürger wird von einer Sache namens Politische Theorie nichts wissen. Und doch belegen sie alltäglich deren Sinn. Sie nehmen als Bürger an der Existenz eines modernen Verfassungsstaates teil, an der Gesellschaftsform also, die wie keine andere politische Form ein von der Politischen Theorie erfundenes und auf diese gestütztes Konstrukt ist. Sie vollziehen die Theorie der politischen Moderne – was deren Schöpfer wie Jean Bodin, Sir Edward Coke, John Locke, Montesquieu, Immanuel Kant, Thomas Jefferson oder John Adams gedacht haben. Und doch tragen die *citoyens* in ihrem Kopf nicht das Konstrukt, sondern das gegebene politische Leben. Der Sinn des Gebots, nicht willkürlich verhaftet zu werden, ist evident. Wozu noch angestrengte Ableitungen des Postulats einer tatsächlich dem Menschen als Menschen gegebenen Freiheit?

Die zweite Antwort: Wider die Krise der Politik

Ja, wozu? Leo Strauss warf einmal der amerikanisch-behaviouristischen *political science* in böse-ironischer Weise deren eitle szientistischen Wissenschaftsträume vor, ob derer sie nicht merke, wie systematisch sie am Zustand der Welt vorbeiginge: „Die politische Wissenschaft fiedelt, während Rom brennt, was aus zwei Gründen entschuldbar ist; sie weiß nicht, daß sie fiedelt, und sie weiß nicht, daß Rom brennt. (Strauss 1962, S. 372) Leo Strauss hatte etwas erfahren, das wahrlich allen Glauben an Selbstverständliches zerstört und ein Rechnen mit festen Größen in der Politik zu einem so eitlen Unterfangen macht. Ehemals Gelehrter in Berlin, war er als Emigrant aus dem nationalsozialistischen Deutschland in die Vereinigten Staaten gekommen. Er war einer „Politik" entflohen, die unter diesem Namen Politik, der doch dem Leben gilt, pervertiert das ganz andere war: Vernichtung.

Politik ist schöpferisch und aufgrund dieser Qualität erfolgt alle Politik stets im Modus einer Wirkung. Im schöpferischen Potential der Politik ist Macht gegeben und diese Macht ist nicht neutral. Sie ist zwiegesichtig wie der Mensch, sie kann gut sein oder böse, meist eine Mischung von beidem, mehr zum einen oder anderen hin. Daraus folgt eine zweite Antwort auf unsere Frage. Die Menschen wollen politisch sein, denn sie wollen leben. Doch nur unter paradigmatischen Umständen, die bekanntlich nicht eintreten (ich erinnere an Platos Paradox vom Philosophenkönig), gelänge es ihnen, die schöpferische Macht der Politik *nicht* degenerieren zu lassen zu einer reinen Politik der Macht. Und, im Extrem, kehrte schließlich sich die Macht gegen die Politik, die Erfüllung des Lebens selbst.

John Adams wählte seine Worte sicherlich bewußt, als er die *science of politics* eine „göttliche" nannte und sagte, sie sei die *science of social happiness* (Adams 1957, S. 84). Aber eben darum ist die Theorie der Politik immer auch eine Theorie von deren Krise. Die Politik (in der Art wie sie praktiziert wird) ist normalerweise nicht das, was Politik (ihrem Wesen nach) ist. Daran zu erinnern und in der Not der Politik das Wissen um Politik zu artikulieren – auch das ist Sinn Politischer Theorie. Und sie hat sich bewährt. Plato schrieb seine Werke in der Krise Athens, Augustinus formulierte christliche Politik im Untergang Roms, Bodin begründete den modernen Staat in der Erfahrung der Religionskriege, Tocqueville entwarf seine Theorie der Freiheit in der Auseinandersetzung mit der demokratischen Revolution, und in diesem Jahrhundert des Bösen haben Hannah Arendt, Eric Voegelin und Leo Strauss die Politische Theorie gegen den Tod eingesetzt; sie haben sie als ein Medium der Hoffnung auf eine paramoderne, posttotalitäre Zivilisation verstanden.

Die dritte Antwort: Um Politisches zu begreifen und in seinen Formen zu deuten

Politische Theorie ist Orientierung. Und dies ist die dritte Antwort. Man braucht in der Politik ständig Lösungen, für das Begreifen Erklärungen, für das Handeln Muster des Vorgehens. Und unsere politische Phantasie ist dabei zumeist nicht so einfallreich wie die politische Wirklichkeit. Jene überrumpelt noch den erfahrensten Praktiker. Nicht umsonst brachte sie Machiavelli in das Bild der unendlich kapriziösen *fortuna.*

Die Politische Theorie bietet durch ihre Geschichte – die ja nicht gerade eine kurze oder auf die westliche Kultur beschränkt ist – ein enzyklopädisches Manual der Deutungs- und Handlungsmuster für politische Situationen an. Platos Analyse der fortschreitend selbstparalysierenden Macht des Tyrannen erhellt exemplarisch den Herrschaftsverlust der neueren osteuropäischen Diktatoren. Die Lehre der mittelalterlichen politischen Theorie von den zwei Körpern des Königs – dem physischen und dem symbolischen – faßt überaus sinnfällig das zentrale Problem der Macht, sozusagen deren „Geheimnis" – sie ist stets nur (symbolische) Zuordnung und nie (physischer) Besitz. Als Robespierre seinen *despotisme de la liberté* proklamierte, zeigte er für immer den Zusammenhang zwischen Freiheit und Terror auf – wer die Freiheit so mächtig machen will, daß die Freiheit für die Macht nicht mehr deren Grenze ist, der geht den Weg der Unterdrückung.

Implikationen

Die gegebenen Antworten bedürfen noch einer Erläuterung. Denn sie implizieren materiale Vorgaben, auf die hinzuweisen ist, sollen die Antworten auch logisch kohärent sein. Ich möchte daher diese Implikationen kurz formulieren. Dabei dürften Einsichten aufscheinen, die die Natur politischer Dinge betreffen. Es zeigt sich nämlich, daß die Politische Theorie durch die politischen Dinge selbst konstituiert wird. Ob es die Politische Theorie geben solle oder nicht, ist durch die Natur der politischen Dinge schon längst „vorentschieden". Denn diese stellen die Fragen dar – auf die nur eine Politische Theorie die Antwort geben kann.

Implikation 1: Eine Klassizität des Menschen

Menschen leben, indem sie in Gesellschaft leben. Aus dieser naturhaften *conditio* ergibt sich für die Politische Theorie die anthropologische Konsequenz eines „historischen" Menschen. Als gesellschaftliche Wesen sind und bleiben sich die Menschen immer gleich, ungeachtet sonstiger Unterschiede. Die Fragen ihrer politischen Existenz sind klassische Fragen, das *animal sociale* ist ein überzeitlicher und überräumlicher Anlaß zum Nachdenken. Die Politische Theorie entdeckt das Klassische des Menschen. „Die Menschen sind bereit, für einen liberalen Staat ihr Leben zu opfern; unter einer Tyrannis lösen sich selbst die Bande der Familie auf. „Dieser Satz findet sich nicht bei Tocqueville, er steht in einer chinesischen Disputation über die Staatskunst aus dem Jahre 81 v. Chr.

Implikation 2: Das schöpferische Paradox menschlicher Existenz

Die Menschen leben in Gesellschaft, weil sie viele sind. Sie sind in ihrem pluralen Erscheinen nicht eins, sondern einzelne, die nicht miteinander identisch sind. Ihre Zahl ist der Modus, der sie trennt. Jeder einzelne ist ein anderer, verschieden von allen. Alle unterscheiden sich. Ihre Individualität ist der Modus, der sie in der numerischen Trennung existentiell voneinander abhält. Ihre Verschiedenheit in der Vielheit macht die Menschen eher gesellschaftsunfähig denn zur Gesellschaft fähig. Und doch sind sie darin alle Mensch und somit in der gemeinsamen Bindung dieser ihnen allen gleichen Natur dasselbe: Menschen in der Menschengesellschaft. Sie leben im schöpferischen Paradox ihrer Existenz – auseinandergefallen in die Vielheit und darin wiederum eins. Dieses Paradox ist ein unaufhörlicher Grund zur Politischen Theorie. Und die Politische Theorie hat sich auch in der Auseinandersetzung mit ihm entfaltet, bei Plato und Aristoteles zu ihrer ersten Klassik und seitdem immer wieder zu einem Denkparadigma für jenes Paradox – das Paradox einer Wirklichkeit *des* Menschen in diesen *vielen* Menschen.

Implikation 3: Eine Existenz in der Entscheidung

Wie sie in Gesellschaft leben, wählen die Menschen ihre Gesellschaft aus. Alles politische Handeln, so erläuterte Leo Strauss, ziele entweder auf Bewahrung oder Veränderung und folge deshalb einer gewissen Vorstellung von „gut" oder

„schlecht“ (Strauss 1968, S. 10). Es gibt nicht *die* Gesellschaft, sondern immer nur diese oder jene von Menschen gewollte Gesellschaft. Jede von Menschen gebildete Gesellschaft ist stets das Ergebnis der Akte jener Menschen in und gegenüber dieser Gesellschaft. Sie ist gewissermaßen das kontinuierlich „neue“ Werk ihrer politischen Imagination – der Ausdruck von dem, wofür jene Menschen sind angesichts ihrer politischen Situation und woraufhin sie demgemäß handeln.

Betrachtet man die Politische Theorie unter diesem Aspekt, so wird man sehen, daß sie in den menschlichen Angelegenheiten eine eminent politische Rolle spielt. Denn sie hat sich in ihrer Geschichte als das klassische Medium dafür erwiesen, die Debatte der Menschen über die Form ihrer Gesellschaft zu vermitteln und in den Modus von Entwürfen zu bringen, für die man sich entscheiden kann. Die Politische Theorie ist Anstoß und Modus politischer Inspiration, sie bringt in das politische Handeln das Motiv politischen Wissens. In der Politischen Theorie wird die Politik ihrer selbst bewußt – sie kommt durch diese zu ihrer Würde.

Literatur

Adams, John (1957), Thoughts on Government, in: George A. Peek, Jr. (Hg.), The Political Writings of John Adams, New York

Crick, Bernard (1962), In Defence of Politics, Harmondsworth

Strauss, Leo (1962), An Epilogue, in: Herbert J. Storing (Hg.), Essays in the Scientific Study of Politics, New York, S. 369–378

Strauss, Leo (1968), What is Political Philosophy?, New York – London

Über die AutorInnen

Ulrich von Alemann
Geb. 1944, Professor für Politikwissenschaft an der Fernuniversität Hagen, Forschungsschwerpunkte: Grundlagen der Politikwissenschaft, Parteien, Verbände- und Parlamentarismusforschung, Partizipation und Demokratie.

Jozsef Bayer
Geb. 1946, Professor für Politikwissenschaft an der Lorand EÖTVÖS Universität in Budapest, Forschungsschwerpunkte: Ideengeschichte, politische Kultur, Europäische Integration, Nationalismus und ethnische Politik.

Alex Demirović
Geb. 1952, Wissenschaftlicher Mitarbeiter des Instituts für Sozialforschung an der Universität Frankfurt, Privatdozent, Forschungsschwerpunkte: Demokratie- und Staatstheorie, Kultur- und Wissenssoziologie, Rechtsradikalismus.

Werner W. Ernst
Geb. 1947, Professor für Politikwissenschaft an der Universität Innsbruck, Forschungsschwerpunkte: Politische Theorie und Ideengeschichte, Kritik der Denk- und Wissenschaftsformen, Psychoanalyse und Gesellschaft.

Tilman Evers
Geb. 1942, Wissenschaftlicher Referent für Politische Bildung an der Deutschen Evangelischen Arbeitsstelle für Erwachsenenbildung, Karlsruhe, Forschungsschwerpunkte: Demokratietheorie, Europäische Einigung, Soziale Bewegungen.

Heinz Gärtner
Geb. 1951, Wissenschaftlicher Mitarbeiter am Österreichischen Institut für Internationale Politik, Laxenburg bei Wien, Universitätsdozent für Politikwissenschaft, Forschungsschwerpunkte: Europäische und Internationale Sicherheit, Theorie der Internationalen Beziehungen, Nationalstaat und Staatstheorien.

Hedda J. Herwig
Geb. 1944, Professorin für Politikwissenschaft an der Universität Duisburg, Forschungsschwerpunkte: Politische Theorie und Politische Philosophie, Emanzipation und politische Herrschaft.

Otmar Höll
Geb. 1948, Gastprofessor am Institut für Politikwissenschaft der Universität Wien, Forschungsschwerpunkte: Entwicklungspolitik und Entwicklungstheorien, Kleinstaaten-Forschung, Umwelt und Entwicklung, Sozialwissenschaftliche Theorie von Natur und Gesellschaft.

Franz Horner
Geb. 1936, Professor für Politikwissenschaft an der Universität Salzburg, Forschungsschwerpunkte: Ideen- und Ideologiegeschichte, Demokratietheorie, Konservative und Christlichsoziale Parteien.

Erich Kitzmüller
Geb. 1931, Sozialwissenschaftler und Publizist in St. Radegund bei Graz, Forschungsschwerpunkte: Alternative Ökonomie, Demokratie- und Wirtschaftstheorie, Europäische Integration.

Helmut Kramer
Geb. 1940, Professor für Politikwissenschaft an der Universität Wien, Forschungsschwerpunkte: Internationale Politik, Außenpolitischer Entscheidungsprozeß, österreichische Außenpolitik.

Eva Kreisky
Geb. 1944, Professorin für Politikwissenschaft an der Universität Wien, Forschungsschwerpunkte: Bürokratieforschung, Frauenforschung, Politische Theorie.

Anton Pelinka
Geb. 1941, Professor für Politikwissenschaft an der Universität Innsbruck, Forschungsschwerpunkte: Politisches System Österreichs, Demokratietheorie, Vergleichende Parteien- und Verbändeforschung.

Alois Riklin
Geb. 1935, Professor für Politikwissenschaft an der Hochschule St. Gallen/ Schweiz, Forschungsschwerpunkte: Staatsphilosophie und Ideengeschichte, Verfassungsgeschichte, Europäische Integration, schweizerische Außen- und Innenpolitik im internationalen Vergleich.

Tilo Schabert
Geb. 1942, Professor für Politische Wissenschaften an der Universität Erlangen-Nürnberg, Forschungsschwerpunkte: Politische Theorie und Politische Philosophie, Vergleichende Politik, Architektur und Stadtplanung.

Claudia von Werlhof
Geb. 1943, Professorin für Politikwissenschaft an der Universität Innsbruck, Forschungsschwerpunkte: Feministische Gesellschaftstheorie, Frauen und internationale Ökonomie, Interdisziplinäre Grundlagenforschung insbesondere zu Naturbegriff und Körperpolitik, Erkenntnis und Lebensform.

Albert F. Reiterer

Gesellschaft in Österreich

Sozialstruktur und Sozialer Wandel

Die österreichische Gesellschaft liegt im Mainstream westeuropäischer Entwicklung. Der Band dokumentiert Struktur und Wandel mit Daten und Fakten aus den wichtigsten Bereichen des sozialen Lebens: Demographie, soziale Schichtung, religiöse Bindung, Wirtschaftssystem, Kultur und politisches System.

Der Autor:
Albert F. Reiterer, Univ.-Doz. am Institut für Politikwissenschaft der Universität Innsbruck und Lektor an der Universität Wien zum Thema „Empirische Strukturen von Gegenwartsgesellschaften".

1995. 271 S., (WUV-Studienbücher GRUWI 3) brosch.,
öS 298,–/DM 43,–
ISBN 3-85114-186-5

WUV-Universitätsverlag